ロクシン＝アッヘンバッハ

ドイツ刑事訴訟法演習
―― 君の知識を試そう

光藤 景皎
吉田 宣之
［編訳］

成文堂

Roxin / Achenbach

Strafprozessrecht, 16. Auflage

© Verlag C.H.Beck oHG, München 2006

訳者はしがき

本書は、Roxin/Achenbach, Strafprozessrecht, 16. Auflage——Prüfe dein Wissen Rechtsfälle in Frage und Antwort, Verlag C. H. Beck München, 2006の全訳である。

私は、かつて、(故) 田宮裕博士と協同で『ワークブック刑事訴訟法』（有斐閣、初版1978年、新版1989年）の編集で問題作成に携わったことがある。短いスペースながら、徹頭徹尾、具体的事案を提示し（抽象化はしているが）、それをもとに事実の認定と法令の適用等を読者自身にやってもらい、そのアドバイスを各執筆者の方々にしていただくという、教科書としては型破りのものであった。

しかし、当時既にドイツでは、このような試みとして、クラウス・ロクシン教授より、刑訴法全域について簡潔な質問と解答の形式で構成された『刑事訴訟法——君の知識を試せ』が出版されていた。私どもも刑事手続上の問題でこれ迄議論されたことのない問題にぶつかると、この本を繙いて解答を探したものである。

このころから、比較法研究として英米法と並び重要なドイツ刑事訴訟法の研究を進めるのに、『刑事訴訟法——君の知識を試せ』型の具体的事案を基礎にした事案の処理を考えるテキストを何人かの方と読み進めることもいいかなあと思っていた。

そうこうするうちに、このテキストの編著者として、ロクシン教授のほかに、そのお弟子のハンス・アッヘンバッハ教授が加わった本をぺらぺらめくると、中味はやはり"面白い"と思った。

刑法学会では、何時のころからか、松尾浩也教授を囲んで、東西の学者の間でのテニス愛好者が、刑法学会で集まる機会を利用してテニス大会をする慣習ができた。そのときに、吉田宣之教授と会う機会ができた。吉田教授は1992年に新矢悦二判事（当時）と共同で、クラウス・ロクシン『ドイツ刑事手続法』（第一法規出版）の翻訳を出版されていて、ロクシン教授とも昵懇であった。テニスの休憩時間などに、私と吉田教授は、ロクシン『刑事訴訟法——君の知識を試せ』は「面白い本ですね」というところか

ら、「翻訳できたらいいですね」というところへ話が進んでいった。それから時が大分経過したが、いよいよ「やりましょう」ということになり、吉田教授の研究会仲間、光藤の大阪刑事訴訟法研究会での仲間に話しかけて分担して翻訳することにきまり、ご協力をいただいた。この段階から、訳者の一人である辻本典央教授が訳語の統一や訳の読み易さをすすめるため、尽力して下さった。この本が全体として読み易くなっているとすれば、辻本教授の尽力によるところが大きい。厚く御礼申し上げる。

　本書の翻訳を心よく承諾いただいた、ロクシン、アッヘンバッハ両教授に心から御礼申し上げる。

　なお、本書が成るにあたり、終始激励と協力を惜しまれなかった成文堂社長 阿部成一氏、編集部 篠崎雄彦氏に感謝の意を表したい。

2016年10月　　　　　　　　　　　　　　　訳者を代表して

　　　　　　　　　　　　　　　　　　　　光　藤　景　皎

目　　次

訳者はしがき （*i*）
序　文 （*v*）
凡　例 （*vii*）

導入問題 ………………………………………………………………… *1*

第1章　準備手続（捜査手続） ……………………………… *5*

 1 準備手続の基礎　（*5*）
 2 捜査手続の開始　（*7*）
 3 刑事訴追における検察官の地位と任務　（*10*）
 4 起訴前手続における警察と捜査補助官　（*17*）
 5 起訴前手続における捜査判事　（*21*）
 6 弁護人及び補佐人　（*24*）
 7 被疑者・被告人とその尋問　（*40*）
 8 勾留、仮収容、仮逮捕　（*56*）
 9 物品の押収　（*76*）
 10 捜索、検査、DNA型検査　（*85*）
 11 その他の基本権侵害を伴う捜査処分　（*99*）
 12 手続打切りと起訴強制　（*113*）
 13 捜査の終結と公訴提起　（*122*）

第2章　中間手続 ……………………………………………… *135*

第 3 章　公判手続 …… *143*

1　公判の準備と構成　*(143)*
2　職業裁判官と素人裁判官、除斥と忌避　*(148)*
3　職権主義と訴訟指揮　*(160)*
4　手続関与者の出廷・在廷　*(178)*
5　公判の公開性　*(193)*
6　公判の口頭性及び直接性　*(205)*
7　訴訟条件及びその証明　*(217)*
8　証拠法の一般的基礎　*(223)*
9　証　人　*(251)*
10　鑑定、検証、書証　*(278)*
11　調　書　*(296)*
12　評議、評決、判決　*(303)*

第 4 章　通常の法的救済手続（上訴）…… *317*

1　上訴総論　*(317)*
2　個別の法的救済　*(331)*

第 5 章　確定力、執行、再審 …… *357*

第 6 章　特別の手続形式 …… *377*

事項索引　*(397)*
条文索引　*(409)*

序　文

　本書は、私が1967年に初めて刊行したものであり、それ以来約40年の長きにわたって版を重ね、多くの学生達に、世代を超えて、基本的な補助教材として愛用されてきました。本16版は、私自身ではなく、私の同僚であり、友人であり、私のかつての教え子でもあったアッヘンバッハ氏によって改訂されたものです。私は、喜んで、彼に本書の継続を委ねました。その理由として、第1に、私は、この間に実体刑法に関する多くの著述を求められ、訴訟法に関する学生向けの文献を十分検討するための時間が取れなくなっていました。また第2に、アッヘンバッハ氏は、刑事訴訟法の専門家であり、既に大学を卒業し私の助手であった時期から本書に深く貢献し、その後教授になってからの数十年間においても貴重なアドバイスを与えてくれた人です。それゆえ、アッヘンバッハ氏は、文字どおり私の「適任の」後継者なのです。彼の改訂を注意深く読んでみると、彼が本書を私の意に沿ってかつ大変巧みな教授法によって、最新の水準に仕上げていることが分かります。私は、彼の監修の下で、これまでと同様に本書が支持されることを期待します。

2006年5月　　　　　　　　　　　　　　　　　　ミュンヘンにて
　　　　　　　　　　　　　　　　　　　　クラウス・ロクシン

　本書の改訂を私の学問上の師であるロクシン先生から引き継ぐことを許されたことは、私にとって大きな名誉であり、また喜びでもあります。編者の交代は、第1次司法試験が新たな形式となり、必須科目と選択科目との関係が変更されることに向けた過渡期に当たりました。私は、このような新しい条件の下にあっても、ロクシン先生が示した本書特有の個性を可能な限り維持しようと努めました。立法者が基本権を制限する新たな捜査手段を創設することに向けた慌ただしい動きは、それに対応した新しい章の設定を必要とさせるものでした。しかし、それ以外は、本書の構成を従来から変えず、そのままにしておきました。

また、新版でも、基本知識と重点問題との区別が個別事例ごとの番号付けによって分かるようになっていますが、この区別は、試験と勉強との新たな構成に適合し得るものともなっています。それに対応して、太字の番号は必須の基礎知識、斜体の番号は重点の応用問題を示しています。私は、素材の内部的な構成を明らかにするために、それぞれのテーマについてのキーワードを太字で強調することにしました。

　前版の編集が終了して以来9年が経過しました。この間に55もの関係法規の改正が行われましたが、それらは、その全体において刑事手続の様相を著しく変更し、基本権への介入に向けた多様かつ新たな機会の創設を目的とするものでした。基本的でありかつ細部の問題にとっても重要な連邦通常裁判所及び他の裁判所の判決、更には連邦憲法裁判所、欧州人権裁判所、欧州司法裁判所の判決も考慮しなければなりませんでした。代表的なものとして、刑事訴訟における合意実務についての連邦通常裁判所大刑事部の新判例が挙げられます。立法、判例、文献は、2006年2月現在のものですが、一部それ以後のものも含まれています（連邦通常裁判所刑事判例集（BGHSt）は50巻3号まで、連邦憲法裁判所判例集（BVerfGE）は113巻まで）。

　本版の準備に向けてご協力いただいた *Antie Berg* 氏、*Matthias Dominok* 氏、*Britta Tornow* 氏に対し、感謝の意を示します。また、読者からの批判や提案はいつでも大歓迎です（メールアドレス：Professor-Achenbach@uos.de）。

2006年5月　　　　　　　　　　オスナブリュックにて

　　　　　　　　　　　　　　　ハンス・アッヘンバッハ

凡　例

● **文　献**

Ⅰ．刑訴法の基本書・演習書

Beulke, Werner, Strafprozessrecht, 8. Aufl., 2005

Hellmann, Uwe, Strafprozessrecht, 2. Aufl., 2006

Henkel, Heinrich, Strafverfahrensrecht, Ein Lehrbuch, 2. Aufl., 1968

Peters, Karl, Strafprozeß, Ein Lehrbuch, 4. Aufl., 1985

Roxin, Claus, Strafverfahrensrecht, 25. Aufl., 1998

Volk, Klaus, Grundkurs StPO, 4. Aufl., 2005

Ⅱ．刑訴法・裁判所構成法の注釈書

AK, Alternativkommentar (=Kommentar zur Strafprozeßordnung, Reihe Alternativkommentare) in drei Bänden (30 Bearbeiter): Bd. 1 (§§1-93), 1988; Bd. 2, Teilbd. 1 (§§94-212b), 1992; Bd. 2, Teilbd. 2 (§§213-275), 1993; Bd. 3 (§§276-477), 1996

KK, Karlsruher Kommentar, Strafprozessordnung. Gerichtsverfassungsgesetz, hrsg. von Gerd Pfeiffer, 5. Aufl., 2003

Meyer-Goßner, Lutz, Strafprozessordnung, Kurzkommentar, 48. Aufl., 2005

LR, Löwe/Rosenberg, Die Strafprozessordnung und das Gerichtsverfassungsgesetz mit Nebengesetzen, Großkommentar, hrsg. v. Peter Rieß, 25. Aufl., 1997〜

Eb. Schmidt, Eberhard, Lehrkommentar zur Strafprozeßordnung und zum Gerichtsverfassungsgesetz, 1957〜

SK, Systematischer Kommentar zur Strafprozessordnung und zum Gerichtsverfassungsgesetz, von Hans-Joachim Rudolphi u. a. (Loseblatt), Stand Oktober 2005

Ⅲ．その他

Lackner, Karl/**Kühl**, Kristian, Strafgesetzbuch, Kommentar, 25. Aufl., 2004

Roxin, AT, Claus, Strafrecht, Allgemeiner Teil, Bd. 1, 4. Aufl., 2006

Schönke, Adolf/**Schröder**, Horst, Strafgesetzbuch, Kommentar, 27. Aufl., 2006

LK, Leipziger Kommentar, Strafgesetzbuch, 11 Aufl., 1992〜

訳者注記　上記文献は、既に改訂されているものもあるが、本文引用との対応を考慮して、原書記載のまま掲載した。また、原書には、上記以外にも多くの参考文献が掲載されているので、併せて御参照願いたい。

● **法令名（全てドイツ法）**

文中略記	名　　称	ドイツ語略記
（なし）	刑事訴訟法	StPO
刑	刑法	StGB
基	基本法	GG
行刑	行刑法	StVollzG
刑事過料準則	刑事手続及び過料手続に関する準則	RiStBV
憲裁	連邦憲法裁判所法	BVerfGG
裁	裁判所構成法	GVG
少	少年裁判所法	JGG
道交	道路交通法	StVG
登録	連邦中央登録簿法	BZRG
補償	刑事訴追補償法	StrEG
民	民法	BGB
民訴	民事訴訟法	ZPO

● **設問についての指示**

　太字の番号が付いている設問は基礎知識を、斜体の番号が付いているものは応用問題を取り扱っている。

導入問題

> **問1** 刑事訴訟法は何年に制定され、現在はどの版が適用されているか。

　刑事訴訟法は、帝国司法法の一つとして1877年2月1日に公布され、1879年10月1日に施行された。1987年4月7日の改正法が公布されるまで、80回以上の小改正によって修正が加えられた。以後も同様に、更に80以上の改正法によって、継続的に修正が加えられている。ドイツ統一以後は、この刑事訴訟法は、旧東ドイツの領域にも適用されている。統一条約8条参照。ただし、付属書Ⅰに一定の例外が認められている（BGBl. II 1990, 933 f.）。

> **問2** 刑事訴訟法は、刑事手続について本質的な規定を全て含んでいるか。

　いいえ。1877年1月27日に成立した裁判所構成法の1975年5月9日版は、事物管轄、個々の裁判所の構成と組合せ（第1章～第9a章、1条～140a条）、検察組織（第10章、141条～152条）、裁判所の外部的活動に関する刑事手続に限定されない一般原則（第11章～第17章、153条～202条。例えば、公判の公開性や、裁判体における評議と評決についての規定など）を規定している。

　これ以外の刑事手続にとって本質的な規定は、基本法（101条、103条、104条）、欧州人権条約（第1章、2条～8条）、刑法（刑事告訴に関する77条～77e条、時効に関する78条～79b条）、少年裁判所法（33条～81条）に置かれている。

　これら法律規定の他に、行政命令がある。これは、司法大臣会議によって全州及び連邦に対して統一的に規定され、ドイツ全土で統一的に適用されるものであり、手続の詳細を定めたものである。その中で最も重要なのは、刑事手続及び過料手続に関する準則である（本準則は、*Meyer-Goßner*, Anh. 15に登載されている）。

> **問3** 刑事訴訟法は、どのような構造になっているか。

刑事訴訟法は、8編から構成されている。第1編（「総則」、1条～149条）は、手続の全過程に通用するテーマを取り扱っている。例えば、裁判所の土地管轄（7条以下）、証人及び鑑定人の責務と権利（48条以下、72条以下）、差押え、捜索、その他の捜査処分の実施（94条以下）、拘禁及び仮逮捕の条件（112条以下）、被疑者・被告人の尋問〔取調べ〕（133条以下）、被疑者・被告人の弁護（137条以下）である。

第2編から第4編は、時系列に従って、「第1審手続」（151条～295条）から「上訴」（296条～358条）、更に「再審」（359条～373a条）に至るまで訴訟活動の経過を記述している。

第5編は、「手続への被害者参加」を規定している（374条～406h条）。これは、刑事手続において一般的に、又は私訴、公訴参加、民事上の損害賠償請求に際して特別な形で生じる。第6編は、「手続の特殊な形式」（407条～444条）、すなわち略式命令、保安手続、簡易迅速手続、没収及び財産差押手続、秩序違反法30条による法人及び団体に対する過料決定に関する手続を定めている。第7編（449条～473条）は、「刑の執行」と「訴訟費用」を対象とする。最後に第8編（474条～495条）は、手続を超える目的のための情報使用、データ処理、州際間での検察による手続登録を規定している。

概観を把握するために *Roxin,* Einführung zur StPO-Ausgabe, Beck-Texte im dtv. を読みなさい。

問4 刑事訴訟法は、通常の刑事手続の他に、合意による刑事手続をも認めているか。

この点は争いがある。刑事訴訟法規定には、確かに、合意の要素が見られる（例えば153a条によると、被疑者・被告人に賦課又は遵守事項を履行する用意がある場合、検察官又は裁判所の更なる訴追の免除を得る可能性がある）。立法者は、これまで、手続関係者——裁判所、検察官、被疑者・被告人、弁護人——の間で広く合意を許す手続形態を定めてこなかった。しかし、実務では、そのような合意は基本的に許されるとされてきた（BGHSt 50, 40. 問241、440を見よ）。ただし、連邦通常裁判所は、立法者に対して、判決合意の許容性と、必要に応じてその本質的要件と限界付けを規定するよう要求

している。〔訳者注:ドイツでは、2009年改正により、判決合意手続(Verständigung)が法定されている(BGBl. I 2009, S. 2353. その中核規定として257c条)。また、2013年には、連邦憲法裁判所がその合憲性を認めている(BVerfGE 133, 168)。〕

第1章　準備手続（捜査手続）

1　準備手続の基礎

> **問5**
> a) 刑事手続は、準備手続又は捜査手続から始まる。現在、この両概念は、同じ意味で用いられている。しかし、今までもそうであったか。
> b) 準備手続にはどのような役割があるか。

　a）いいえ。当初は、現在のような捜査手続のみの単純な準備手続に加えて、重要な刑事事件に関しては2段階的な準備手続があった。そこでは、検察官による捜査手続に続いて、予審判事による裁判所の予審が行われていた。しかし、このような手続形態は、1975年に廃止された。

　b）準備手続では、刑事訴追官庁によって、被疑者に対する公訴提起のための十分な根拠があるかどうかが捜査されることになっている（170条）。

> **問6**　準備手続を支配する三つの**基本原則**とは何か。

　国家訴追主義、弾劾主義、起訴法定主義である。

> **問7**　**国家訴追主義**とは何か、それはいかなる範囲で妥当するか。

　国家訴追主義（職権訴追主義）によると、刑事手続の開始と刑事訴追は、国家の責任となる。親告罪及び授権罪は、この原則の制限となる。これらの場合、国家に委ねられる刑事手続の遂行は、告訴権者（例えば刑247条）又は授権者（例えば刑194条4項）の行為に条件付けられる。また、私訴犯罪（374条以下）の場合、被害者は、刑事訴追について決定を下すだけではなく、検察官が訴追を引き受けない限りで訴追を担当することもできる（377条）。歴史的に、国家訴追主義に対立してきた原理は、ゲルマン法の私訴及びローマ法の民衆訴追主義である。

> **問 8　弾劾主義**とは何か。それはいかなる目的に貢献し、その淵源はどこに求められるか。

　弾劾主義によると、刑事訴追と判決発見は、二つの相互に独立した主体、すなわち検察官（場合によっては私訴原告）と裁判所に分けて委ねられる。つまり、裁判所の判決は、事前の、原則として検察官によって提起されるべき起訴がなければ下すことができない（151条、152条1項）。その点に、普通法時代の糾問主義的訴訟との根本的な違いがある。そこでは、刑事訴追と判決が同一の裁判官に委ねられていた。そのような手続は、判決宣告における裁判官の予断の危険をもたらす。弾劾主義は、そのような危険を避けるべきものである。この弾劾主義は、ドイツでは、19世紀に初めて（1848年以来）、各州の訴訟法に導入された。その際、フランスの影響が決定的であった（1808年フランス刑事訴訟法典）。

> **問 9　起訴法定主義**は、どのように理解されるべきか。それは職権主義とどのような関係にあり、その機能はどのようなものであり、ドイツ刑事訴訟法ではどの程度実現されているか。

　起訴法定主義は、可罰的かつ裁判上訴追可能な行為があるとの十分な根拠が存在する場合に、刑事訴追官庁の介入義務を基礎付け（152条2項、163条、165条）、検察官において必要とあれば起訴すべき義務を基礎付ける（BVerfG NStZ 82, 430）。起訴法定主義は、職権主義と相関する概念である。すなわち、国家の訴追独占及び起訴独占には、訴追義務及び起訴義務が対応する。この義務は、法の下の平等を保障し、刑事訴追官庁を不公正な影響から守る。これに対する原則は、訴追裁量の原則によって指導された**起訴便宜主義**である。この原則は、過料手続に適用され（秩序違反法47条）、刑事手続でも私訴犯罪に妥当する（376条、377条2項）。また、153条以下による不訴追も、大抵のものは起訴便宜主義に含められる。

2 捜査手続の開始

問10
a) 刑事手続は、どのようにして開始されるか。
b) 捜査手続の開始は、どの程度の嫌疑を条件とするか。

a) 3種類ある。すなわち、刑事訴追機関による職務上の認知に基づく場合、刑事告発に基づく場合、刑事告訴に基づく場合である。

b) 起訴法定主義によると、いわゆる**単純な嫌疑の端緒**によって、刑事訴追機関の基本的な介入義務が存在する（152条2項）。前述のとおり、訴追可能な犯罪であることについての「十分な事実的根拠」と記述されている。これは、そのような犯罪が存在することについての、具体的事実によって裏付けられた犯罪捜査経験上基礎付けられる根拠であると考えられている。単なる推測では足りない。

問11 職務上の認知に基づいて刑事訴追を開始する義務を負う者とは誰か。

検察官（160条1項）、警察（163条1項）、「遅滞の危険がある場合」には裁判官（165条）である。

問12 検察官Sは、新聞を読んでいて、麻薬を提供するとの広告を見付けた。Sには、捜査手続を開始すべき義務があるか。

はい。自ら現認した者だけが訴追を義務付けられるのではない。信用できる噂や、裁判所の記録又は新聞から得たヒントも追跡しなければならない。その場合、検察官は、160条1項にいう「その他の方法で」、犯罪嫌疑を職務上認知したことになる（KK/*Wache*, § 160 Rn. 12）。検察官は、160条1項に反して事実関係の探求をしなかった場合、刑法258a条（公務上の処罰妨害罪）による処罰が問題となる。ただし、問13参照。

問13

a) 警察官Pは、ある強盗から内密の個人的な連絡を受けた。しかし、Pは内勤であったため、このような事案についての捜査権を持っていなかった（BGHSt 5, 225）。

b) 市長であり、地域の警察署長でもあったSは、職務外で重傷害事件の発生を知ったが、これは同一会派のメンバーがその地域内で実行したものであった（BGHSt 12, 277）。

上記両名は、いずれも刑事訴追を開始しなければならないか。

　職務外で得られた認識は「職務上の認知」に属するのか、またそれによって訴追の開始を義務付けるものであるのかという問題は、最終的に解明されていない。判例は、職務遂行中に可罰的行為の情報が入ってきた場合で、「その犯罪により社会又は個人の特に重要な法益が侵害される」場合に限り、義務を肯定している。刑法138条の列挙は、この点について一定の指針を与えるが、それは限定的なものではない（BGHSt 38, 388, 392. これを支持するものとしてBVerfG NJW 03, 1030）。通説は、この基準が非常に不明確であることを理由に可罰性を否定しているが、その一部は、懲戒法上の制裁を肯定している（この点についてLK/*Rieß*, § 160 Rn. 27 ff. を見よ）。連邦通常裁判所は、本問事例において、刑法旧346条（現258a条）による可罰性を認めている。設問aのような場合、特に行為者が黙っていることの見返りに相応の代償を得たことも、その理由とされている。

問14 警察官Pは、同僚Kと一緒に横領罪を実行した。Pは、Kに対する刑事訴追を開始すべき義務を負うか。

　いいえ。犯罪の共同正犯、共犯、事後的共犯〔犯人隠避罪など〕は、職務上それを認知した場合でも、訴追を義務付けられない。しかし、判例によると、この自己庇護特権は、職務法上の制裁の危険しかない場合には適用されない。

問15 Mは、窃盗の被害に遭った。Mは、以下の場合、それを誰に対して、ど

のような方法で行うことができるか。
 a) 刑事告発をしたいと思った場合。
 b) 住居侵入罪について刑事告訴をしたいと思った場合。

a) 刑事告発は、検察庁、警察、区裁判所で行うことができる。それは、文書を提出するか又は口頭で（電話でも可）調書が作成される方法による（158条1項）。秘密の告発も許されている。

b) 刑事告訴も同様であるが、警察では文書提出の方法のみ許されるという点に違いがある（158条2項）。

刑法77条以下による刑事告訴権について *Kundlich*-Strafrecht Allgemeiner Teil (PdW Heft 9), Fragen Nr. 156 ff. 参照。

問16 Mは、検察庁に、侵入窃盗罪を理由に刑事告発した。これは、同時に、住居侵入罪を理由とする刑事告訴としても妥当するか。

刑事告発の内容から、親告罪の点でも行為の訴追を求めるとの被害者の意思がはっきりと読み取れる場合には、そのように妥当する（BGH GA 57, 17）。また、調書化された刑事告発は、告発者がそこで訴追意思をはっきりと表明していた場合も、刑事告訴の効力を持つ（BGH NStZ 95, 353）。

問17 20歳のXは、父親から5000ユーロを盗み、その金銭を持って逃亡した。検察官は、刑事告訴（刑247条）がなされる前に訴追活動を開始することを許されるか。

はい。この結論は、127条3項、130条から明らかである。これによると、刑事告訴がなされる前に仮逮捕し、また勾留命令を発することもできる。ただし、検察官は、告訴前においては、通常はそうしなければ重要証拠が失われてしまう虞がある場合に初めて介入するものとされている（刑事過料準則6条1項2文）。刑事告訴が行われない場合、又は告訴期間が過ぎたことが判明した場合、手続が打ち切られなければならない。

3 刑事訴追における検察官の地位と任務

問18 検察の組織は、どのように構成されているか。

①連邦検察庁（連邦通常裁判所付）の長官は、連邦検事総長と呼ぶ。その下には、連邦検事がいる。これら全ての上位に、連邦司法大臣がいる（裁142条1項1号、147条1号）。

②高等検察庁（高等裁判所付）の長は、検事長である。その上位者は、州司法大臣である。

③地方検察庁（地方裁判所付）の長は、検事正である。その下に、地方裁判所付検事と、管轄区域内の区裁判所付検事及び区検事がいる。検事正の上位者は、検事長と州司法大臣である。

②と③についての規定は、裁判所構成法142条、146条、147条に定められている。「検事長」及び「検事正」という表現は、刑事訴訟法にも裁判所構成法にもない。この表現は、30年ほど前に登場し、現在は州法に定めがある。LR/*Boll*, § 142 GVG, Rn. 12 ff. 参照。

問19 検察官の職務には、どのような専門教育が必要か。

検察官は、裁判官資格を有していなければならない（裁判官法122条）。ただし、区裁判所でのみ検察の任務を行うことができる区検察官（裁142条1項3号、2項、145条2項）は、裁判官資格保持者である必要はない。彼らの基礎的能力の条件は、州法によって規定されている。ほとんどの場合、上級の司法キャリアを持った公務員又は司法修習生が、検事に任ぜられる。

問20 検察官は、行政官か又は司法権に属する司法官か。

どちらでもない。検察官は、**独立の司法官庁として、**（裁判所ではなく）**司法の機関**である。これによって、検察官は、執行権と司法権の架橋をなす者である（*Meyer-Goßner*, Rn. 5 ff. vor § 141 GVG）。検察官は、（裁判所と機能分配をして）刑事司法を委ねられ、それゆえ法の実現に際して真実と正

義の追求のみ義務付けられるという点で、純粋の行政官庁と区別される。しかし、検察官は、司法権にも属さない（争いがある）。なぜなら、手続を決定し、既判力を創造する判決宣告は、裁判官のみに委ねられているからである（基92条）。検察の階級組織的な構造とその指揮拘束性（裁144条〜146条）も、裁判官との同等性を否定させる。

> **問21** 検察官Sは、謀殺事件の捜査に当たり、有罪方向の証拠に加えて被疑者に有利な要素も発見した。Sは、このような事情を被告人の有利に考慮しなければならないか、又はそのようなことは弁護人に任せておけばよいか。

検察官は、被疑者・被告人に有利な事情を独自に捜査しなければならない（160条2項）。つまり、検察官は、当事者ではない。このことは、296条2項、365条（有罪判決を受けた者に有利な上訴提起と再審申立て）も示している。また、検察官の非当事者性は、その司法機関としての地位からも必然的に導かれる。なぜなら、真実と正義は、非常に厳格な客観性の下でのみ保障されるものだからである。

> **問22** 検察官Sは、捜査の際に、事態を客観的に評価せず、被疑者に有利な事情を考慮していないとの印象を持たれた。Sは、不公正を理由に忌避される可能性があるか。

はい。この結論は、22条以下は検察官に適用されないために、法律上直接的に導かれるものではないが、検察官は真実と正義に拘束される者であること、すなわち検察官の客観性義務から導かれるものである。判例も、予断を持った検察官は交代させられるべきとしている。しかし、検察官の忌避を裁判所構成法施行法23条による出訴によって申し立てることはできない（疑問なのは BGH NJW 80, 845）、事前に裁判官として関与していたことを理由に忌避されるべき検察官の関与は上告を理由付けるものでもない（BGH NStZ 91, 595）と解されている。詳細は *Beulke,* Rn. 93 ff.; *Hellmann* Rn. 102 ff.

問23

a) 検察官は、銀行家Bに対するHの告発について、比較的長期間の捜査を行った上で手続を打ち切った。Hの不服申立ては、検事長によって棄却された。連邦検事総長は、訴追を再度開始するよう指揮できるか。
b) 州の検事長は、連邦通常裁判所へ上告した。連邦検事総長は、そのような上告を取り下げること、又は取下げを命じることができるか。

a) いいえ。裁判所構成法146条によると、検察官は上司の**職務上の命令**に拘束されるが、連邦検事総長は、州の検察官の上司ではない（問18参照）。

b) いいえ。連邦検事総長は、せいぜいのところ、連邦通常裁判所での手続において、上告棄却を申し立てることができるだけである。

問24

a) 検察官は、医師Xに対して、過失致死罪を理由に捜査手続を開始した。その嫌疑は、患者Pを適切な時期に手術しておけば救助できた可能性があるという点に基づいている。Xは、自分は非難されるべきものではなく、それゆえ自身の訴追は事実的及び法的理由から恣意的かつ許されないものであると考えている。Xは、高等裁判所での裁判所構成法23条以下による手続において、基本法19条4項を援用して捜査手続の打切りを申し立てた。これは正しいか。
b) また、Xは、他の医師も手術の不作為について自分と同じ責任がある、したがって、彼らに対しても捜査しないのは恣意的であると考えた。それゆえ、Xは、これらの医師に対しても捜査が開始されるべきであると申し立てた。これは正しいか。
c) 検察官は、裁判所より提案された153条以下による手続打切りへの同意を拒絶した。被告人は、これに対して、何らかの法的手段を採ることができるか。
d) 検察官は、捜査手続について新聞発表をした。Xは、既に手続が中止されていたが、その発表によって侮辱されたと感じたため撤回を申し立てた。そのような訴えは可能か。

a) いいえ（OLG Karlsruhe NStZ 82, 434）。そもそも、裁判所構成法施行法23条は、基本法19条4項の権利行使において、司法行政行為の審査を求めるための補助的な法的手段にすぎない。確立した判例によると、検察官の捜査は本来の司法行政行為ではなく、機能的には司法に位置付けられる

べきものであり、終局処分の準備に向けた非独立的な個別の措置としてそれのみに異議を申し立てることはできない（BVerfG NStZ 04, 447は、検察官の客観的に恣意的な行為について十分根拠のある説明がなされた場合を例外とするが、支持されるべきである）。こう解することのみが、検察官（裁判所ではない）が責任を負う捜査手続の構造にも相応しいのである。また、基本法19条4項も、これに反するものではない。なぜなら、後に公訴提起された場合には、裁判所によるコントロールが保障されるからであり、手続打切りの場合には、通常は権利侵害が存在していないからである。しかし、権利侵害があった場合には、職務上の責任に対する損害賠償請求権〔国賠請求〕（場合によっては刑344条）が事後審査を保障する。もっとも、損害賠償請求権は、捜査手続の開始又は継続が恣意的かつ是認できない場合に限り認められる。検察官は、この点で、判断裁量を有しているのである（BGH NStZ 88, 510）。

b）いいえ（BVerfG NStZ 82, 430）。確かに、検察官は、起訴法定主義（152条2項）によって、全ての容疑者を捜査するよう義務付けられている。本問の検察官は、この義務に違反しているかもしれない。しかし、Xは、そのような不作為によって権利が侵害されているわけではない。基本法2条及び3条のいずれも、他人に対する訴追措置を請求する権利を基礎付けるものではない（BVerfG aaO）。

c）いいえ。このような拒絶は、裁判所構成法施行法23条によって異議申立てできるような司法行政行為ではない。検察官がその訴訟上の権限をどのように行使するかは、その裁量に委ねられている（OLG Hamm NStZ 85, 472）。

d）本問の場合、行政裁判所への出訴が可能である（BVerwG NJW 89, 412; NJW 92, 62）。裁判所構成法施行法23条による出訴は認められない。なぜなら、報道発表は刑事司法ではなく、社会の知る権利に資するものだからである（異なる見解として OLG Karlsruhe NJW 95, 899; OLG Stuttgart NJW 01, 3797）。

問25 各州の検察官による、連邦で統一された刑事訴追の可能性もあるか。

狭く限定された範囲に限りである。裁判所構成法142a条、74a条2項、

120条1項、2項の規定は、連邦検事総長に、一定の重大犯罪（特に国家保護犯罪と殺人罪）について刑事訴追を引き受けることを可能にしている。

問26 検察官Sは、上級検察官より、詐欺罪の公判で裁判所から提案された手続打ち切り（153条2項）には同意しないようにとの指示を受けた。しかし、それにもかかわらず、Sは同意した。この同意は有効か。

はい。内部的な義務違反は、外部的行為の有効性を妨げない。職務を執行する検察官は、指図に従っているかどうかに関係なく、法的には常に検察を代表して（裁144条）行為するのである。

問27 検事長は、州の官僚が関わる特定の収賄事件を訴追しないよう指示した。検察官は、この指示に拘束されるか。

いいえ。指示権（司法大臣の場合も同様）は、起訴法定主義によって制限される。このことは、現在争いはない。検察官がこの原則に反する指示をした場合や、そのような指示に従った場合には、その検察官は刑法258a条によって処罰される。

問28 検察官Sは、窃盗事件について起訴するよう指示されたが、自身は、その捜査の結果から公訴提起に十分な根拠はないと判断していた。Sは、この指示に従う義務があるのか。

指示権の限界は、詳細には解明されておらず、争いがある。検察官は、真実と正義にのみ義務付けられる司法機関であるとのその地位からすると、「自身の良心に従って、事実点において何が裁判所に対するその申立てを基礎付けるべきものであるかを判断できる」のでなければならない（*Eb. Schmidt*, MDR 64, 716）。つまり、Sは、自身の確信に反して起訴することを義務付けられない（公判における弁論、上訴提起、勾留請求などについても同様である）。しかし、検察の上位者は、裁判所構成法145条により、自ら事件を引き取ること（**職務引取権**）、又は他の検察官にその実行を委託すること（**職務移転権**）ができ、そうすることで自身の確信を通すことができる。

問29 検察官Sは、上司から、起訴するようにとの指示を受けた。しかし、Sは、事件が軽微であるために手続打切りが妥当であると考えていた。Sは、上司の指示に従わなければならないか。

はい。起訴法定主義の範囲外（153条1項）では、指示権は無制限に妥当する。主たる例として、153条以下、376条、377条（私訴の引受け）、刑法230条、248a条、303c条（特別の公的利益がある場合の職権での訴追）が挙げられる。この点で、大臣の指示も、それが裁量権の濫用でない限り許される。

問30 X地方裁判所付きの検察官は、自殺を阻止しなかったことは刑法323c条によって処罰されるものではないと考えている。しかし、その見解は、連邦通常裁判所の確立した判例に反するものであった（BGHSt 6, 147; 32, 367, 374参照）。検察官は、自身の法的見解に反して起訴しなければならないか。

検察官は起訴の際に**確立した最高裁判例**に拘束されるのか、拘束されるとしてそれはどの程度かという問題は、見解が分かれる。連邦通常裁判所（BGHSt 15, 155）は、これを肯定している。同裁判所は、起訴法定主義、権力分立及び法適用の単一性から拘束性が求められるとしている。また、大臣の指示が刑事訴追の進行に不当な影響を与える危険があるともされる。

しかし、この見解は、否定されるべきである（*Roxin* § 10 Rn. 12を見よ）。起訴法定主義は、法律上可罰的な行為の訴追のみを義務付けているのであって、可罰性の判断に際して裁判所の見解のみを基準にするようにとは述べてはいない。権力分立からは、司法権は裁判所に属することだけが導かれる。起訴又は不起訴は、司法権の行使ではない（問20参照）。法適用の統一性は、ドイツ刑事手続法の支配的原理ではない。裁判所でさえも、非常に狭い範囲に限り先例に拘束されるにすぎない。検察官は、自身の法的確信に反する大臣の指示には拘束されない。大臣は事件を自身に引き取ることはできないから（裁145条は大臣には適用されない）、執行権による不当な影響力行使の危険は存在しない。更に、裁判所構成法150条は、そのような拘束を否定する根拠となる。同条によると、検察官は、その職務執行において裁判所から独立のものである。

このような拘束性を否定する決定的な論拠は、司法官庁は全ての人を訴

追すること、及び責任がないと判断する人に刑事手続の負担（未決勾留、押収、捜索など）を負わせることを義務付けられないという点にある。検察官は法の実現に奉仕しなければならないというのであれば、検察官にとって、——裁判官と同様に——法律の拘束の下で自身の確信に基づいて正しいと思ったことのみが「法」である。

> **問31** 検察官の判例に対する拘束（175条のように法律に明示されているような個別の場合は除くとして）を否定する場合、それは、弾劾主義の理解にどのように影響するか。

弾劾主義は、審理する裁判官の予断を防止するという訴訟心理的な機能を持つだけではない（問8参照）。その原則は、同時に、検察官を刑事訴追の最初から「どこででも法律の要求が満たされている」よう活動すべき「法の番人」（*Savigny*）に仕立て上げるのである（これに反対なのはBGHSt 15, 155）。これによると、二つの相互に独立した司法機関（検察官と裁判所）がある行為を一致して可罰的と判断することが、有罪判決の条件である。

> **問32** 起訴前手続における**検察官の任務**は何か。刑事訴訟法は、この任務を果すためにどのような**権限**を検察官に与えているか。

検察官は、公訴を提起すべきかどうかを判断し（170条）、この判断に向けて「事実を究明」しなければならない（160条1項）。161条1項によると、検察官は、「他に特別の規定がない限り、全ての官庁に回答を要求すること、あらゆる種類の捜査を自ら行うこと、又は他の公務員及び警察官に行わせること」についての権限を有している。しかし、この**捜査の一般条項**の適用範囲は、本質的に、その規定の文言が示しているよりも狭い。一般的な見解によると、その強さにおいて法律上規定された介入に匹敵する全ての処分は、この規定から除外される（LR/*Rieß*, § 160 Rn. 9a）。基本権の本質的な制限（ここでは基2条2項2文）は、十分に特定された明確な法的根拠が必要であり、一般条項では不十分である（*Hellmann*, Rn. 134, 146 f.; *Perschke*, Die Zulässigkeit nicht spezialgesetzlich geregelter Ermittlungsmethoden im Strafverfahren, 1977, S. 51 f., 103, 139）。特別に規定された権限は、個々

4 起訴前手続における警察と捜査補助官

問33 警察は、起訴前手続において、どのような活動をするか。

　警察は、検察官の法的な全体責任の下で、犯罪の訴追に協働する。それは、以下二つの方法による。
　①警察は、検察官の要求がなくても、自ら捜査活動をしなければならない。刑事告発又は刑事告訴を根拠とする場合もあれば (158条)、職務上の認知に基づく場合もある (163条)。その際、警察は、検察官と同様に、起訴法定主義に従う (問9〜14参照)。しかし、警察は、「初動権限」を持つにすぎない。これにより、警察は、遅滞なく、その活動を更なる処分に向けて検察官に送致しなければならない (163条2項1文)。
　②警察は、検察官の嘱託又は請求に基づいて、あらゆる種類の捜索を行う義務がある (161条)。

問34 検察官は、警察の上位に位置付けられる官庁か。

　いいえ。警察は、組織的に検察官から独立している。警察は、司法官庁ではなく、諸州の内務省に置かれている。もっとも、警察には、「検察官の請求や嘱託に応える」義務がある (161条1項2文)。

問35 警察官Pは、ある交通事故を目撃した。Pは、血液検査のための採血を命じることができるか。

　81a条2項によると、そのような命令権限は、まずは裁判官にあるが、遅滞により調査結果が危うくなる場合には、**「検察の捜査員」**である限りで警察官にも認められる。公務員の中でどのような者がこの捜査員に当たるかは、裁判所構成法152条2項に従い、州法によって定められる。刑事はほぼ常に、その他の警察官は一定の基準（例えば巡査部長以上は無限定的

に）によって、検察の捜査員となる。したがって、解答は、Pが――緊急事案であることを前提に――検察官の捜査員であるかどうかによることになる。

問36 通常の警察官と検察の捜査員との実践的な違いは何か。

実践的に最も重要な違いは、「捜査員」が他の警察官よりも広範な命令権限を持っている点にある。捜査員は、「遅滞の危険」がある場合には、一連の緊急措置を命じることができる。一般的には、差押え（98条1項、111e条1項2文）及び捜索（105条1項）、被疑者の血液検査及びその他の身体検査（81a条2項）などである。

問37 銀行襲撃事件が発生し、強盗犯人たちは、人質を連れて逃亡した。そのため、人質の命が非常に危険な状態に陥っていた。担当検察官は、一般警察官Pと検察官の捜査員Kに、強盗犯人を戦闘無能力にするために射撃するよう命令した。しかし、Pらは、基本的に警察署長の命令に従うのみであると述べて、検察官の命令を拒絶した。
 a）Pらの対応は正しいか。
 b）警察署長は、自身が銃器使用を合目的的ではないと考えた場合であっても、検察官の要求に従わなければならないか。

a）161条1項2文によると、警察及び警察官は、法律上「嘱託」（一般の警察への要求）又は「請求」（＝捜査員に対する要求）と表される**検察官の指示**に従う義務を負っている。捜査員（ここではK）は、検察官の請求を実行するよう個人的に義務付けられているのに対して、その他の警察官は、通説によると（AK/*Achenbach*, § 161 Rn. 16; *Eb. Schmidt*, II, § 161, 10. 異なる見解としてLR/*Rieß*, § 161 Rn. 58）所属する官庁の機関として行動すれば足りる。しかし、本問のような要急事案では、そこから違いは生じない。なぜなら、Pにはしかるべき部署に要請する時間がないからである。PとKの拒絶理由は、適切ではない。〔訳者注：現在 Polizeiwachtmeister という用語は使われておらず、Polizeimeister と表現されている。〕

b）本問の解答は、銃撃命令が刑事訴追の範囲内で与えられたのか（こ

の場合、検察官の指示権は161条から生じる)、又は更なる危害の阻止と予防警察活動の範囲によるものか（この場合、検察官は指示できない）による（LR/*Schäfer/Boll*, § 152 GVG Rn. 25 ff.; *Meyer-Goßner*, § 161 Rn. 13. 詳しくは刑事過料準則附則 A 参照。*Meyer-Goßner*, Anhang 15を見よ)。事案の状況からは、後者に当たると認められるべきである。

> **問38** Xについて、窃盗を犯したとの嫌疑があったが、逃亡及び罪証隠滅の虞はなかった。警察官PがXのアパートを訪問し、取調べの目的で警察署への同行を求めたところ、Xは、これを拒絶した。Pは、Xを力ずくで警察署まで連行する権限があるか。

いいえ。

①1999年刑事手続法改正法163条1項2文は、確かに、警察にも、初動の範囲では「他の法律に特別の定めがない限りで、あらゆる種類の捜査手段を用いる」**権限**を与えている。しかし、捜査の一般条項は、警察に関して、憲法上の法律の留保によって限界付けられる。検察官に関して、161条1項2文の捜査が限定されるのと同様である（問32）。

②127条2項による仮逮捕権は、全ての警察官に（検察官の捜査員だけでなく）当然に与えられるが、本問では、勾留命令の条件が備わっていないため除外される。

③警察の連行権限は、一部の州警察法に定めがあるが、そのような措置を犯罪解明のために使用することも正当化されるのかは問題がある。連邦通常裁判所の見解（BGH NJW 62, 1020）によると、刑事訴訟法規定は刑事訴追の領域に関して「完全かつ限定的なものであり、この領域における州法の適用を排除することは」当然であるとされている（特に基72条、74条1項1号及び刑事訴訟法施行法6条の観点で、同判決は、「州法の訴訟法規定は、全ての刑事事件について無効である。この領域については、刑事訴訟法の規定によって決定されるべきものである」と判示している）。警察の逮捕が直接には刑事訴追の目的ではなく、警察の一般条項の領域での危険回避に資する場合は、結論が異なる。例えば、行為者において直ちに反復の危険がある場合である。

問39 X市の警察は、刑事告発に基づいて、告発者と被疑者を取り調べた。警察は、更に自ら捜査をすることが許されるか、又はまず検察官に事件を送致しなければならないか。

163条2項1文によると、警察は、取調べの結果を遅滞なく検察官に送致し、その指示（161条）を待たなければならない。しかし、これに反して、警察が独自に捜査を最後まで行い、その後初めて検察官に起訴又は手続打切りの決定のために送致するという慣行が形成されている。いずれにしてもこのような展開は、法治国家的に疑わしい法律の無視を意味するのか、又は法律の有益な解釈を意味するのかは争いがある。一般の事案においては、警察は、上述のようにしたとしても163条2項1文の意味で遅滞したことにはならない。これに対して、このような領域外にあっては、検察官を遅滞なく介入させる義務がある。例えば、重大事犯、国家保護事犯、経済事犯や、中程度の犯罪で捜査が困難な手続などである（AK/*Achenbach*, § 163 Rn. 4）。

問40

a) 警察の組織は、周知のとおり、州法規定の下にある。それにもかかわらず、州の領域を超える警察の刑事訴追の可能性もあるか。
b) ドイツの警察官は、国境を超えて活動できるか。

a) はい。確かに、州の警察は、追跡の場合に限って（裁167条）州境を超えて活動できるにすぎない。しかし、「連邦警察局及び刑事警察上の事件における連邦と州の協働に関する法律」（連邦警察局法）は、警察による地域を越えた刑事訴追の可能性を定めている。

b) 1990年6月19日付けシェンゲン実施協定（国境での検査の段階的解体を対象とする……1985年6月14日付けシェンゲン協定を実施するための協定）によると、ドイツの公務員は、ドイツ国内の犯行現場で遭遇した犯人〔現行犯人〕の追跡を、一定条件の下で他の協定国の領域でも継続できる（緊急追跡。シェンゲン実施協定41条）。また、シェンゲン実施協定40条は、一連の前提条件の下で、相手国との間での合意を条件にドイツ国内で開始された保護観察の継続を認めている（詳細について *Ambos*, Internationales Strafrecht,

2006, § 12 Rn. 33を見よ)。

> **問41**
> a) **裁判所の補助者**とは何か。
> b) 裁判所の補助者の関与は、ドイツの刑事手続のどの場面で予定されているか。

a) 裁判所の補助者とは、政令により多くの州に置かれている制度で、裁判所及び検察官を犯罪者の人格やその環境の調査において支援すべき者である。それは、通常、中程度の重罪や軽罪、少年保護事件、少年犯罪や高齢者犯罪など、特別な事情において罪を犯した人による犯罪行為について活動する。裁判所の補助者は、制度的には、多くの場合司法機関に属するが、ベルリンでは社会機関に組み入れられている（刑法施行法294条参照）。*Meyer-Goßner*, § 160 Rn. 23 ff. を見よ。

b) 少年審判所法は、少年審判の補助者を手続の全ての段階で義務的に捜査、執行、社会化を補助する者として定めているのに対して（少38条、70条を見よ。秩序違反法46条6項にも注意）、刑事訴訟法は、（成年の）裁判所の補助者について、どちらかといえば付随的に言及するにとどまる。160条3項2文は、検察官は、起訴前手続において、「行為の法的効果を決定するために重要な」事情（160条3項1文）を調査するために裁判所の補助者を使用できると定めている。463d条は、同じく任意的な形で、各々権限のある執行機関は「453条〜461条〔刑の執行に関する規定〕による裁判の準備のために裁判所の補助者を用いる」ことができると定めている。これら二つの場合、裁判所の補助者は、調査及び助言の機能を有している。

5 起訴前手続における捜査判事

> **問42** 窃盗事件で捜査を指揮していた検察官は、以後の手続に重要な点について真実の供述を得るために、証人Zを宣誓の上で尋問する必要があると考えた。これは認められるか。

基本的に、はい。しかし、検察官自身は、宣誓をさせることができない（161a条1項3文）。検察官は、捜査判事（162条1項1文）に宣誓に基づく尋

問を委託しなければならない。もっとも、2004年7月1日の第1次司法現代化法以来、起訴前手続における証人の宣誓は、遅滞の危険がある場合又は証人が公判へ出頭しない虞がある場合に限られる。又、裁判所は、特に真実の供述を得るために不可欠であると判断する場合、自己の裁量によって宣誓させなければならない（62条、59条1項）。

問43 問42以外に、起訴前手続で、検察官自身は一定の措置を行うことができないため捜査判事の介入が必要とされるのは、どのような場合か。

そのような裁判官による予防的な法的規制の事例は、少なくない。そのような場合として、特に勾留（114条）、仮収容（126a条2項）、運転免許証の仮剥奪（111a条）については、裁判官のみが命令できる。検察官は、この場合、申立て行うことしかできない。他の多くの強制処分（例えば81a条、81c条、98条、98b条、100b条、100f条、100h条、105条、110b条2項、111条、111b条、111n条、163d条、163e条、443条参照）も、基本的に裁判官に命令権限が留保されている。検察官及び（大抵の場合）その捜査員は、遅滞の危険がある場合又はそうしなければ調査の目的が危うくなる虞がある場合に限り、自らその処分を行うことができる（この点について問32、36、136参照）。

問44 誰が、捜査判事としての管轄を有しているか。

原則として、検察官より申し立てられた行為が行われるべき地区の区裁判所の裁判官である（162条1項1文）。高等裁判所が第1審の管轄を持つ場合に限り、連邦通常裁判所又は高等裁判所の特別の捜査判事がその活動をできる（169条）。

問45 検察官は、（宣誓の必要もないのに）裁判官による証人尋問又は被疑者尋問を申し立てた。それには、どのような意味があるか。捜査判事は、尋問を行わなければならないか、又は検察官自身が証人又は被疑者を尋問した方がよいとの理由で尋問を拒絶できるか。

そのような申立ては、大抵、証拠保全の目的で行われる。すなわち、裁判官の尋問調書は、公判で頻繁に証拠として利用される（251条、254条）。そのような尋問は無条件で許されるために、捜査判事は、それを行わなければならない。162条3項によると、捜査判事は、申し立てられた行為の法的許容性のみを審査し、申し立てられた処分の合目的性まで審査することはできない。裁判官を検察官の申立てに拘束することは、司法権の独立性を侵害するものではない（基97条）。なぜなら、捜査判事は、この点で——予防的な法的規制の場合とは異なり——司法権の領域ではなく、検察官の職務補助者として活動する者だからである（BVerfGE 31, 43）。

> **問46** 捜査判事は、検察官より申し立てられた裁判官尋問の際に、証拠目的の差押え（94条）が直ちに必要であることを確認した。捜査判事は、検察官の申立てがなくても、自らこれを命令できるか。

はい。165条によると、区裁判所裁判官は、遅滞の危険がある場合には、「緊急の検察官」として必要な調査行為を職権で行わなければならない。これ以外には、警察が163条による「初動捜査」の際に裁判官による調査行為が「緊急に行われること」の必要性を認め、当該事象を検察官ではなく（しかしできる限り連絡すべきである）、捜査判事に直接送致するという場合がある（163条2項2文）。この捜査判事は、検察官と同じく中立であり、それゆえ被疑者の免責に向けても活動すべき者であるが（166条）、そうであっても「更なる処分」は検察官に委ねなければならない。このようにして、検察官が捜査手続の主宰者であることに変りはない（167条）。

> **問47** 以上をまとめてみよう。事前手続への捜査判事の介入を必要とさせる三つの任務とは何か。

①検察官にはできない（強制）処分を命令すること（問42、43）。
②裁判官による調査行為は検察官自身もできるが、これが証拠保全目的で要請されること（問45）。
③緊急の場合に捜査判事が一時的に検察官に代わって活動すること（問46）。

6 弁護人及び補佐人

問48 Xに対して、交通犯罪による捜査が行われている。
 a）Xは、どのような人を自分の**弁護人**として選任できるか。
 b）弁護人は、既に捜査段階から活動できるか。
 c）弁護人は、刑事訴訟において何に貢献する者か。

a）138条によると、ドイツの裁判所で許可された弁護士と、裁判官資格を持ったドイツの大学教員（専門学校の教員も含む。BGHSt 48, 350）が、弁護人として選任されることができる。

b）137条1項1文によると、被疑者・被告人は、手続の全ての段階で弁護人の援助を受けることができる。

c）弁護人の援助は、被疑者・被告人と、特別の知識と権力手段を備えた刑事訴追官庁との間の「武器対等」を確立すべきためのものである。弁護人は、裁判所に自身の依頼人に不利となる誤った裁判をさせないこと、及び手続保障の遵守に配慮することを任務とする（BGHSt 46, 53, 55）。連邦憲法裁判所（BVerfGE 110, 226, 252 f.）及び連邦通常裁判所（BGHSt 46, 53, 54）によると、有効な弁護を行う機会は、法治国家としての刑事手続に不可欠の構成要素である。そのような機会は、137条1項及び欧州人権条約6条3項c号によって制定法上保障されているだけでなく、基本法2条1項と法治国家原理及びそれに基づく公正な手続の保障との結び付きによって憲法上も保障されている。

問49 任務を分担するために、複数の弁護人を**選任**することもできるか。

はい。ただし、3人を超えてはならない（137条1項2文）。この制限により、被告人が多数の弁護人を選任することで、それら弁護人の頻繁な申立て及び陳述によって刑事手続を妨害する可能性を阻止するものとされている。連邦憲法裁判所（BVerfGE 39, 156）によると、137条1項2文は、憲法違反ではない。

問50

a) CとDは、強盗事件の共同正犯として、一つの刑事手続で共同で起訴されたが、彼らは、一人の弁護人を共同で選任したいと考えた。それは可能か。
b) CとDが同じ事務所に所属する弁護士XとYに弁護を依頼し、それぞれが一人ずつ依頼を引き受けるという場合はどうか。
c) Xは、Cに加えて、同じ犯罪の共同正犯として別の手続で起訴されているEも、同時に弁護したいと考えた。それは可能か。
d) 裁判所は、237条により、審理中の強盗事件を自身に係属中の他の刑事事件と併合した。Xは、Cに加えて、この別の事件で起訴されていたFも弁護することはできるか。

 a）いいえ。146条1文は、同一の行為について複数の被疑者・被告人を一人の弁護人が弁護することを禁じている。立法者は、この場合弁護人が事情によっては利益相反に陥る可能性があると考えたのである。なぜなら、そのうち一人の被告人の免責が、場合によっては他の被告人を負罪させることもあるからである。

 b）可能である。なぜなら、146条の文言が「弁護人」と表示しているからである。この概念は、はっきりと人に関係付けられるものであり、共同法律事務所に関係付けられるものではないからである（BVerfGE 43, 79; 45, 272, 295 ff.）。

 c）いいえ。146条1文における同時弁護の禁止は、同一行為の被疑者・被告人が一つの刑事手続で追及されるのか、又は複数の手続によるかで区別されていない。

 d）これは、146条2文により、明示で禁じられている。

問51

a) Xに対して、強姦罪による捜査手続が進められている。Xは、弁護人を選任していない。それにもかかわらず、Xに弁護人を付することができるか、またそうしなければならないか。
b) 娘Tへの性的虐待による捜査手続で、被疑者は、まだ弁護人を選任していない。被疑者は、168c条3項により、捜査判事によるT、被疑者の妻、Tの姉に対する尋問の席から排除され、また168c条5項2文により、その期日も

> 通知されなかった。この手続は正しかったか。

a) 重罪が対象となっているので（刑177条2項2号、12条1項）、**必要的弁護**事件に当たる（140条1項2号）。それゆえ、Xに国選弁護人が付されなければならない。弁護人は、遅くとも中間手続において、起訴状に関する陳述が要求される段階までに付されていなければならない（141条1項、201条）。しかし、既に起訴前段階においても（141条3項1文）、以後の公判に管轄を有する裁判所の裁判長より弁護人が任命されることもある（141条4項、142条）。

更に個別の事案では（例えば140条1項6号。精神病院での観察）、起訴前手続段階での国選弁護人の任命は、義務的なものともされている。〔訳者注：2009年7月29日付け未決拘禁法改正法（BGBl I 2009, S. 2274）により、勾留又は仮収容が執行された場合には直ちに弁護人の任命が必要的となった。〕

b) 連邦通常裁判所（BGHSt 46, 93）の見解によると、このような措置は、欧州人権条約6条3項d号によって保障される被疑者・被告人の権利、すなわち有罪証人に自ら又は弁護人を通じて発問する権利を侵害している。連邦通常裁判所は、168c条3項、5項2文による尋問からの排除及び期日の非通知を適法としている。しかし、141条3項2文は、検察官に、弁護人の関与が必要的であると認めるときは直ちに弁護人の任命を申し立てるべき義務を課している。連邦通常裁判所（BGHSt 46, 93, 97 ff.）は、この規定を条約に適合的に解釈して、発問権の正当な制限から生じる被疑者・被告人の「ハンディキャップ」は、弁護人の任命によって調整されなければならないと判示している（更にBGHSt 47, 172, 175 ff.; 47, 233, 235 ff. を見よ）。

> **問52**
> a) 選任方法以外に、私選弁護人と国選弁護人との間で違いはあるか。
> b) 国選弁護人と必要的弁護人は同じか。
> c) 司法修習生は、どのような条件の下で弁護人として活動できるか。また、司法修習終了後の任官資格者に弁護を委ねることができるか。

a) 弁護活動に当たって違いはない。しかし、国選弁護人への任命が許

されるのは弁護士のみであり、若干の場合に第1審に限り司法修習生も任命できる（142条1項1文、2項）。国選弁護人は、私選弁護人とは違って、原則として拒絶権を持たない（例外として連邦弁護士法49条、48条2項による重大な理由がある場合の免除）。被疑者・被告人も、国選弁護人を拒絶できない。しかし、被疑者・被告人には、弁護士を指名する機会が与えられ、実際に指名がなされたときは、重大な理由が妨げとならない限りその弁護士が任命されなければならない（142条1項2文、3文）。それ以外に、裁判長は、できる限り裁判所の管轄区域で許可を受けた弁護士を選任すべきとされている（142条1項1文）〔訳者注：142条1項1文は既に削除されている〕。しかし、特別な信頼関係が存在している場合には、申立てにより、地域外の国選弁護人も任命されるべきである（BGHSt 43, 153; OLG Hamm StraFo 02, 397, 398）。また、被疑者・被告人は、後に私選弁護人を選任し、国選弁護人の任命を取り消させることもできる（143条）。

b）いいえ。確かに、全ての国選弁護人は必要的弁護人として活動するが、逆に必要的弁護人が国選弁護人であるとは限らない。なぜなら、被疑者・被告人は、必要的弁護事件でも自ら弁護人を選任できるからである。

c）司法修習生は、国選弁護人として任命されるためには、最低15か月の実務修習に就いていなければならず（142条2項）、また自分が修習中の裁判所で弁護活動をすることは許されない。これに対して、司法修習生は、弁護士の一般的代理人として任命されているときは（連邦弁護士法53条4項）、その資格に就いてから12か月後以降は私選弁護人又は国選弁護人として活動できる（BGH NJW 75, 2351）。他方、司法修習後の任官資格者に、弁護を委ねることはできない。139条は、そのような拡張解釈を許さない（BGHSt 26, 319; BGH StV 92, 99）。

問53
a）刑事訴訟法は、弁護の必要性をどのように規定しているか。
b）140条2項は、どのような審理に意味を持つか。
c）上告手続にも、必要的弁護は適用されるか。
d）複数の国選弁護人を任命することはできるか。

---

a）140条1項は、弁護が必要的となるものとして、七つ〔訳者注：現在

は八つ〕の場合を挙げている。140条2項は、このカタログに一般条項を付け加えている。これによると、裁判長は、「行為の重大さ又は事実状況や法律状況の困難さゆえに、弁護人の関与が必要と思われる場合又は被疑者・被告人が自ら防御できないことが明白である場合」、まだ弁護人のいない被疑者・被告人のために——申立て又は職権により——弁護人を任命しなければならない。

b）地方裁判所又は高等裁判所が第1審として審理する場合又は被疑者・被告人に重罪が追及される場合には、常に弁護人が任命されなければならない（140条1項1号、2号）。したがって、140条2項が適用されるのは、区裁判所及び控訴審としての地方裁判所に係属する軽罪事案、及び上告審だけである（この点について BGHSt 19, 258, 259）。

c）140条1項は、事実審のみに適用され、法律審である上告審には適用されない（BGHSt 19, 258, 259）。しかし、140条2項によると、上告審でも弁護が必要的となることがある。それは、特に法律状況が複雑困難であり、それゆえ付添弁護人との法的対話が必要となる場合に問題となる（BGHSt 19, 258）。更に、「重大な場合」では、国選弁護人の任命が必要となる（BVerfGE 46, 202）。欧州人権条約6条3項c号からも、国選弁護人の付添いが必要になることもある（EGMR NStZ 83, 373）。

d）特に複雑困難で大規模な事件では、一時的に一人の弁護人に障害が生じても以後の審理を確保するために、このようなことが必要となる（OLG Frankfurt StV 93, 348）。

問54 弁護人Vは、故殺罪で追及を受けている被疑者・被告人Bに、自身の心証に反して正当防衛の主張を助言した。そのような弁解が崩れることはないと考えたからである。これは許されるか。

いいえ。その重要な理由は、**弁護人の訴訟上の地位**にある。弁護人は、被疑者・被告人の「援助者」であり（137条1項）、——例外的な場合（145a条、234条、350条2項、387条1項、411条2項）を除いて——その代理人ではない（BGHSt 38, 111, 114; 39, 310, 313）。弁護人は、弁護士として「独立した司法機関」である（弁護士法1条）。それゆえ、弁護人は、検察官や裁判所のように、真実と正義を義務付けられている。ただし、弁護人は被疑者・

被告人に有利となる事情のみを主張すべき者であり、彼らに認められている訴訟上の権利を擁護すべき点で、検察官や裁判所とは本質的な違いがある。つまり、弁護人は、国家の司法機関を意識的に誤った方向に導いてはならず、また逆に、否認している被疑者・被告人が実は真犯人であることを知った場合でも、そのことを裁判所や検察官に打ち明けてもならない。

以上から、弁護人の訴訟上の地位は、三つの義務によって特徴付けられる。それは、被疑者・被告人の権利の擁護義務、真実義務、守秘義務であり、これらは、各々が相互に調和されなければならないものである。弁護人は、嘘をついたり、処罰を妨害すること（刑258条参照）なく被疑者・被告人を擁護しなければならず、他方で、決してその守秘義務を破ることもならない（刑203条参照）。訴訟上許される弁護人の行為は、それが被告人の処罰を免れさせるようなものであっても、刑法258条の構成要件を当然に充足させることにはならない（BGHSt 46, 53, 54）。

> **問55** 弁護人Ｖは、依頼人に以下のような助言をした。
> a) 否認は不可罰であること、判例によると禁止の錯誤は不可罰になる可能性があること、判例又は学理上主張されている見解は依頼人に有利であること。
> b) Ｖの見解によると、今までの捜査結果は、起訴、手続開始、有罪には十分ではないと考えられること。
> このような行為は否定されるべきか。

いいえ。法的知識を与えることは、たとえそれによって被疑者・被告人が刑罰を免れるかもしれないとしても、弁護人には禁じられていない。弁護人は、事実究明に対する客観的な評価を示すことも常に許される。事実状況及び法律状況について依頼人に全て教えることは、むしろ弁護人の任務でもある。ただし、弁護人の助言は、真実に反する訴訟行為を勧めるものであってはならない。もちろん、依頼人が嘘をついている場合、弁護人は、その良心に反してはならず、依頼人の虚偽の陳述を自身も同様に確信していると述べることは許されない。

問56
a) 弁護人 V は、X に対する複数の性犯罪を理由とする捜査手続の段階で、X の家族を訪問し、その者の証言がなければ X はおそらく有罪にはならないであろうと教えて、X のために証言拒絶権を行使するよう頼んだ。V のそのような行為は許されるか。
b) 弁護人 V は、刑法129a 条〔テロ組織関与等罪〕による訴訟において、依頼人に捜査記録の要約を交付し、依頼人の訴訟上の陳述を配布したが、依頼人はそこでテロ組織の目的を支持するものとしていた。V 自身、この行為についてテロ組織支援罪（刑129a 条）により処罰されるか。

a） はい。証言拒絶は、法定されている場合には、証人の訴訟上の権利である。弁護人は、第三者と同様、この権利を行使するよう証人に依頼してよい。処罰妨害罪の可罰的未遂とされるのは、V が欺罔、脅迫、買収などの許されない方法で証人の自由な意思決定に影響を与えた場合に限られる（BGHSt 10, 393）。

b） いいえ。なぜなら、記録からの伝達は、許されているからである（問65の c）。その場合、「許された弁護人の行為は、犯罪・テロ組織への違法な支援ではない」（BGHSt 29, 99）のであって、それは、弁護人がテロ組織を主観的に支援したいと考えていた場合であっても異ならないとされている（異なる見解として BGHSt 29, 99, 106 f.）。連邦通常裁判所による限定は、——証明不可能な——心情の処罰になってしまう。テロ犯罪により起訴された依頼人による不処罰である訴訟上の陳述の配布も、犯罪組織の支援として処罰されるものではない（BGHSt 31, 16）。

問57 弁護人 V は、起訴前手続で被疑者の精神状態の検査を申し立てた（81条）。しかし、被疑者は、これに反対した。なぜなら、自分は正常であると考えており、精神病院で観察されたくなかったからである。V の申立ては有効か。

はい。弁護人は、依頼人に有利となる真実発見のために重要なことは、全て主張しなければならない。そこには、依頼人の刑法上の答責性を否定する事情も含まれる。弁護人が彼の「代理人」として完全に依頼人の指示に拘束されるというのであれば、被疑者・被告人の異議が尊重されるべきことになる（弁護人の地位について問54参照）。ただし、V の独立性は、法律

上の例外によって制限される。例えば、上訴の提起又は取下げ（297条、302条2項）などがこれに当たる。更に、被疑者・被告人の擁護者としての任務からは、弁護人は、被疑者・被告人の明示又は黙示の同意がある場合に限り、弁護機会を放棄できる。

問58 Bは、弁護士Xを弁護人として選任した。しかし、Xに対して、依頼人の秘密の連絡（いわゆる秘密通信）を拘置所から秘かに持ち出し、これによって（少なくとも未遂の）処罰妨害罪を有責に実行したとの濃厚な嫌疑がかけられた。
　a) Xは、弁護人から除斥されるか。
　b) Xに対して十分な犯罪嫌疑しかない場合も同様か。
　c) この除斥について、誰が管轄を有しているか。
　d) これに対する法的手段として、どのようなものがあるか。

---

a) はい。138a条、138b条は、法律上限定的に列挙された一定の状況において、**弁護人除斥**を規定している。138a条1項3号によると、この規定は、特に弁護人に対して「被疑者・被告人が有罪に処せられる場合には、犯人庇護罪、処罰妨害罪、盗品関与罪に該当する行為をした」ことの濃厚な嫌疑がある場合に適用される。

b) 138a条の文言によると、既に十分な犯罪嫌疑で足りる（「公判開始を正当化する程度の嫌疑」。203条。問203のb参照）。連邦通常裁判所（BGHSt 36, 133）は、これを援用し、弁護人の除斥には捜査手続の開始すら必要ないとしている（同旨としてBGH StV 96, 470）。しかし、この見解は非常に疑わしい。なぜなら、このような方法によって、意に沿わない弁護人を確証のない推定に基づいて手続から遠ざけることができることになってしまうからである。それゆえ、かつての判例が支持されるべきである。これによると、十分な犯罪嫌疑でも弁護人の除斥が認められるのは、彼に対して捜査手続が開始され起訴相当にまで熟した場合のみである（BGH MDR/H 79, 989）。

c) 高等裁判所（138c条1項1文）。

d) 除斥決定に対しては、弁護人は即時抗告できるが、除斥の却下に対しては、検察官などが異議申立てすることはできない（138d条6項）。

問59

a）CとDはテロ組織の構成員であるが（刑129a条）、彼らは共同して一つの訴訟で起訴された。弁護士Xは、当初Cを弁護していたが、138a条1項より弁護人から除斥された後はDを弁護したいと考えている。これは許されるか。

b）Xは、138a条2項によりCの弁護から除斥された後、次に他の手続で起訴されたEを弁護したいと考えている。このEは、C及びDと同じテロ組織に所属する者である。これは可能か。

c）弁護士Aは、Bと一緒に起訴された。Aは、自身が起訴されているにもかかわらず、Bの弁護人として活動したいと考えている。これは許されるか。

a）いいえ。138a条5項1文前段によると、138a条1項により除斥された弁護人は、同一の手続で他の被疑者・被告人を弁護することも許されない。

b）いいえ。138a条5項1文後段によると、138a条2項（刑129a条の犯罪）により除斥されたXは、他の被疑者・被告人を刑法129a条による犯罪を対象とする他の手続で弁護することはできない。

c）いいえ（BGH StV 96, 469）。このような場合は138a条以下に規定されていないが、連邦通常裁判所は、弁護人の地位と被告人の役割とは適合しないものであり、138a条以下による除斥手続がここで適用される必要はないとしている。

問60

弁護士Xは、141条1項により被疑者・被告人Bの国選弁護人として任命された。Xに対してBが追及を受けている犯罪に関与したことの嫌疑が濃厚となる事実が判明したため、裁判長は、143条により任命を取り消そうと考えている。裁判長は、そのようなことができるか。又は、138a条以下による除斥手続を開始しなければならないか。

連邦通常裁判所（BGHSt 42, 94）によると、138a条以下は、国選弁護人にも適用される。この問題は、以前は激しい争いがあった。しかし、現在では、連邦通常裁判所は、正当にも、国選弁護人における犯行への関与又はその他除斥を正当化する行為の法的帰結が私選弁護人の場合と異なって扱われるべき理由はないとしている。通説によると、138a条以下は、特別規定として143条に優先する（*Meyer-Goßner*, §138a Rn. 3）。連邦通常裁判

所は、この問題について判断しなかった。

> **問61**
> a) Bは、弁護士Yを弁護人として選任した。裁判所は、これに加えてZを国選弁護人として任命した。これによって、Bの政治的同志であるYが、早期に辞任することによって手続の繰り返しが強制されることを防止するためであった。そのようなBの意思に反する第2弁護人の任命は許されるか。
> b) 当該公判期日に国選弁護人に支障がある場合に、別の国選弁護人を任命することは許されるか。

a） 判例（BGHSt 15, 306. これを支持する見解として BVerfGE 66, 313, 321）は、145条1項の立法趣旨を援用して、そうしなければ手続の秩序ある進行が保障されない場合には、**私選弁護人**に加えて**国選弁護人を補充的に**任命することも許されるとしている。実際、長期間を要した訴訟が、私選弁護人が訴訟の終結間近になって辞任し、そのときに任命される国選弁護人の準備ができていないという理由のみによって、結審できないなどということは、甘受できるものではない。他方、現在の実務は、およそ143条の文言に適合しない（このような「保全弁護」の問題について詳細は SK/*Wohlers*, Vor § 137 Rn. 45 f.）。

b） 直ちにはできない（BGH StV 92, 53）。公正手続の原則は、最初の弁護人のみが被告人の信頼を得ている場合、最初の弁護人と調整して他の期日の決定に向けて真摯に努力することを要求する。

> **問62** Bの弁護人Vは、依頼人の免罪のために**独自の調査**を考えている。Vは、犯行現場を訪れて痕跡を探し、鑑定書を作成させ、私立探偵に更なる免罪証拠の調査を依頼し、証人に犯行に関する知識について質問した。これらは、全て許されるか。

はい。弁護人は、その擁護義務を果たすために必要な事実的資料の入手を妨げられるものではない（もっとも、刑事訴訟法は、弁護人に強制手段の使用を許していない）。Vは、刑事訴追機関による真実追及を、証人に影響を与えることや痕跡を隠すことなどによって妨害しないことだけは注意しなけ

ればならない。そのような妨害行為は、処罰妨害罪に当たる可能性がある。

> **問63** 弁護人Ｖは、主たる有責的証人Ｚに対する検察官尋問に立ち会って、質問及び即座の異議申立てができるようにしたいと考えている。Ｖにはそのような権利があるか。

いいえ。起訴前手続は、それが検察官の支配下にある限り、基本的に秘密である。弁護人は、検察官による捜査行為に関与する権利を持っていない。例外は、被疑者尋問に関してのみである（163a 条 3 項 2 文と 168c 条 1 項、5 項との結び付き）。弁護人は、特に検察官による証人尋問にも**立会権**を持たない（裁判官尋問の場合は異なる。168c 条 2 項参照）。このことは、被疑者・被告人の身元確認のための面通しにも妥当する。しかし、このようなことは、司法機関としての弁護人の地位にふさわしいものではなく、またそれによって弁護人から現場で誤りを正すという可能性を奪うことにもなってしまう。そのような可能性は、証人は大抵公判に入って初めて再登場してくるものであるから、後になると困難になってしまう。いずれにせよ、検察官及び警察が弁護人に立会いを認めることは許される。

> **問64**
> a) 証人Ｚと被疑者Ｂは、起訴前手続で裁判官より尋問され、また裁判官による検証が実施されることになった。Ｂの弁護人は、このような裁判官による調査活動に立ち会うことができるか。また、それは、Ｂ及び検察官の立会権とどのような関係にあるか。
> b) Ｂの元妻であるＦは、警察による取調べの際に、別れた夫に重い責任を負わせる供述をした。Ｆは、その際、自分はＢの報復を恐れていること、弁護人ＶからＢに有利な供述をするよう頼まれたこと、Ｖは自分が警察に対してどう対処すべきかを教えるために事務所へ来るよう頼んできたことを告白した。捜査判事による証人尋問に際して、168c 条 5 項 2 文を援用してＢとＶへの通知が行われなかった。これは許されるか。
> c) 裁判官は、被疑者に証人尋問の期日について通知させることを忘れてしまった。後の公判で、この証人の供述を使用できるか。

a) 被疑者、弁護人、検察官は、裁判官の証人及び鑑定人尋問について

は168c条2項によって、裁判官による検証実施については168d条1項によって、それぞれに立会権を持つ。ただし、被疑者は、例外的に、その立会いが調査目的を害する場合には排除されることもある（168c条3項、168d条1項2文。更に168c条4項、5項参照）。同様に、裁判官による被疑者尋問について、検察官及び弁護人は、168c条1項により立会いが許される。

b) 連邦通常裁判所（BGHSt 29, 1. 同旨の見解として、BGHSt 32, 115, 129 f.（＝大刑事部判決）;BGH NStZ 1999, 417）によると許される。しかし、このような解釈は否定されるべきである。なぜなら、法律の趣旨からは、通知に伴う時間的な遅滞によって証拠獲得が危うくなる場合しか捕捉されていないからである（基本的な文献として Welp, JZ 1980, 134ff. 更に LR/*Rieß*, § 168c Rn. 44を見よ）。この見解の根拠として、連邦通常裁判所（BGHSt 29, 5）からも強調される、168c条5項2文は通知義務を制限するものであって、立会権を制限するものではないという事実が挙げられる。ただし、Bに関して、168c条3項が依然として考慮されなければならない。

c) いいえ（BGHSt 26, 332）。裁判官が被疑者・被告人に事前に通知する義務に違反した場合には（168c条5項）、得られた証拠結果は、被疑者・被告人は法律上の聴聞を受ける権利が侵害されたのであるから使用不能である。しかし、連邦通常裁判所1986年判決（BGHSt 34, 231）は、同1982年判決（BGHSt 31, 140）とは異なり、裁判官による尋問が168c条5項に違反する場合でも、そこで得られた供述による公判供述の弾劾を許している。しかし、この見解は支持できない。なぜなら、それによって、証人の供述が証拠使用禁止を潜脱する形で使用されてしまうからである。同様のことは、被疑者・被告人の尋問の際に弁護人に通知されなかったという場合にも妥当する（BGH NStZ 89, 282）。

問65 弁護人は、証人尋問への関与を許されなかった。この場合、
a) 検察官の捜査記録を閲覧すること
b) それを自宅に持ち帰ること
c) それを被疑者に示して一緒に検討すること
は、許されるか。
d) 弁護人のいない被疑者は、記録閲覧権を有しているか。

a) 弁護人は、147条1項により、基本的に捜査の終了前であっても**記録閲覧権**を有している（刑罰登録簿抄本について BVerfGE 62, 338、未決勾留に関する記録について BGHSt 37, 204）。もっとも、捜査段階では、閲覧により調査目的が危うくなる場合には、弁護人の閲覧を禁止することもできる（147条2項）。例えば、被疑者が予期していない場合にのみ有効となる捜査手段（勾留や差押え命令の申立てなど）の予定が、記録を見ると判明するような場合である。

欧州人権裁判所は、欧州人権条約5条4項から、被疑者が勾留されている場合、裁判所の勾留決定に対する不服申立てのために、重要な記録部分について無制限の閲覧を求める弁護人の権利を導いている（EGMR NJW 02, 2013, 2015, 2018）。

現在、1999年刑事手続法改正法により導入された147条5項2文に、閲覧拒絶に対する異議申立てが定められている。これによると、特に被疑者が拘禁されている場合には、161a条3項2～4文の基準によって、すなわち原則として地方裁判所による裁判を求めることができる。147条5項2文に定められていない事態について反対解釈がなされるべきかは争いがある（否定的見解として SK/*Wohlers*, § 147 Rn. 112）。

b) 弁護人は、（例えば捜査活動の進展にとって不可欠であるなど）「重大な理由がその妨げとならない限り」で、記録を持ち出すこともできる。この持出しが拒絶された場合、不服を申し立てることはできない（147条4項）。

c) 弁護人には、被疑者に記録を交付する権限はない（根拠として147条7項。次のdを見よ）。弁護人はどの程度被疑者に記録の内容を知らせることができるかは争いがある。支持されるべきは、弁護人は被疑者に（例えば記録のコピーを交付するなどによって）進行中の手続に関連し、適切な防御のために必要なことであれば知らせることができるとする見解である。なぜなら、そうでなければ、弁護人は、裁判所に宛てた書面に記載された、被疑者も当然に読んでいるような事情でさえも使用できなくなってしまうからである。

d) 弁護人がいない場合、被疑者・被告人は、基本的に記録閲覧権を持たないものとされてきた。しかし、2000年に導入された147条7項によると、調査目的が危うくなる虞がなくかつ第三者の保護されるべき利益が妨げられない限りで、記録からの情報とその複写を被告人に与えることがで

きるようになった。その拒絶に対しては、やはり147条5項2文（上記aを見よ）により裁判所の裁判を求めることができるが、ここでの対象は、裁量の逸脱・濫用に限定される。

> **問66** 弁護人には、まだ警察に残されている、検察官から警察に返却された、検察官から重要ではないと判断されたなどの理由で、検察官の捜査記録に編綴されていない（警察が作成した）痕跡記録を閲覧する権利もあるか。

　痕跡記録は、しばしば非常に広い範囲の資料（例えば住民からの指摘全てやそれを処理した情報）を含んでいるが、これが検察官の捜査記録にまとめられている限りで147条による完全な閲覧権の対象となる。それ以外は、捜査記録の構成部分ではない（異なる見解として、実質的又は機能的記録概念が主張される。この点について SK/*Wohlers*, § 147 Rn.27 f., 37 f. を見よ）。それゆえ、そのような記録の援用を求める弁護人の申立ては、244条2項によって（解明義務の範囲において）証拠探知請求として扱われことになる（BGHSt 30, 131, 142 f.）。しかし、連邦憲法裁判所（BVerfGE 63, 45）によると、弁護人は、痕跡記録をいつでも直接に警察又は検察官の下で閲覧することができ、また裁判所構成法施行法23条によりこの権利の行使を求めることができる（OLG Hamm NStZ 84, 423）。弁護人がこの権利を行使した場合、基本的に公判を中断又は停止しなければならない。

> **問67**
> a) 検察官は、Cに対して詐欺罪により捜査している。詐欺行為により被害を受けたDは、Cに対する民事損害賠償訴訟を提起すべく、犯罪事実についての詳しい情報を得るために刑事裁判記録を入手したいと考えている。それは可能か。
> b) Eは、長い間Cと商売上の繋がりがあったが、弁護士の助力を得て、同様に記録を閲覧しこれによってCとの取引による未精算分の請求を容易にさせる情報を得ようと考えている。閲覧は認められるか。

　a) はい。406e条は、明示的に、被害者に記録閲覧権を認めている。これは、被害者の正当な情報への要求に配慮したものである。しかし、全く

無制約の閲覧は他の保護されるべき利益（他者の利益、真実発見の利益、手続経済性の利益など）と衝突する可能性があることから、閲覧は、弁護士を通じてかつ原則として正当な利益の説明がある場合にのみ可能である（406e条1項）。また、事情によっては、拒絶されることもある（406e条2項）。

b）手続に関与していない第三者による記録閲覧は、1999年刑事手続法改正法により導入された475条に規定されている。これによると、私人は、弁護士を通じてのみ刑事記録からの情報を得ることができ、また事情によっては記録閲覧も認められるとされている。ただし、正当な利益がありかつ対象者の保護されるべき利益に反しないことが条件である。同条4項によると、私人は、同様の利益情況の下では直接回答を得ることもできる。記録閲覧は、回答の付与が過剰な費用を必要とする場合又は回答の付与では利益の実現に不十分である場合に限り許される。規定の概念が「法的な」利益から「正当な」利益へと広くなったとはいえ（SK/Weßlau, § 475 Rn. 16, 18を見よ）、この概念について今日でもまだ議論の余地が残されている。

問68
a) Aは、複数の住居侵入窃盗罪により勾留されている。Aの弁護人Vは、拘置所で面会し、Aに手紙を出そうと考えている。Vは、その際、面会は二人だけで行われ、信書は検閲されないことを希望している。Vのこのような希望はかなえられるか。
b) Vは、刑事施設に立ち入る際、武器持込みの身体検査を受けなければならなかった。Vは、そのような措置を甘受しなければならないか。

---

a）はい。148条は、被疑者・被告人と弁護人の間の「文書及び口頭での**交通**」に対する一切の制限を禁じている。このことは、既に準備的な会話にも適用されなければならない。

b）148条1項によると、本来的に弁護に関係するような規制のみ除外される（例えば持参した資料の検閲）。これに対して、武器や脱出道具などの身体検査は異なる。なぜなら、それによって弁護人自身を侵害するものではなく、それゆえ、弁護士も他の施設訪問者と同様に受忍しなければならないものだからである。BVerfGE 38, 26参照。これによると、行刑法24条

3項、26条は、未決拘禁者に類推適用される。これに対しては、裁判所構成法施行法23条以下による不服申立てが可能である（BGHSt 29, 33）。

問69

a) 148条は、被疑者・被告人がテロ組織に属しているとの嫌疑がある場合（刑129a条、129b条）にも適用されるか。
b) Xが誘拐された。犯人らは、テロ組織の一定の構成員の拘禁を解き、彼らが選択した国へ送られることを要求し、これが受け容れられなければXを殺害すると脅迫した。これを受けて、州の司法大臣は、部下である拘置所長に対して、テロによる暴力行為に関与したとの嫌疑で勾留されている被拘禁者の弁護人が、以後、拘禁されている依頼人を訪問することを許可しないようにと指示した。そうすることで、拘禁中のテロ組織構成員とXの誘拐犯人との間の連絡及び被拘禁者相互間の連絡を阻止しようとしたのである。これは許されるか。

a) いいえ。148条2項1文、2文によると、テロリストと推定される者とその弁護人との間の文書の授受は、刑法129a条に記載された犯罪以外の犯罪を対象とする手続においてさえ監視できる。そのような被疑者・被告人とその弁護人との間の面会に関して、「**遮蔽板**」などの装置により、書面や他の物品の陰謀的な授受が排除されることになっている。そのような場合には、弁護人の信書の差押えも、148a条1項2文により許される（BGH NStZ 90, 93）。しかし、弁護人との交通に対する制限は、裁判官の命令によらなければならない。この命令は、刑法129a条、129b条の犯罪についての差し迫った嫌疑を条件とする（BGHSt 36, 205）。

b) はい。裁判所構成法施行法31〜36条は、一定の留保付きでこのような**接触禁止**を許している。これによると、州政府若しくはその特定の機関又は州の司法大臣が、被拘禁者に対してそのような措置を採ることがテロ組織による人の身体、生命、自由に対する現在の危険（刑129a条と関連して生じるもの）を回避するために必要と認めた場合、州の司法機関は、「被拘禁者相互又は外部との（連絡を、）弁護人との文書又は口頭による交通を含めて」遮断することができる（本規定は、1977年に「ドイツ連合赤軍（RAF）」と称する組織による工場経営者シュライヤー氏の誘拐事件をきっかけに導入された）。しかし、被拘禁者には、申立てにより、地方裁判所の長官より任命

される弁護士が「連絡員」として付されなければならない（裁判所構成法施行法34a条〔訳者注：本規定はシュライヤー事件以後使用された実績がない〕）。しかし、被拘禁者の弁護人は、その選任の対象から除外される。

> **問70**
> a) 起訴前手続における裁判官の被疑者尋問に際して、その妻が立会いを希望している。彼女には、そのような権利があるか。
> b) 被疑者自身は、その妻を付添人として立ち会わせるよう求めることができるか。

 a) その回答は、妻が**「補佐人」**（149条）として許可されるかどうかによる。補佐人（夫婦、生活パートナー〔事実婚者〕、法定代理人）は、公判では、代弁及び聴聞の権利を持つ。その行使には、手続への立会いが必要である。妻が起訴前手続で補佐人として認められるかどうかは、捜査判事の裁量による（149条3項）。補佐人は、これ以外で弁護人に認められている権利（例えば証拠申請権）を持たない（少年裁判所の手続では異なる。少69条3項）。

 b) いいえ。149条1項の申立権は、補佐人となる人自身に固有の権利として認められる（OLG Düsseldorf NJW 79, 938）。

7 被疑者・被告人とその尋問

> **問71** 被疑者・被告人の手続法上の地位とは、どのようなものか。

 被疑者・被告人は、――普通法時代の糾問主義訴訟のように――国家による強制の対象として手続における単なる客体ではなく、訴訟主体である。すなわち、手続に積極的又は消極的に関わる者として、独自の権利を有する協働主体である。

 ①ただし、積極的関与者としての被疑者・被告人の権利は、起訴前手続では（中間手続や公判手続とは異なり）まだ比較的少ない。最も重要な権利としては、立会権（168c条2項＝弁護人と同様。問64参照）、弁護権〔弁護人の援助を受ける権利〕（137条）、聴聞を受ける権利がある。聴聞を受ける権利

は、起訴前手続においても、163a条により原則的に保障されている。

②被疑者・被告人は、消極的関与者として、意思決定の自由が無制限に保障される権利を有している。それゆえ、被疑者・被告人は、事件についてのあらゆる弁解——積極的な協力はなおのこと——を拒絶することが許され（136条1項2文、163a条3項2文、4項2文を見よ）、また、その供述は、強制や欺罔に基づかずになされた場合にのみ証拠として使用できる（136a条、163a条3項、4項）。

③もっとも、被疑者・被告人は、前述に加えて、国家による強制の客体（拘束、押収などの場合）でもあり、証拠方法（身体検査（81条、81a条）や、被疑者が証人と身元確認目的で対質〔面通し〕させられる場合）でもある。しかし、その場合に許される処分は、訴訟主体としての被疑者・被告人の地位を侵害するものとなってはならない。

問72

a) 検察官は、被疑者Bを起訴前手続において尋問するために召喚したが、Bは出頭しなかった。この場合、検察官は、Bを強制的に引致できるか。

b) そのような場合、捜査判事の引致権はどうなるか。

---

a) 163a条3項1文は、検察官の下へ**出頭する**という被疑者の**義務**をも基礎付けている。被疑者がこの義務を履行しない場合、検察官も被疑者を**引致する**ことができる（163a条3項2文準用133条、134条）。しかし、被疑者は、検察官によって命じられた引致の適法性の審査を求めて、地方裁判所に不服を申し立てることができる（163a条3項3文）。ただし、実務上、検察官による被疑者の引致は、被疑者が裁判官の面前でしか供述する意思がない場合にはあまり実益がない。なぜなら、被疑者は、供述拒絶権を行使することによって、常に裁判官による尋問を求めることができるからである。これに対して、黙秘している被疑者を証人と対質させるために検察官の下へ出頭させることは有益である（BGHSt 39, 96）。

b) 引致権は、実体的に以下二つの要件の下で、検察官と同様に裁判官にも与えられている。

①「出頭しないときは引致する」との警告を付して召喚したにもかかわらず、被疑者が無断で出頭しなかった場合（133条2項）。

②「勾留命令を発することのできる理由がある」場合（134条1項）。

連行は勾引命令を必要とするが、そこには「引致の理由」及び被疑事実が記載されなければならない（134条2項）。その執行は、検察官により（警察を通じて）行われる（36条2項）。

> **問73** 被疑者Bは、尋問のため裁判官の下に引致された。その際、裁判官が果たすべき四つの責務とは何か。

①裁判官は、被疑者に、嫌疑の対象とされている犯罪事実及び対象となる刑罰規定を告げなければならない（136条1項1文）。

②裁判官は、被疑事件について陳述するかしないかは被疑者の自由であること、事前に選任した弁護人と相談できること（136条1項2文）、その責を免れるため個々の証拠調べを請求できること（136条1項3文）を、被疑者に教示しなければならない。それが有用な場合（例えば複雑で記録や証明資料を用いてしか説明し得ない事実関係の場合）には、書面で陳述できることも告げなければならない（136条1項4文）。

③裁判官は、Bの個人的な諸事情（一身上の事柄、その他の個人的事情）の解明に留意しなければならない（136条3項）。

④裁判官は、事件についての尋問に際して、Bに「嫌疑の根拠を弁解し、かつ自己に有利な事実を主張する」機会を与えなければならない（136条2項）。

①及び②に記述された義務付けは、法文によると、（検察官や警察による従前の尋問とかかわりなく）裁判官による最初の尋問に限られる。しかし、後に新しい被疑事実が判明した場合や新たな個人的事情が重要となった場合、その後の尋問においても、136条1項1文、3項によって手続されなければならない。もちろん、その後の全ての尋問においても供述義務はない（243条4項参照）。

> **問74** Bは、裁判官ではなく、検察官又は警察官により尋問された。この場合も、尋問官は、136条に列挙された四つの義務を課されるか。

はい（163a条3項、4項）。ただし、警察官は問題となっている刑罰規定

の告知をしなくてもよい（なぜなら、警察官は、多くの場合、「初動」の段階において刑罰規定について確たることを述べることができないからである）。

問75
a) 警察官Kは、ある工場から通報を受けたが、それは、従業員の貴重品が繰り返し無くなったというものであった。Kは、個人の事情聴取を通じて、ともかく事件の全体像を把握しようとした。Kは、この時点で、少なくとも犯人の可能性がある質問対象者全員に供述義務がないことを告げなければならないか。
b) Xは、妻に対する故殺未遂罪の差し迫った嫌疑で警察に逮捕された。Xは、教示と尋問が行われる前に、自発的に自白し始め、泣きながら「自分がやった」と断言した。この供述を罪責立証に使用することは許されるか。

a）このような聴き取り（AK/*Achenbach*, § 163a Rn. 23）は、教示がなくても許される。教示義務は、「被疑者」を前提とするものだからである。被疑者尋問には具体的な嫌疑が必要であるが、本問ではこれが欠けている。警察の教示義務がどの時点から生じるかについては争いがある。明示的な罪状の教示までは必要ないが、それがある犯罪の可能性ゆえにその対象者に実施されるものであるという目的が認識可能であるような措置に刑事訴追機関が関わる場合には、租税法397条１項が類推適用されなければならない。それゆえ、被質問者がある犯罪行為に関与しているとの嫌疑が生じた場合、この者に対する質問は被疑者尋問である。これに対して、実務は、「聞き込み」という不明確な概念を用いて、教示義務なく情報を入手できる段階を不当に拡大している。連邦通常裁判所（BGHSt 37, 48）の見解は疑わしい。これによると、尋問者の判断裁量は、「強度の犯罪の嫌疑」の段階に至って初めて限界に達するものとされるが、そのような結論は単純な嫌疑の端緒における一般的な基準におよそ適合しないものである（この点について問10のｂを見よ）。

b）はい（BGH StV 90, 194）。このような国家によって誘発されたのではない単なる自発的な発言の聴き取りは、尋問ではないので、事前の教示がなくても許される。

問76 Aは、血中アルコール濃度1.67‰の状態で自動車を運転していた。Aは、重大な破損により制御不能となった車を放置し、徒歩でその場を立ち去った。警察官Pは、この車を発見し、その車内でAの運転免許証を見付けた。その後間もなく、Pは、路上でAを発見し、Aに破損した車の運転者かどうかを尋ねた。Aは、当初、これを否定していたが、PがAに運転免許証を示したところ、車の運転者であることを認めた。これによって、Aに対して、刑法316条違反〔飲酒運転罪〕により刑事訴訟が開始された。Aは、当該自動車を運転していたことを否認している。Pの面前でなされた自白は、罪責立証に使用できるか。

公判において自白調書を直接採用することは、254条1項により、自白が裁判官の面前で提供されたものである場合に限り許される。しかし、判例は、基本的にPを証人としてAが彼に述べたことについて尋問することを認めている（問303のc参照）。

しかし、本問では、Aの自白に関するPの警察官としての供述を導き、それを使用する可能性は否定される。なぜなら、Aは、Pから136条1項2文に定められた供述拒絶権について教示されていなかったからである。それにもかかわらずこのような供述が使用されたならば、この法律違反は上告理由となる。なぜなら、PがAに破損した自動車の運転者かどうかを質問したことにより、Aは被疑者となり（問75のa参照）、136条1項2文に定められた教示がなされなければならなかったからである。

起訴前手続における136条1項2文の**教示義務違反**が**証拠使用禁止**を根拠付けるということは、連邦通常裁判所判例（BGHSt 38, 214）以来、基本的に認められている。自己に不利益な供述を強要されないという原則（「ネモ・テネテュール原則（*nemo tenetur se ipsum accusare*）」）は、連邦通常裁判所の見解によると、被疑者・被告人の人間の尊厳の尊重に合致するものであり、人格権を保護するものであり、公正な手続の要素でもある。もっとも、連邦通常裁判所は、証拠使用禁止を制限する。被疑者・被告人が自己の黙秘権について知っていたことが確実である場合、弁護人が付された被告人が公判において自己の供述が証拠として使用されることについて明示的に同意している場合、遅くとも257条の意味における当該証拠調べ後の陳述において（本問ではPの尋問後）異議を申し立てなかった場合には、使用禁止に当たらないとされている（争いがある）。

問77

a) 問76の事例で、PがAに供述の自由については教示したが、「いつでも、たとえ尋問の前であっても被疑者自身が選任する弁護人と相談する」自由があることについて教示しなかった場合はどうか。

b) Pは、Aに、法律の規定どおり弁護人と相談する権利について教示した。Aが事前に弁護人と話したいと申し出たが、Pは、Aは自分で供述するかどうかを決めなければならず、弁護人がそのような判断を覆すことはできないとの理由でAの申し出を拒んだ。Aは、これを受けて供述し自白した。この自白をAに対して使用することはできるか。

c) 被疑者である外国人Aは、夕刻に行われる最初の尋問の前に、弁護人と相談する権利について教示された。Aは、その時点で弁護人との面会を希望した。尋問を担当する警察官は、これを受けて職業別電話帳を貸与したが、Aは、これをうまく使うことができなかった。また、警察官は、弁護士による緊急支援の存在について告知しなかった。なぜなら、警察官は、捜査の利益のために、事前に弁護人と相談させずに尋問を行う方が有効だと考えたからである。Aは、これを受けて弁護人と相談することなく供述した。Aが公判において異議を申し立てた場合、この供述を証拠として使用できるか。

d) Aは、公判において自己の供述が証拠として使用されることについて異議を申し立てなかった場合も、その供述の使用が137条に違反することを理由として上告できるか。

a) **弁護人と相談する**権利について教示を怠った場合、問76で述べた原則が準用される（BGHSt 47, 172, 174. BGH NStZ 97, 609には疑問がある）。

b) いいえ（BGHSt 38, 372）。本問では、137条1項1文に対する違反があるが、更に136条1項2文に対する違反もある。なぜなら、この規定の中には、弁護人と相談する権利について教示することだけでなく、この権利の行使自体も含まれていなければならないからである。連邦通常裁判所は、この事案においても、適切に証拠使用禁止を認めている。なぜなら、弁護人の援助を得る機会は、被疑者の最も重要な権利の一つだからである（欧州人権条約6条3項c号参照）。「これにより、被疑者は、刑事手続の客体であるというだけでなく、その権利を保護するために刑事手続の進行と結果に影響を及ぼし得ることが保障される」（BGHSt 38, 372, 374）。

c) いいえ（BGHSt 42, 15＝第5刑事部）。本問においても、被疑者は、弁護人と相談する権利を妨害されている。なぜなら、被疑者が弁護人との相

談を要求している場合、弁護人抜きの尋問は、警察が「被疑者が弁護人と連絡を取れるために有効な方法で手助けしよう」と真摯に尽力した場合を除いて——再度の教示後であっても——許されないからである。これは必要なことである。なぜなら、被疑者は、しばしば「自分の身に起きたことにより頭の中が混乱し」(BGHSt 42, 15, 19)、また——本問の場合——言葉の障害からも弁護人を探すことが妨げられているからである。援助が欠けている点でも、137条に対する違反に当たる。この違反は、被疑者がそれに異議を申し立てた場合、証拠の使用を排除する。これに対して、同じ連邦通常裁判所第5刑事部は、実在の弁護士による緊急支援について告知を怠った事案において、被疑者が弁護人と相談する権利について教示を受けた後に弁護人と相談したい旨を申し出なかったときは、137条に対する違反はないとした(BGHSt 47, 233)。

第1刑事部(BGHSt 42, 170)も、類似の事案で証拠の使用を認めた。この事案は、深夜のため弁護人と連絡が取れなかったことから、尋問が——最終的には被疑者の同意が得られたので——続けられたというものであった。しかし、法治国家の観点からすれば、このような場合の尋問は、被疑者に性急な供述を求めるのではなく、まずは翌朝弁護人が来てから実施すべきであった。

d) 連邦通常裁判所(BGHSt 42, 15, 22 ff.)によると、前述(問76のc)の異議申立てによる解決は、弁護人と相談する権利の侵害に対する不服申立てにも妥当する。これによると、公判手続で弁護人が付いているAは、遅くとも証拠調べにおいて前にした供述が採用された段階で、証拠使用について異議を申し立てておかなければならなかった。

問78 Aは、女友達Bに大麻を売った。警察官は、Bに136条に定める教示をせずに、どこから大麻を入手したのか質問した。Bは、これに対して、真実のとおりAが売人であると供述した。このBの供述は、Aに対する麻薬法29条1項1号を理由とする刑事手続で使用できるか。

バイエルン上級裁判所(BayObLG NStZ 94, 250)の見解によると、使用できる。確かに、Bの供述は教示がなされていないため、B自身に対して使用することは許されない(問76のa参照)。しかし、この違反はBとの関係

で問題になるだけであって、Aの権利領域との関係では問題にならない。この裁判例は、連邦通常裁判所が55条について展開した権利領域説（問364参照）を136条の場合に転用するものである。しかし、このような転用は、そこで問題になったのと同様、本問でも問題である。なぜなら、そのような理解は、例えば二人の共犯者のいずれもが教示されなかった場合、各々が他方の供述に基づいて有罪判決を受けるという結論になってしまうからである。

> **問79** 136a条における**禁止された尋問方法**の列挙規定について。
> a) 本条は、禁止尋問方法を限定的に列挙したものか。
> b) 例えば、尋問に際してポリグラフ（うそ発見器。呼吸、血圧、脈拍を測定する装置で、その反応から供述の信用性を逆推論できると考えられている）を使用することは許されるか。

a) 136a条1項の最初の文言は、同条の基本思想を、プログラム的命題として「被疑者・被告人の意思決定及び意思活動の自由は、これを侵害してはならない」と表現している。それゆえ、ここに列挙された手法に限定されるものではないと解されている。

b) 連邦通常裁判所は、当初、ポリグラフの使用を136a条に違反するものと考えていた（BGHSt 5, 332）。しかし、1998年にはこのような見解を放棄し、被疑者が任意にポリグラフ検査に協力することを一般的に認めた（BGHSt 44, 308）。もっとも、連邦通常裁判所は、現在、本質的なポリグラフ検査は、基本的に、244条3項2文、4文の意味において、全く不適切な証拠方法であると理解している。その結果、裁判所は、このような証拠調べ請求を却下しなければならない。

> **問80** 以下の場合、どう評価すべきか。
> a) 被疑者は、30時間にわたって睡眠の機会が与えられなかった後に、警察官の面前で自白した。
> b) 被告人に対する審理が夜の9時から朝方まで続けられた。
> c) 被疑者は、夜中に起こされて、2時から4時まで尋問された後に、自白した。

d) 被疑者は、尋問の前夜ベッドで横になったが一睡もできなかったため、とても疲れていた。

a) 連邦通常裁判所（BGHSt 13, 60）は、この事案において136a条違反を認めた（疲労事案）。この疲労が尋問によりもたらされたのか又はその前から継続していたのかは、その文言が「疲労によって」と規定しているにもかかわらず重要ではない（通説）。また、尋問者が疲労を意図的に惹起したか又は利用しただけかということも重要ではない。

b) 及び c) 連邦通常裁判所（BGHSt 12, 332と1, 376）は、この両事案において、意思決定の自由の侵害を認めなかった（疑問がある）。

d) 連邦通常裁判所（BGHSt 38, 291）によると、これは、136a条の適用にとって十分でない。その理由は、睡眠をとらなくても休息や静養で能力は回復できるからということである（疑問がある）。

問81
a) 尋問官は、頑固に否認している被疑者に対して、反証の余地のない証拠を示した上で、全面的に自白するよう勧めた。尋問官は、その際、全面的な自白は減軽事情として重要であること、また、自白しない場合、被疑者のそのような態度は自己の行為に対する非難を理解しないものとして処罰がより厳しいものとなる可能性があることを述べた。被疑者は、これに応じて自白した。この自白を使用することは許されるか。

b) 被告人Aに対して勾留命令が発せられたが、116条によりその執行が停止された。Aの弁護人Vは、公判において、二人の外国人証人の尋問の証拠申請を検討していることを裁判所に伝えたが、それは手続の停止を必要とするものであった（中断と更新について229条4項を見よ）。裁判長は、これに応じて、証拠申請をするのであれば、Aを再び収監しなければならないが、証拠申請をせずかつ自白するのであれば、裁判所は一定の刑罰の重さで満足すると答えた。Aは、136a条違反を主張した。この主張は正当か。

c) 尋問している検察官が、自白すれば逃亡の虞を理由に執行されている勾留を解くと約束した場合はどうか。

d) 警察が、証人に対して証言すれば謝礼を提供すると約束した場合はどうか。

a) はい（BGHSt 1, 387; 14, 189）。被疑者に自己が置かれた状況を正しく判断できるようにするための教示は、許されない処分を手段とする威迫に

も、また法律上規定されていない利益の約束にも当たらない。例えば、減軽事情の「確約」は、許されない。このような教示に対する疑念についてLR/*Hanack*, § 136a, Rn. 49, 55.

b) これに関連して、連邦通常裁判所（BGH StV 04, 336）は、手続法上許されない処分を手段とする威迫に当たると判断した。なぜなら、この場合、116条5項による勾留命令を執行するための理由はなく、それゆえ、Aの自白は使用できないものと判断されたからである（136a条3項2文）。

c) この場合、「法律上規定されていない利益の約束」に当たる。それゆえ、これに応じてなされた自白は使用できない（BGHSt 20, 268）。

d) 136a条は、証人に対する尋問にも適用される（69条3項、161a条1項2文、163a条5文）。しかし、謝礼を提供する可能性があることの指摘は、警察が約束した後で初めて謝礼を提供する気になった場合でさえも、許されない利益の約束には当たらない（BGH StV 88, 469）。

問82

a) 被疑者は、起訴前手続において鑑定人Sにより検査を受けたが、その際Sに対して無礼かつ拒絶的な態度をとった。これに立腹したSは、被疑者に殺人行為について供述する気にさせようと思った。Sは、そのために、いわゆる「麻酔分析」を用いた。すなわち、Sは、理性を麻痺させ抑制から解放する薬剤を注射したのであるが、それは患者を会話へと誘うものであった（ペルビチン注射について BGHSt 11, 211）。このような方法は許されるか。そもそも、136a条は鑑定人に適用されるか。
b) 尋問官は、ヘビースモーカーである被疑者に、緊張を緩和して供述する気にさせるためたばこを与えた。これは許されるか。
c) 被疑者が完全酩酊のため弁論無能力状態で行った供述は、使用できるか。

a) 136a条は、裁判官、検察官、警察（163a条3項、4項）だけでなく、鑑定人にも適用される（法律は明文をもって規定していない）。なぜなら、裁判官に禁じられていることは、裁判官の補助者である鑑定人にも同様に禁じられなければならないからである（BGHSt 11, 211）。本問の手続も、136a条に違反する。なぜなら、被疑者が薬物の影響下で、さもなければ話さなかったであろう内容を漏らしたのであれば、彼の意思活動の自由は侵害されていたからである。

b) たばこの提供は、基本的に136a条に違反しない。なぜなら、たばこをもらったことと引換えに謀殺罪を認める者はいないからである。しかし、連邦通常裁判所（BGHSt 11, 291）は、「たばこの供与も、事情によっては（軽微な事案などの場合には）、ヘビースモーカーにとって意思決定に影響を及ぼし得る」ことを必ずしもあり得ないことではないとした。そこから、このような手段も禁じられている（LR/*Hanack*, § 136a, Rn. 15, 24, 29, 31）。

c) いいえ（OLG Köln StV 89, 520）。「薬物投与」を理由とする証拠使用の不可能性は、被疑者がこのような薬物を自ら使用した場合にも生じる。

> **問83** 以下の尋問官の態度は、136a条に違反するか。
> a) 尋問官は、被疑者に——事実に反し——「おまえの共犯者が既に自白したから、これ以上否認しても無駄だ」と言った。
> b) 尋問官は、被疑者に「反証の余地のない証拠があるので、自白することでしかおまえの置かれた状況を改善することができない」と言った。しかし、実際は、嫌疑の端緒しか存在していなかった。
> c) 尋問官は、被疑者に犯行現場で被疑者の指紋が発見されたことを隠しつつ、これまでに被害者の住居に行ったことがあるかどうかだけを質問した。被疑者がこれを否定したので、尋問官は、証拠を示して不意打ちし、これによって被疑者に犯行を認める気にさせた。
> d) 尋問官は、被疑者に「全面的に自白すれば、勾留を解いてやる」との嘘を言った。しかし、この誤った情報提供は、意図的なものではなく、尋問官の法律知識の欠如に基づくものであった。

a) はい。通説のように136a条における「欺罔」概念を限定的に解釈するとしても、被疑者の状況を決定的にねじ曲げる調子のよい嘘は許されない（LR/*Hanack*, § 136a Rn. 34. BGHSt 35, 328も見よ）。

b) 連邦通常裁判所（BGHSt 35, 328）は、この事案でも136a条違反を認めた。尋問官による意識的な嘘であるため、もはや許される術策とは認められない。

c) このような態度に136a条違反はないとみるべきである。単なる（しかし巧みな）事実あるいは証拠の秘匿は（錯誤状態の利用も同様）、136a条により禁止されていない（BGH StV 88, 419）。

d) 連邦通常裁判所（BGH StV 89, 515）によると、意図的に誤った情報

を与えた場合に限り欺罔に該当するが、本問ではこれに当たらない。しかし、この見解は説得的ではない。なぜなら、客観的な捜査状況についての単なる見誤りとは異なり、国家機関による法律状況の誤った解釈は、それが意図的にではなく過失による場合でも欺罔に当たると評価されなければならないからである（詳細は *Achenbach*, StV 89, 515）。

問84

a) 警察は、供述する意思がない被疑者Ｂの監房へ一人の密偵を潜入させたところ、その密偵がＢから内密に自白を引き出した。この場合どう評価すべきか。
b) Ｂが自白しそれによって自身の罪を認めたが、その中で共犯者の名前を明かした場合はどうか。
c) Ｂが自発的に同房者に打ち明けたところ、同房者がそこで得た情報を警察に伝えた場合はどうか。

a）判例は、この事案で136a条を類推適用して証拠使用禁止を認めている（尋問に当たらないため直接適用は否定された）。その際、ハノーファー地方裁判所（LG Hannover StV 86, 521）は欺罔を、また、連邦通常裁判所（BGHSt 34, 362）は（勾留による）禁止された強制をそれぞれ認めた。しかし、双方の見解は説得的ではない。なぜなら、いずれの方法によっても、Ｂの意思決定の自由は侵害されていないからである。すなわち、Ｂは、自発的に「口を滑らせた」だけなのである。とはいえ、136条が潜脱されている。なぜなら、警察は被疑者の情報を教示を伴う公然の尋問により入手すべきであり、この要件は、密偵の投入により潜脱されてはならないからである。このような潜脱も、証拠使用禁止につながる。

b）連邦通常裁判所（BGHSt 34, 362. 異なる見解としてLG Hannover StV 86, 521）は、この事案で供述の使用を認めた。供述の使用禁止はＢの供述だけに適用されるのであって、それにより得られたその他の証拠には適用されない。つまり、連邦通常裁判所は、証拠使用禁止の「波及効果」を認めないのである。しかし、これは支持されるべきではない（問89参照）。

c）連邦通常裁判所（BGH NStZ 89, 32）は、この事案で136条違反を認めなかった。Ｂは捜査当局より欺罔されたわけでもなく、Ｂに自己に不利益な供述をさせるために勾留が使用されたわけでもないからである。同房者

が捜査当局に対して密偵活動について継続的に報告する場合も、136a条違反に当たらない。

> **問85** 強姦の被害者は、開け放たれたままのドアの向こうで交わされている、被疑者と尋問官との会話を聞く機会を与えられた。被害女性は、これに応じて犯人の声であると告げた。この陳述を被疑者の罪責立証のために使用できるか。

　このような陳述の使用は、連邦通常裁判所（BGHSt 40, 66. 否定的評釈として *Achenbach/Perschke*, StV 94, 577）によると、声紋比較が被疑者への欺罔により可能とされた場合、既に136a条違反により許されない。例えば、その会話が被害女性に盗み聞きをさせるためだけに用意されたような場合である。これに対して、尋問官は被害者による盗み聞きを意図しておらず、またそのような女性のことを全く知らなかった場合は、欺罔概念には該当せず、単なる錯誤の利用にすぎないとされる（非常に疑わしい見解である）。連邦通常裁判所は、またこのような声音識別の証拠価値はごく僅かしかないともする。原則として、選択的識別に準じて複数の人物の声音を証人に聞かせ、その中から犯人を選び出すという手法が採られなければならない（BGH NStZ 94, 597も同旨）。声を秘密裏に録音する問題について問399参照。

> **問86** 警察は、強盗の捜査手続において、証人Zから、エジプト人である被疑者Aに嫌疑を向けさせるような示唆を得た。警察は、これに応じて、Zに電話によるAとのプライベートな会話の中で被疑事実について巧みに聞き出すよう求めた。アラビア語で交わされた二人の会話は、Zの了解を得て、警察が用意した通訳人によって傍受された。Aは、公判において証人として尋問された通訳人の証言に基づいて有罪とされた。Aは、証人の証言は使用できないものであると主張した。この主張は正当か。

　この問題は、非常に争いがある。このような「騙し聞き」の場合、正しくは証拠使用禁止が認められなければならない（より詳しくは *Roxin*, NStZ 95, 465; 97, 18）。これは欺罔であるが、136a条違反には当たらない。なぜなら、Aには、犯行について陳述するかどうかについて意思決定の自由が残されているからである。しかし、136条の潜脱には当たる。なぜなら、

被疑者は、国家に起因する錯誤に基づく自己に不利益な供述により、供述拒絶権及び弁護人と相談する権利が奪われているからである。

これに対して、連邦通常裁判所大刑事部（BGHSt 42, 139）は、通訳人の証言の使用を認めた。大刑事部の見解によると、136条の潜脱には当たらない。なぜなら、136条は供述義務が負わされているという錯誤から被疑者を保護しているにすぎないのであって、国家に起因する錯誤に基づく自己に不利益な供述から保護しているわけではないからである。確かに、大刑事部も、そのような密かな聴き取りはネモ・テネトゥール原則違反に「等しく」、それゆえ、そのような手続に対して「疑念」が生じるという。しかし、この点は、「有効な刑事訴追という法治国家の義務」との間で衡量されるべきものとされている。それゆえ、秘密裏に密偵を投入することは、「著しく重大な犯罪が問題となっている場合、及び他の捜査方法の投入では……成功が見込まれない又は著しく困難な場合」には許されるという（BGHSt 42, 157）。

> **問87** Bは、溺愛する息子を撲殺したという疑いをかけられているが、事件について何一つ思い出すことができないと弁解した。警察官は、これに応じて、Bに対して「お前がどのようにして犯行に及んだのかを話さないならば、死体となったお前の子供のそばに連れて行くぞ」と威迫した。Bは、死んだ息子を見ることには耐えられなかったので、ようやく書面による自白をした（BGHSt 15, 187）。Bは、翌日行われた捜査判事による尋問に際しても、再び同様の自白をした。その際、Bに対して死体のそばに連れて行くという再度の威迫は行われなかった（BGHSt 17, 364）。
> Bの自白は使用できるか。

いいえ。死体のそばに連れて行くこと自体は、88条により身元確認のためであれば許されている。しかし、連邦通常裁判所の見解によると、被疑者・被告人が特に精神的苦痛を感じやすい性格であることを利用して、「犯行とその経過について、死体を直視するという圧迫の下で、……被疑者・被告人が従前に準備していたより多くの供述」をしたという場合、それは136a条の意味における許されない精神的苦痛に当たる（BGHSt 15, 191）。また、2回目の自白も、それ自体に直接圧迫が加えられていなかったにもかかわらず使用できない。なぜなら、「先行する圧迫手段による萎

縮効果は一般にそれ以後の尋問にも影響を及ぼすこと、そして被疑者の自由は後の尋問においても侵害され又は奪われているということは経験則」に合致するからである（BGHSt 17, 368）。連邦通常裁判所のこの見解は、実務において非常に重要である。なぜなら、一旦136a条違反が生じれば、後の供述も広く使用できないとするものだからである（ただし100b条違反が先行した後の自白の使用可能性について BGHSt 35, 32参照）。手続違反の継続的効果は、「加重的教示」により除去できる。すなわち、被疑者に対して、前にした供述は136a条違反により使用することができないということが伝えられなければならない（LG Bad Kreuznach StV 94, 293; LG Frankfurt StV 03, 325）。

問88
a) 被疑者 B は、尋問の場で警察官 P に殴られた。この虐待が B の供述内容に何らかの影響を及ぼしているかどうかは確認されていない。
b) ハンブルク高等裁判所（OLG Hamburg NJW 05, 2326）は、被告人エルモサデクの2001年9月11日にニューヨークで起きたテロ暗殺計画への関与が審理されている公判において、アメリカ合衆国政府から送付された問題となっているアルカイダ幹部の証言の要約を朗読させた。しかし、その供述は拷問によって得られた可能性があった。
これらの場合、供述を使用できるか。

a）この場合、136a条違反に当たる。なぜなら、通説によると、そのような違反を認めるためには、禁止された尋問方法が供述の内容に影響した可能性があるという程度で足りるからである。

b）ハンブルク高等裁判所は、136a条3項2文の証拠使用禁止を、外国の機関による人間の尊厳に対する甚だしい違反の下で得られた情報についても、一般的に類推適用が可能であると判断した。しかし、通説及び連邦通常裁判所（BGHSt 16, 164）の見解によっても、「疑わしきは被告人の利益に」（プロ・レオ）原則は、136a条には適用されない。すなわち、「手続の瑕疵が証明されなければならない」（BGHSt 16, 167. これに否定的見解として、例えばLR/*Hanack*, §136a Rn. 70）。ハンブルク高等裁判所も、たとえ困難な証拠状況においてでさえも、証拠禁止を基礎付ける事情の完全な証明の必要性を維持している。証人の意思決定の自由に対する疑念は、ともかく、

証拠評価の段階で考慮すべきものとされている。

> **問89** 被疑者Bは、虐待の影響下で、被害者の死体を埋めた場所を自白した。しかし、このBの供述は使用できない。では、死体を掘り起こして、これをBに対する証拠として使用することは許されるか。

この問題は、激しく争われている。従来の通説によると、供述自体は排除されなければならないが、この供述を基に入手した証拠は使用できる。例えば、被疑者が催眠状態で名前を挙げてしまった証人を尋問すること、ひどく疲れた状態で言及してしまった犯行現場を検証すること、殴打されたことにより漏らしてしまった隠し場所から死体を掘り起こすことは、いずれも許される (BGHSt 34, 362)。最近の見解は、このような**証拠使用禁止の波及効果**を、手続違反の重要性と訴追された行為の重大性との間での衡量によるとしている (*Hellmann*, Rn. 484, 792; LR/*Hanack*, § 136a Rn. 66)。反対の立場は、これを（アメリカ法の「毒樹の果実論」に倣って）否定する。「表向き許された（供述により得られた）情報の利用と、明らかに許されない（情報を介した）供述の使用との間に差異を認めることは、まさにこじ付けである」(*Spendel*, NJW 66, 1105)。それゆえ、死体を掘り起こすことは許されるが、訴訟においては、これ以外の方法では証拠が見付けられなかった場合、「あたかも自白がなされておらず、かつ死体が見つかっていなかったかのように」(*Peters*, S. 337 f.)、手続されなければならないという。

> **問90**
> a) Xは、Aが自分の妻を殺した犯人であると思った。Xは、激昂してAに暴行を加え、妻殺しについて無理やり自白させた。Xは、これに基づいて、Aが自白した内容を警察に報告した。裁判所は、その後の訴訟において、そのように強要されたAの供述を判決の発見において考慮することは許されるか、又は136a条3項2文によりそれは妨げられるか。
> b) XがAに「自白しないのであれば、お前の目をくり抜くか鼻と耳を削ぎ落とすぞ」と脅迫した場合、法律状況はどうなるか。
> c) 警察官Pは、AがXの妻殺しの犯人であると考えた。Pは、Aに殺人について無理やり自白させるために、暴行（事例a）又は脅迫（事例b）を加え

るようXに促した。この自白は使用できるか。

a) 通説によると、私人が136a条において禁止された方法を使って脅し取った陳述は、裁判所の心証形成において使用できる。つまり、136a条は、刑事訴追機関にのみ向けられている（詳細はLR/*Hanack*, § 136a, Rn. 9 ff. 鑑定人について問82のa参照）。

b) もっとも、極端な人権侵害の場合、例えば本問のような「最も根源的な法治国家原理又は人間の尊厳に対する」違反の場合（OLG Celle NJW 85, 640, 641）は、例外とされている。

c) いいえ。a及びbで述べられたルールは、私人が刑事訴追の権限を有する者により136a条に規定された方法を用いることを勧められている場合は適用されない（法律の潜脱に当たる）。つまり、136a条3項2文の証拠使用禁止は、このような場合に考慮されなければならない。

8　勾留、仮収容、仮逮捕

問91
a) 被疑者に**勾留**を命じるべき場合、客観的要件としてどのようなものがあるか。
b) このことは、欧州勾留命令にも妥当するか。

a) 三つある（112条1項）。すなわち、被疑者に対して追及を受ける犯罪につき差し迫った嫌疑が存在すること、勾留理由が存在すること、勾留が事件の軽重及び処せられるべき法律効果から見て過剰でないことである。

b) 目下のところ、法律状況は未解決のままである。ドイツの立法者は、欧州勾留命令及び加盟国間における犯人引渡手続に関する2002年6月13日の欧州理事会の枠組決定（ABl. EG 2002, L 190／1）を、2004年7月21日の欧州勾留法（BGBl. I, 1748）によって国内法に転換し、刑事事件司法共助法を補充するという形で、ドイツ国内に居住する人物を刑事訴追目的でドイツから欧州連合加盟国へ引き渡すことを認めた。しかし、連邦憲法裁判所（BVerfGE 113, 273）は、この法律を無効とした。〔訳者注：連邦憲法裁判所の無効判決を受けて、2006年に、第2次欧州勾留法（BTDrs 16/1024 u. 16/2015）が制定されている。〕

問92

a) 刑事訴訟法は、勾留理由としてどのようなものを定めているか。
b) 112条3項が憲法的に見て憂慮すべき規定であるとされている理由は何か。また、連邦憲法裁判所は、112条3項をどのように解釈しているのか。

a) 以下四つの**勾留理由**がある。そのうち少なくとも一つが存在すると共に、差し迫った犯罪の嫌疑が必要である。

① 「逃亡又は逃亡の虞」（112条2項1号、2号）。

② 「罪証隠滅の虞」（112条2項3号）。

③ 「犯罪の重大性」、すなわちテロ組織の結成、謀殺、故殺、集団虐殺、重傷害、特に重大な放火又は放火致死、爆発物爆破惹起の罪を被疑事実とすること（112条3項）。

④ 「再犯の虞」、ただし特定の性犯罪及び条文に列挙された法秩序に重大な影響を及ぼす犯罪を反復又は継続して行う場合のみ（112a条参照）。

b) 112条3項は、本来、具体的な勾留理由を挙げるのではなく、文言上は一定の犯罪に関してそのような理由を不要とさせる意味を有するものであった。これがもし条文の文言どおりであるとするならば、法治国家として問題である。なぜなら、この場合、自由の剥奪が一種の嫌疑刑になってしまうからである。それゆえ、連邦憲法裁判所（BVerfGE 19, 342）は、112条3項（当時は4項）を次のように合憲限定解釈した。その解釈によると、その適用に関しても、常に「被疑者を拘束しなければ犯罪の速やかな解明及び処罰が困難になる虞がある」との事情が存在しなければならないことになる。これを前提にすると、もし「テロリスト」や「殺人犯」が街を自由に徘徊できるとするならば、これは市民にとって耐えがたいものであるという程度の考慮では、112条3項に基づく拘束にとって決して十分な理由にはなり得ないことになる。連邦憲法裁判所は、このような新解釈により、112条3項を勾留理由の体系にほぼ矛盾なく組み込んだのである。現在、112条3項は、その適用にとって「逃亡又は罪証隠滅の疑いが一定の事実をもっては証明しがたいが、個別の諸事情によると完全に排除されるわけではないということでも足りる」という限りで、112条2項の条件を緩めるものとなっている。これは、「犯罪の重大性を考慮して、極めて危険な犯罪者が処罰を免れる危険を排除するために、2項の勾留理由の

厳格な要件が緩められるべきである、ということによって正当化」できる。

> **問93** 侵入窃盗罪について差し迫った嫌疑のあるBに対して、以下の理由で勾留命令を発することはできるか。
> a) Bが重い自由刑に処せられるべきであること。
> b) Bが自己に有利な証言をしてくれる証人と接触する虞があること。

a）科されるべき刑の重さだけでは、逃亡の虞の根拠としては不十分である。このことは、既に112条3項の反対解釈から導かれる。ただし、他の状況証拠とあいまって、差し迫った処罰の重大性が逃亡の虞を認めることを正当化させることはある。

b）証人との単なる接触では、罪証隠滅の虞を肯定するには不十分である。不正な方法で証人に働きかけるといったBの意図を認識できるような一定の事情（例えば、特に秘密裏に接触すること、金銭供与など）が存在しなければならない。

> **問94** 被疑者Bは否認している。これまでにBに対して存在する状況証拠では、公判手続を開始するには不十分である（203条。十分な犯罪の嫌疑が必要）。四つの勾留理由のうちの一つが存在する場合、Bに対して勾留命令を発することはできるか。

いいえ。112条1項が要求する**差し迫った犯罪の嫌疑**は、203条に定める「十分な」嫌疑よりも濃厚なものであること、すなわち被疑者が行為者であることについて高度の蓋然性があることを条件とする。ただし、蓋然性判断は、目下の捜査状況に基づいて行われなければならない。つまり、捜査開始時に存在していた高度の蓋然性が、捜査の進捗につれて、後に公判手続を開始するために必要となる「十分な」犯罪の嫌疑が基礎付けられなくなるということも起こり得る。裁判所が使用可能な、それにより高度の蓋然性をもって被疑者の罪責を立証できる証拠が存在していなければならない（BGH NJW 92, 1975）。換言すれば、差し迫った犯罪の嫌疑とは、現在の捜査状況により基礎付けられた、拘束の理由となる犯罪により後に有罪判決が下される高度の蓋然性のことである。

問95 比例原則は、1964年以来、勾留法において確立している。本原則は、現行勾留法においてどのような場面で、またどのように影響しているか。

比例原則は、以下四つの場面で影響を与えている。

①勾留**命令**の場面。勾留命令は、112条1項2文によると、勾留が「事件の軽重及び処せられるべき刑又は……処分から見て過剰となる」ときは全く許されない。勾留は、長期6月の自由刑又は180日以下の罰金刑のみが定められている犯罪の場合、113条によると、罪証隠滅の虞による場合は全く命令することができず、逃亡の虞による場合は限定的な要件に基づいてのみ命令できる。

②勾留**執行**の場面。勾留の執行は、116条によると、より緩やかな処分（届出義務など）でもその目的を遂げることができる場合には停止される。

③勾留**期間**の場面。勾留の期間は、121条によると、6か月以上継続してはならない（ただし「重大な理由」がある場合は除く）。122a条も参照。

④勾留命令**取消し**の場面。勾留命令の取消しは、120条1項によると、「勾留の継続が事件の軽重及び処せられるべき刑又は処分から見て過剰であること」が判明したときに行われる。

③及び④は、欧州人権条約5条3項2文に同調するものである。これによると、被疑者は、「相当な期間内に裁判を受ける又は手続中に釈放される」権利を有する。限定された拘束可能性を調整するものとして、132条の処分が挙げられる。

問96
a) **勾留命令**は、誰がその管轄を有しており、またどのような方式で発せられなければならないか。
b) 命令は、請求を要件とするか。また、請求が必要という場合、誰がその請求権を有するか。
c) 勾留命令を発した裁判官には、勾留中に勾留執行の停止（116条）や取消し（120条）のような別の命令を発する権限があるか。
d) 裁判官は、認定事実によると逃亡の虞という勾留理由は根拠がないとの心証を抱いた場合、勾留命令の発付を拒絶できるか。

e）裁判官は、被疑者が別の犯罪行為により既に勾留されている場合も、勾留命令を発することができるか。

a） 勾留は、「裁判官の書面による勾留命令によって行う」（114条1項）。したがって、裁判官によらない緊急権限は存在しない（ただし127条を見よ）。管轄は、勾留裁判官としての捜査判事にある（162条、125条1項）。このことは、162条とは異なる土地管轄にも当てはまる（125条1項を見よ）。

b） 捜査判事は、他の場合と同様（162条1項）、基本的に検察官の請求に基づいてのみ活動できる。管轄を有する検察官が間に合わずかつ緊急を要する場合にのみ、捜査判事は、職権で勾留命令を発することができる（125条1項）。例えば、後からでは拘束が不可能となってしまうような場合である。中間手続及び公判手続では事件が係属する裁判所が、上告が申し立てられている場合は原判決をした裁判所が、それぞれ勾留命令を発する（125条2項）。それらの場合、裁判所は、職権で活動できるが、検察官の意見を聴かなければならない（33条1項、2項）。

c） 勾留と関連する別の裁判については、基本的に勾留命令を発した裁判官が管轄を有する（126条1項が詳細を定めている）。

d） 裁判官は、拒絶できるだけでなく、むしろ拒絶しなければならない。なぜなら、確かに、裁判官は、162条3項により、請求された行為の法律上の許容性のみ審査することになっている。しかし、逃亡の虞の存在は、勾留命令を許可するための法律上の要件だからである（112条2項2号）。

e） はい。これは「二重勾留」という。確かに、被疑者は、拘置所に収容されている限り逃亡できない。しかし、最初の勾留命令が取り消された場合、それ以後の勾留命令に基づいてなおも拘束できる。ただし、1個かつ同一の犯罪行為により、2個の勾留命令を発することはできない（問475のa参照）。

問97 捜査判事は、勾留命令を発することを考えている。
a）その際、書面による勾留命令に記載すべき四つの事項を説明しなさい。
b）暴動へと発展したデモにおいて多数の参加者が仮逮捕され、128条1項（問119参照）に基づいて捜査判事の下に引致された。この捜査判事は、騒乱罪の

> 特に重大な事案についての差し迫った嫌疑を理由に勾留命令を発したが、その際、複写書式をそれぞれ使用した。このような理由から、勾留命令が恣意的に（個別審査することなしに）発せられたと認めるべきか。

a）勾留状には、以下の事項を記載しなければならない（114条2項、3項）。

①被疑者の特定事項（取り違えを防止するために氏名・居所などをできる限り詳細に）。

②犯罪事実（犯罪の日時・場所、構成要件を充足する行為要素、適用されるべき罰条）。

③勾留理由（逃亡の虞、罪証隠滅の虞、犯罪反復の虞、犯罪の重大性）。

④差し迫った犯罪の嫌疑及び勾留理由を示す事実。

⑤112条1項2文の適用が想定されるとき又は被疑者がこれを援用したときは、勾留の過剰性を否定させる理由。

このような包括的な理由付けの強制——国家の安全を危うくし得る事実がある場合に限り制限される——は、一方で裁判官に特に綿密に審査させ、他方で被拘束者に綿密に記載された被疑事実に対する防御を容易にさせるべきものである。

b）連邦憲法裁判所（BVerfG NStZ 82, 37）によると、このような書式の使用は、多数の被疑者が同一の嫌疑状況にあること及び画一的な犯行態様であることに鑑みて、捜査判事が必要な個別審査を怠ったという推測を基礎付けるものではないとされる。

問98 Bに対して勾留命令が発せられた。
a）その執行は、誰が行うのか。
b）身体拘束は、どのような方式で行われるのか。

a）勾留の執行は、検察官の責務であり（36条2項）、検察官が警察を通じて行う（161条）。

b）身体を捕捉する。この場合、警察官に勾留状の正本又は謄本を携行させ、拘束する際にその内容を被疑者に告知して交付しなければならない。告知することができないときは（例えば拘束する際に勾留状の正本がない場合）、被疑者に対して「被疑者がどのような行為について疑いをかけら

れているのかを、暫定的に告げなければならない」(114a条)。

> **問99** Bが拘束された。**拘束後の手続**は、どのように進行するのか。

被拘束者を、遅滞なく（遅くとも引致の翌日に＝115a条1項）125条により管轄を有する裁判官（すなわち勾留命令を発した裁判官）の下に引致しなければならない（115条1項）。この規定は、欧州人権条約5条3項1文及び基本法104条2項の基本思想に合致する。裁判官は、これに基づいて以下三つのことをしなければならない。

①Bの親族又は信頼する者の一人に、拘束されたことを通知する(114b条)。
②遅滞なくBを尋問する（115条2項、3項）。
③勾留命令の取消し（120条）若しくは執行停止が可能か（116条）、又は勾留を維持しなければならないかについて裁判をする。勾留維持の場合、Bに法的救済手段（勾留抗告又は勾留審査）について教示する（115条4項）。

> **問100** Bは、ちょうど国境を越えようとしたところで、勾留命令に基づき拘束された。115条2項によると、逮捕の翌日までに管轄を有する裁判官がBを尋問しなければならないが、管轄裁判所までかなり遠いためそれができない。そのため、Bは、115a条1項により、最寄りの区裁判所の裁判官の下に引致された。
> a) 裁判官は、尋問後、勾留理由のいずれにも該当しない又は差し迫った犯罪の嫌疑がないと判断した場合、Bを釈放できるか。
> b) Bは、勾留維持の裁判に対して何ができるか。

a) 115a条2項3文によると、裁判官は、勾留命令がその間に取り消されている場合又は人違いであった場合には、Bを釈放しなければならない。そもそも裁判官による勾留命令が発せられていない場合（通説。例えばLR/*Hilger*, § 115a Rn. 8-11参照）及び被逮捕者が病気により勾留に耐えられない場合（LG Frankfurt StV 85, 464）にも、釈放権限が与えられている。これに対して、他の理由に基づく釈放はできないとされている。なぜなら、「最寄りの裁判官」は、事件について表面的にしか知らないからである。この場合、最寄りの裁判官には、常に勾留の維持に対する疑問を115a条2項4文に定める迅速な方法（電話など）で管轄の裁判官に通知す

るしかないというのである。

しかし、このような理解は、——例えば祝日に逮捕する場合（BGHSt 42, 343を見よ）——基本権の一つである人身の自由に対する著しい侵害に至ることもある（基104条2項2文）。そのため、最寄りの裁判官にも、包括的に勾留取消しの権限を与えるべきとする見解（*M.Heinrich*, StV 95, 66）や、116条を類推適用して保釈を認めるべきとする見解（*Ch.Schröder*, StV 05, 241）が主張されている。

b）この場合、具体的事件の詳細について知識が不足しているため、裁判は暫定的なものにすぎない。それゆえ、Bは、115条に定める尋問のため管轄を有する裁判官の下への引致を要求できる。Bに対して、この権利について教示しなければならない（115a条3項2文）。

問101
a) **保釈**〔勾留の執行停止〕とは、どのようなものか。
b) より緩やかな方法が存在する場合、執行停止は義務的か又は任意的か。

a）116条、116a条に定める勾留の執行停止は、より緩やかな方法で可能な場合に用いられる。

b）116条は、この点について各勾留理由に応じて以下のように区分する。

① 「逃亡の虞」がある場合、法律（116条1項）は、より緩やかな方法（網羅的にではなく）として、届出義務、居住制限、禁足及び担保の提供を挙げている。逃亡の虞を減少させる効果が十分見込まれる場合、執行停止は義務的である。

② 「罪証隠滅の虞」がある場合、より緩やかな方法として、特に一定の者（共同被疑者・被告人、証人、鑑定人）と接触しない旨の指示が考慮される（116条2項）。この場合、執行停止は任意的（「～ことができる（kann）」）である。なぜなら、この方法の効果は不確かだからである。

③ 「犯罪反復の虞」が一定の指示によって著しく削減され得る場合も、執行を停止できる（116条3項）。

> **問102** Bは、112条3項により勾留された。彼には故殺罪について差し迫った嫌疑があり、比例原則（112条1項2文）からも勾留命令の回避は問題にならなかったからである。しかし、裁判官は、116条により勾留命令の執行停止を考えている。これは可能か。

この問題は、現行116条が創設された当初から激しい争いがあったが、否定説が支配的であった。なぜなら、116条は、112条2項、112a条の勾留の場合における執行停止の可能性を明示的に挙げているが、112条3項については何も規定していないからである。また、「より緩やかな処分」は、手続確保又は予防の目的ではなく、犯罪の重大性自体が勾留を正当化する場合には何の意味も持たないことにもなるからである。しかし、連邦憲法裁判所（BVerfGE 19, 342. 問92のb参照）が専ら手続確保の目的にのみ適用できると宣言して以来、比例原則から直ちに、より緩やかな方法で逃亡又は罪証隠滅の虞を排除できる場合には、112条3項に規定された犯罪についても同条項に基づく勾留命令の執行を停止できるとされている（BVerfGE 19, 351）。

> **問103** 裁判官は、Bに対する勾留命令の執行を停止できると考えている。
> a) 裁判官は、勾留の執行停止を勾留命令発付と同時に行うことができるか、又は身体拘束後の最初の尋問に基づいて初めて行うことができるか。
> b) 裁判官は、その際、検察官と協議しなければならないか。
> c) 裁判官は、執行を停止したが、後にBにとってより緩やかな方法では十分な効果が得られないと判断した場合、改めて勾留命令の執行を裁量で命じることはできるか。
> d) 執行しない勾留命令は、どれぐらいの期間維持できるか。

a) 法律には何ら制限がないので、執行停止は、勾留命令の発付と同時に行うこともできる。

b) はい（33条2項）。

c) 裁判官は、裁量でこれを命じることはできず、以下三つの条件に限られる（116条4項）。すなわち、著しい違反行為をした場合、信頼の基礎が欠如した場合、身体の拘束を必要とする新たな事実が出現した場合であ

る。これら三つの理由のうちの一つが存在する場合、勾留命令は、執行されなければならない。

d) 比例原則の範囲内に限られる (BVerfGE 53, 152)。なぜなら、既に勾留命令の存在は、保釈の場合も含めて相当な負担であり、これは被疑者の自由権に照らして国家の刑事訴追権との間で衡量されなければならないものだからである (BVerfG NJW 06, 668〔部局決定〕)。

問104 Bに対する勾留は、裁判官による尋問を経て維持された。これに対して、Bは、**法的救済手段**を採りたい。Bには何ができるか、また誰がそれを管轄するか。

Bには二つの可能性がある。

① Bは、「勾留抗告」(304条以下) を申し立てることができる。抗告は、勾留裁判官 (306条) を通じて抗告裁判所、すなわち地方裁判所刑事部に送致されるが (裁73条)、その裁判に対して更に (高等裁判所への) 再抗告が認められる (310条)。他の場合とは異なり (309条1項)、抗告について、口頭弁論を経て裁判できる (118条2項)。

② Bは、「勾留審査」を請求することもできる (117条1項)。ここでは、勾留裁判官が (126条)、(被疑者の請求により義務的に、さもなければ裁判官の裁量で) 口頭弁論を経て (118条1項)、場合によっては証拠調べを行った上で (詳細は118a条)、勾留命令が取り消されるべきかどうか又は少なくともその執行が停止されるべきかどうかについて裁判する。勾留抗告は、勾留審査に対して副次的なものである (117条2項1文)。また、被疑者が勾留審査を請求した場合、既に申し立てられていた勾留抗告は不許容となる。もっとも、勾留審査手続においてなされた裁判に対しては、再び通常抗告及び再抗告を申し立てることができる。このような法律状況において、今後も勾留抗告を維持することは、立法論としてほとんど意味がないように思われる。

問105 Bは、3か月間——つまり通常の制限期間の半分 (121条)——勾留に付されている。Bは、この時点で何ができるか。

①Bは、弁護人の任命を請求できる（117条4項）。弁護人は、差し当たり「勾留が継続する間」に関してのみ任命される。しかし、Bが少なくとも公判手続開始の2週間前までに釈放されない場合、弁護人の任命はその後の手続に対しても効力を有する（140条3項2文）。〔訳者注：以上につき、2009年改正法について問51を見よ。〕

②Bが勾留されてからこの時点まで前述〔問104〕した二つの法律上の救済手段を講じてこなかった場合、職権で勾留審査が行われる（117条5項）。もっとも、このことは、Bが弁護人を——117条4項によって弁護人の任命を受けた場合も含めて——有する場合には妥当しない。なぜなら、弁護人は、立法者が認めるように既に自発的にその依頼人に適切に助言し、その権利行使を促していると思われるからである。

③Bは、既に1度口頭弁論を求めたが、それにもかかわらず勾留が維持されている場合、その時から少なくとも2か月が経過した時点で新たな口頭弁論を申し立てることができる（118条3項）。

問106

a) **勾留の執行**に関する規定はあるか。
b) Bは、拘置所から家族に宛てて、自分を悪者に仕立て上げようとする司法当局によって、明らかに不当に拘束されているという内容の手紙を書いた。この手紙を差し止めることはできるか。
c) 被拘禁者に対するこのような処分について、誰が管轄を有するか。また、この裁判に異議を申し立てることはできるか。

---

a) はい、119条に規定されている。確定判決により成人に対する自由を剥奪する法律効果の執行——この規定は1976年3月16日付けの行刑法に定められている——とは異なり、勾留の執行については、同法に断片的に規定されているにすぎない。行刑法のごく僅かな規定だけは、被勾留者にも適用される（詳細は行刑法178条を見よ）。詳細は勾留執行規則に規定されているが、これは連邦全体に通用する行政規則だけを含んでいる。〔訳者注：連邦の行刑法は、2006年に連邦制度改革に基づいて、その内容決定を州に委譲している。これを受けて、多くの州は、既に独自の行刑法を制定・運用している。〕

b) 119条3項によると、信書は、勾留の目的（例えば手紙に逃亡や罪証隠

滅の計画が書いてあるなど)又は施設内の秩序維持に必要という場合、これを差し止めることができる。しかし、通常は、侮辱的な言動がそのような施設内の秩序を乱すことはない。なぜなら、それは被拘禁者の特殊な精神状態においてその通例の結果を表現しているにすぎないからである(争いがある)。

c) 勾留命令を発した裁判官である(119条4項、126条)。この裁判に対して抗告が許されるが(304条)、310条に定める再抗告は許されない。なぜなら、抗告は、この場合拘束ではなく、執行の形式のみを対象とするからである。

問107 検察官による捜査手続の間に、Bの無実が判明した。
a) 裁判官は直ちに勾留を取り消さなければならないか、又はBは次の勾留審査まで待たなければならないか。
b) このような場合、早速、検察官が勾留を取り消すことはできるか。

a) 勾留命令は、直ちに**取り消されるべき**である(120条1項)。そもそも、勾留要件の存在は、職権で継続的に審査されなければならない。形式的な勾留審査だけが、請求と期日に結び付けられているのである。

b) いいえ。しかし、検察官は、少なくともBの釈放を命じることができ(120条3項2文)、同時に裁判官に勾留命令の取消しを請求できる。裁判官は、この請求を認めなければならない。つまり、ここでは、裁判官が検察官の裁定に拘束されるという稀な場合に当たる(120条3項1文)。

問108 Bは、検察官が捜査を終えないまま、6か月間勾留されている。検察官は、捜査の遅延について捜査官不足により迅速な処理が妨げられていると主張した。
a) 検察官は、勾留の取消しを阻止するために何ができるか。
b) 検察官は、上記主張によって勾留の取消しを阻止できるか。

a) 原則として、勾留は、**6か月経過後に取り消される**(121条)。しかし、裁判所は、——検察官の請求に基づいて又は裁判所自体が勾留継続の必要があると認めたとき——検察官を経由して、勾留延長に関する裁判の

ために事件を**高等裁判所**に送致しなければならない（122条1項）。このような事態は、「重大な理由」により判決に至らずかつ**勾留の継続**が正当化される場合に生じ得る（121条1項）。

b）いいえ。確かに、121条1項から明らかなように、現在与えられている訴追機関の労働力を前提にして、捜査の困難性又は規模が勾留延長を正当化することになる。しかし、事件の種類に関係なく刑事訴追機関の業務の過剰負担だけを勾留延長に対する重大な理由として認めるという場合、規定の目的（手続の促進）を無意味にさせ、また、まだ有罪判決が下されていない者の憲法上保障された自由権を侵害することにもなる（BVerfGE 36, 264; BVerfG NJW 03, 2895; BGHSt 38, 43）。それゆえ、過剰負担は、それが短期間でかつ予見も回避もできなかった場合に限り、重大な理由となり得る（OLG Düsseldorf MDR 91, 1081）。したがって、事務官の交代や裁判官の休暇では足りない（BVerfG NStZ 94, 93）。

問109 Bに対して、強盗罪の嫌疑で捜査手続が開始され、これを理由に勾留が執行されている。5か月後、Bが別の機会に行ったとされる詐欺罪が捜査手続に加えられた。強盗罪の嫌疑により発せられた勾留命令が6か月経過後に121条2項により取り消されたが、直ちに詐欺罪を理由に新たに勾留命令を発するという方法で、高等裁判所の判断を求めることなく勾留を12か月まで延長することは許されるか。

この問題は、121条1項でいう「同一行為」をどう理解するかにかかっている。ツェレ高等裁判所（OLG Celle NJW 69, 245）のように、同一行為の概念を「同一の刑事手続」の意味で解釈するならば、新たな勾留命令を発することはできない。なぜなら、強盗罪と詐欺罪が併せて審理されるべき現在進行中の手続において、勾留は既に6か月を経過したからである。これに対して、この文言は155条、200条、203条、264条における訴訟上の行為概念の意味で解釈すべきであると考えるならば（問200以下参照）、詐欺罪は「新たな行為」であり、それゆえ、新たな勾留も認められる。このうち第1の解釈は、本問のような場合、被疑者に対して実質的に不当な特権を与えることになってしまう。なぜなら、121条は、1̇個の歴史的な事象を理由とする捜査が大幅に遅滞することを妨げるべきものであるにとどま

り、捜査されるべき事象の数に関わりなく勾留期間を制限すべきものではないからである。

それゆえ、*Roxin*（§ 30 Rn. 52）は、*Eb.Schmidt*（NJW 68, 2209）の見解に倣って、訴訟上の行為概念の使用を主張するが、第2の勾留命令を発することができた時点で既に第2の勾留の期間の進行が開始するという修正を加えている。これに対して、実務は、121条に特殊の「拡張された行為概念」を前提とする。これによると、「同一行為」には、既に判明しそれゆえ勾留命令の発付が可能となった時点における被疑者の全ての行為が含まれることになる（*Meyer-Goßner*, § 121 Rn. 12; KK/*Boujong*, § 121 Rn. 11; OLG Düsseldorf StV 04, 496）。

> **問110** Bは、勾留から解かれかつ自身に対する刑事手続が打ち切られた後、勾留により被った業務上の損失に対して国庫からの賠償を求めた。
> a) 勾留理由が欠如していた又は比例原則違反があったなどの理由で、勾留が違法だった場合はどうなるか。
> b) 勾留は適法であったがBが後に無罪判決を受けた場合、又はBに対する手続が打ち切られた場合はどうなるか。

a) Bは、この場合、国家機関に責任があるときは、国家賠償請求権を有する（民839条、基34条）。欧州人権条約5条は、客観的に違法というだけで損害賠償請求権を認めている（詳細についてBGHZ 45, 46を見よ）。

b) この場合、1971年3月8日付け「刑事訴追処分に対する補償に関する法律」（刑事訴追補償法）が適用される。この法律によると、勾留の執行により損害を被った者は、無罪判決を受けた場合又はその者に対する手続が打ち切られた場合に限り、国庫から補償を受けることができる（補償2条）。もっとも、補償は、請求人が故意又は重過失により自ら刑事訴追処分の原因を作った場合は排除される（詳細は補償5条2項、3項、6条を見よ）。財産上の損害も非財産上の損害も補償される（後者については自由剥奪の日数に応じて日額11ユーロを補償される。補償7条3項）。問499も参照。

> **問111** 精神障害のあるGは、周期的に現れる発作の間、既に数回、通行人を殴打して重傷を負わせた。管轄の区裁判所裁判官は、検察官の請求により、捜査手続においてGに対する勾留命令を発することができるか。

いいえ。112条に定める要件が存在しない。しかし、本問のように、ある人が責任無能力又は限定責任能力（刑20条、21条）の状態で違法な行為を行い、かつ精神病院又は禁絶施設への収容が命じられると思料するに足りる十分な理由がある場合、裁判所は、公共の安全にとって必要があるときは、126a条により**仮収容**を命じることができる。つまり、警察予防上の措置である。その際、収容命令が発せられなければならない。これは、勾留命令に相当する。その他の点についても、勾留に関する規定が準用される（126a条2項）。

> **問112** Xは、都心部の雑踏の中で窃盗犯人Dを発見した。Dは、その前日にXから札入れを盗んだ犯人であった。
> a) Xは、Dを逮捕できるか。
> b) Xは、それ以外に何ができるか。
> c) 仮逮捕は、どのような事例群について定められているか。

a) いいえ。確かに、127条1項1文は、逃亡の嫌疑がある場合又は身元確認が困難な場合に、**何人にも仮に逮捕**する権利を与えている。しかし、行為者が「現に罪を行っているときに発見され又は追跡されている」ことが要件である。本問ではこの要件が欠けている。

b) Xは、Dから目を離さず、警察に通報するなどに努めなければならない。その後、警察官が163b条1項により容疑者の身元を確認し、捜査手続を開始する。その際、Dが逃走を図り又は身分を告げず若しくは虚偽の事実を告げた場合、警察官は、遅滞の危険があるときには、127条2項による勾留命令の要件が存在している限り自らDを仮逮捕できる（問91参照）。つまり、127条2項は、裁判官による勾留命令では間に合わない場合の、いわば拘束の準備として使われている。

Xは、警察官と連絡が取れない場合に初めて、民法上の自救権によりDを取り押さえることができる（民229条、230条）。

c) 127条は、仮逮捕を以下三つのタイプに類別する（*Achenbach*, JA 81, 660参照）。

・身柄確保及び身元確認のための明白な逮捕（現行犯逮捕、127条1項1文）。
・検察官及び警察官による身元確認のための職務上の逮捕（127条1項2文準用163b条、163c条）。
・勾留確保のための職務上の逮捕（127条2項）。

以上に加えて、1997年以来、127b条1項による迅速手続の公判確保のための仮逮捕の可能性がある（問501参照）。

問113 トラック運転手Aは、R社に粉末洗剤を搬入した。積み荷を降ろした後、納入品が1箱見当たらなかった。警備員Hは、トラックを注意深く捜し回ったところ、包装用品の下から見当たらなかった箱を発見した。Kは、127条1項によって、電話で呼び寄せた警察官が到着するまでAをその場に引き留めて置くことができるか（OLG Hamm NJW 72, 1826）。

横領罪又は窃盗未遂罪について一定の嫌疑は存在しているが、その箱が単なる偶然で見落とされたという可能性も排除できない。そのような状況で嫌疑を受けた人物が「現行犯人」の対象となるかについて、非常に争いがある。

多数説は、127条1項に定める措置は「真犯人」に対するものでなければならず、犯罪行為又は少なくとも違法な行為（刑11条1項5号）が証明可能な程度に行われていなければならないという（そのような見解として前掲OLG Hamm. 詳細について *Hillenkamp*, 32 Probleme aus dem StrafR AT, 11. Aufl. 2003, S. 52 ff.）。しかし、このような実体法的考察法は、刑事訴訟法上の手続確保のための措置が常に嫌疑の状況で行われなければならないという点を見誤っている。それゆえ、当該措置の許容性を、手続の最後になって初めて、しかも確定判決において判明したことに依拠させることはできない。これは、私人による現行犯逮捕にも当てはまる。それゆえ、反対説（訴訟法的考察法）は、犯罪容疑による解決を主張している。ただし、この見解は、論者ごとに微妙な違いがある。多くの論者は、差し迫った犯罪の嫌疑を要求するが、しかし、実質的にそれに関する厳格な基準（問94を見よ）

を割り引いている。例えばハム高等裁判所（OLG Hamm NStZ 98, 370）は、前掲以後の判決において、「認識可能な全ての外部的事情の概観から……合理的な疑いなく違法な行為が推論される」ことを要求する（類似の見解として *Roxin*, AT I, § 17 Rn. 24 f.）。以上について *Hellmann*, Rn. 265 f. 参照。

問114
a) Xは、帰宅して窓に鍵がかかっていないのを発見したとき、窃盗犯人Dがちょうど貴金属収納箱を持ったまま角を曲がって逃走し、森へ通じる道の向こうへと走り去って行くのを見た。Xは、即座に車をガレージから出して追跡を開始した。Dは、Xが背後に迫っていることに気付いたので、収納箱を投げ捨てて茂みの中へと逃げ込んだ。Xは、車から降りてDを追跡し、（「止まれ」と言った後で）Dの足に発砲して更なる逃走を阻止してDを逮捕した。Xは、127条1項1文の適用を受けるか。
b) では、XがDを逮捕する際に苦痛を与える方法（例えばDの腕を背中の方へと捻じ曲げるなど）で拘束し、また抵抗する場合にはDに足かせをはめることは許されるか。

a) いいえ。まず、Xの追跡は、現行犯人の追跡に当たる。なぜなら、そのような行為と認められるためには、犯罪に接続して（実際に「見聞き」する必要はない）追跡が開始されたことで足りるからである。しかし、Xは、Dに発砲することまでは許されなかった。なぜなら、127条1項1文は、（正当防衛とは異なり）銃器使用の権利を認めるものではないからである。仮逮捕権は、基本的に被逮捕者の生命を侵害し又は危険にさらす権限まで与えるものではない。

b) はい。それゆえ、捕縄や足かせ（又は閉じ込め）など傷害、強要、監禁に当たるような行為は、具体的事案において必要でありかつその原因との関係で過剰ではない場合、127条1項1文により正当化される（例えば軽微な犯罪に際して足かせをはめることはできない）。しかし、身体の傷害は、刑法32条により正当防衛として被逮捕者の攻撃に対して行われた場合は別として、そうでない限りは許されない（広く把握する見解として BGHSt 45, 378, 381）。

> **問115** 追跡者は、127条1項1文に基づいて次のことを許されるか。
> a) 追跡者が車で逃げる犯人を車で追跡している場合において、犯人の車を追い越して車を横向きにして立ちふさがって停車させること。
> b) 犯人をその自宅で逮捕するために、彼の住居に立ち入ること。

a）それにより、道路交通も逃走者も危険にさらさない限りで許される。つまり、交通量の多い通りでは、そのような方法は通常は許されない。

b）いいえ。基本法13条は、住居の不可侵を保障する。刑事訴訟法も、私人が他人の住居に侵入することを認める規定を置いていない。警察官は、検察官の捜査員である場合に限り、102条以下の範囲でこのような権限を有している。163b条1項1文前段も考慮される。

> **問116**
> a) 警察官Pは、宝石店から覆面姿の男Mが走り去るところを目撃した。Pが検察官の捜査員ではない場合、Mを仮逮捕できるか。
> b) PがMを追跡しているとして、その際にやむを得ない場合には、Pに銃器の使用が許されるか。
> c) 問37の事例において、PとKは、人質解放のために他に採る方法がなかったので、銀行強盗の犯人を射殺した。彼らは、刑事訴訟法上このような権限を与えられているか。
> d) 警察官Pは、逮捕後M及び犯罪の嫌疑を受けていない証人Zの身元を確認しようとしたところ、彼らが身元に関する情報提供を拒んだ場合、その確認についてどのような方法があるか。

a）はい。**検察官及び全ての警察官**（つまり検察官の捜査員に限らない）は、127条1項1文により、仮逮捕の権限を与えられている。同様に、勾留命令の要件を満たしかつ緊急を要するときも、この権限が与えられる（127条2項）。

b）警察官はどの範囲で、どのような法的根拠に基づいて仮逮捕のための**銃器使用**を許されているのかについて、見解が分かれる。通説は、直接強制の行使に関する警察法上の権限規範、つまり州に関しては警察法を、連邦に関しては連邦執行官による公権力行使の際の直接強制に関する法律

又は同施行法をそれぞれ援用する。これによると、例えばニーダーザクセン州の警察は、公共の安全と秩序に関するニーダーザクセン州法により、以下のような場合に限り銃器使用が一般的に認められている。すなわち、銃器使用（例えば警告のための発砲により）を警告する場合（同法70条）、より緩やかな処分では成果がないか又は明らかに効果が期待できない場合、高度の蓋然性をもって第三者が危険にさらされない場合（同法76条）である。それに加えて、身柄確保及び身元確認のための逮捕に際して銃器を使用することは、重罪の差し迫った嫌疑がある場合に限り許され、軽罪の差し迫った嫌疑がある場合は、逮捕されるべき人物が銃器又は爆発物を携行しているとの認識が事実的根拠に基づいて正当化されるときに限り許される（同法77条1項3号）。

しかし、このような警察予防上の権限を刑事訴追の目的のため援用することに対しては、学理上、激しい批判が向けられている。それゆえ、許される処分は、127条自体から展開されなければならない。この規定は手続確保に向けられたものであるから、生命を危険にさらす逮捕措置は全て本規定に適合しない（AK/*Achenbach*, §6 EGStPO Rn. 4; SK/*Paeffgen* §127 Rn. 28 ff.; *Schmidt/Schöne*, NStZ 94, 218）。

c）刑事訴訟法上はない。なぜなら、人の殺害は、刑事訴追の目的からは許されないからである。しかし、警察官の「射殺」権限は、そうする限りで現に存在する生命又は重い身体傷害の危険から人質を救い出すことができる場合には、刑法32条の緊急救助権から導き出される（争いがある）。

d）検察官と全ての警察官は、127条1項2文、163b条1項1文により、全ての犯罪容疑者に対して身元確認のために必要なあらゆる措置を講ずることができる。それゆえ、Mを仮逮捕し、例えば81b条による鑑識上の措置を受けさせることができる。犯罪の解明に必要な場合、容疑者ではないZに対してでさえも身元確認が許される。もっとも、鑑識上の措置は、Zの同意があった場合に限り許される（結論について163b条2項、163c条を見よ）。

問117 ある連邦議会議員は、交通事故を起こしたにもかかわらず逃走しようとしたため、警察に逮捕された（刑142条）。

a) この議員を、127条1項1文により逮捕できるか。
b) この議員を、事故の翌日に、127条2項又はそれまでに発せられた裁判官による勾留命令に基づき逮捕できるか。

両問とも、はい。確かに、議員は、その不逮捕特権ゆえに、基本的に連邦議会の許諾があった場合に限り、処罰を定められた行為について訴追及び逮捕され得る。しかし、このことは、「議員が犯罪の実行に際して又はその翌日中までに逮捕される」場合には当てはまらない（基46条2項）。この場合、引き続く刑事手続については、有罪判決が下されるまで許諾を受ける必要はない。もっとも、自由刑に処された場合の執行については、基本法46条3項により改めて連邦議会の許諾が必要である。

問118

a) Aは、受信機の前をずっと走り回って測定を不可能にするという方法で、警察の無線制御〔ねずみ取り捜査〕を妨害した。警察は、Aを逮捕できるか。
b) 離婚訴訟の口頭弁論において、浮気されて裏切られた夫Eは、殺意を持って突然妻に斬りつけて重傷を負わせた。
　①裁判所は、その場でEを逮捕させることができるか、又は127条2項による仮逮捕を執行するために、まず警察又は検察官に通報しなければならないか。
　②裁判所は、要件が存在すれば、勾留命令を発することができるか。
c) Eが非常に不穏当な行為で口頭弁論をずっと妨害した場合はどうか。

a) このような行為は不可罰であり、秩序違反法118条に定める「公共における迷惑行為」についても、過料に処せられることはない。なぜなら、公共の秩序が、直接的には害されていないからである。つまり、127条に定める逮捕は除外される。その代わりに、このような場合には、**164条が妨害者を逮捕する**権限を認める。命令を発する公務員は、127条の場合と同じく、検察官の捜査員である必要はない。

b) ①**裁判所構成法183条**の特別規定によると、法廷における可罰的行為の場合（例えば証人による偽証の場合も含めて）、127条の要件が存在すれば裁判所自らが仮逮捕を指示できる。

　②いいえ。これについては、勾留裁判官のみが権限を有している（125

条参照)。

c) この場合、裁判所構成法183条は適用されない（不可罰の行為である）。しかし、裁判所構成法177条は、裁判所の決定に基づいて妨害者を24時間以内で拘束することを許している。

> **問119**
> a) **仮逮捕後の手続**は、どのように進行するのか。それは、127条、163b条に基づくのか、又は裁判所構成法183条に基づくのか。
> b) 164条及び裁判所構成法177条の場合も、同様に手続されるべきか。

a) 仮逮捕された者は、原則としてまず警察により尋問される（BGH NStZ 90, 195によると、警察はこの段階においても自ら捜査する権限がある）。その際、163a条4項が準用する136条、136a条の規定が遵守されなければならない。被逮捕者が無実であること又は逮捕理由がもはや存在しないことが判明した場合、彼は釈放される。このようなことは、大抵、身元確認のための127条1項1文、163b条1項1文による逮捕の場合に起きる。被逮捕者は、釈放されない場合、遅滞なく（遅くとも翌日に）その者が逮捕された管轄区域内の区裁判所裁判官の下に引致されなければならない（128条1項、163c条1項2文）。その場合、裁判官は、勾留理由に基づく引致の場合と同様に、115条3項、4項によって手続し、被逮捕者を尋問後に釈放するか又は勾留命令を発して仮逮捕を勾留に切り替える（起訴後の管轄について129条参照）。このような規定は、基本法104条3項に合致する。

b) いいえ。164条の場合、職務上の自救権は妨害を排除するまで存在するが、遅くとも翌日一杯に限られる（基104条2項3文）。また、裁判所構成法177条の場合においても、裁判官の下への引致は必要ない。なぜなら、いずれにしても拘束が24時間を超えることは許されないからである。

9　物品の押収

> **問120**　物品の職務上の押収は、刑事訴訟法上どのように規定されているか。

刑事訴訟法は、1975年以来、物品の職務上の押収として目的の異なる二

つの手続を規定している。すなわち、専ら手続の保全に資する証拠の押収のための手続（94条～100条、101条、111k条）と、追徴及び没収の対象物の押収の執行を保全するための手続である（111b条～111n条）。これらの手続は、法律行為上の処分の阻止を目指し、同時に被害者の損害賠償を保障すべきものでもある。1992年に導入された111o条、111p条は、連邦憲法裁判所（BVerfGE 105, 135）が刑法43a条——本規定はこの保全に資するものである——による財産刑を違憲であると判断して以来、過去のものになっている。法律は、注意すべき例外をドイツの運転免許証の押収について定めている。すなわち、運転免許証は、刑法69条3項2文により没収の対象となっているにもかかわらず、94条3項において94条以下の規定に従うことになっている。

問121 証拠の押収（94条以下）はいかなる形式で行われ、どのように区別されているか。

法律では、三つの形式が個別に列挙されている。

①94条1項による職務上の領置。これは、対象物が任意提出又は遺留されている場合に問題となる。

②94条2項による差押え。これは、任意提出されない物について、その対象物がどこにあるのかを刑事訴追機関が知っているか、又はその所在を捜索によって突き止めることが可能な場合に行われる。

③95条による提出命令。これは、対象物について、官庁は本人がそれを所持していることを知ってはいるが、それを（102条以下の捜索によっても）発見できないために差押えができない場合に行われる。この場合、70条の秩序罰及び強制手段により提出が強いられる（例外は96条）。そして、提出された後に、対象物が差し押えられる。

問122 Xが射殺された状態で発見され、その傍らに拳銃が置いてあった。殺人か自殺かは、差し当たり不明であった。K刑事が事件現場に到着したとき、家屋の所有者であるEは、拳銃の引渡しを拒んだ。なぜなら、それは、彼の武器コレクションから盗まれたものだったからである。

a) 拳銃を差し押えることは許されるか。
b) 差押えの命令とその執行の管轄を有するのは誰か。
c) Eがそれまでに拳銃を隠匿した場合、Kは、95条による提出の強制を命令できるか。

a) はい。「証拠として調査に重要たり得る対象物」は、94条による**差押え**の規定に服する。それに対して、没収の客体（111b条）としての拳銃の押収は、行為者の所有権が欠けているため（刑74条）問題にならない。刑法74a条にも該当しない。

b) 命令については、主に裁判官が管轄を有する。しかし、本問のように遅滞の危険がある場合には（指紋の消去など）、検察官だけでなく警察官も検察官の捜査員である限りで命令できる（98条1項）。Kもこれに当たる（問35参照）。命令は、初動時（163条）には口頭で、時間的には差押えの執行と同時に行うこともできる。つまり、Kは、拳銃を犯行現場で直ちに差し押えることが許される。

c) いいえ。95条2項によって適用される70条の強制手段は、裁判官のみが、すなわち起訴前手続では捜査判事（162条）だけが命令できる（70条3項）。遅滞の危険がある場合でも、この点は変わらない。

問123 問122の場合、①Xの死体、②事件が起こった部屋をそれぞれ差えできるか。

はい。94条における「対象物」の概念は、人間の死体や不動産（部屋、土地）も含む。不動産の差押えは、立入禁止及び封印の方法による。

問124 Fは、パトロール中の警察官に逮捕された。Fは飲酒のため安全に運転することができないのにもかかわらず、車で帰宅しようとしていたからである。
a) Fの運転免許証を差し押えることはできるか。
b) 検察官の捜査員は、Fが免許証を所持したままでいると、運転免許証を後に剥奪できなくなるというのではなく、以後も飲酒運転をする危険があるという理由からも、98条1項による差押えを命令できるか。

a) はい。この場合、**運転免許証**は、94条3項により差し押えられる。これは、111a条による運転免許証の仮剥奪に関する裁判の準備となるものである（111a条3項、4項）。もっとも、このような111a条との結び付きに鑑みると、差押えにとって94条3項の意味における没収の単なる可能性では不十分である。むしろ、このためには、111a条1項、刑法69条の意味での運転免許の没収に関する「差し迫った理由」が必要である。しかし、没収に関する刑法69条2項の証拠法則〔義務的推定規定〕があるために、そのような差し迫った理由はほとんどの場合に肯定されるであろう。そのため、差押えは、然るべき措置である。

b) この問題は、「遅滞の危険」とは何か、という点に関わる。この概念は、捜査官に、98条1項により差押え命令の権限を付与するものである。通常、これは証拠又は没収対象物の喪失を想定したものであり、94条による差押えがこれを阻止すべきものである。しかし、連邦通常裁判所（BGHSt 22, 385）は、差押えの諸規定と111a条との関連及びこの規定制定の沿革から、運転免許証の差押えの場合、運転者は「運転免許証を取り上げておかなければ更に飲酒運転を行うこと又は交通法規の重大な違反を犯すこと」の危険で足りると判示した。

問125 問122～124の事例において、対象者は、警察による a) 拳銃、b) 運転免許証の差押えに対する措置を考えている。何ができるか。

a) 対象者は、「何時でも、**裁判官の裁判**を求める」ことができる（98条2項2文）。本人（又は不在のときはその家族）が差押えに対する異議を申し立てた場合、又は本人及びその家族がその場に立ち会っていなかった場合、警察官は、自発的に処分から3日以内に裁判官の追認を求めなければならない（98条2項1文）。起訴前手続では、捜査判事がその管轄を有する（98条2項3文）。また、捜査判事の裁判に対しては、抗告が認められている（304条1項、305条2文）。

b) 本問も、aの場合と同様であるが、98条2項の要件の下で、追認に代わって運転免許の仮剥奪に関する裁判官の裁判が下されるという点に違いがある（111a条4項）。

問126 連邦検事総長は、テロ事件の手続において、州の憲法保護局に盗聴された電話会話の録音テープの提出を求めた。提出は内務省などの機関より拒絶されたが、96条によるその拒絶表明がなされていない。この録音テープは、差押えができるか。

はい（BHGSt 38, 237）。96条による有効な**拒絶表明**が存在している限りで、刑事訴追官庁は、公務所が保管する記録、その他の書類の提出の要求や差押えをすることはできない。しかし、拒絶表明がされていない場合——又はその理由付けが不十分である、若しくはそれが恣意的なものであるために拘束力がない場合——、公務所は、検察官又は裁判所の求めに応じてそれらを引き渡さなければならない。提出が拒絶された場合、差押えができる。権力分立の原理は、よくいわれるテーゼに反して、差押えを妨げるものではなく逆にそれを命じるものである。なぜなら、さもなければ、「記録の提出に関する終局的な判断が行政府によって行われることになるが、それは、行政府が……司法府に留保された刑事手続……の進行に直接的な影響を及ぼし得るということである。このようなことは、……権力分立の原則に反するだけでなく、同時に96条の意義とも……相容れない」（BGHSt 38, 245）。

問127 検察官は、医師のカルテの差押えを命ずるよう、捜査判事に請求した。
a) Bは、交通事故を起こしたことにより、過失でXを死亡させたとする疑いをかけられている。Bは、自分の免責のために、Xは事故が原因ではなく医師の処置に重大な過誤があったために死亡したのであり、彼の病歴がそれを証明すると主張している。
b) Cは、医師と共同して可罰的な堕胎を行ったとする疑いをかけられている。検察官は、医師の治療記録を用いてその証明が可能であると考えている。
以上の場合、裁判官は、検察官の請求に応じてもよいか。

a) はい。確かに、診療カルテは、患者が被疑者・被告人であり、その資料は「証言拒絶権者が所持している」場合、97条1項2号、53条1項1文3号、3a号によって差押えを免除される（97条2項1文）。97条の**差押え禁止**は、証人尋問に代わり証人の下にある資料を取得することにより、

53条～53a条に規定された証言拒絶権（この点について問355～358を見よ）が潜脱されることを防ぐことを目的とする。しかし、本問では、当該診療カルテは、法律がその条件とするように被疑者・被告人を対象とするのではなく、被害者を対象とする。それゆえ、差押えは許される（争いがある。AK/*Amelung*, § 97 Rn. 14 f. を見よ）。

b) はい。確かに、97条1項2号の要件は満たされているが、97条2項3文の例外規定に該当する。すなわち、医師は、共犯の疑いをかけられている。

問128

a) 弁護人の下で、その依頼人Mの犯罪に関係する書類が差し押えられた。なぜなら、弁護人には、刑法257条、258条による嫌疑があったからである。その後、弁護人に対する嫌疑が無くなった場合、この資料をMに対して用いることができるか。
b) 被疑者とその弁護人との通信文は、それが被疑者の手元にある限りで差押えできるか。
c) 勾留中の被疑者・被告人の居房で自筆の手記が発見された。そこには、被疑者・被告人の起訴された犯罪事実が詳細に述べられていた。この資料は、被疑者・被告人がその後の刑事手続において自己の防御のための覚えとして作成したものであった。この資料を差し押えて、公判で使用できるか。

a) 連邦通常裁判所（BGH NStZ 83, 85）によると、これは可能とされる。しかし、この見解は説得的ではない。なぜなら、検察官が誤った嫌疑によりさもなければできなかった差押えの機会を創出することで、その罪状立証の機会を拡張することは許されないからである。

b) いいえ。確かに、97条2項1文の文言上は、差押えが許されているように見える。なぜなら、本問では、弁護人が対象物を所持しているのではないからである。しかし、仮に差押え免除が被疑者・被告人の所持している通信文までは及ばないことになるのであれば、それは148条の法意（弁護人と被疑者・被告人との自由な文書交通）に反するものである（BGH NJW 73, 2035; 82, 2508; LG Mainz NStZ 86, 473）。

c) いいえ（BGHSt 44, 46）。欧州人権条約6条3項c号は、自ら防御する権利も保障する。連邦通常裁判所は、このことと、基本法2条1項、20

条3項から導かれる被疑者・被告人は何時でも適切かつ有効な弁護の機会を与えられるべき要請とから、97条1項類推の形でこのような防御資料の差押えと証拠としての使用禁止を導いている。

> **問129**　「シュピーゲル事件」：著名な報道雑誌にある論説が掲載された。それは、ドイツ国防軍の防衛構想について詳細に記述し、その軍事上の防衛態勢を批判的に分析したものであった。連邦検察官は、その論説によって国家機密が漏洩されたと考えた。それゆえ、検察官は、雑誌の情報提供者を突き止め証拠資料を押収するために、その雑誌の編集局を捜索し関連資料を差し押えようとした。雑誌の編集責任者Bは、自身がこの事件で国家機密漏洩罪を理由に捜査を受けたが、その問題となった論稿を所持していた。Bは、この捜索及び押収は、基本法53条1項1文5号、97条5項、102条、103条と5条との結び付きによる編集の秘密を援用して許されないものと考えた。検察官とB、どちらが正しいか。

以下のとおりである。

①まず、97条5項と53条1項1文5号、2文との結び付きは、捜索・差押えの妨げとはならない。確かに、これらの規定は、基本的に、情報提供者を捜査する目的での、報道機関又はその職員らが所持するあらゆる形式の編集資料の差押えを禁止している。しかし、このことは、記者又はその他の職員らが広い意味で犯行に関与していることの嫌疑がある場合（97条5項2文と2項3文の結び付き）又はその者自身が被疑者・被告人である場合には妥当しない（この結論は差押え特権と証言拒絶権との結び付きから導かれる）。本問は後者に当たる。

②しかし、捜索・差押えは、基本法5条からの疑問に直面する。すなわち、97条、53条の保護効果は、編集者や編集責任者ら自身が被疑者・被告人として刑事手続に巻き込まれ、又は証拠の適法な捜査に当たり情報提供者の発見が偶然の副産物にすぎないと考えられることによって巧みに排除されるからである。つまり、それは、法規定は本質的な領域において不十分であること、そして、民主主義国家において報道が担う情報提供という公共的使命及び基本法5条の意義を正当化するものではないことを示している。それゆえ、基本法5条は、直截的に刑事訴訟法を修正するために援用され、そこから、犯罪の嫌疑が弱い場合又は他の捜査機会が存在している場合には放送局及び報道機関における差押えは許されないとの結論が導

き出されなければならない。なぜなら、それは、比例原則に違反しているからである（現在、97条5項2文後段も、少なくとも共犯の嫌疑の場合において同条2項3文を準用してそのような結論を示している）。本問事例においてそのような違反が承認されなければならないかどうかは事実問題であり、「シュピーゲル事件」（BVerfGE 20, 162）で判決を下した部の4名の裁判官はこれを肯定したが、他4名の裁判官は否定した。したがって、連邦憲法裁判所法15条2項4文によって、捜索・差押えの違憲性を認定できなかった。

問130 ZDF〔ドイツの主要テレビ局〕の報道記者は、ブロークドルフ原子力発電所の建設に反対するデモを撮影したが、その際重大な暴動が発生した。検察官は、騒乱罪、殺人未遂罪、公務上の傷害罪を理由として捜査を行い、ZDFに対して証拠とするために未放送分の撮影フィルムの提出を求めた。マインツ区裁判所はこの差押えを命令し、地方裁判所はこれに対する抗告を棄却した。これは正しいか。

連邦憲法裁判所（BVerfGE 77, 65）は、この事案で差押えを認めた。なぜなら、1987年当時、マスメディア関係者の証言拒絶権は専ら情報提供者の保護に資するものだったからである。しかし、2002年2月15日の刑事訴訟法改正法により法律状況が変わった。現在、53条1項2文（同3文による制限はあるが）は、証言拒絶権を、自ら得たもの、すなわち「自身で獲得した資料の内容や職業上体験して得たもの」にまでも拡大している。もっとも、53条2項2文、3文は、この新たな証言拒絶権とそれに伴って97条5項に規定された差押え免除を、重罪及び一定の軽罪の場合に更なる条件の下で除外している。

問363も見よ。深めるために *Achenbach* in Löffler, Presserecht, 5. Aufl. 2006, LPG § 23 Rn. 59 ff., 特に62 ff.

問131 Bに対して、国家機密漏洩罪による捜査手続が進められている。警察は、Bとその共犯者と推定される者との間で交わされた信書を証拠として、郵便局で差し押えたいと考えている。
a) 警察はそれをできるか。

b) そのような場合、正しくはどのような方法を採るべきか

 a) いいえ。99条、100条、101条は、信書の秘密に関する基本権（基10条）を欧州人権条約に違反することなく（EGMR NJW 79, 1755）制限するものであるが、各条は、**郵便物の差押え**に厳格な条件を定めている。それゆえ、（98条による場合とは異なり）遅滞の危険がある場合でも、警察は差押えできない（100条1項）。

 b) 主に裁判官が差押えを命じることができるのであるが、緊急の場合、検察官もこれを命じることができる。差し押さえた信書の開封は、基本的に裁判官の権限とされ、検察官は、郵便物を速やかに未開封のまま裁判官に送付しなければならない。ただし、裁判官は、緊急の場合にこの権限を検察官に委ねることができる（100条3項2文）。裁判官が検察官による差押えを3日以内に承認しないときは、差押えは、その効力を失う（100条2項）。また、一定の条件下では、関係者に当該差押えについて通知しなければならない（詳細は101条1項を見よ）。受取人には、できる限り差し押さえられた手紙の写しを交付しなければならない（101条3項）。

問132 被疑者・被告人が自分の妻に宛てた手紙の中で自白していて、その書状が妻の住居において差し押えられた場合、その差し押えられた手紙を証拠として、公判で使用できるか（97条1項1号、2項）。

いいえ（BGHSt 18, 227, 228）。確かに、そのような禁止は、（136a条3項2文とは異なり）法律上明示されていない。しかし、この結論は、このような証拠は被疑者・被告人の罪状立証に供されるべきではないとする136a条に関する立法者の基本思想から導かれるものである。つまり、手紙は存在しないものとして手続されなければならない。

問133 111b条以下による押収（執行保全）の手続は、94条以下による押収に対して、本質的にどのような点に違いがあるか。

三つの点に注目すべきである。

①手続の**客体**は、111b条によると、追徴（刑73条以下）又は没収（刑74条

以下）に服する対象物のうちで、111b条2項、111d条に列挙された場合（刑73a条、74c条による代替物の追徴又は没収、未だ確定していない判決に基づく金銭請求権の保全）において対象者の任意の財産要素をいう（ただし全財産ではない。111o条、111p条は過去のものとなっている。問120参照）。

②押収の**方法**は、可分な対象物の場合は常に差押えであり（111b条1項）、金銭債権の場合は刑事訴訟上の仮差押え命令である（111b条2項、111d条）。これらの場合の管轄について111e条を見よ。

③刑事訴訟法は、いわゆる**損害回復援助**の方策を列挙して規定している。すなわち、犯罪被害者の損害補償請求権の保全が、差押え及び仮差押えを手段として定められている（111b条5項と同条1～3項の結び付き）。つまり、ここでは、国家権力が被害者の財産上の利益の保全のために投入される。

10 捜索、検査、DNA型検査

> **問134** 銀行強盗事件が発生した。検察官は、Xが犯人であるとの嫌疑を抱いている。しかし、検察官は、Xとその盗品の所在をつかめなかった。
> a) Xとその盗品を探すために、直ちにXの住居を捜索できるか。
> b) 秘匿されている現金を探すために、Xの衣服も捜索できるか。
> c) 同様に、Xの恋人であるYの住居を家宅捜索できるか。
> d) Xが当該犯罪の容疑者ではない両親の住居に住んでいた場合はどうか。

a) はい。102条は、逮捕を目的とする**容疑者の捜索**を、「いちかばちかのものであっても」許容する（*Eb.Schmidt,* II, § 102, Nr. 14）。確かに、証拠を捜索するためには、その所在が推定されることが必要である。しかし、このような推測に当たり、詳細な徴憑がなかったとしても、犯人は盗品をしばしば自宅に隠匿するという犯罪捜査学上の経験則で足りる。

b) はい。102条は、身体の捜索も許容している。

c) いいえ。**第三者**の場合、捜索は、「対象となる人、証跡、物が捜索されるべき場所に所在すると窺わせるに足る」具体的な「事実が存在する」場合に限って認められる（103条1項。そもそも嫌疑のある場所の場合には、103条2項により例外が認められる）。つまり、証拠は、──102条の場合

とは異なって——常に、既に具体化されていなければならない。

d）この問題は、102条の場合であって、103条ではない（BGH NStZ 86, 84）。Xが生活している部屋は、彼の「住居」である。なぜなら、この場合、端的に事実的支配が問題とされるからである。

> **問135** Xの家で発見されたカバンについて、Xは、それは自分のものではなくZのものであり、彼が自分の家に置いていっただけであると主張している。これも捜索できるか。

はい。確かに、102条は、（大雑把な表現であるが）容疑者に「属している物」に限り捜索対象としている。しかし、帰属は、所有権ではなく占有に着目すべきものとされている（通説）。

> **問136**
> a）警察官には、自ら捜索を命ずることが許されているか。
> b）裁判官以外の者の命令は、いかなる形式で下されるか。
> c）区裁判所は、検察官の請求に基づいて2003年7月6日に捜索決定を下したが、2005年8月26日にようやくその捜索（ここでは医師の診療所）がなされた。これは正当か。

a）捜索命令の発付権限は、原則として裁判官にあり、裁判官が決定によってこれを命じる。しかし、「**遅滞の危険がある**」場合には、検察官又はその捜査員も命令を下すことができる（105条1項、98条）。このような状況は、裁判官の命令を事前に求めていたのでは捜索の成功が危うい場合に認められる（BVerfGE 103, 142, 154）。しかし、連邦憲法裁判所は、それまで広く例外を認めてきた従来の実務に待ったをかけた。これによると、遅滞の危険という概念は、狭く解釈されなければならない。その結果、裁判官の命令が原則であり、裁判官以外の者については例外である。連邦憲法裁判所は、その点について、裁判所と刑事訴追機関に対して、可能な限り事実的及び法的予防策を講ずること、これによって基本法13条2項による裁判官の原則的管轄が多くの日常的な場合においても維持されることを要求している。連邦憲法裁判所は、そこから、緊急業務体制を整えることに

よって捜査判事へのアクセスを保障すべき、裁判所への憲法上の義務付けを導いている（問156）。もっとも、夜間の緊急待機業務は、連邦憲法裁判所（BVerfG NJW 04, 1442; 05, 1637, 1638）によると、例外的とは言えないほどの実務上の必要性がある場合に限り要求される。

　b）法律は、特別な形式を規定していない。しかし、執行する公務員は、捜索の前又はその途中で、介入に重要な自身が認識した情報を捜査記録に記載しておかなければならない（BVerfGE 103, 142, 160; BVerfG NJW 05, 1637）。

　c）いいえ。連邦憲法裁判所（BVerfGE 96, 44）の見解によると、ここでも、裁判官留保の目的が影響する。これによると、捜索決定は、遅くとも半年が経過すると失効する。

問137 検察官は、管轄の区裁判所に捜索命令の発付を請求した。これに応じて、命令は請求どおりに決定で下されたが、そこには「出版社……の責任者らに対する保管侵害罪〔刑133条〕などによる捜査手続において、102条、105条により出版社の事務所及び隣接する建物・場所を含む捜索を命じる。なぜなら、これまでの捜査から、捜索により証拠が発見されると推定されるからである」と記載されていた。これは適法か。

いいえ。連邦憲法裁判所は、確立した判例において、**捜索命令**に対して**内容に関する厳格な条件**を立てている（BVerfGE 42, 212; 96, 44, 51; BVerfG NJW 04, 1517）。これによると、決定は、基本的に捜索の対象となる被疑事実の内容及び形式、想定される証拠の内容を、全ての対象者がその捜索を監視し万一違反があった場合にその法的機会の範囲で対処できるというほどに、具体的かつ明確に記述していなければならない。本問のように推測される犯罪がただ標語的にのみ（「保管侵害罪など」）記載され、問題となる証拠の種類と内容が102条の文言のまま記述されているような場合は、この条件に適合しない。捜索すべき場所の記述に対する明確性の要請について BVerfG NStZ 94, 349.

問138
a) 警察は、場合によっては、第三者の監督又は立会いなく捜索を**実施**することを許されるか。
b) その際に警察が抵抗を受けた場合はどうなるか。

a) 捜索に際して裁判官又は検察官が立ち会っていない場合、可能な限り地方自治体の公務員1名又は市民2名に（警察官は不可）立会いを求めなければならない（105条2項）。また、住居の所有者は、あらゆる（警察による命令の場合に限らない）捜索に立ち会うことができ、本人不在のときは家族、同居人、隣人をそれに立ち会わせるものとされている（106条）。その点は別にして、被疑者・被告人自身又はその弁護人は、立会権を有していない。

b) 抵抗を受けた場合は164条が適用される。指揮する公務員は、妨害者を拘束し職務執行の終了まで抑留できる（問118参照）。

問139 検察官は、夜間に捜索したいと考えている。
a) これは直ちに認められるか。
b) 昼間のうちに開始された捜索が夜間に入ってもまだ終了しなかった場合はどうか。捜索は、いかなる場合でも続行できるか。

a) いいえ、直ちには認められない。むしろ、夜間の家宅捜索は、（身体の捜索の場合とは異なり）三つの選択的条件の下でのみ許される。すなわち、現行犯を追跡するとき（127条1項参照）、遅滞の危険があるとき、逃走した被拘禁者を再び拘束する目的のとき（104条1項）である。例外は、夜間にも公衆が出入りできる場所（例えば宿泊施設）又は特にいかがわしい場所に限られる（詳細は104条2項を見よ）。

b) 捜索の続行が夜間にまで及ぶことは、通説によると、無制限に認められる。104条は、夜間に開始される捜索にのみ適用される。

問140
テロ活動の疑いがある弁護士Rについて、警察官による家宅捜索が行われた。その際、R宅の地下室で多くの記録、書類、フィルム、録音テープ、

フロッピーディスク、コンピューター式が発見された。警察は、その場でそれらを閲覧し、そこで証拠資料が発見された場合に、これを差し押えることは許されるか。

所持者が警察の**検閲**に同意している場合に限る。同意がない場合、警察官は、自身が検閲を必要とする書類を「封筒に入れ、所持者の面前で官印により封緘し」、検察官に送付しなければならない。検察官は、110条1項により、検閲の権限を持つ。しばしば、証拠となる文書を取り分けることは、外形からはその見極めが困難であることから、実務においては、まず瞥見可能な全ての書類を保管しその目録を作成した後で（この場合にも109条が適用される）検察官に引き渡すという手法がとられている。しかし、その点でも、比例原則が考慮されなければならない。すなわち、比較的軽微な被疑事実を理由に企業の持つ全ての業務資料が確保されるようなことは、そのような措置によって企業の経済活動の基盤が現実的に危うくなる場合には許されない。110条は、その保護目的により、その他の情報媒体、特に電子データ媒体及びデータ記憶装置にも及ぶ（BVerfG NJW 02, 1410; BGH NStZ 03, 670）。

問141 弁護士Rが捜索中の警察官にその場で書類の閲覧を許したにもかかわらず、テロ活動の嫌疑に結び付くものは何も発見されなかった。
a) その代わりに、スーツケースの中から暴行による明らかな証拠を示す死体が発見された。
b) Rは、書類の閲覧に異議を唱えた。Rは、その点について、これは依頼人からの手紙であり、その者が犯罪を犯したことについて自分に助言を求めたものであると主張している。
警察官は、自身が検察官の捜査員ではない場合どうすべきか。

a)「犯罪の実行」を示唆する死体は、仮に差し押えることができる。108条は、そのような**「偶然の発見物」**について、差押えの要件を緩和している。98条が要求する命令者が検察官の捜査員であることも、また遅滞の危険があるという状況も、ここでは必要ない。しかし、検察官への通知（108条1項2文）と、裁判官の承認（98条2項）は必要である。そして、必

要とあれば、裁判官が終局的に差押えを命令する。このような〔偶然の〕発見物を意図した捜索は許されない。なぜなら、これにより、差押え命令の原則的な要件が潜脱されてしまうからである。

b）差押えを免除される書類（本問では97条1項1文3号）は、捜索の客体とされてはならず、またそれ自体を108条によって仮に差し押えることも許されない。ただし、捜査官は、外形上からRの供述と一致するかどうか判断できない場合には手紙を検察官に送致し、検察官は、自身も同様に判断する場合には、この手紙を閲覧する。これによってRが真実を述べていたことが判明したならば、検察官は、そこで得た情報を洩らしてはならない。すなわち、これを利用してはならず、手紙をRに返還しなければならない。

問142

a) 被疑者は、捜索終了後に、自身に対する嫌疑はなかったとの裁判所の確認を請求できるか。
b) これは、どの審級の裁判所に求めなければならないか。
c) そこでは、遅滞の危険を認めた点についても裁判所の審査を求めることができるか。
d) 捜索の形式及び態様に対しても、法的救済手続を講じることは可能か。

---

a）はい。従来の判例は、終了した調査行為に対する**法的救済**は「訴訟上は過去のこと」であるため法的保護の利益を欠くとして認められないとしていたが、この見解は、既に放棄されている。連邦憲法裁判所（BVerfGE 96, 27）は、「重大な基本権侵害」に関しては、「着手された公権力の行使による直接の負担が、典型的な手続経過を前提にして、当事者が訴訟法上認められた審級において、裁判所の決定を求めることができなかった期間に限定されている場合」には、そのような行為が終了した後であっても異議申立てを認めた。これによると、重大な基本権侵害は、特に基本法が予防的な裁判官留保を命じている命令の場合に問題となる。例えば、基本法13条2項においては、捜索などがこれに当たる。

b）以下のとおりである。命令が裁判官の決定（「捜索命令」）によって下される場合、これに対しては、304条による抗告が許される。裁判官以外

の者による命令に対しては、98条2項2文を類推して捜査判事の判断を求めることができる (BGHSt 28, 57 f.; 28, 206, 209)。

c) はい。連邦憲法裁判所 (BVerfGE 103, 142) によると、裁判官以外の機関は、判断の余地を持っていない。むしろ、遅滞の危険という概念の解釈と適用は、無制限に裁判所のコントロールに服するのである。もっとも、その際、裁判所は、「裁判官以外の機関の特殊な判断情況について、その情況のために限定されている判断可能性にも配慮」しなければならない。

d) はい。最近の判例によると、裁判官以外の者の命令の場合も、98条2項2文が類推される (BGHSt 44, 265)。連邦通常裁判所 (BGHSt 45, 183) は、裁判官の命令による捜索において、対象となった執行の形式及び態様が裁判官の命令の明示かつ明白な構成要素ではなかった場合であっても、この法的救済手続を認めている。これによって、かつて一部で支持された裁判所構成法施行法23条以下の適用は、判例上は広く放棄されている。

問143 Xに対して、故殺罪を理由に捜査が行われている。その際、検察官は、Xの責任能力の存在に疑いを抱いた。この問題を解明するためには、Xを精神病院に収容して観察することが必要である。
 a) そのような観察のための収容の指示は、いかなる条件の下で認められるか。
 b) 観察を担当する医師は、その際、検査を目的とする身体の侵襲、例えば脳内への空気注入検査の実施や脳髄液の採取などをすることができるか。

a) 犯行の嫌疑が濃厚な容疑者を**観察のため収容**することは許されるが (81条2項)、濫用的命令からの保護のため、五つの条件が課されている。

①命令は、検察官及び捜査判事にはその権限が無く (162条)、起訴前手続でも、「公判開始決定の管轄を有する」裁判所のみが下すことができる (81条3項)。

②被疑者・被告人に未だ弁護人がいないときは、弁護人が任命されなければならない (140条1項6号)。

③収容命令は、鑑定人及び弁護人の意見を聴いた後に下される (81条1項)。鑑定人は、原則として被収容者と対面して観察しなければならず、記録の検討のみに基づいて判定することは許されない (OLG Karlsruhe StV

84, 369)。

④この命令に対しては、即時抗告（311条）によって異議を申し立てることができる。この即時抗告は、執行停止の効力を有する（81条4項2文は307条の例外）。

⑤施設への収容は、併せて6週間を超えてはならない（81条5項）。

b）いいえ。81条は、鑑定の権限だけであり、身体侵襲の権限を与えていない。このような侵襲の許容要件は、81a条に規定されている。確かに、81条は、81a条（場合によっては警察官も命令する）よりも広い範囲で保護を定めているが、81a条は、健康の保護を目的とする固有の条件を定めている。これは、81条で語られてはいないものの、放棄されないものである。そこから、被疑者・被告人の意思に反する身体侵襲は、同時に81a条による命令が発せられている場合に限り認められる（BGHSt 8, 144）。その他、81a条の枠内でも比例原則が妥当する。それゆえ、それ自体危険性のない脳検査ですら、重大な被疑事実がある場合に限り正当化される（同旨の見解として BVerfGE 16, 194; 17, 108）。比例原則の違反が証拠使用禁止に至るのかどうかは争いがある（LR/*Krause*, § 81a Rn. 94を見よ）。

問144 Aは、酩酊していると思われる状態で道路を蛇行運転しているところを、パトロール中の警察官に停止させられた。
a）パトロール隊の隊長であり検察官の捜査員でもあるPが、検査のための血液採取を命じた。しかし、Aは、医師の所へ同行されはしたが、そこで血液採取されることを拒絶した。
b）Pは、Aに、試験管に息を吹く方法による飲酒検知テストを受けるよう要求した。Aは、これも拒絶した。
以上の場合、Pには何ができるか。

---

a）Pは、81a条により、Aを**身体検査**のために医師の所へ同行させることができる。なぜなら、81a条は、81c条6項2文との比較から導かれるように、この種の強制措置を許容しているからである。この規定の意味における直接強制は、検査場所へ連行する権限も含んでいる。そして、第三者の検査（81c条）は基本的に被疑者の検査（81a条）よりも厳格な要件が立てられており、そこからは、81a条もこの種の強制的措置〔検査場所へ

の連行〕を規定しているといわなければならない（適切な見解として *Schönke/Schröder/Eser,* § 113 StGB, Rn. 34; *Peters,* S. 328）。そして、必要とあれば、医師の下で血液を強制的に採取できる。

b）Pは、「アルコールテスト」を強制できない。なぜなら、81a 条は、血液採取の消極的な受忍を義務付けているにすぎないからである。81a 条は、被疑者の積極的な協力を要求する行為について――試験管に息を吹く行為にすぎないとしても――根拠規定とはならない（BGHSt 34, 39, 46. 特に BGH VRS 29, 203）。そこには、a で述べた内容との矛盾もない。なぜなら、a では、そもそも医師による検査を可能にするための強制措置が認められるかどうかという点が問題であったが、b では、医師による検査に際・・しての関与の限界が問題であったからである。

問145
a）Xの意思に反して医療助手により採取された血液は、公判で証拠として使用できるか。
b）その血液は、単に手術準備のために採取されたものであるが、81a 条の要件が存在しているのに同条による命令が下されなかった場合にも、その使用は許されるか。

a）この問題は非常に争われているが、連邦通常裁判所（BGHSt 24, 125）の見解と同様に、採血を命じた検察官の捜査員が善意であった場合、すなわち医療助手を医師と思ってしまった事案については肯定されるべきである。なぜなら、その血液の証拠価値は、その採取が許されない手段によるものであったとしても、損なわれるわけではないからである。それゆえ、136a 条 3 項 2 文の類推適用は適切ではない。同条に規定された使用の禁止は、特に禁止された方法によって得られた供述には信用性がないという点に立脚してはいるものの、このことは、物的証拠には妥当しない。違法に採取された血液の使用が認められる場合でも、81a 条の形式的な保護が全く無意味となるわけでもない。なぜなら、関与者の傷害罪による可罰性が残されているからである。もっとも、法治国家原理（「公正な手続」の原則）からは、命令者が「血液を採取する者が医師ではなかったこと」を知っていた場合、血液の証拠排除が導かれる。なぜなら、「血液採取は、

意識的に、国家の強制権限の濫用によって得られたものだからである」(BGHSt 24, 131)。

b) 実務は、この問題を、血液が97条1項1文3号の差押え禁止に違反する状況下で刑事訴追機関に入手された場合にも肯定している。なぜなら、刑事訴追機関は、いずれにしても81a条の方法によって入手できていたからである（OLG Celle NStZ 89, 385; OLG Zweibrücken NJW 94, 810; OLG Frankfurt NStZ-RR 99, 246. 争いがある。この点について SK/*Rogall*, § 81a Rn. 95を見よ）。

> **問146** 検察官は、主たる負罪証人の供述の信用性に疑問を抱いたため、心理学及び精神医学の鑑定人によってその者の供述の信用性とその一般的心理状態を検査させるよう、捜査判事に請求した。裁判官は、この請求を認めるべきか。

いいえ。被疑者・被告人以外の第三者の検査について、81c条1項によると、いわゆる「**証跡原則**」が妥当する。すなわち、第三者については、「その身体に可罰的行為の一定の証跡又は結果が認められるかどうか」という点のみ検査が許される。つまり、検察官より請求された検査手法は、本人の同意がある場合に限り行うことができる（BGHSt 13, 394; 14, 21）。もっとも、鑑定人は、80条2項により、証人尋問に関与し、これを鑑定のため分析できる。

> **問147** Xは、毒性のある商品を販売し、これによって乳児Sの疾病を過失で惹起させたとの嫌疑をかけられている。刑事訴追機関は、真相解明のために、Sの胃の内容物を採取し、そこに毒物が確認できるかを検査する必要があると考えた。しかし、Sの父親は、その法定代理人として同意を拒絶した。この場合、81c条による検査を命令できるか。

いいえ。確かに、81c条による**証人原則**は、検査の妨げとならない。これによると、被疑者・被告人以外の者は、「証人となり得る場合」に限り、その意思に反して検査できるとされている。しかし、この点で、尋問能力がある者は全て証人となり得るとされている（通説。LR/*Krause*, § 81c Rn. 12を参照）。本問はこれに当たる。

もっとも、81c条は、第三の関与者の場合は「その身体表面の」検査のみを許容しているが、本問では、身体内部の証跡が問題である。身体内部への侵襲は、本質的に重大な措置であり、無関係の第三者に対しその意思に反して求められるべきではない。これによると、外部から手が届く範囲の侵襲なき身体外表の検査は、被疑者・被告人以外の者に対しても認められるが、胃の内容物の採取は認められない。

> **問148** Bは、独身のF女がその子Kのために行った扶養訴訟において、当事者尋問の際にF女との一切の関係を否定したことについて、虚偽宣誓罪の疑いをかけられている。血縁関係及びそれによる偽証の解明に不可欠という場合、Kの血液採取を命じることはできるか。

　はい。確かに、証人原則も、証跡原則も、本問の介入を正当化しない。なぜなら、子は（問147とは異なり）、自己の出生の事情に関しておよそ証人となるわけではなく、その血液の性状は、偽証の証跡又は結果でもないからである。しかし、81c条2項は、血縁に関する検査及びそれに基づく無制限の血液採取について、両原則の例外を認めるものである。

> **問149** Bに対し、F女に対する強姦罪を理由として捜査が行われている。Bは否認している。真実を究明するためには、F女の身体に犯罪の証跡が認められるかどうかを確認しなければならなかった。しかし、F女は、検査を拒絶した。
> 　a）検査の強制的な命令は許されるか。
> 　b）誰が命令を下すことができるか。また、それはどのようになされるか。

　a）　証跡原則及び証人原則は、本問で検査の妨げとはならない。しかし、検査は、「それが全事情の考慮において対象者に過剰〔不相当〕となる場合」には認められない（81c条4項）。もっとも、その相当性も、特に重大な被疑事実の場合には肯定されなければならない。なぜなら、このような検査についてのF女の羞恥心は、81d条によって考慮されているからである。

　b）　81c条5項によると、命令は、裁判官だけでなく、緊急を要する場合には検察官及びその捜査員によって下すこともできる。しかし、実務上

は、それはほとんど問題とならない。なぜなら、F女が拒む場合――そして、その場合に限り強制命令が必要となる――、捜索に向けては秩序罰金及び秩序拘禁の措置〔間接強制〕のみ採ることができるが（81c条6項1文）、その命令は裁判官のみの権限とされているからである（70条3項。LR/*Krause*, §81c Rn. 19）。また、遅滞の危険がある場合又は秩序罰金を科しても拒絶し続ける場合には直接強制が必要になるが、その適用は、裁判官の特別の命令を必要とする（81c条6項2文、3文）。

問150 Bは、自身の8歳の娘Tに重大な虐待をしたとする疑いをかけられている。この嫌疑の解明のために、Tの身体に残る犯行の証拠を検査することが必要であった。
 a) Tは、81c条により命令された検査を拒絶する権利を有するか。
 b) Tがその判断力の未成熟さゆえに検査拒絶権の意味について十分理解できない場合、その権利はどうなるか。
 c) T（又はその法定代理人）は、拒絶権について教示されなければならないか。
 d) 教示がなされていない場合、検査結果を公判で使用できるか。

---

a） はい、81c条3項1文による。

b） このような場合、本来、法定代理人が判断しなければならない（81c条3項2文）。しかし、B自身が被疑者であり、その妻も利益相反状態に置かれるべきではないから、本問では、両親共に決定権を有しない（81c条3項2文準用52条2項2文）。更に、後見裁判所による「補充代理人」（52条2項にあるように）としての後見人任命（民1909条）は、そのような検査が緊急を要するものであるため時間がかかり過ぎるものであるから、立法者は、ここで81c条3項3文、4文に不服申立てできない裁判官の決定による検査命令を規定している。もっとも、そのようにして得られた証拠の事後的な使用可能性は、「この点で権限を有する法定代理人」（つまり任命された後見人）の同意に左右される（81c条3項5文）。問358も参照。

c） はい、81c条3項2文、52条3項。決定権が法定代理人にある場合、その者にのみ教示しなければならない（BGHSt 40, 336）。

d） 基本的に、いいえ（BGHSt 12, 235）。しかし、連邦通常裁判所の見解によると、拒絶権者が裁判官の教示を受けて事後的にその行使を承諾した

場合、使用可能とされている。連邦通常裁判所（BGHSt 40, 336）は、教示がなされなかったにもかかわらず拒絶権を理解して同意がなされたという場合にも、その使用可能性を肯定している。

問151
a)「遺伝子学上の指紋」とは何か。
b) 刑事訴訟法は、**DNA型検査**をどのように規定しているか。

a) これは、遺伝子学的検査を目的とする身体細胞の取得及び分析、つまりゲノムの一定の配列構造に関するデオキシリボ核酸分子（英語でDNA）の分析を示す呼称であるが、この呼称は、今日の分析方法の状況にもはや完全には合致しなくなったものともいえよう。ゲノムの配列構造は、一人の人間の細胞全体においては同一ではあるが、他人との間では全く異なる。それゆえ、それぞれの身体試料の証跡は、証跡の遺留者の特定に寄与するのである。今日では、一般にDNA型検査と呼ばれている。

b) 2005年8月12日の司法上のDNA型検査を改正するための法律（BGBl. I, 2360）により、1997年以来5回目の法改正が行われて以後（*Senge*, NJW 05, 3028を見よ）は、81e条〜81h条にDNA型検査に関する全てが規定されている。すなわち、従来1998年のDNA型の同一性を確認する法律に定められていた内容が、刑事訴訟法に統合されたのである。法律は、基本的に異なる三つの法制度を次のように区分している。

①**犯罪解明目的**での遺伝子学的試料の検査であり、その対象は、81a条、81c条による調査活動によって得られた試料又はその際に発見、押収、差し押えられた痕跡試料である（81e条、81f条）。

②**将来の刑事手続における身元確認目的**での体細胞の採取及び遺伝子学上の検査と、連邦警察局のDNA型検査データにおける遺伝子情報の保管（81g条）。

③具体的な刑事手続における**一斉検査**による試料の採取と、その遺伝子学的検査（81h条）。

98　第1章　準備手続（捜査手続）

> **問152**　ゲノムの包括的な分析は、対象者の情報取得を可能にさせるものであるが、その範囲は、刑事手続で必要な程度を大きく超えるものである（ゲノムの欠陥、疾病の素質、心理学的又は性格に関するなど）。法律の条文からは、そのような「丸裸にされる市民」となることを阻止するために、法定の予防措置を読み取ることができるか。

　81e条1項、2項によると、刑事手続におけるDNA型分析の目的は、「発見された痕跡試料は被疑者・被告人と被害者のいずれから出たものかというその由来や事実の確認」に限定される。同条3文によると、それ以外の事実を確認してはならない。また、捜査を行う官庁又は組織に属する公務員に分析を委嘱することは許されない（その他の鑑定人についても81f条2項を見よ）。検査試料は、個人識別情報を秘匿したまま鑑定人に引き渡されなければならない（81f条2項2文）。81g条によるDNA型検査の目的は、DNA型及び性別の確認に限定されている（81g条1項1文、2項）。採取された体細胞は、もはや検査に必要が無くなったときは、直ちに破棄されなければならない（81g条2項1文後段）。また、〔検査の〕許容性は、実体的及び手続的性質を持つ一連の制限要件による（81g条3項2文、3文）。一斉検査の場合も同様である（81h条3項）。

> **問153**
> a) 殺人事件の被害者に、精液の証跡が付着していた。捜査から、犯人として、ミュンヘンのナンバープレートを付けたポルシェの所有者であることが浮かび上がった。それゆえ、警察は、このような車両の所有者のうち犯人から確実に除外される者を除く全ての者（約750人）に対して、その同意を得た上でDNA型検査を行う目的で血液を採取することを考えた（BVerfG NJW 96, 3071）。現行法上、これは認められるか。
> b) 事案aの該当者の一人であるBは、その血液の採取を拒んだ。そこで、Bの意思に反してこの処分を行うことはできるか。

　a) 81h条1項は、一定の事実から生命に対する重罪などが実行された嫌疑が基礎付けられる場合、この種の一連のゲノム検査を認めている。本問はこれに該当する。更に、対象者は、「犯人の推定に合致する一定の要素を満たす」（本問では、ミュンヘン・ナンバーのポルシェ所有）者であり、そ

の検査は、痕跡試料が対象者に由来するかどうかの認定に必要なものであり、処分は、「特にその対象者の数を考慮して」犯罪の重さと比例したものでなければならない。処分は、対象者の文書による同意を必要とし、あらかじめこの点が教示されなければならない（4項を見よ）。最後に、緊急の必要性がある場合も、裁判官の命令が必要である（3項）。本問では、この点が欠けている。

b）81c条の要件は備わっていない。拒絶行為だけでは、81a条1項と81e条1項とを結び付けることによって検査命令を許すことになる152条2項（問10のb）の意味での嫌疑の端緒も推定されない（BVerfG NJW 96, 1587, 1588; BGHSt 49, 56; LG Regensburg StraFo 03, 127）。命令を下すためには、そのような犯罪容疑を基礎付ける更なる徴憑が必要である（Senge, NJW 05, 3028, 3032）。

11　その他の基本権侵害を伴う捜査処分

問154
a）刑事訴訟法は、**個人の追跡**についていかなる措置を許しているか。
b）追跡要請をテレビやインターネットを通じて流布することはできるか。
c）市民Bは、散歩中ある男に気付いた。その男は、前夜のテレビ番組「未解決事件記録番号XY」で見た殺人容疑者の描写と一致していた。Bは、その男を逮捕できるか。

a）1999年刑事手続法改正法以来、逮捕（131条）及び犯人の所在の捜査（131a条）のための公示、（その他の）似顔絵の公表（131b条）は、一定の条項の下で認められている。131c条は、それぞれに応じて命令権限を規定している。全ての規定は、手配状による追跡では不十分であった旧131条の規定から置き換えられたものである。

b）はい。いわゆる、「公開追跡〔公開手配〕」は、1999年刑事手続法改正法以来、以下のような場合について131条3項により認められている。すなわち、①「相当重要な犯罪」を対象とする場合、②少なくとも勾留命令若しくは収容命令の条件が存在しているか又は既にそのような命令が発せられている場合、③他の措置では所在を突き止める成果が期待できない

又は著しく困難である場合である。更に、131a条3項は、犯人の所在を突き止めるための公開追跡〔公開手配〕を、類似の要件の下で許容している。

c）いいえ。131条以下は、いかなる類の強制権限も認めていない。Bは、最寄の警察官に通報し、それ以降の手続を委ねることしかできない——取り違えの危険が相当なものであることから、正当な規定である。

問155
a) **網の目式追跡**とは何か。
b) **地引網式調査**とは何か。これはどのように規定されているか。

a）人の個人情報は、98a条1項1文に法規定が定められたことにより、犯人と推定される一定の要素（ラスター基準）について、他者の情報と機械的に照合し、これによって容疑者でない者を除外すること（消極的網の目式追跡）又は捜査に重要な別の要素を満たす人を特定すること（積極的網の目式追跡）ができるようになった。この自動的な情報照合は、差し当たり非常に多数の人を対象とする。これによって、犯罪捜査学上の経験則により、訴追されている犯罪の犯人にとって典型的である基準に適合する人を抽出することにつながる。この命令は、列挙された犯罪のうち「重要な犯罪」の訴追であることと、事実の究明又は犯人の所在の確認が「他の手段ではその見込みが乏しいか又は著しく困難である」ことが要件となる（加重された補充性条項）。命令権限は裁判官にあるが、遅滞の危険がある場合には検察官にも認められる（98b条）。

b）地引網式調査は、コンピュータに基づく追跡の手法であり、1986年に163d条として導入された。この複雑かつ法政策的にも争いがある規定は、国境通過の際又はその検問で得られた一定の追跡基準に合致する個人情報を一時的に保存し、これを刑事訴追にとっての重要性に照らして検査することを許容する。

問156
a) 武装した銀行強盗事件が発生したため、犯人と奪われた金銭を捕捉すべ

く、街の全ての道路を封鎖することが必要となった。警察は、道路を封鎖してそこを通行する全ての人を検査できるか。
b) 犯罪容疑を基礎付ける具体的事実が存在しない場合でも、いかがわしい場所や酒場を捜索し、そこで拘束された者をその所持品と共に交番に強制的に連行できるか。

a) はい。警察は、一定の事実から刑法250条1項1号の犯罪が犯されたとする嫌疑が基礎付けられ、検問設置によって犯人の逮捕及び証拠の押収（例えば使用された武器）につながるという場合には、遅滞の危険がある場合において自ら、道路及びこれに匹敵するその他の場所に**検問**を設置できる（111条）。1998年の第6次刑法改正法により改正された刑法250条〔加重強盗罪〕の新規定への調整は、未だ行われていない。加えて、刑法255条〔強盗的恐喝罪〕が250条1項1号と一体として捕捉されるかどうかは争いがある（肯定説 *Meyer-Goßner*, §111 Rn. 3. 否定説 AK/*Achenbach*, §111 Rn. 8）。

b) ドイツ刑事訴訟法は、**手入れ**の実施に関する特別の授権規定を定めていない。つまり、捜索（102条以下）、勾留（112条以下）、仮逮捕（127条、163b条、163c条）に関する一般規定しかない。しかし、特に容疑者だけでなくその他第三者の身元確認も許容する163b条、163c条が導入されてからは、これらの規定が、一般的に手入れの実行を許すものとなっている。

問157 被疑者B及び証人Zは、警察官Pに対して、自身の身元を全く証明できない又は十分にすることができなかった。Pは、彼らの身元を確認するために、交番に強制的に連行することが許されるか（いわゆる「身元確認のための連行」）。

検察官及び全ての警察官は、つまりPも、容疑者（163b条1項）又はそれ以外の者（163b条2項）の**身元確認**のため必要な措置を講じることができる。もっとも、本問Zのような容疑者以外の者は、重要な犯罪の解明に必要である場合に限り、留め置くことができる（163b条2項1文、2文）。被疑者が身元を適切に示すことができた場合、身元確認のための交番への連行はできない（BVerfG StV 92, 210）。

問158 Xは、侵入窃盗罪の疑いをかけられている。
a) 警察官は、Xが拒絶した場合でも、**鑑識上の処分**としてXの写真撮影及び指紋採取を行うため交番に連行できるか。
b) 警察官は、証人との対質のために、Xの毛髪や髭のスタイルを強制的に――本質的な部分にまでわたり――変更できるか。
c) 警察官は、撮影についてXが認識していた場合には、証人とXとの対質をビデオカメラで撮影できるか。
d) 警察官は、必要とあれば強制的にXに透き通ったストッキングを頭から被せて一定の位置で写真撮影し、その写真を犯行現場で監視カメラより撮影された他の映像・写真と比較できるか。

a) これは、163b条1項2文、3文により、身元確認の目的のためにそうしなければ身元が確認できない場合又は著しく困難である場合に限って認められるが、被疑者の氏名が判明している場合には81b条によっても可能である。**81b条**は、この種の措置を、刑事手続の遂行のために又は「鑑識業務の目的」、すなわち犯罪予防鎮圧目的においても認めている（この問題について詳細はSK/*Rogall*, § 81b Rn. 4, 6 ff.）。もっとも、規定は、このような場合に連行が許されるとは明示していない。しかし、この権限は、その目的から直接的に導き出すことができる。

b) 通説によると、そのような措置は、①被疑者・被告人の身元を個人又は犯人として確認することに用いられる場合、②捜査の状況から対質選別された者と一致する外形がその者にも認められるべき場合に許される。その根拠規定が81b条（通説。SK/*Rogall*, § 81b Rn. 33 f.を見よ）又は81a条（同旨 BVerfGE 47, 239）のいずれに求められるべきかは争いがある。

c) 起訴前手続における他の証人又は被疑者・被告人との**対質**は、それが以後の手続に必要という場合、58条2項により認められる。その様子をビデオ撮影することも可能とされる（BVerfG NStZ 83, 84）。81b条の類推適用は、写真撮影と音声録音の類似性からだけでなく、ビデオ撮影に伴う被疑者・被告人の人格領域への介入はその刑事訴訟上の利益と比較して過剰ではないということからも正当化される（対質の過程についての証拠となり、また場合によっては他の証人によるXの身元確認の可能性も考えられる）。また、Xとの会話の録音記録は、音声比較のために用いることもできる（BGH StV 85, 397）。ビデオ撮影やテープ記録が秘密裏に行われた場合、事情は異

なる（この点について問399参照）。

d) 連邦通常裁判所（BGH NStZ 93, 47）によると、そのような措置は、81b条によって捕捉される。この点で、何人も積極的な行為によって自身の罪状立証に寄与することを義務付けられないとの原則〔ネモ・テネテュール原則〕に対する違反はない（問399参照）。

問159 刑事訴訟法は、容疑者の観察（監視）を認めているか。

はい。この点で、以下の3段階に区分されなければならない。

①犯行解明のための犯行現場又は客体などの**短期間の観察**は、通説によると、既に161条1項1文、163条1項2文の捜査の一般条項に基づいて認められる（この点について問32, 38を見よ）。

②163e条による**警察による監視のための公示**は、警察の検問における観察により被疑者の移動状況を把握することを狙いとする（*Meyer-Goßner*, § 163e Rn. 1, 2）。この措置は、——例えば111条や警察法（ニーダーザクセン州治安と秩序に関する法律14条など）による検問又は国境検査において——秘密裏に行われる。

③1999年刑事手続法改正法によって導入された163f条は、**長期間の監視**も許容している。法律は、これを計画的に設定された観察であり、24時間以上継続し又は2日以上にわたって実施されるものと定義している（163f条1項1文）。監視は、被疑者に向けられるものであるが（163f条1項1文）、一定条件の下で他の者に対して行うこともできる（163f条1項3文）。監視は、重要な犯罪の解明を目的とし、加重された補充性条項の範囲においてのみ許される（問155のaを見よ）。監視は、第三者が不可避的に対象となる場合も実施できる。この命令権限は検察官にあり、その処分について最長で1か月の期限を付さなければならない。延長は、裁判官のみが命令できる（163f条4項）。〔訳者注：2007年改正により、命令権限は裁判所に移された。遅滞の危険がある場合に限り、検察官又はその捜査補助官も命令できるが、その場合には命令から3業務日以内に裁判所の追認を受けなければならない（現163f条3項）。特にGPS捜査についてBGHSt 46, 266; BVerfG NJW 2005, 1338; EGMR (Uzun/BRD) NJW 2011, 1333参照。〕

問160

a) 刑事訴追官庁は、被疑者の通話の内容を知りたい。当該官庁には、刑事手続の目的のために、被疑者の電話を傍受することが許されているか。
b) これは携帯電話にも適用されるか。
c) この措置は、嫌疑のない第三者に向けることも可能か。
d) 誰がこの傍受を実施するのか。

a) 電話通信傍受の機会は、100a条、100b条の厳格な要件の下に定められている。第1に、一定の事実からある人が100a条1文1～5号で列挙された重大犯罪の正犯又は共犯であることの嫌疑が基礎付けられること、及び「事案の解明又は犯人の所在の捜査が他の手段では見込みがないか又は本質的に困難である」こと（補充性原則）が必要である（100a条1文後段）。第2に、裁判官の書面による命令（遅滞の危険がある場合は検察官にも権限がある。100b条1項参照）が、100b条2項1～3文に列挙された内容を示して発せられなければならない。この命令は、最長3か月の期限が付されなければならない。しかし、事情により延長も可能である（100b条2項4文、5文）。また、対立する利益の危殆化が無くなった限りで、被疑者に対して速やかに当該措置について通知しなければならない。（詳細は101条1項を見よ）。

b) はい。100a条は、1997年末までは、「電気通信」に限って適用されていたが、それ以降は、通信の全ての形式、つまり携帯電話による通信も捕捉している。他にも、衛星電話、テレビ電話、テレックス、テレテックス、ファックス送信なども含まれる（KK/*Nack*, § 100a Rn. 6）。

c) はい。ただし、一定の事実に基づいて、その者が被疑者に宛てて発信し又は被疑者からの通信を受領し若しくは転送すること、又は被疑者がその者の回線を利用することが認められる場合に限る（100a条2文）。

d) これは、通信事業者ではなく、裁判官、検察官又はその捜査員である。事業者は、当該通信回線をそれぞれ管轄を有する刑事訴追官庁に切り替えることだけ行う（100b条3項）。

問161

Xについて、国家機密漏洩罪の嫌疑を理由として電話傍受が命令されて

いる。
a）Xの電話会話が収録された録音テープは、後の公判手続にどのような形で持ち込まれるか。
b）その録音から、Xは国家機密漏洩罪を実行したのではないが、詐欺を働く会社を経営していることが判明した場合はどうなるか。Xは、この録音テープに基づいて詐欺罪によって起訴され、有罪とされる可能性はあるか。

a） 裁判所は、録音テープを検証証拠の方法で再生するか又は録音内容に関する記録を書証の方法で朗読させることができる（BGHSt 27, 135）。

b） 100b条5項によると、ない。この規定は、明示的な傍受処分により得られた個人情報は他の刑事手続において100a条に規定された列挙犯罪のいずれかを解明する目的でのみ使用できると定めている。

問162
a）警察の協力者（秘密連絡員〔情報屋〕。問170のbを見よ）は、麻薬密売人Rに共犯者になるよう見せかけて、その犯行に関する会話を電話で行った。その会話は、警察によって録音テープに収録された。裁判官又は検察官の100a条4号、100b条1項による命令はない。会話の録音記録は、Rの罪状立証のために、彼に対する刑事訴訟で用いることは許されるか。
b）麻薬密売の嫌疑のあるYに対して、通信の傍受と記録が裁判官より命じられた。Yは、携帯電話による通話の際、会話が成立しなかったため通話切断ボタンを押し忘れた。それゆえ、Yの自動車内でなされたYとHの会話が回線のメールボックスに転送され、警察により記録された。この記録は、公判において、Yの不利な証拠として用いられた。これは正しいか。
c）二人の共犯者同士が電話で会話したが、そのとき、一方が捜査官に対して、別の受話器で会話を盗聴することを許容していた。これは認められるか。

a） いいえ（BGHSt 31, 304）。電話会話の傍受が許されるための要件は、100a条、100b条に、限定的に規定されている。これによると、本問では、記録は法的に有効な命令が欠けているため許されないものであった。この場合、法治国家の原則は、そのような供述の使用も禁止する。連邦通常裁判所は、この点について正当にも136a条との類似性を指摘している。

b） 連邦通常裁判所（BGHSt 31, 296）は、1983年に、操作の誤りによっ

て行われた「室内会話録音」の使用可能性を否定した。なぜなら、そのような措置は、当時の100a条にのみ規定されていた「電話通信」の概念には捕捉されず、また夫婦間でのおしゃべりは、私的生活形成の不可侵の領域に属するものだからである。その点で、連邦通常裁判所（BGH NStZ 03, 668）は異なる判断を下した。なぜなら、連邦通常裁判所は、通信法3条22号から引用された、現行100a条、100b条で捕捉される「通信」という広い概念を支持したからである（争いがある。*Fezer,* NStZ 03, 625を見よ）。連邦通常裁判所は、対象となった第三者の利益となる証拠使用禁止を、一方では犯行の重大さと、他方では私的生活形成の核心領域には関わらないという介入の重さとを比較衡量して、否定した。その際、特に旧100c条1項2号（現行100f条2項）の法意によると、処分は命令可能であったというのであるから、なおさらである。

c）連邦通常裁判所大刑事部の見解によると（BGHSt 42, 139, 154）、基本法10条1項に基づく基本権の保護は、通信に関与する者の端末までである。これによると、一方の関与者が自身の判断で傍受装置を設置したという場合、通信の秘密には抵触しない（本問に関して同様にBGHSt 39, 335. 争いがある。*Meyer-Goßner,* §100a Rn. 1にある紹介を見よ）。

問163

a）謀殺未遂罪を理由に訴追されたBは、フランスに逃亡した。裁判所は、これに応じて、ドイツに居住する彼の弁護人Vの電話回線の傍受を命令した。BがフランスからVに電話をかけたときにこの会話が盗聴され、刑事訴追官庁はこれをBの所在の捜査のために用いた。これは許されるか。

b）VがBのために処罰妨害罪を犯したとする差し迫った嫌疑が存在する場合、この評価は変わるか。

c）また、Bが追及を受けている謀殺行為をVが幇助したとする差し迫った嫌疑が存在する場合はどうか。

d）Bは、密かにドイツに帰国し、その電話回線が100a条により適法に傍受されていたとする。VがBに電話をかけたときにその会話も傍受された。この盗聴された会話を訴訟で使用できるか。

e）Vと第三者との会話が適法に傍受されていた場合はどうか。

a） いいえ（BGHSt 33, 347）。100a条2文の文言上からは、確かに、その

傍受が許容されるように思われる。なぜなら、VについてBからの通信を受けることが推測されるからである。しかし、この電話の傍受は、148条1項に違反する。同条項は、弁護人に、被疑者・被告人との口頭によるあらゆる監視を受けない交通を保障しているからである。この規定は、身体を拘束されている被疑者・被告人のみならず、148条1項の文言が「〜も」としているように、拘束されていない被疑者・被告人にも適用される。電話での交通は、口頭による意思疎通の一形式である。

b) いいえ（BGHSt 33, 347）。確かに、連邦通常裁判所は、弁護人に対して処罰妨害罪が追及されている場合には、97条2項3文により依頼人が弁護人に宛てた文書による通知の差押えを認めている（非常に争いがある）。しかし、97条2項3文の法意は、連邦通常裁判所の見解からも、弁護人と依頼人との電話会話には類推適用できない。なぜなら、会話による言葉は、記述された言葉よりも強い保障を受けるからである。このことは、148条2項の規定や、差押えは全ての犯罪において許容されるが、通信傍受は100a条に列挙された特に重大な犯罪の場合に限り許されるという事情が示すとおりである。

c) 連邦通常裁判所は、そのような事例でVとBとの会話の盗聴を認めるようである。なぜなら、この場合、V自身、100a条による「列挙犯罪」の被疑者として嫌疑をかけられているからである。しかし、このような事情でも、148条1項に対する違反は否定されない。それゆえ、まず138a条によりVを除斥し、その後に彼の電話を傍受するというのが正しい。

d) いいえ。この場合も148条1項に違反する。つまり、弁護人が被疑者に電話をかけたことに警察が気付いた場合、警察は、会話の記録を中断し、既に録音されていたものがあれば直ちに消去しなければならない。

e) この場合、Bの不利となる形での使用も認められる（BGH NStZ 88, 563）。なぜなら、148条は、被疑者・被告人とその弁護人との口頭による自由な交通のみを保障しているからである。

問164

a) 100a条は、通信の内容に関する傍受を許容している。単なる**接続情報**（相手方の番号、時刻、接続時間など）**に関する回答**を求めることも可能か。

b) 携帯電話による通信の把握には、加入者番号（国際加入者識別番号＝IMSI）と端末番号（国際端末識別番号＝IMEI）が中核的な意味を持つ。それらを用いて初めて、携帯電話に対する傍受処分が可能となる。また、これによって、移動する携帯電話の位置も確認できる。その探知のためには、一定の測定技術（IMSI探知）が用いられる。この技術を刑事訴追のために利用できるか。

a) はい。100g条、100h条は、電話通信事業の事業者に一定の通信情報に関する回答（100g条3項を見よ）を提供させることについての（原則的に裁判官による）命令権限を与えている。この命令は、内容に関する傍受の場合とは異なり、100a条における列挙犯罪以外の重要な犯罪の訴追に際しても可能である。この規定は、（現在のところ）2007年末までの期限が付されており、その後は、刑事訴訟上の隠密的捜査手法の調和のとれた総合的な体系の枠内で修正されるべきである。〔訳者注：刑事訴訟100g条は2007年に改正された（BGBl I, 2007, S. 3981）が、改正法は、2004年6月22日付け通信法113a条に規定されたいわゆる蓄積データの蔵置との関係で、連邦憲法裁判所より違憲と判断された（BVerfGE 125, 260）。新規定の作成作業は紛糾しており、未だ決着を見ていない。現状の詳細は *Meyer-Goßner/Schmitt*, StPO, 58. Aufl., 2015参照。〕

b) 100i条は、100a条による傍受措置の準備のため、及び公務員による仮逮捕（127条2項）のため、又は勾留命令若しくは収容命令に基づく「犯人」（正確には被疑者）の拘束のために、多くの留保の下でこれを認めている。

問165
a) 携帯電話加入者の行動状況は、スタンバイ状態で接続中の携帯電話の位置情報を使用して確認することができる。これを刑事訴追目的のために利用できるか。
b) 携帯電話に記憶された接続データを解読し、一連の住居侵入罪及び自動車窃盗罪の解明及び訴追に用いるために、携帯電話機を差し押えることは許されるか。
c) 100g条は、ドイツのアウトバーンでの通行料金の電子徴収によって得られる位置情報データの捕捉を許すものか。

a) これは非常に争いがある。判例は、これを許している（特に連邦通常

裁判所の捜査判事の見解 BGH NJW 01, 1587 を見よ。詳細な文献紹介は *Hellmann*, Rn. 342 Fn. 217)。判例は、電話通信の詳細な事情、特に接続データなども、100a 条により得られるべき情報に含めている。しかし、100a 条、100b 条は、会話内容の傍受のみ許容しており、他方で、接続データについて唯一関連する 100g 条、100i 条は、回線が接続している場合のこのデータの転送（100g 条）と、「回線が接続中である携帯端末機の」（100i 条 1 項 2 号）位置情報の探知だけを許している。

b) 連邦憲法裁判所第 2 部第 3 部局（BVerfG NJW 05, 1637）は、このような実務を困難にさせる条件を定立した。同裁判所は、これにより、通信の秘密（基 10 条）の基本権の保護領域に影響を与え、それゆえこの情報を包含するデータ記憶媒体、請求書、通信端末などの差押えを 100g 条、100h 条の要件の下に限定して認めようとした（批判的見解として *Günther*, NStZ 05, 485）。本問で端緒となった犯罪は、明らかに 100a 条の列挙犯罪ではない。しかし、連邦憲法裁判所（BVerfGE 107, 299, 322）によると、ここで関連するその他の「かなり重要な意味を持つ犯罪」も、この列挙に沿ったものでなければならない。本問で訴追された自動車窃盗罪でも足りるかは疑わしい。

c) グーメルスバッハ区裁判所（AG Gummersbach NJW 04, 240）は、これを肯定している。しかし、自動的なデータ交換は、通信として捕捉できるものではない。通信は、少なくとも人への情報伝達を条件とする。加えて、2002 年 4 月 5 日の高速道路通行税法 4 条 2 項 3 文及び 7 条 2 項 2 文（BGBl. I, 1234）は、通行料金把握目的への厳格な拘束性を定めている。同条項は、刑事訴追目的でのこのデータの利用を禁じている（*Meyer-Goßner*, § 100g Rn. 4)。

問166

a) 「大盗聴」という言葉の背後には何が潜んでいるか。立法の展開はどうなっているか。
b) 聴覚的な住居内監視の基本的特徴は何か。
c) 「小盗聴」も存在するか。

---

a) 大盗聴とは、住居内での非公然に行われる会話の技術的手段を用い

た傍受及び記録である (**聴覚的住居内監視**)。大盗聴は、1998年5月4日の組織犯罪撲滅を改善するための法律 (BGBl. I, 845) によって、旧100c条1項3号に制定法規定として導入されたが、それ以前には基本法13条に広範な例外が認められるという状況であった。しかし、連邦憲法裁判所 (BVerfGE 109, 279) は、聴覚的住居内監視に関する規定をその本質的な部分において基本法に反すると判示し、立法者に改正を求めた。この間、2005年6月24日の法律 (BGBl. I, 841) により、新規定が制定された。これによると、現在、100c条〜100e条が住居内の聴覚的監視を定めており、他方で、住居外での技術的手段の投入は100f条に規定されている。

b) 連邦憲法裁判所の判例によると、本質的な問題は、私的生活形成の核心領域が、重大な犯罪の訴追や解明の場合であっても国家の規制に絶対的に服すること、つまり比較衡量の可能性なく奪われてしまうという点にある (BVerfGE 109, 279の要旨2番)。これに応じて、新100c条は、確かに、列挙犯罪として法定された特に重大な犯罪の解明に向けて、事実の解明及び共犯者の所在探知の成果が見込まれるという場合に、住居内で非公然に行われる会話を技術的手段をもって傍受し記録することを許す (1項及び2項を見よ)。ただし、これは、私的生活形成の領域に属すべき表現が傍受によって把握されないと認められる場合に限られる (4項)。このような表現に当たるべき根拠が明らかになった場合、傍受は直ちに中断し、録音は消去されなければならず、その際に得られた情報は使用禁止になる (5項)。証言拒絶権者について、特殊性が認められる (6項)。

c) 事実上、はい。100f条2項は、一定条件の下で、住居外で非公然に行われる会話を技術的手段をもって傍受・録音することを許している。

問167 農夫殺害の容疑者Aは、仕事中の事故により、リハビリテーション診療所に入院している。彼の入院先の個室は、裁判官の命令によって盗聴されていた。その際、独り言が記録されたが、そこではAが大声で「奴の頭をぶち抜いてやったんだ」と叫んでいた。刑事裁判所は、この記録に基づいて謀殺罪などを理由とするAの有罪判決を下した (BGH NJW 05, 3295)。

a) 100c条の意味における住居とは何か。病室もそれに該当するか。
b) この場合、私的生活形成の核心領域に触れてしまっていないか。

a）住居の概念は、判例によると、日常用語上の意味ではなく、広く解釈されるべきである。その概念は、私的生活を他者に邪魔されずに行うことができる空間領域を保障するために、「外界から隔絶された個人的活動の場所となる全ての空間」を含むものである。連邦通常裁判所は、庭小屋、ホテル客室、トレーラーハウス、キャンピングカー、テント、一般に立ち入ることのできない事務所や仕事場、協会事務所、更には病室もそれに当たるとしている（BGH NJW 05, 3295f. 更に BGHSt 42, 366, 372）。

b）何がこの核心領域に属するかは、簡潔にまとめることができない。連邦憲法裁判所（BVerfGE 109, 279, 313）は、「各人に不可侵のものとして保障された自身に関わる高度に人格的な事柄を展開することの自由」の保障であるとしている。そこには、基本的に、個人的に内密な人とのコミュニケーションも含まれる。連邦通常裁判所は、本問で問題となっている事案で、独り言もこの核心領域に取り込んでいる。

問168

a）Ｆは、「反帝国主義分子」の構成員として、4件の爆破テロを実行したことの疑いをかけられている。Ｆと共犯者のＳは、連邦警察局の視覚的監視及びその他の監視処分から逃れようとした。それゆえ、連邦検事総長の命令に基づいて、Ｓの自動車に全地球測位システム（GPS）の発信機が取り付けられた。これは、車の位置情報を断続的に記録することを可能にさせるものである。Ｆは、高等裁判所によるこの情報の使用は認められないとして、異議を申し立てた。これは正当か。

b）この種の秘密処分の網がますます深まることを考えると、包囲的監視の危険が存在し、それは一般的人格権（基1条1項と2条1項の結び付き）及び欧州人権条約8条による私的生活の尊重を求める権利を侵害するものとはならないか。

a）連邦通常裁判所（BGHSt 46, 266）は、これを否定している（同旨としてBVerfGE 112, 304）。これは、住居外での技術的措置であり、100f 条に規定されたものである（旧100c 条1項）。100f 条1項2号によると、重要な犯罪の解明を目的として、特に監視に向けた一定の技術的手段が、事実の究明又は犯人の所在の確認を目的とし、そのような事実究明又は所在探知が他の方法では見込みに乏しい又は著しく困難であるという場合には（「著

しく」とか「本質的に」という文言のない端的な補充性条項)、その使用を許される。そのようなものには、位置測定発信機、暗視装置、赤外線動作感知器なども含まれる。連邦通常裁判所は、GPS 技術もその一つであるとしている (争いがある)。その見解によると、100f 条 1 項 (旧100c 条 1 項) は、付随的権限の形で自動車に当該発信機を設置するために必要な措置も含んでいる (BGHSt 46, 266, 273 f.)。

b) 既に、連邦通常裁判所 (BGHSt 46, 266) は、基本的に、監視処分の累積はこのような帰結になり得るということを承認したが、具体的事案においてはこれを否定した。この考え方は、現在、連邦憲法裁判所 (BVerfGE 112, 304, 319 ff.) によって採り上げられている。同裁判所は、「加算された」基本権侵害に内在している潜在的な危険を援用して、刑事訴追官庁に対して手続に関する特別の要件を遵守することを要求し、立法者には、情報技術の変化が急速であり、かつ基本権保護にも危険を伴っていることから、技術的展開を注意深く観察し、必要とあればその修正に介入することが義務付けられるとした。

問169
a) 110a 条～110c 条は、一定の重要な犯罪の解明を目的とする隠密捜査官の投入を許容している。これはどのような手法か。
b) 警察は、自発的に隠密捜査官を投入できるか。
c) 遅滞の危険があることを理由とする特定の被疑者に対する隠密捜査官の投入に対して、検察官は同意したが (110b 条 2 項 2 文)、110b 条 2 項 4 文に反して 3 日以内に裁判官の同意が得られなかった場合はどうか。

a) 隠密捜査官とは、長期的に改変した身分 (架空身分) が与えられた下で、法的行為に関与して捜査を行う警察官である (110a 条 2 項)。犯罪への関与は、1992年の違法薬物及びその他の組織的犯罪の撲滅に向けた法律による広い要請に反して、その捜査官には許容されていない。

b) いいえ。警察は、そのためには、通常の場合には、検察官の同意を必要とし、特定の被疑者に対する投入又は一般に立ち入ることの許されていない住居に侵入する状況下では、更に裁判官の同意を必要とする (110b 条 1 項、2 項)。遅滞の危険がある場合には、2 項の要件の下で、裁判官に

代わって検察官が同意をしなければならない。いかなる場合も、命令権限を持つ機関が3日以内に同意をしなければ、当該処分は打ち切られなければならない。

c) この場合、隠密捜査官の活動は、3日間の経過後に法的根拠を欠くものとなる。しかし、それまでは、その活動は有効かつ正当である（BGHSt 41, 64）。

問170
a) 警察官は、麻薬密売の地域で見せかけの麻薬客として行動する場合、必然的に隠密捜査官となり、110a 条以下の制限を受けることになるか。
b) 警察は、ヘロイン取引の解明のために、秘密連絡員〔情報屋〕を用いている。秘密連絡員とは何か。連絡員の投入は、110b 条の意味における検察官又は裁判官の同意を必要とするか。

---

a) いいえ（BGHSt 41, 64; BGH NStZ 96, 450; *Schneider*, NStZ 04, 359, 360 ff.）。警察官は、長期間にわたって架空身分の下で麻薬入手について交渉する場合——個別の取引相手と短時間接触する場合も含む——、隠密捜査官となる。これに当たらない場合、「**非公然に調査する公務員**」と呼ぶ（101条1項、刑事過料準則の補則 D 第1号、2号参照。*Meyer-Goßner*, Anhang 15 に登載）。

b) 秘密連絡員〔情報屋〕とは、隠密捜査官とは異なり警察官ではなく、犯罪解明に際して私人として刑事訴追官庁を補助する者である（刑事過料準則の補則 D を見よ）。110a 条以下の規定は、連邦通常裁判所の見解によると、その連絡員に準用されない。したがって、警察は、自己の裁量でこれを利用できる（BGHSt 41, 42; 45, 321, 330. 争いがある）。

12　手続打切りと起訴強制

問171　起訴前手続は、多くの場合、公訴提起ではなく**手続打切り**で終了する。検察官による手続打切りは、どのような場合に行われるか。

手続は、以下の理由により打ち切られる。

①**訴訟上の理由**。例えば、手続障害（公訴時効の完成など）が判明した場合。

②**実体法上の理由**。例えば、行為自体が可罰的でないことが判明した場合（この点について基本的に問30参照）。

③**事実的な理由**。被疑者の無実が判明した場合や、被疑者の犯行であることが証明できない場合など。

④**起訴便宜的理由**。

以上の手続打切りは、①～③の場合は170条2項に従って、④の場合は153条～154e 条の基準に従って行われる。

問172 153条～154e 条による刑事訴追の免除の可能性は、既述のように、「**起訴便宜主義**」という総称の下で一括りにされるが、それらは、本来的に訴追当局の裁量によって犯罪を基本的に訴追しないという趣旨ではなく、起訴法定主義（この点について問9）の限定的な制約という意味にすぎない。153条～154e 条は、この種の多くの規定を定めている。これらは、立法上の動機からどのようなグループに分けることができるか。また、個別的にはどのような事案か。

---

①ほとんどの事案において、犯罪行為（行為）は、起訴便宜主義に基づいて処理される。なぜなら、それらの行為がドイツ刑事司法の利害にほとんど関わるものではなく、それゆえ、刑事訴追の利益が欠如しているか又は排除可能だからである。それには以下の場合がある。

・絶対的な軽微性（153条）又は軽微な責任（153a 条）の事案（この点について問174以下参照）。

・相対的な軽微性の事案（154条1項1号、154a 条）。これは、独立した行為（154条1項1号）又は単一の行為の範囲内での法律違反（154a 条）について、それらが残余の犯罪と比べてそれほど重要なものではなく（154条1項1号、154a 条）除外される場合である。更に、それ自体重要な犯罪行為の訴追さえも、それに対する判決が相当の期間に期待されず、かつ他の行為に対する刑が行為者への影響及び法秩序の維持にとって十分であると思料される場合には放棄できる（154条1項2号）。

・外国と関係のある事案（153c 条、154b 条）。これは、行為が外国で行わ

れたこと（153c条）又はその国で処罰され得ること（154b条）から、刑事訴追の利益が軽微になる場合である。

②その他「**刑事訴追利益の後退**」の事案においては、異なる性質の優越的な法政策的理由から、手続が打ち切られる（詳細は153d条、153e条、154c条〜154e条を見よ）。

③「**私訴犯罪**」の場合の起訴便宜主義については、問503以下を見よ。

問173 起訴便宜主義が広まった法政策的な背景は何か（問9参照）。

起訴法定主義は、本来、執行権の一部として君主の下に位置付けられ、それゆえに不信をもって見られてきた検察官が、あらゆる犯罪を誰が犯人であるかを問わず訴追することを保障すべきものであった。刑法理論の観点では、それは、応報主義に合致するものであった。これによると、絶対的正義を確立する目的において、刑罰法規に対する全ての違反が処罰されなければならない。しかし、処罰は社会的必要性と合目的性に結び付けられるとする相対的刑法理論が広まるにつれて、起訴法定主義は、少なくともその本来的な厳格さという点で正当性を失った。

問174 起訴便宜主義が適用される事案において、検察官は、手続打切りに際して、常に裁判所の関与を受けるのか。裁判所の関与は、それが必要となる場合どのような形で行われるのか。

検察官は、多くの事案で、裁判所の関与なく自発的に手続を打ち切ること又は初めから訴追を免除できる。これは、特に軽微事案（153条1項2文）及び賦課又は遵守事項を条件とする手続打切り（153a条1項7文）の場合に重要である。これらは、「法定刑において下限が加重されておらず、かつ行為によって惹起された結果が軽微である」軽罪を対象とする。

その他の事案では、原則的に、公判開始又は公判の管轄を有する裁判所が関与することになる。そのような関与は、起訴前に検察官が裁判所の同意を得て打ち切るという形で行われる。しかし、起訴後は、裁判所だけが、——手続の全ての段階で、つまり公判開始まで（153b条2項）又は事実認定の最終的な審査が可能な公判終結まで（153a条2項）——検察

(及び一部は被告人) の同意又は申立てに基づいて手続を打ち切ることができる。

> **問175** 153条の手続打切りは、行為者の責任が軽微な場合を除いて、常に「訴追についての公的利益が存在しない」ことも条件となる。軽罪の場合、公的な刑事訴追利益があるにもかかわらず打ち切られる可能性はあるか。

はい。検察官は、**153a条1項**によって、「暫定的に公訴を提起しない」ことができ、裁判所は、153a条2項により（検察官と被告人の同意を得て）手続を暫定的に打ち切ることができる。そのための要件は、被告人に一定の**賦課又は遵守事項**（損害賠償、公益組織又は国庫への金銭支払い、公益的給付、扶養義務の履行、行為者と被害者の和解、交通法上の研修）を課すこと、その履行が「刑事訴追の公益を除去する」のに適していること、訴追免除について「責任の重さが妨げとならない」ことである。条件が履行されると、行為は、153a条1項5文により、もはや軽罪として訴追することはできない。ここでの「行為」は、264条の意味での全ての歴史的事象と解されている。つまり、賦課の履行は、手続障害として必然的に手続打切りをもたらす。それにより、被疑者・被告人は、重罪として訴追されるのでない限り、訴追再開から保護される。153a条の打切りは、実行された行為に関する罪責証明を基礎付けるものではない（BVerfG MDR 91, 891; BVerfG NStZ-RR 96, 168）。

> **問176** 153a条の規定は、法政策的にどのように評価されるべきか。

この規定は、実務上大きな意味を持つが、理論的には激しい争いがある。その利点は、刑事司法の負担を軽減すると共に、金銭や給付能力を有益な目的のために利用できることである。その欠点は、それが「階級司法」につながることである。そこでは、裕福な者は、貧しい者とは異なり刑罰を「買い取る」ことができるようになってしまう。また、刑法上責任のない多くの者が刑事訴追のリスク、面倒さ、社会的不利益といったものを免れるために金銭を支払ってしまうことも危惧される。しかし、国家が金銭の支払いや給付を脅迫的な圧力をもって強いることがないとは言えない。

加えて、153a条は、憲法上も疑問がある。手続打切りの要件は非常に不明確であり（基103条2項）、犯罪の相当な部分は、権力分立原則（基20条3項、92条）に反して、検察官に犯罪の処理に向けた判断権限が与えられている。

> **問177** Aは、軽罪を犯したが、その責任及び行為の結果は軽微であった。
> a）それゆえ、検察官は、153条1項により——必要があれば裁判所の同意を得て——手続を打ち切った。
> b）他の事件で、既に起訴されており、裁判所は、153条2項により、検察官と被告人の同意を得て手続を打ち切った。
> その後、同種の軽罪が重ねられていることが判明した場合、手続打切りにもかかわらず、その事件に対する訴追を再開することはできるか。

a）検察官が——裁判所の同意も得て——絶対的軽微性を理由に153条1項によって手続を打ち切った場合、通説によると、153a条の場合とは異なり、いつでも手続を再開できる。この点で、新たな事実又は証拠の存在も要求されない。つまり、告発人又は完全な名誉回復を求める被告人は、異議申立て又は検察官の上司への不服申立てによって手続を再開させようとの試みは、全く見込みがないわけではない。

b）裁判所の打切り決定は、法的な実体裁判を含んでいるため制限的な既判力を持つ（BGHSt 48, 331）。しかし、手続の再開の要件は、法律に規定がなく争いがある。連邦通常裁判所は、153a条1項5文に鑑みて、行為が事後的に重罪であると判明した場合は常に正当化されると判断しているが、学理上、これを否定し、新事実が発見され、それが法的観点を変更させないままただ行為のより重い責任内容を示す場合に限り例外を認めるとする（211条、少47条3項を準用する）見解がある。

> **問178** Aは、殺人未遂罪と無許可の武器所持罪（武器法51条、52条と同法2条との結び付き）によって起訴された。裁判所は、武器法違反の点について、154a条2項により手続を打ち切った。この観点は、公判で殺人未遂罪が立証されないことが判明した場合、再び公判に取り込まれなければならないか。

はい (BGHSt 32, 84)。264条は、裁判所に、全ての法的観点を評価し尽くすことを義務付けている。もっとも、武器法違反の点が再び取り込まれず、検察官が控訴した場合、控訴審は、武器法違反に限定され、殺人未遂の無罪判決は維持される。

> **問179** 検察官は、170条2項1文により捜査手続を打ち切るつもりである。被疑者の関与について、十分な確実性をもって立証できないと判断したからである。
> a) 検察官は、そのことについて、誰に対して、どのような方式で通知しなければならないか。
> b) 検察官は、手続打切りの後に、例えば連邦検察官の指示に基づくなどして直ちに捜査手続を再開できるか。

a) **被疑者**は、以下三つの場合に**通知**されなければならない（170条2項2文）。

①その者が被疑者として——つまり単に証人などとしてではなく——尋問された場合。裁判官、検察官、警察のいずれかによって。

②被疑者に対して勾留命令が発せられていた場合。この命令は、執行してはならない。

③被疑者の特別な利益が明らかである場合又は被疑者が通知を要求した場合。ただし、被疑者は、尋問されなかった場合、大抵は捜査の存在を知らないであろう。

理由説明は、法律上に規定されていないが、刑事手続及び過料手続に関する準則88号1文によると、その申立てがあれば、保護に値する利益が妨げとならない限りでこれに答えなければならない。犯罪容疑が晴れた場合、そのことが通知によって知らされる（刑事過料準則88号2文）。

告発人又は**告訴人**（158条）には、常に理由を示して通知しなければならない（171条1文）。その者が同時に被害者でもあるときは、起訴強制手続の機会についても教示しなければならない（171条2文）。

b) はい。この点で、153条1項による起訴便宜主義に基づく検察官の打切りの場合（問174）と全く同じことが妥当する。

問180 171条2文による被害者である告訴人への教示は（問179の事案参照）、**起訴強制手続**の準備に資するものである。
 a) 犯罪被害者は、そのような手続を求める場合、何をしなければならないか。
 b) 起訴強制手続の立法目的は何か。

a) 以下三つである。

①まず、検察官によって打ち切られた手続は、被害者の告発又は告訴によって開始させられた場合でなければならない（172条1項）。

②告訴人は、171条2文の教示が付された通知に対して、通知後2週間以内に検察官の上官、つまり原則として高等裁判所付き連邦検察官に不服を申し立てなければならない（172条1項1文）。

③連邦検察官が不服申立てを理由なしとして棄却した場合、告訴人は、それに対して、通知後1か月以内に裁判所（高等裁判所）の裁判を請求できる（172条2項1文）。

b) 立法者は、被害者の利益において、起訴法定主義（この点について問9参照）の遵守を独立の裁判所によって審査させる機会を開こうとしている。その際、告訴人は、基本的に刑事訴追そのものを要求できるだけであり、行為の一部のみ又は特定の法的観点のみでの刑事訴追を求めることはできない（OLG Karlsruhe JR 77, 215. 反対の見解 OLG Hamm NJW 74, 68）。

問181 Xは、高等裁判所に起訴強制手続を申し立てた。
 a) 裁判所は、どのように裁判できるか。
 b) 検察官は法的理由から捜査を行わなかったが、高等裁判所が異なる法解釈によりこれを必要と判断する場合、高等裁判所はどのように裁判しなければならないか。
 c) 告訴人に有利な裁判は、弾劾主義の例外を意味するものか。

a) 高等裁判所は、公訴提起するに足る十分な根拠が認められない場合、つまり170条1項の要件を充足していない場合、決定により申立てを棄却し（174条1項）、申立人に費用を負担させることができる（177条。176条も参照）。これに対して、申立てに理由があると認められる場合、公訴提起を決定できる（175条1文）。

b) 173条3項によると、高等裁判所は、個別の捜査を自ら行うことができる。しかし、完全な捜査手続を実施する必要がある場合、例外的に検察官に捜査手続の実行を依頼し、これによって起訴強制手続を終えることができる（OLG Köln NStZ 03, 682, 683）。

c) 弾劾主義は、形式的には完全に維持されている。なぜなら、裁判所は自発的に公判手続を開始することはできず、検察官に起訴を強制することしかできないからである（175条2文）。つまり、起訴なくして手続は行われない。もっとも、事柄上、弾劾主義は、検察官は高等裁判所の決定に拘束される、つまりもはや裁判所構成法150条に定められるような形で独立して起訴について判断することができないという限りで、制限される。弾劾主義について基本的に問8、31参照。

問182

a) 前問のXによって高等裁判所に提起される裁判の申立ては、どのようにして行われなければならないか。
b) 裁判の申立ては、全ての犯罪について許されているか。

---

a) 申立ては、「公訴提起を理由付けるべき事実及び証拠を示してしなければならない」（172条3項1文）。未知の事柄に対する申立ては許されない（OLG Oldenburg MDR 86, 692）。申立ては、特に（訴訟狂や無意味な申立てを排除するために）弁護士によって署名されていなければならない（172条3項2文）。弁護士は、申立てを適切に精査し、署名が形式的要件に適合している場合にはその責任を負わなければならない（OLG München NStZ 84, 281. 上告における同様の問題に関して問464のd参照）。

b) いいえ。申立ては、以下二つの場合には許されない（172条2項3文）。

①私訴犯罪の場合。この場合、被害者は別の方法で裁判を求めることができるからである。

②起訴便宜主義が適用される場合。この場合、公訴提起は検察官の裁量に委ねられるからである。

> **問183** Xは、起訴強制手続を採るつもりである。以下の場合、Xは、そのための人的要件を充たすか。
> a) Xが支配人として詐欺師に騙されたため、彼の会社が重大な損害を被った場合。
> b) Xが、取締役の背任によって倒産した会社の株主の場合。
> c) Xが、交通事故による死傷者の父又は夫の場合。
> d) 被疑者・被告人が訴訟で虚偽の証言をしたため、Xの所有物を盗んだ者が無罪となった場合。

問題は、全ての事案において、Xが172条の意味での犯罪「**被害者**」に当たるかどうかにかかっている。「被害者」の概念は、細かな点でかなり論争があり、あまり解明されていない。かつての学理は、個人として直接的に構成要件によって保護されるべき法益を侵害された者のみを被害者としていたが、この間に、より広く理解する見解が支配的となった。それによると、構成要件上直接的に保護される者のみならず、更に自らの権利領域に直接関わる者も被害者とみなされる。この解釈に基づくと、本問では以下のとおりとなる。

a) 詐欺の場合、基本的に財産的損害を被った者だけが被害者であり、被欺罔者は被害者ではない。しかし、被欺罔者も、財産的損害を生じさせたことで会社から賠償請求がなされる場合には被害者となる。これに当たるかどうかは、本問では事実問題である。

b) この場合、かつては、大抵起訴強制の権利を与えない間接的な侵害であるとされていた。しかし、今日の通説である広い解釈によると、株主の財産上の損害でも被害として十分とされる。

c) 殺人の場合、近親者であることによる人的つながりは、扶養とは関係なく家族を「被害者」とするという見解が次第に増えている。傷害の場合は異なる。この場合、身体を侵害された者自身に、172条によって手続するかどうかが委ねられなければならない。

d) 虚偽の陳述は、それによって関係者の訴訟状態が悪化させられた場合には被害を与える（OLG Bremen NStZ 88, 39; OLG Düsseldorf NStZ 95, 49）。本問では、窃盗犯の無罪判決がXの損害賠償請求権を危殆化したかどうかが問題となる。

問184 高等裁判所は、Ⅹの起訴強制の申立てを、十分な根拠が認められないとして決定で棄却した（174条1項）。
a）しばらくして、検察官は、考えを変えて公訴を提起した。それは許されるか。
b）Ⅹは、申立てが棄却されたにもかかわらず、追加の有罪資料を示して改めて検察官に公訴提起を迫った。検察官は、2度目の捜査に着手したが、直ぐにまた中止した。Ⅹは、再び起訴強制手続を行うことができるか。
c）検察官は、そもそもⅩの新たな申立てに応じず、以後の捜査をしないことだけを通知した。この場合、172条の手続は許されるか。

a）検察官は、174条2項によると、「新たな事実又は証拠に基づいてのみ」そのような手続を許される。つまり、裁判所の審理が既に行われたことから、限定的な刑罰権消耗が発生する。ある事実は、決定を下した高等裁判所がそれを知らなかった場合、174条2項の意味での「新たなもの」となる。

b）現在、一般的に新たな事実及び証拠に関しても起訴法定主義の遵守が審査されなければならないと解されている。つまり、Ⅹは、以前に主張されていたものではなく、新規のものに基づく場合に改めて起訴強制手続を行うことができる。

c）はい。bと同じ理由、同じ要件の下で。

13 捜査の終結と公訴提起

問185 検察官は、捜査が終わると公訴提起を検討するが、その時点で、169a条により記録に捜査の**終結**を記載することを義務付けられる。それは、実践的にどのような意義があるか。

二つの点で意義がある。
①弁護人は、この段階から無制限の記録閲覧権を有する。終結の記載がなされるまでは、調査の目的を危殆化する場合に閲覧が拒絶される（147条2項。問65のa参照）。
②この段階から、検察官の申立てに応じて、国選弁護人が必ず任命されなければならない（141条3項3文）。

問186 検察官は、全ての捜査を終結し、起訴状提出により公訴提起するかどうかを検討した。検察官は、その際に、いかなる基準に従って判断しなければならないか。

「公訴提起にとって十分な根拠」（170条1項）は、捜査の結果が検察官の見解によると公判開始を正当化する場合に認められる。争いがあるのは、その評価の観点である。通説によると、十分な根拠とは、203条の意味での十分な犯罪嫌疑と同じである（問203のｂ）。つまり、この見解によると、検察官は、裁判所の有罪判決が蓋然的に期待され得るかを検討しなければならない。それに対して、新たに広まっている適切な見解によると、検察官自身が公判の最後に有罪の主張をすることが蓋然的であるかどうかという点の予測による（AK/*Achenbach*, §170 Rn. 9; *Meyer-Goßner*, §170 Rn. 2; SK/*Wohlers*, §170 Rn. 25）。この蓋然性が欠ける場合、手続が打ち切られなければならない。

問187 検察官が起訴状に示すべき八つの事項を説明しなさい。

起訴状の内容は、200条に規定されている。それによると、起訴状には以下の事項が記載されなければならない。

①被告人の人定事項。その身元が、詳細な記述（氏名、生年月日、誕生地、職業、現住所、家族状況など）によって明白に特定されなければならない。これらの記述が欠ける場合、公訴は無効であり、手続障害となる（BGH NStZ 91, 448. 問310の解答⑦参照）。

②被告人に追及される行為、それが実行された日時及び場所の摘示。起訴された歴史的事象が十分に明示されていない場合、公訴は無効である（BGHSt 40, 44, 45）。しかし、裁判所は、あらかじめ検察官に訂正を勧告しなければならない（LG Potsdam NStZ-RR 99, 55）。検察官がそれに従わない場合、初めて手続障害が生じる。

③可罰的な行為の法律上の要素。つまり、被告人が、どの行為態様がどの構成要件要素に該当するのかを認識できるのでなければならない。

④適用されるべき刑罰規定。罰条と罪名によって摘示されなければならない。

①〜④の記載から、いわゆる「**起訴事実**」が構成される。これは、後に公判で検察官より朗読されなければならない（243条3項1文）。起訴状には、このほかに以下の事項が記載される。

⑤証拠の記載。つまり、証人や鑑定人など。

⑥弁護人の氏名。

⑦捜査の本質的な結果。すなわち、事象経過の要約的な記述であり、検察官がその捜査に基づいて叙述したもの。捜査の本質的な結果の記述における瑕疵は、基本的に公訴の無効に至ることはない。なぜなら、それは公訴提起の識別機能（上記①、②参照）には関係なく、情報提供機能のみに関係するものだからである（BGHSt 40, 390）。単独裁判官に起訴する場合、捜査の本質的結果の記述を省略できる（200条2項2文）。

⑧公判が行われるべき裁判所。

問188 起訴状を省略し、口頭で起訴できる場合もあるか。

はい。以下二つの場合である。

①**簡易迅速手続**では、「事実関係が単純であるか又は証拠状況が明白であるため、事件が迅速な審理に適している場合」、区裁判所に対し口頭で裁判の申立てをすることもできる（417条。問501参照）。

②検察官は、被告人の同意を条件に、公判の途中に口頭で**追起訴**の方法を用いて、公判手続を被告人の他の行為に拡大できる（266条1項、2項）。

問189 199条1項によると、公判の管轄を有する裁判所が、公判開始について裁判する。したがって、起訴状は、その裁判所に捜査記録と共に提出しなければならない（199条2項）。では、どの裁判所の、どのような**合議体**が、**第1審手続について事物管轄**を有するか。その裁判所はどのように構成され、その事物管轄はどのようにして決定されるのか。

①**区裁判所**の管轄は、以下のとおりである。

・区裁判所の裁判官（いわゆる単独裁判官）は、裁判所構成法25条によると、軽罪のうちで、私訴で訴追された場合と2年の自由刑以下の刑が予測される場合に、専属で管轄を有する。場合によっては、科刑がそ

れを超えることも許されるが、その場合でも 4 年の自由刑を超えてはならない（裁24条 2 項）。
・参審裁判所（1 名の職業裁判官と 2 名の素人参審員。裁28条、29条 1 項）は、裁判所構成法24条によると、裁判所構成法25条により刑事裁判官が裁判すべき場合以外でかつ以下の場合を除いて、常に管轄を有する。すなわち、裁判所構成法74条 2 項、74a 条により地方裁判所が、又は同法120条により高等裁判所が管轄を有する場合、4 年を超える自由刑又は精神病院若しくは保安施設への収容が予測される場合（参審裁判所は、実際にそのような結論の判決を下すことも許されない。裁24条 2 項）、検察官が事件の特別な意味を理由に地方裁判所に起訴した場合である。
・拡大参審裁判所（2 名の職業裁判官と 2 名の参審員。裁29条 2 項）は、事実の規模が特別な場合に管轄を有する。

②**地方裁判所**の場合、以下のとおりである。刑事部（裁74条 1 項、76条 1 項 1 文）は、他の（上級又は下級の）裁判所の管轄に属さない全ての犯罪、及び本来区裁判所の管轄に属する犯罪のうち事件の特別な意味により検察官が地方裁判所に起訴した事件に管轄を有する。「陪審裁判所」としての刑事部は、裁判所構成法74条 2 項に列挙された重大犯罪（殺人罪、傷害致死罪、生命に危険を生じさせる罪）に管轄を有する。刑事部及び陪審裁判所は、いずれも、裁判所構成法76条 1 項 1 文により 3 名の裁判官と 2 名の参審員で構成される。

③**高等裁判所**（裁120条、122条、裁判部）は、裁判所構成法120条に列挙された犯罪について管轄を有する。裁判部は、公判開始の裁判では常に 5 名の裁判官で構成されるが、公判手続では事件の規模と困難性に応じて 3 名又は 5 名の裁判官で構成される（詳細は裁122条 2 項参照）。

問190 Aは、強盗致死罪（刑251条）、Bは、強盗によって奪われた物についての盗品関与罪（刑259条）により追及されている。検察官は、AとBをどの裁判所に起訴すべきか。

両名とも共同で、陪審裁判所に起訴すべきである。確かに、この裁判体は、裁判所構成法74条 2 項によると、A の犯罪のみに管轄を有する。しかし、B の犯罪は、A の犯罪に関連している（3 条）。なぜなら、両者

は、同じ事象について、一方は強盗罪として、他方は盗品等蔵匿罪としてその罪責を問われる者だからである。Bの行為は、区裁判所の管轄に属するにもかかわらず、2条1項によりAの重罪と併合し、上級裁判所としての陪審裁判所に係属させることができる。

> **問191** Aは、シュトゥットガルトに住所があるが、大半はケルンに滞在している。Aは、アーヘン地区で国境を超えようとしたとき、2年前にハンブルクで犯した重放火罪（刑306a条）を理由に逮捕された。行為の重さゆえに3年の自由刑を超える刑が予測される場合、どの裁判所が**土地管轄**を有するのか。

ハンブルク、シュトゥットガルト、アーヘンのいずれかの地方裁判所——刑事部（裁76条1項1文）——である。第1次的に重要な三つの裁判籍は（船舶及び航空機内での行為については10条を参照）、以下のとおりである。

①**犯罪地**（7条1項）。本問ではハンブルク。

②**住所地**（8条1項、補充的に11条）。本問ではシュトゥットガルト。居所の裁判籍（本問ではケルン）は、住所がないときに限り補充的に適用される（8条2項）。

③**身体拘束地**（9条）。本問ではアーヘン。

三つの裁判所は同等に位置付けられ、選択的に管轄を有する。個別の事案では、「最初に審理を開始した」裁判所が優先される（12条1項）。つまり、公訴提起ではなく、公判開始の時点で優先が決まる。しかし、二重係属し、まだいずれの裁判所でも手続が開始されていない場合は異なる。その場合、最初の公訴提起が優先され、第2の手続は裁判所より打ち切られなければならない（問197を見よ）。

> **問192** Aは、ハンブルクに居住し、月刊誌『Neue Zeit』を発行している。雑誌には刊行地としてハンブルクと記載されているが、リューネブルクで印刷されそこで発送されていた。購読者は、ドイツ全土に住んでいる。Aは、その雑誌で可罰的行為を唆し、又は可罰的な記事によって罪を犯した。リューネブルクにおいて、裁判籍は基礎付けられるか。

はい。犯罪が刑事訴訟法の適用範囲で発行された出版物の内容によって

実現された場合、確かに、7条1項に応じてその出版物が頒布された全ての土地に裁判籍があるということはできない。このいわゆる「出版物の空飛ぶ裁判籍」は、既に1902年に廃止された（この点について BGHSt 11, 56参照）。むしろ、今日では、基本的に刊行地のみに裁判籍がある（7条2項に二つの例外がある）。しかし、本問では、——奥付の記載とは異なり——リューネブルクが刊行地である。なぜなら、出版物は、それが「発行責任者の意思によって、頒布目的でのその準備行為の場所から離れた（それが発行された）」場所で世に出されるものだからである（RGSt 64, 292）。

> **問193** Aは、ハンブルク、ボン、ウルムで複数の犯罪を犯した。住所地又は拘束地の裁判籍での公訴は、実務上不便であると判明した。
> a) 検察官は、全ての行為をAの犯罪活動の中心であったハンブルクで起訴したいと考えている。ボンやウルムでの行為について、7条〜11条によるとハンブルクでの裁判籍は基礎付けられないが、それは可能か。
> b) 各犯罪が各地の検察官によって既に別々の裁判所に起訴されている場合、なおも併合できるか。

a）はい。複数の犯罪の間に3条の意味の関連性が存在するので、13条1項により「刑事事件の一つについて管轄を有する各々の裁判所に、裁判籍が基礎付けられる」。この「関連裁判籍」は、7条〜11条と並んで独立に生じる。しかし、それは、同じ等級の裁判所に限られる。事物管轄が異なる場合、2条及び4条が適用される。

b）はい。裁判所間の合意によるか（13条2項1文）、合意が成立しない場合には共通の上級裁判所の決定による（13条2項2文）。合意による併合も、同じ等級の裁判所に限られる（BGHSt 22, 232; BGH NStZ 82, 294）。

> **問194** これまでに、事物管轄又は土地管轄が法律上かなり詳細に規定されていること、また立法者があらゆる事案を想定して少なくとも一つの管轄を有する裁判所を準備していることが確認された。このような「鉄壁の」規定の意味は何か。検察官が適当と考える場所で随意に公訴提起できるとした方が、単純かつ実践的ではないか。

これらの規定の意味は、想定可能なあらゆる事案ごとに、管轄裁判所を法律であらかじめ定めておくということにある。そうすることで、刑事事件を政治的又は法律外の理由から、恣意的に「好みの」裁判所に審判を求めることができるといったことが阻止される。この**「法律上の裁判官」**の保障は、19世紀初頭以来法治国家としての重要な改革要請であった。それは、今日では、基本法101条1項により保障されている。そこでは、(裁判所構成法16条もほぼ文言上一致して)「特別裁判所は認められない。何人も法律上の裁判官の裁判を受ける権利を奪われてはならない。」と規定されている。

> **問195** もっとも、現行法でも、管轄規定は、全ての事案に関して唯一の管轄を有する裁判所を抽象的な規範によってあらかじめ導くという方式を採っているわけではない。検察官は、土地管轄について複数の選択肢を有する(例えば7条、8条、9条、13条による)。特に**事物管轄**は、裁判所構成法24条1項3号により**「流動的」**なものとされている。すなわち、検察官は、区裁判所の管轄に属する軽罪と重罪を「事案の特別の意味を理由に」地方裁判所に起訴することもできる。

現行法が承認するこのような管轄の裁量は、法律上の裁判官の原理に適合するか。

裁判籍を選択する際の検察官の裁量は、ほとんど批判されてこなかったが、事物管轄の枠内での「選択権」が基本法101条1項2文と調和するかはしばしば争われてきた。しかし、連邦憲法裁判所(BVerfGE 9, 223)は、この規定が有効であると判示し、そのため特に以下二つの論拠を援用した。

①区裁判所と地方裁判所のどちらに起訴するかは、検察官の裁量に委ねられるものではない。むしろ、事案の「特別の意味」は不明確な法律概念であり、その存在は当てはめによって確定されなければならないものである。それにより「特別の意味」が肯定されるべき場合、検察官は選択肢を持たず、地方裁判所に起訴しなければならない。

②更に、濫用に対しては、検察官の判断を裁判官のコントロールの下に置くことによっても防止される。なぜなら、209条1項によると、地方裁判所は、起訴状の提出を受けた場合、管轄があると判断する限りで手続を参審裁判所によって開始することもできるからである(問206のa参照)。い

ずれにせよ、連邦憲法裁判所も、「基本法101条の基本思想により適った」規定が検討されるべきであるとしている。

> **問196**
> a) ある州でデモ行進の際に警察との間で流血の衝突が生じたので、この事件の関与者の可罰的行為を処罰すべく、特別裁判所が設置された。
> b) 全ての交通刑事事件に関して、法律で特別の交通裁判所を設置し、そのために特別に養成された裁判官によってこれを構成する。
> c) 高等裁判所は、連邦通常裁判所の判例と異なる判断をするつもりであるが、当該事件は、裁判所構成法121条2項に反して連邦通常裁判所の審理にかけられなかった。
> これらの手続方法は、法律上の裁判官の原則と調和するか。

a) いいえ。これは、基本法101条1項1文及び裁判所構成法16条1文で「認められない」又は「不適法」とされる**特別裁判所**である。特別裁判所とは、「法律上の管轄を逸脱して特別に組織され、個別具体的な又は特定の事案に判決を下すために作られた」裁判所である（BVerfGE 3, 213）。被告人は、そのような裁判所の裁判に付される場合、一般的規定によって管轄を有する法律上の裁判官の裁判を受ける権利を奪われる。

b) はい。交通裁判所は、**専門裁判所**である。それは不特定多数の事案のために設置され、その管轄が特別の人的集団又は特別の事件領域に限定された裁判所である。それは、個別の事案に合わせて調整された特別裁判所とは、はっきりと区別されなければならない。基本法101条2項は、法律の定めを条件に専門裁判所を認めている。

c) この場合、法律上の裁判官の原理が侵害されている（BVerfGE 42, 237参照）。管轄が恣意的に認められる場合も同様である（BGHSt 8, 212）。

> **問197** 通説によると、刑事事件は、訴えの提起によって訴訟係属する（反対説として *Meyer-Goßner*, Einl. Rn. 60b, § 156 Rn. 1は、裁判手続の開始時とする）。**訴訟係属**はどのような効果を持つか。

①手続の主宰が裁判官に移る。もっとも、手続主宰は、公判開始までは、検察官による訴えの取消しによって再び裁判所から奪われることがあ

る（156条）。公判開始後は、取消しはできない（204条の公判不開始決定後も同じ。OLG Frankfurt JR 86, 470）。

②手続対象は、起訴によって確定される。すなわち、裁判所の「審理及び裁判は、起訴において掲げられた行為及び被告人とされた者にだけ及ぶ」（155条1項）。*Eb. Schmidt*, I, Nr. 353は、これを「裁判所のテーマ上の拘束」と呼ぶ。

③既に起訴されている事件が二つ目の裁判所に係属した場合、第2の裁判所は、手続を打ち切らなければならない（訴訟係属の訴訟障害）。つまり、その限りで、基本的に先行優先主義が妥当する。ただし、第2の裁判所が他の裁判所へ既に起訴されていることを知らずに手続を開始した場合、12条により第2裁判所が優先する（問191参照）。つまり、その場合、起訴先行の優先は手続開始の優先に置き換わる。

④住所地の裁判籍（8条）は、起訴時点の被告人の住所地によって確定される。

⑤被疑者は、この時点から被告人になる（157条）。

> **問198** 訴えによる手続対象の確定は、確かに訴訟係属の効果の中で最も重要なものである。
> a) このテーマ上の拘束は、ドイツの刑事手続の構造原理からどのように理解されるべきか。
> b) その実質的な意義はどこにあるか。

a）裁判所の**テーマ上の拘束**は、構造上、弾劾主義からの帰結である（その他の観点での弾劾主義の意義について問8、31参照）。裁判官は、基本的に起訴された行為と人のみを審理の対象とすることができる。

b）これは、実質的には、裁判官による恣意的な審理の拡大から被告人を保護することである。そのような手続は、糾問主義訴訟（問8参照）では通常のことであった。しかし、これによると、被告人をその追及される非難に関して非常に不安定なものとすることから、恣意的な審理対象拡大の解消は19世紀の基本的な改革の要請に含まれていた。

13 捜査の終結と公訴提起

問199 公訴事実では、Aに対して、X市内で2005年6月から9月の間に27個の独立した行為によりそれぞれ妊婦に石鹸水を注射してその胎児を殺害したことが追訴されている（軽罪。刑218条1項、53条）。起訴状の「捜査の本質的な結果」の箇所には、起訴された事案のうち14件について妊婦の氏名が適示されている。行為者が妊婦の氏名を知らなかった他の13件の事案では、起訴状は、Aの自白を引用していた。裁判所刑事部は、この訴えを公判に付して、公判を開始すべきか（BGHSt 10, 137）。

刑事部は、14件の氏名の記された事案のみ訴えを認め、その他については公判開始を却下すべきである（207条2項1号）。なぜなら、公訴事実から疑問の余地なく、「公判と判決（155条、264条）はいかなる事実の範囲に及ぼされるか」が読み取れるのでなければならないからである（BGHSt 10, 137. 更に BGH NStZ 86, 275）。それゆえ、事実的要素によって識別されない一般的な形で自白された多数の同種犯罪を公判の対象にすることは、認められない。本問では、無罪又は有罪となる判決が13件の詳細に特定されていない堕胎の事案について下されるならば、後にAによる他の同種の行為が発覚した場合、それらの行為が既に無罪又は有罪とされた判決のどちらかに含められるべきものであったのか、またそれらの行為がそもそもまだ裁判所の手続の対象となっておらず、処罰できないものであったのかがおよそ確定できない。本問のような不十分な犯罪事実の記載は、手続障害となる。それは、裁判所のテーマ上の拘束をもたらすものではなく、204条により公判不開始につながる（問209参照）。

問200 Aに対して、窃盗罪（刑242条）の嫌疑で公訴が提起された。
a) 裁判所の審理から、Aは、それまで想定されていたように、鍵の開いていた扉からではなく窓から侵入したこと、つまり侵入窃盗罪であったことが判明した。また、Aは、犯行を単独ではなく共犯者と一緒に実行していたことも判明した。
b) 裁判所の事実認定は、検察官の考えと一致している。しかし、裁判所は、その事象が詐欺に当たり窃盗として評価すべきではないと考えている。
裁判所は、これらa及びbの事例において、事象を事実的又は法的に判断する際、155条1項により訴えの内容に拘束されるか。

a）いいえ。裁判所の審理範囲を制限する「行為」とは、特定の法定構成要件や検察官によって摘示された事実要素ではなく、訴えによって示された総体的な生活事象、歴史的な出来事である（**訴訟上の行為概念**）。「裁判所は、この範囲内で独自に活動でき、かつその義務を負う」(155条2項前段)。つまり、裁判所は、補充的事実又は修正的事実を十分に調査し使用できるだけでなく、そうしなければならない（265条2項、3項）。

もっとも、155条1項は、手続をAの共犯者に拡大することを禁ずる。そのためには、新たな訴えが必要である。

b）いいえ。裁判所は、法的評価について完全に自由である。法律は、裁判所は「刑罰法規の適用に際して申立てには拘束されない」と明示している（155条2項）。もっとも、裁判所は、被告人に対して、両問の場合とも、265条に従い法的観点の変更について指摘しなければならない（この点についての詳細は問253参照）。

問201

a）Aは、共同被告人Bの処罰を免れさせるために殺害された少女の死体を隠匿したとして、処罰妨害罪（刑258条）により起訴された。公判において、Bは無実でありA自身が殺人犯であることが明らかになった。この場合、裁判所は、Aを殺人で有罪とすることはできるか。

b）ある者が、盗品関与罪で起訴されたにもかかわらず、重強盗罪で有罪とされることはあり得るか。また、行為者が窃盗罪で起訴されているにもかかわらず、犯人庇護罪で有罪とされることはあり得るか。

c）刑法306条の犯罪事実の不申告罪で起訴された場合に、放火罪で有罪とすることは可能か。

a）いいえ（BGHSt 32, 215. この評釈として *Roxin*, JR 84, 348）。連邦通常裁判所の見解によると、謀殺罪は、処罰妨害罪とは異なる行為である。なぜなら、双方の犯罪は時間的及び場所的に比較的近接しているにもかかわらず、著しく相違するものだからである。「双方の行為態様は、──行為客体と行為の方向性において──互いに共通するものではない」（BGHSt 32, 220）。つまり、Aに対して、処罰妨害罪の起訴については無罪判決を言い渡さなければならない。そして、殺人罪について、新たな公訴が提起されなければならない。

b) この事案でも、連邦通常裁判所（BGHSt 35, 60; 35, 80. 部分的に異なる見解として *Roxin*, JZ 88, 260; OLG Köln NStZ 90, 203）は、各々の行為態様の時間的及び場所的な分断性を理由に、行為は異なるものであるとして、同じ手続における強盗罪又は犯人庇護罪による有罪判決を認めなかった。これにより、判例は、かつての実務から離れたのである。これまでは、盗品関与罪、犯人庇護罪、処罰妨害罪と、それに接続する先行犯罪とを訴訟上1個の行為とする傾向にあった。

c) はい（BGH NStZ 93, 50. 確立した判例である）。なぜなら、放火犯も、面前にある犯罪事実を通報しなかったのであり、その限りで事実関係の同一性が存在するからである。

第2章 中間手続

問202 通常の手続では、捜査手続と公判手続の間に、更に中間手続がある。この手続段階は、何によって始まるのか。

公訴提起によって始まる。公訴提起は、管轄裁判所への起訴状提出により行われる（199条2項）。

問203
a) 中間手続は、どのようにして終結するのか。
b) 公判手続を開始できるかどうかは、何によって決まるのか。

a) 以下三つの可能性がある。

①開始決定による公判開始（203条）。

②不開始決定による公判開始の却下（204条）。

③いわゆる起訴便宜主義の範囲での手続打切り（暫定的な打切りの可能性については205条、262条2項参照。更に154b条4項、154a条も見よ）。

b) **十分な犯罪嫌疑**が基準である（203条）。これは、それまでの捜査に基づけば、被告人（157条）が公判で有罪とされることが蓋然的な場合に認められる（*Roxin*, §37 Rn. 13）。それは、犯罪事実の暫定的な評価に基づく（BGHSt 23, 304を見よ）。

問204 中間手続の価値と意義については争いがある。
a) 中間手続の目的は何か。
b) 法律上の規定に対する疑問として、どのようなものがあるか。
c) また、そのような疑問は、法規定にどのように影響しているか。

a) 中間手続は、被告人の保護を目的とする。被告人は、起訴前手続の結論がもう一度独立した裁判体によって審理されることにより、場合によっては不必要な公開の公判手続の負担から保護される。

b) 中間手続に対する疑問として、以下のことが主張される。その規制

機能は、実務上ほとんど効果がない。なぜなら、全事件のうち99％で公判開始決定が下されているからである。それに対して、裁判所は、被告人に対して既に公判開始決定によってその「十分な嫌疑」を確認することから、公判手続で被告人に対して予断を持つ虞が存在する。少なくとも、素人裁判官においてそのような（無意識的な）影響の可能性を否定することはできない。また、裁判所が全く予断なく事件に関わったとしても、被告人には、裁判所の公判開始決定によって、自分は既に「半分有罪」とされたとの印象が生じざるを得ない。

c）連邦下院法務委員会は、この疑問点を、1964年の刑事訴訟小改正において、差し当たり公判開始を決定した裁判官は公判手続への関与から除外されるべきとすることで考慮しようとした。しかし、それは、相当な人的負担と、手続遅延の虞から断念された。その代わりに、古い規定を事実上維持しながら、形式的な改善が図られた。すなわち、開始決定は、明示的に裁判所が被告人の十分な嫌疑を咎めるという形ではなく、裁判所が公訴をそれ以上の論評を加えることなく単に許可するという形式で下される（207条。ただし、事件によっては、許可はなおも裁判所が十分な犯罪嫌疑を認めることが条件となることもある。203条）。また、裁判長が開始決定を朗読するのではなく、検察官が起訴状を朗読することになっている（問187参照）（243条3項1文）。

> **問205** 参審裁判所の裁判長（裁29条1項1文）であるR裁判官に、公訴が提起された。Rは、2名の参審員を呼び、彼らと一緒に公判手続の開始について判断を下すのだろうか。

いいえ。中間手続では、全ての裁判所は、素人の関与なしで裁判する。参審員は、公判の間のみ関与する。それは以下の意味を持つ。

①本問のように参審裁判所の場合、「公判外で必要な裁判は区裁判所の裁判官より下される」（裁30条2項）。

②地方裁判所の刑事部の場合——裁判所構成法74条2項により陪審裁判所として管轄を有する場合も——、3名の職業裁判官が裁判する（裁76条1項2文）。

問206

a) 地方裁判所の刑事部の裁判官は、検察官より起訴状が提出された事件は区裁判所の管轄に当たるとの見解である。刑事部は、手続を区裁判所の下で開始させることができるか。

b) 参審裁判所の裁判長は、刑事裁判官の管轄に当たると判断した場合、手続を刑事裁判官の下で開始させることができるか。

c) また、逆の場合、つまり刑事裁判官が事件は参審裁判所の管轄に当たると考えた場合はどうか。

a） はい。刑事部は、209条1項により——裁判所構成法24条、25条による管轄の判断に応じて——、手続を参審裁判所又は単独裁判所としての刑事裁判官の下で開始させることができる。その判断は拘束力を持ち、その結果として、手続はこれらの裁判所に係属することになる。その際、検察官が裁判所構成法74条1項2文のいわゆる「流動的管轄」の枠内で（推定される）事案の特別な意味を理由に地方裁判所に公訴を提起する場合、209条1項が特に重要となる。この法律上の規制手段は、検察官の選択権と法律上の裁判官の原理との適合性に対して向けられてきた疑念を軽減させるものである（問195参照）。

b） はい。この場合も、209条1項に捕捉される。単独裁判官としての刑事裁判官は、参審裁判所に対して「下級の裁判所」である。

c） この場合、209条2項が適用される。単独裁判官は、組織的には同一の裁判所に所属する者であるが、検察官を介して、裁判のために事件を上級裁判所としての参審裁判所に送致しなければならない（*Meyer-Goßner*, § 209 Rn. 3）。

問207
起訴を受理した刑事裁判官Ｓは、公判手続を開始すべきか又は開始を却下すべきかについて判断しなければならない。

a) Ｓは、その判断形成のために、どのような資料を用いることができるか。

b) Ｓは、事件に関する知識を得るために、何をしなければならないか。

c) Ｓは、事件をより解明するために、どのようなことを指示できるか。

d) Ｓは、被告人の利益のために、何かしなければならないことはあるか。

a) Sは、起訴状の他に、検察官の全ての記録を使うことができる（199条2項2文）。検察官は、裁判官の裁判にとって重要となり得るものを一切手元に残しておくことはできない。

b) Sは、被告人に起訴状を送達し、一定期間内に「公判手続開始の裁判の前に個別の証拠調べの実施を請求するのか、公判開始に対する異議を申し立てるのか」についての意見を求めなければならない（201条1項）。その上で、裁判所は、請求及び異議について決定する（201条2項）。

c) Sは、——職権で、又は201条の申立てに基づいて——個別の証拠調べを決定（これに対して不服申立てはできない）により命じることができる（202条）。

d) Sは、必要的弁護の事案（問64）では、141条1項により国選弁護人を任命しなければならない。

問208 裁判所は、公判手続を開始したいが、起訴状の内容に完全には賛同できない。
a) 検察官は、被告人に対して、訴訟上の意味での二つの行為（問200）を追及しているが、裁判所は、そのうち一つにのみ十分な犯罪嫌疑を認めている。
b) 起訴状は行為を強盗罪（刑249条）と評価しているが、裁判所はそれを恐喝罪（刑253条）と見ている。
以上の場合、裁判所はどうすべきか。

公訴は、裁判所の見解により必要な変更を加えて許可される（207条2項）。

a) 裁判所は、複数の行為の場合、一つの決定で、一方については手続を開始し、他方については開始を却下することになる（207条2項1号）。同条2号により、一つの行為が可分の場合も同様である（例えば継続犯の一部）。

b) 行為が異なる法的評価を受ける場合、公判手続は法的評価を変更して開始される（207条2項3号）。同条4号により、観念的に競合する構成要件の除外又は追加についても同様である。

問209 裁判所は、公判手続開始を却下するつもりである。
a) 却下の場合、その根拠となる三つの理由とは何か。

b) 却下決定は、どのように宣告されるべきか。
c) 却下決定は、理由を付さなければならないか。

a) 以下の場合、開始が却下される。

①訴訟条件が欠ける場合。例えば、必要な告訴が存在しない場合や、公訴時効が完成した場合である。

②事実的な理由による場合。例えば、十分な犯罪嫌疑が欠ける場合である。

③法的理由による場合。例えば、裁判所が起訴された行為を可罰的とみなさなかった場合である。

b)「公判開始を却下する。」

c) はい。「決定から、それが事実的理由に基づくのか又は法的理由に基づくのかが明らかになら」なければならない（204条1項）。決定が訴訟条件の欠如に基づく場合、やはりそのことが理由に示されなければならない。

問210 検察官は、Aに対し重強盗罪（刑250条）で公訴を提起し、地方裁判所に手続を刑事部（裁74条1項、76条1項1文）で開始するように請求した。しかし、刑事部は、公訴をその行為は法的には窃盗罪に該当すると変更して許可した。それにより、事件はもはや刑事部の管轄ではなくなったので、刑事部は、公判を参審裁判所で開始するとした（209条1項）。A及び検察官は、この開始決定に対しそれぞれ上訴したいと考えている。Aは自分が無実であること、検察官はなおも重強盗罪であることが、それぞれの理由である。それは可能か。

①Aは、開始決定に対して不服を申し立てることはできない（210条1項）。法律は、この段階では公判手続においてAが自らの無実を釈明する機会を十分に有することを前提にしている。

②検察官も、基本的に公判開始決定に対して異議を申し立てることはできない。裁判所が行為を法的に異なって評価をした場合であっても同様である。それについても、検察官が自らの異なる立場を公判手続において主張できるとの考慮が決定的である。

ただし、法律（210条2項）は、以下の場合に例外を設けている。すなわ

ち、検察官は、自らの申立てと異なり下級裁判所で手続が開始される場合、これに対して即時抗告（311条）を申し立てることができる。これによって、公判手続における管轄の係争が回避されるものとされている。参審裁判所は刑事部よりも下級の裁判所なので、本問では、検察官はこれを理由に開始決定に対する即時抗告ができる。

> **問211** 参審裁判所の裁判長は、公判開始を却下した。それに対して、以下の者は上訴できるか。
> a）被告人。
> b）検察官。

a）被告人は、その決定により不利益を受けるわけではないから上訴できない。被告人が公開の公判で名誉回復を望んでいる場合でさえ同様である。

b）検察官は、地方裁判所に即時抗告（210条2項、311条）できる。

> **問212** 地方裁判所は、即時抗告を認容し又は却下できる。
> a）即時抗告が認められた場合、手続はどのように進行するのか。
> b）検察官は、即時抗告が却下された場合、それを受け入れなければならないか。又は、検察官は、例えば確定した開始却下決定が誤った又は既に変更された法的見解に基づく場合、他の土地管轄を有する裁判所に訴えを提起し、それによって手続を進行させることができるか。

a）この場合、公判手続は、地方裁判所自身の参審裁判所で開始される（209条2項。つまり破棄や参審裁判所への開始指示は行われない）。ただし、抗告裁判所は、区裁判所の別の部、又は同じ等級の直近の裁判所で公判手続を行うよう指定もできる。法律（210条3項）は、同一の裁判所内での移送の場合に、確かに「別の部」と規定するのみである。つまり、直接には、抗告裁判所としての高等裁判所にのみ適用されるように見える。しかし、354条2項を類推して、地方裁判所は他の刑事部へ移送することも可能である（*Meyer-Goßner*, § 210 Rn. 8）。

b）抗告裁判所の却下の決定は限定的な確定力を持ち、「新たな事実又

は証拠方法に基づく場合にのみ改めて訴えを起こす」ことができるという効果を伴う（211条）。本問事例では、この条件が満たされていない。BGHSt 18, 225参照。

問213 現行法上、**中間手続のない刑事訴訟**も可能か。

はい。いわゆる**簡易迅速手続**がある（417条～420条）。これは、「事実関係が単純である又は証拠状況が明白であることから、その事件が迅速な審理に適している場合」（417条）、区裁判所で行うことができるとするものである。この場合、検察官の申立てに基づいて公判期日が指定されるが、その際に「公判開始の裁判は必要ない」（418条1項）。この規定については、特別な手続方法の範囲で詳述する（問501）。

追起訴（266条）の場合も、本来の意味での中間手続は存在しない（問188参照）。

第3章　公判手続

1　公判の準備と構成

> **問214**　公判開始決定によって、直ちに公判が開始されるわけではない。法律上も、中間手続（第2編第4章）の後、公判手続（第6章）の前に「**公判準備**」に関する第5章（213条〜225a条）が置かれている。公判準備のために行わなければならない、又は行うことができる六つの措置を説明しなさい。

①公判期日の指定。これは裁判長が行う（213条）。

②関係者の召喚（214条、216条、218条、220条）。被告人に対して、遅くとも召喚時に公判開始決定が送達されなければならない。

③証拠の取寄せ（214条4項、219条、221条）。

④必要があれば、公判に先駆けての証拠調べ（証人尋問又は検証）（223条〜225条）。

⑤裁判所の構成の書面による通知（222a条）。第1審が地方裁判所又は高等裁判所で行われる場合、原則として公判開始の1週間前までに通知されなければならない。また、弁護人には構成の過誤を適時に検討する機会を与えなければならない。

⑥上級裁判所に管轄がある場合の移送（225a条）。

> **問215**　222条1項1文によると、裁判所は、証人を召喚する場合、被告人に対して証人の住所を示さなければならない。実務では、証人が警察官の場合、その者への危険を考慮して、しばしば証人の職務上の地位が示されるにとどまる。これは許されるか。

はい。組織犯罪対策法によって証人保護が拡張されてから以後、証人保護は、法律上直接的に要請されている（222条1項3文と200条1項3文の結び付き、68条1項2文参照）。

問216 刑事部の裁判長は、2月17日に、213条により公判期日を2月24日と指定し、検察官を通じて被告人及び証人を召喚した。この手続は適正か。

いいえ。被告人への召喚状送達と公判期日との間には、少なくとも1週間の期間を置かなければならない（217条1項。召喚期間）。しかし、本問の場合、その日のうちに被告人に召喚状が送達されたとしても、送達と公判の期間は6日間しかない。これでは、召喚期間の確保には足りない（42条、43条）。それゆえ、公判期日は、2月25日以降に指定されるべきであった。

問217
a) 被告人は、召喚期間が遵守されない場合に何ができるか。
b) 召喚期間は、弁護人にも適用されるか。

a) 被告人は、公判において、事件に関する被告人尋問が開始されるまでに公判の停止を請求できる（217条2項）。これにより、被告人は、準備の機会を与えられる。裁判長は、被告人に停止を請求する権利があることを教示しなければならない（228条3項）。ただし、被告人は、召喚期間の遵守を放棄できる（217条3項）。

b) 弁護人に対しても、召喚が必要な限りで（218条1文）、1週間の召喚期間が遵守されなければならない。それが怠られた場合、弁護人も公判の停止を請求できる（218条2文）。228条3項の教示義務は、弁護人には適用されない。

問218 裁判長は、公判期日を決めようとしたとき、被告人の行為について既に時効が完成しており、これが公判開始決定では見落とされていたことに気付いた。この場合、なおも公判を開いた上で、訴訟条件の欠如を理由として手続打切りの判決が下されなければならないか（260条3項）。

いいえ。裁判所は、206a条により、「公判外の決定で手続を打ち切る」ことができる。つまり、この場合は、開始決定が下されたにもかかわらず公判が開かれないという、稀な例外的ケースである。他に同様のものとし

て、206b 条がある（公判開始決定のときには可罰的であった行為が事後に不可罰のものとなった場合）。

> **問219** 公判は、八つの部分に分かれる。その内容と、順序を説明しなさい。

八つの部分は、以下の順に行われる。

①公判は、「事件の宣言」（243条1項1文）と裁判長による在廷確認（243条1項2文）で始まる。

②証人が一旦退廷した後、裁判長が被告人の人定質問をする（243条2項）。

③検察官が、起訴状を朗読する（243条3項1文）。

④被告人に供述する意思がある場合、被告人に対して事件に関する尋問が行われる（243条4項）。

⑤証拠調べが行われる（244～257条）。

⑥検察官及び弁護人の弁論が行われ、最後に被告人が最終陳述の機会を与えられる（258条）。

⑦裁判所が、評議及び評決に入る（裁192条～197条）。

⑧公判は、判決の宣告（260条、268条）及び（必要に応じて）上訴の教示（35a条）で終結する。

> **問220** 裁判長は、起訴された多数の事件を、それぞれ独立する複数の行為ごとに分割した。そして、分割された行為ごとに区別して、まず被告人に対して事件に関する尋問を行った後で、それぞれの証拠調べを進めていった（BGHSt 10, 342）。このような手続は許されるか。

はい。確かに、裁判長は、「公判の構造が完全に維持されている限りで」、243条に規定された順序から外れることを許される（BGHSt 3, 384）。しかし、本問事案でも、事件に関する全ての尋問が証拠調べに先行していなかったとしてもこのような場合に該当する。なぜなら、公判を分割しても、法律で指示された手続進行の順序が「手続的に独立した個々の行為ごとに完全に遵守されている」からである（BGHSt 19, 93, 96）。

> **問221** 強盗的窃盗罪で起訴されたAは、起訴前手続で幾つかの自白をしたが、後に撤回した。裁判長は、公判で、Aにまずこれらの自白について質問した。しかし、裁判長は、Aに彼が問題の時刻に犯行現場に居なかったとことを示すことについて供述の機会を与えず、先に自白に関してAを尋問した捜査官を証人として聴取して証拠を取り調べた。
> a) このような手続は許されるか。
> b) Aの上告は認容されるか。

a) いいえ。1個かつ同一の犯罪事実について、被告人の意思に反する分割は許されない。「証拠調べは被告人質問の後に行われなければならないとする規定は、被告人保護のための基本的な手続原則である。この原則は、被告人にあらかじめ包括的に防御を行い、裁判所に、その後の証拠調べの際に被告人が主張した観点を考慮させるべき機会を与えるものだからである」（BGHSt 19, 93）。

b) はい。337条は、確かに上告理由として「判決が法令の違反に基づく」ことを要求する。しかし、この点について一致した見解によると、手続上の瑕疵が判決に影響を与えたという可能性で足りる。その可能性は、本問では排除できない。「Aの意思に反して審理を自白部分とアリバイ部分とに分割し、特に自白部分を先に取り調べるということは、裁判官が自白の信用性審査の際に被告人の全体的な防御主張を認識しておらず、したがってそれを顧慮することができないことになってしまう」（BGHSt 19, 93）。したがって、判決は、破棄されなければならない。

> **問222** 裁判長は、公判で、被告人への人定質問に続いてすぐに事件について質問した。これにより、検察官の起訴状朗読が飛ばされてしまった。
> 被告人は、有罪判決が下された後、243条3項1文違反を理由に上告を申し立てた。これは認容されるか。

原則的に、はい（BGHSt 8, 283; BGH NStZ 84, 521; 86, 39, 374）。なぜなら、本問のような場合、判決が手続上の瑕疵に基づく可能性が排除されないからである（337条）。起訴状は、「訴訟関係人に対して、その攻撃・防御の準備をいかなる行為に向けて行うべきかを」認識させるものである（起訴状

による裁判所の拘束。問197以下参照)。被告人、弁護人、検察官は起訴状から十分に情報を得ているとしても、素人裁判官にはそうとは言えない。「参審員は起訴及び公判開始決定に関わっていなかった。それゆえ、参審員は、被告人がどのような訴追を受けているかを知らなかったのである」(BGHSt 8, 284)。したがって、243条3項1文違反は、連邦通常裁判所によると、「基本的に」上告を基礎付けることになる。「事実的及び法的にごく単純な事実関係の場合で、公判開始決定の目的が起訴状朗読がなくても害されなかったことが明白である場合に限って」、判決は243条3項1文違反に基づいていないと言える (BGHSt 8, 284)。もっとも、参審員の関与なく裁判が下される場合、上告は容認されない。

問223
a) 被告人の前科及び家庭環境や社会環境は、公判のどの段階で審理されるべきか。
b) 法律を改正して、公判を分けないままで人格に関する被告人質問を彼の犯行であるかどうかがまだ立証されていない段階で行うとすることは、法政策的に適切であるか。

a) このような事情は、刑法46条2項による量刑要素であることから、243条4項による事件に関する質問に含まれる。それゆえ、被告人はその限りで黙秘権を有しており、そのことを教示されなければならない。つまり、このような質問は、243条2項の「身上関係」の範囲ではまだ行われてはならない。この段階では、専ら人格の同一性の確認と、これに関係する訴訟条件(例えば訴訟能力)だけが問題とされるべきである。

b) いいえ。罪責問題が解明される前の検討は、訴訟経済に反する。なぜなら、被告人が有罪とされないことが明らかになった場合、そのような検討は不要だったからである。また、後に無罪判決が下される場合、この質問は被告人に不必要に行われたものとなる。最後に、人格に関する事項の開示は、裁判官(特に素人裁判官)にとってその判決に不当な影響を与えることにもなる。それゆえ、立法論としては、次のような提案が検討される。すなわち、公判ではまず罪責問題が審理され、それが肯定された後に初めて、いわゆる責任又は行為の二分化を通して量刑問題と保安処分問題

が個別の手続段階で検討される〔手続二分論〕というものである。

2 職業裁判官と素人裁判官、除斥と忌避

> **問224** ドイツ刑事訴訟において、公判の主宰者は**裁判官**である。裁判官は、その**物的独立性**により司法に対するあらゆる影響から保護される。
> a) 物的独立性の原則は、どこにその実定法上の根拠があるか。
> b) 本原則の歴史的展開と意義はどのようなものか。

a) まず、基本法97条1項は、「裁判官は独立し、法律のみに従う」と規定する。この規定は、表現が若干異なるが、裁判所構成法1条及びドイツ裁判官法25条に再現されている。この命題は、職業裁判官と素人裁判官のどちらにも同じく妥当する（ドイツ裁判官法45条1項1文によると、「名誉職の裁判官は、職業裁判官と同様に独立している。」）。

b) 国家論的な根源は、モンテスキューの権力分立論にある。ドイツの憲法裁判所におけるその貫徹は、19世紀前半の自由主義改革運動に遡る。本原則は、「行政当局の影響からの裁判官の完全な独立性だけが、市民を、その法的に承認された権利において、その者を敵視する政府が行い得る恣意的対応から保護できる」（RGSt 66, 385）との認識に由来する。特に行政権及び君主の司法権への干渉（専断裁判権）は、絶対君主制の時代には通常のことであったが、そのようなことはおよそ阻止されなければならない。1848年以降ようやく、物的独立性の原則が、ドイツ諸州の各憲法に採用されるに至った。

> **問225** 裁判官の物的独立性は、今日、個別にはどのような影響を及ぼしているか。

①裁判官は、政党、議会、政府、当局、そして世論からも独立している。それらは、裁判官の個別事案の判断に対しいかなる影響も行使できず、また行使してはならない。

②裁判官は、特に司法行政からも独立している。司法行政は、確かに、職務の対外的な活動（執務時間、期日の決定）の監督に向けた職務統括を行うが（ドイツ裁判官法26条参照）、その指図により法律事件の判断に介入して

はならない。

③裁判官は、他の裁判所の法的見解からも独立している。区裁判所判事は、連邦通常裁判所の判例と全く異なる判断をしても構わない。つまり、英米法系のような先例拘束性はない。ただし、これには以下の例外がある。連邦憲法裁判所の判決は、全ての裁判所に拘束力を有する（連邦通常裁判所法31条）。上告審において差し戻される場合、上級裁判所の法的判断を差戻し審裁判所の判断の基礎としなければならない（358条1項）。連邦通常裁判所の部ごとに法的見解が異なる場合、当該問題について大刑事部又は連合法廷が判断を下し（裁138条1項3文）、その判断は「当該事件において判決を下す部を拘束する」（裁138条1項3文）。ある高等裁判所が他の高等裁判所又は連邦通常裁判所の判例とは異なる判断をしようとする場合、当該問題は、連邦通常裁判所の審理にかけられなければならない（裁121条2項）。判例統一化法16条参照。それによると、「上級裁判所の共通の部」の判決は、公判裁判所を拘束する。

> **問226** 裁判官の物的独立性は、裁判官の**人的独立性**によって補強される。
> a) 人的独立性は、法律上どのように保障されるか。
> b) この原則は、どの程度例外による制約を受けるか。

a) 職業裁判官は、基本的に罷免及び異動を命じられない。この原則は基本法97条2項に定められているが、更にドイツ裁判官法で具体的に規定されている。素人裁判官は、ドイツ裁判官法44条2項により恣意的な解任から保護されている。

b) まず、裁判官には、終身裁判官と任期付き裁判官（後者は刑事裁判権を持たない）の他に、試用裁判官（12条、19a条3項）及び特任裁判官、すなわち裁判官職に移動を希望する行政官がある（ドイツ裁判官法14条）。試用裁判官と特任裁判官は、終身裁判官に任命される前に試用期間を全うしなければならない（ドイツ裁判官法10条参照）。つまり、それらの裁判官は、人的に独立していない。果たして、ドイツ裁判官法は、基本的に終身裁判官のみが裁判官として職務を遂行すべきであること（28条）、裁判所の決定には試用裁判官及び特任裁判官は参加してはならない（29条）ことを規定している。

更に、ドイツ裁判官法30条以下は、終身裁判官も一定の限られた条件の下でその職位の剥奪、罷免、異動、転籍、停職があり得ることを規定している。このうち、裁判官の弾劾は、既に基本法98条2項、5項に規定されており、これについては連邦憲法裁判所が裁判する。

> **問227** 職業裁判官に加えて、刑事司法には、名誉職裁判官（**参審員**）も相当な範囲で参加する。
> a) 素人参加の歴史的起源、目的、今日的意義は何か。
> b) 素人が参加する刑事法の合議体とその人数を説明しなさい。
> c) 公判において、素人裁判官の職務は、職業裁判官のそれと異なるのか。

a) 古代ドイツの刑事訴訟にあった国民裁判官は、ローマ法継受以来、次第に、そして完全に糾問手続を強く教えられた職業裁判官に変わっていった。素人裁判官復活の要求は、啓蒙時代に始まる。それは、市民の自由を官吏の恣意や当局の圧政から保護するためであった。その貫徹は、イギリスやフランスを模範にする19世紀前期の改革運動に負っている。素人参加の本来の政策的動機は、その間にもはや色あせたものとなった。今日の意義は、通常、住民が刑事司法に直接関与することでその責任を分かち合うこと、職業裁判官と素人裁判官の協働によって刑事司法への公共の信頼が強められ裁判の現実性が守られることという点から基礎付けられる。

b) 素人は、参審裁判所（裁29条。1名又は2名の職業裁判官と2名の参審員）、地方裁判所の小刑事部（裁76条1項1文。1名の職業裁判官と2名の参審員）、地方裁判所の大刑事部——裁判所構成法74条2項によると、「陪審裁判所」の管轄とされている——（裁76条1項1文。3名の職業裁判官と2名の参審員）に関与する。

c) いいえ。参審員は、公判では職業裁判官と同じ任務を有する（裁30条、77条）。参審員は、職業裁判官と同様に、「全面的かつ同等の議決権を持って裁判官の職務」を遂行する。特に職業裁判官と素人裁判官は、罪責問題及び量刑問題に関して協働して決定する。ただし、裁判長は、職業裁判官でなければならない（裁29条1項）。「陪審員」は、当初は職業裁判官の関与なく罪責問題の判断を下していたが、1924年には事実上、また1972年にはその名称も（1972年5月26日法律によって）廃止された。

2 職業裁判官と素人裁判官、除斥と忌避　151

> **問228** 参審員は、開廷時に、被告人の窃盗の被害にあったとされる会社員の中に自分の弟がいることを確認した。この状況は、何らかの結果を生じさせるか。

はい。参審員は、被害者の親族であるので、法律により裁判官職から除斥される（22条3号）。22条及び23条に列挙された除斥理由によって、——特に被告人から見て——裁判官に予断がないこと、及びこれによって裁判官の中立性及び独立性が守られるべきものとされる。それは、職業裁判官だけでなく、素人裁判官にも妥当する（31条）。本問では、除斥される参審員に代わり、補充参審員が参審員名簿の序列に従って呼び出される（裁49条1項）。除斥された裁判官は、全ての職務の遂行を放棄しなければならない。除斥されるべき裁判官が職務の遂行にとどまっている場合、被告人と検察官の双方は、その裁判官を忌避申立てできる。

> **問229** 法律上の除斥理由を四つに分類せよ。

裁判官は、以下の場合に除斥される。

①裁判官自身が、被害者の場合（22条1号）。

②裁判官が、被害者と親族関係（配偶者、血族、姻族）にある場合（22条2号、3号を見よ）。

③裁判官が、被告人と②に挙げた親族関係にある場合（22条2号、3号）。

④裁判官が、以前に当該手続に関与していた場合（22条4号、5号、23条を見よ）。

> **問230** 裁判官は、以下の場合、法律上除斥されるか。
> a) 被告人は、X有限会社に詐欺を働いたとして追及されている。参審員Sは、この会社の業務代理人であり、その利益に関与している（BGHSt 1, 298）。
> b) Aは、堕胎教唆罪で起訴された。裁判官Rは、以前に検察官として、Aではないが既に審判された正犯Tに対する捜査に関与していた。
> c) 被告人Aの共犯者に対して、Aも追及されている犯罪を理由に、別の手続として別の裁判所で審理が行われた。裁判官Eは、現在Aに対する刑事手続で審判すべき者であるが、共犯者に対する手続では証人として尋問を受けて

いた。
> d）裁判官Rは、起訴前手続で、捜査判事として被告人を対象とする個別の調査行為（162条）を行った。Rは、今度は中間手続において、開始決定裁判官として、起訴の許可の前に複数の証拠調べ（202条１項）を命じてこれを実施した。

　a）22条１号～３号の「被害者」の概念は、172条の強制起訴の場合に似た問題を提起する（問183参照）。判例は、172条の場合と異なり、裁判官除斥について直接的な権利侵害という要件を厳格に維持している。それゆえ、連邦通常裁判所は、Sは除斥されないと判断した。直接的に権利を侵害されたのは、会社のみである。Sは、機関及び利害関係者として、間接的に損害を受けたにすぎない。しかし、このような被害者概念の限定は争いがあり、疑問がある。なぜなら、裁判官が完全に中立・公正とは言えない外観は、既に裁判官が有罪判決を下されるべき犯罪によって間接的にせよ被害を被っている場合に生じるものだからである。もっとも、この争点の実際的な意義は、比較的小さい。なぜなら、通常は予断の虞による忌避が申し立てられるからである（問231を見よ）。

　b）Rは、元検察官として除斥される。22条４号の「事件」の概念は、連邦通常裁判所によると、広く解されるべきものとされる。それは、必然的に同一の手続及び人に制限されるものではない。むしろ、以前の職務が今の手続対象との事実的な関連性ゆえに不公正な印象を与え得るということで十分である（BGHSt 9, 193）。Rはこれに該当する。

　c）Eは、22条５号によって除斥される（BGH 31, 358）。22条４号の場合と同様５号においても、事件の概念は、犯罪の事実関係に関連付けられ、個別の手続に関連付けられるのではない。事実の同一性は、手続の同一性を意味しない。他の手続における同じ事実関係についての証人の証言も、法定の除斥理由が防止しようとする人的利害関係が存するとの印象を引き起こす可能性がある。

　d）どちらの場合も、法律上除斥理由とされていない。また、23条１項及び２項に挙げられた事例とも異なる。捜査判事は、個別の審問行為だけを行い、事件の判断には関わらない。開始決定裁判官の場合も同様である。なぜなら、そのような裁判官は、事件全体を調査するのではなく、む

しろ個別の点を更に解明しようとするにすぎないからである（法政策的な問題について問204のc参照）。

> **問231** Aに対して、刑法174条1項1号〔被保護者への性的虐待罪〕により公判が開かれた。Aの妻Eは、当初は、Aに対してかなり不利な証言をしていたが、その後にAと仲直りした。それゆえ、Eは、公判では、52条1項2号により証言を拒絶するつもりであった。Eが公判裁判所（地裁大刑事部）の裁判長Rに公判前の協議に際してその意思を伝えたところ、Rは、「貴方は間違っている！」と叫んだ。
> Eは、そのことをAに報告した。Aは、それによりRが予断を抱いており、Eが自分に不利な証言をすることを望んでいるとの印象を抱いた。Aは、Rが判決に関与するのを防ぐために何ができるか。また、それは認容されるか。

Rは、法律上、裁判官から除斥されない。しかし、Aは、Rを「裁判官の公平性に対する不信を正当化するに値する理由がある場合」には、**「予断の虞ゆえに」忌避**できる（24条）。本問は、この場合に当たる（BGHSt 1, 34）。なぜなら、ある者が証言拒否権を行使するかどうかは、その者自身の判断に委ねられたことだからである。このような意思決定の自由に介入することは、裁判官には許されていない。裁判官は、それにもかかわらず証人の一定の決定を間違いと考えているとの印象を与えた場合、「その裁判官は、不当な理由から、法律上許された証拠を使用して真実を探求するというその任務を果たそうとするのではなく、被告人の罪責に対する予断からできる限り多くの有罪証拠を集めることに執心しているとの疑いを与え、また誤解を生じさせたものである」（BGHSt 1, 37）。

その場合、確立した判例によると、忌避申立ての基礎付けにとってRが実際にAに対する予断偏見を持っているかどうかは重要ではない。むしろ、Aにおいて、それが誤解であったとしても、「自身に判明した事情を合理的に評価した場合、当該裁判官が自身に対して不公正な影響を与える態度を取っていると考えて然るべきである」ということで足りる（BGHSt 1, 34）。それは、本問では肯定されなければならない。したがって、Aの忌避申立ては認容される。

> **問232** 問231の事例で、Aは、その忌避申立てに当たり、以下の点にどう対応すべきか。
> a) 忌避申立てはどこに対して、どのように行うべきか。また、誰がそれについて裁判するのか。
> b) 忌避申立ての対象とされた裁判官がその許容性の審査に関与する可能性は、裁判所により一部で相当に拡大されている。なぜそれが問題なのか。
> c) 忌避の要件は立証されなければならないか、又はその事実が疑わしい場合にはどのように裁判されるべきか。
> d) Aは、忌避申立てが理由なしとして却下された場合、それに対して上訴できるか。

a) 申立ては、Rが所属する裁判所に、つまり本問では地方裁判所の刑事部に行わなければならない（26条1項）。申立ての許容性については、その裁判所が対象の裁判官を排除しないで裁判する（26a条）。それに対し、申立ての正当性については、刑事部が対象の裁判官を除いて、つまりその限りで公判外の裁判について定められた構成で裁判する（27条1項、2項。本問では裁判所構成法76条1項2号により3名の職業裁判官で構成される）。対象とされたR裁判長の代わりに、裁判所構成法70条、21e条〜21g条により指定された代行者がその任に就く。

b) 連邦憲法裁判所の判例によると、裁判官の除斥や忌避に関する規定は、個々の事案における法定裁判官の裁判を受ける保障（基101条1項2文）のためにある。連邦憲法裁判所第2部第3部局は、そこから26a条の限定解釈を要請した（詳細はBVerfG NJW 05, 3410, 3411を見よ）。

c) 忌避理由は、疎明されなければならない（26条2項1文）。すなわち、Aは、自身が忌避の根拠とするRの発言について、裁判所が申立てについて手続の進行を遅らせるような調査をするまでもなく判断できるという程度にその蓋然性を示さなければならない（BGHSt 21, 334）。疎明方法として、宣誓は一般に排除されるので（26条2項2文）特に宣誓に代わる陳述又は宣誓供述書が考えられるが、通常は単なる証人の指名では足りないとされている。それに対し、被告人の宣誓に代わる陳述は、通説によると許されない。なぜなら、被告人は、宣誓義務と防御利益との葛藤状況に置かれてはならないからである。このことは、宣誓に代わる陳述の場合にも当てはまる（RGSt 57, 53）。最後に、忌避権者は、本問でも同様に対象の裁

判官の職務上の陳述を援用できる。

d) 28条2項2文によると、忌避申立てが公判裁判所の裁判官に対するものであった場合、Aは、申立てを却下する決定に対して、その不服申立ては判決と併せて行うことしかできない。忌避申立ての却下に理由が付されなかった場合、これは絶対的上告理由となる（338条3号）。忌避申立てが恣意的に不許容として却下された場合も同様である（BVerfG NJW 05, 3410; BGH NJW 05, 3436. 限定的な見解として BGH NJW 05, 3434）。

問233 以下の場合、忌避理由は認められるか。
a) 参審員は、被告人が損害を与えた市の建設局の上級監督官である。
b) 裁判官は、公判前に新聞に情報をリークした。その新聞には、起訴状のとおりに、被告人が経歴を詐称して官僚になったことは明白であると書かれていた。
c) 夫婦殺しの訴訟で、陪審裁判所の裁判長は、被告人に対して非常に厳しい言葉で犯行の経緯の陳述について追及した。その際、裁判長は、「死んだ女性が枕元に現れるだろう。そうしたら、よりはっきり答えられるはずだ」と発言した。
d) 被告人は、裁判官を「視野の狭い官僚で、杓子定規な下手くそ」と呼んだ。
e) 裁判官は、以前に発行された著作の中で被告人に不利な法的見解を主張していた。
f) 裁判官は、手続を迅速に終結させるために、被告人の申立てを無視して、その希望しない弁護士を国選弁護人に任命した。

a) 連邦通常裁判所（BGH MDR 54, 151）は、本問事案で予断の虞につき理由があるとする。上級公務員は、「自身が奉仕する市民の利益を至る所で実現すべき」義務を負っている。それが、当該公務員において、その判断に影響を与える可能性があるというのである。

b) 連邦通常裁判所（BGHSt 4, 264）は、正当にも忌避理由を認めた。裁判官が、公判前に公判を通して初めて証明されなければならないことを確定的な事実として伝えた場合、それは予断を抱いているという印象を生じさせる。

c) 被告人には黙秘権があるので（243条4項1文）、このように激しい追及は、被告人にとって自身及び自身の行為について裁判長の判断は中立で

はないとの印象を生じさせる。つまり、忌避は理由がある（BGH MDR 58, 741）。

d）手続中の被告人による侮辱的発言は、忌避理由ではない。そうでないと、被告人が自分の意に沿わない裁判官を恣意的に手続から排除できることになってしまうからである。被告人と裁判官が従前の侮辱的発言により敵対している場合は別である。裁判官の被告人に対する告訴が調書に記載されている場合、これが予断を基礎付けるかが問題となる。連邦通常裁判所（BGH NStZ 92, 290）は、この問題について個別事例の状況に応じて判断すべきとしている。

e）一定の法的見解は、裁判官の予断を基礎付けるものではない。そのような意見表明が裁判官本人の以前の判例や著作物において行われたかどうかは重要ではない。これと反対の見解は、裁判所の職務を広く不能にさせてしまう。

f）本問の事情は、予断の虞を基礎付ける（BayObLG StV 88, 97）。問52のaも参照。

問234 刑事部の裁判長と書記官は、被告人及び弁護人と内密の協議を行い、その際具体的に——対外的には拘束力がないとしても——自白した場合は4年未満の自由刑になるだろうと説明した。公判担当検察官は、質問に応じて5年以上の自由刑が必要だと述べていたが、裁判長は、自分の考えに固執していた。被告人の自白が提供された後、裁判所と検察官は、更なる証人尋問の必要性について対立した。検察官は、これに応じて、職業裁判官を24条2項により忌避申立てした。これは正しいか。

裁判官の本問のような行動は、連邦通常裁判所（BGHSt 37, 298. 類似の見解としてBGHSt 45, 312）によると、裁判官の予断を基礎付ける。なぜなら、「全ての理性的な訴訟関与者は、……正当にも、裁判官は具体的に示した刑罰において予断を抱いていると懸念するであろう」からである。つまり、そのような裁判官は、最終弁論を前に提案した刑罰に固執している兆候が表れた場合も常に忌避可能である。連邦通常裁判所（BGHSt 43, 195. 問241のb）の基準〔及び、現行法〕によると、その手続はいずれにせよ不適切であった。なぜなら、判決合意は、全ての手続関与者が参加した状態で

——参審員も含めて——公開の公判で行う必要があり、また記録しなければならないものでもあるからである。

問235 Aは、X地方裁判所の第3刑事部より過失致死罪で有罪判決を下された。Aの上告に基づいて、連邦通常裁判所は、原判決を破棄し、新たな公判のために事件を354条2項に従って地方裁判所の第4刑事部に差し戻した。裁判官Rは、既に第3刑事部の最初の判決に関与していたが、この間に第4刑事部に異動していた。Aは、Rの忌避を申し立てた。その理由は、Rは以前の手続で当該事件に関与していたため予断の虞があるというのである。これは正しいか。

連邦通常裁判所（BGHSt 21, 142）は、前の段階で事件に関与していたことだけで予断の虞に理由があるとすることはできないとした。354条2項の差戻しにより生じる本問のような事態は、23条の法定除斥理由に含まれていない。限定列挙である除斥理由（このような見解としてBVerfGE 30, 149, 155）は、このような場合に予断の虞が基本的に肯定されるという形で拡張されてはならない（基本的に同旨の見解としてBGHSt 24, 336. しかし、この判決では、上告で破棄された原判決の理由中での不当な価値判断について独自の予断を基礎付ける理由が認められている）。それに対し、通説は、以前の関与により予断の推定が基礎付けられるとする。なぜなら、理性のある被告人も、既に一度自分を有罪とした裁判官が予断を抱いていないことについて疑いを持つであろうからである（*Beulke*, Rn. 74; *Roxin*, §9 Rn. 10）。

問236 被告人Aは、参審裁判所の構成員全員について、予断の虞を理由に忌避を申し立てた。Aの申立ての理由は、裁判所が自身の保釈（問101）を、証拠調べが終了し弁護人の最終弁論及び被告人の最終陳述の前の段階で、Aは公判の結果から厳しい自由刑を受けることが予測されるとして取り消したということであった。
 a) 忌避は認められるか。
 b) 誰が忌避申立てについて裁判するのか。

a) はい（BGHSt 23, 200）。なぜなら、この場合、Aには、裁判所は既に公判の終結前に特定の判断で固まっているという印象が生じ得たからであ

る。確かに、裁判所全体を忌避することは、各々の裁判官に関して予断の虞を基礎付ける理由が明らかにされない場合には許されない。しかし、本問の場合、適切に解釈すると、忌避申立ては実際に参審裁判所の個別の構成員に対して向けられている。また、忌避申立ては、個別の構成員について基礎付けられてもいる。なぜなら、被告人は、どの裁判官が厳しい決定に賛成し、どの裁判官が反対しているのかを知ることができないからである。「それゆえ、予断の虞は……決定に関わった全ての職業裁判官及び陪審員（今日では参審員）に向けられていると言える」(BGHSt 23, 200, 202)。

b) 27条4項によると、「直近の上級裁判所」、本問の場合は高等裁判所である。

問237 裁判官Rと弁護人Vの間で、公判中に意見が対立し深刻な緊張が生じた。それゆえ、Vは、予断の虞を理由にRの忌避を申し立てた。
 a) 弁護人は、そもそも忌避申立権を有しているか。
 b) この場合に忌避理由はあるか。

a) 弁護人は、固有の忌避申立権を持たない（24条3項参照）。しかし、弁護人は、自分自身の争いごとを主張する場合でも、被告人を代理して忌避を申し立てることができる。

b) 個別事案に着目しなければならない。少なくとも、弁護人には、挑発や争いを利用して自身の気に入らない裁判官を裁判から除外させることは認められない。しかし、裁判長が弁護を不当に妨害した場合、弁護人を激しく非難した場合（BGH StV 93, 339）、裁判長の行動が弁護人において被告人を公平に見ていないとの印象を生じさせた場合には結論が異なる。予断の理由は、裁判長が被告人の信頼する国選弁護人を十分な理由なく交代させた場合も認められる（BGH NStZ 88, 510; 90, 289）。

問238
 a) 忌避された裁判官は、忌避申立てが処理されるまで引き続き事件に関与できるか。
 b) 忌避手続に市民は在廷できるか。

a) そのような裁判官は、「急を要する行為のみ行う」ことができる（29条1項）。例えば証拠が喪失する虞がある場合（重病の証人）、期日の終了が迫っている場合、すぐには代理を立てられない場合などである。しかし、29条1項の違反があっても忌避申立てが認容されなかった場合には、その瑕疵は治癒される（OLG München NStZ 93, 354）。裁判官が公判中に忌避された場合、忌避に関する裁判が公判を中断せずに可能である間は、公判は継続可能である（詳細は29条2項1～3文を見よ）。

b) いいえ。忌避手続には、公開性原則も被告人の在廷義務も適用されない（BGH NStZ 96, 398）。

問239 窃盗事件の手続で、窃盗の被害者は、被告人が裁判官Rの古い学友であり今日でも親交があることに気付いた。
 a) この被害者は、裁判官を忌避できるか。
 b) 公判立会検察官は、裁判官を忌避できるか。
 c) 裁判官は、自ら回避できるか。

a) いいえ。被害者は、起訴強制手続を採ることができるが、忌避申立権はない。

b) はい。被告人——ただし、本問ではRの好意的な判決を期待して忌避申立てをしないだろう——以外に、検察官及び私訴原告も忌避申立権を有している（24条3項1文）。

c) いいえ。しかし、裁判官は、義務的裁量により、予断を基礎付け得る事情を裁判所に届け出て27条による裁判を開かせなければならない（30条）。裁判所が忌避理由なしと判断した場合、当該裁判官は、自分では予断を抱いていると思っていても裁判に参加しなければならない。27条3項2文の場合のみ、忌避された裁判官が自ら判断する。当該裁判官は、28条2項により異議を申し立てる可能性もない。

3 職権主義と訴訟指揮

問240 Aは、複数の財産犯について起訴され、既に公判が開始されている。
a) Aは、幾つかの事実について詳細を思い出せないとして、自身の態度を示さないと述べた。裁判所は、この時点で、明確に否認されていない全ての事実についてこれを認定し、判決の根拠とすることはできるか。
b) Aは、その他の事件については、起訴された詐欺罪をあっさり認めた。裁判所は、これで十分として、当該事実について呼ばれたAに有利な証人を帰宅させてよいか。
c) これ以外の公訴事実について、検察官より提示された証拠ではAの有罪認定には十分でないことが明らかとなった。裁判所は、その時点で補充的な取調べを行わず、直ちに証明不十分を理由にAを無罪としてよいか。

3問とも、いいえ。ドイツの刑事訴訟では、民事訴訟法における弁論主義及び処分権主義ではなく、**職権主義（審問主義）** が妥当する。244条2項は、この点について「裁判所は、真実を発見するため、職権で裁判をするのに意義を有する全ての事実及び証拠について証拠調べを及ぼさなければならない」と規定する。つまり、裁判所は、自ら主体的に実体的真実を探求しなければならないし、検察官や弁護人より提出されたもので満足してはならないのである。裁判所は、被告人自身が主張していない場合でも、彼に有利な事情を調査しなければならない（a、b）。また、裁判所は、検察官が被告人に不利な要素を主張していない場合でも、当該要素を考慮に入れなければならない（c）。つまり、検察官と弁護人は、相互に当事者として対峙するのではない。両者は、その争いのある審理を通じて、被告人に有利又は不利となる事情を収集して、これを公判に提出し、裁判所がおよそ中立的な立場からそれを評価するという訴訟形式は予定されていない。むしろ、裁判所は、他の手続関係人の協力を得るとしても、その判決の基礎となる事実の資料を自発的に、あくまで自己の責任で収集しなければならない。ドイツ刑事訴訟においては、訴訟対象に関する「当事者」の処分は、想定されていない。

問241

a) 近年、刑事手続において手続関係人の合意による判決という実務が展開されているが、これは問240で述べた手続モデル〔職権主義モデル〕とは異なるものである。このような手続は許されるか。

b) 基本判決（BGHSt 43, 195）が定立した五つのルールとは、どのようなものか。

c) 連邦通常裁判所第3刑事部は、最終的に大刑事部に事案を回付したが（質問決定 BGH NJW 03, 3426. 回付決定 BGH NJW 04, 2536）、ここではどのような点が問題となったのか。

d) 裁判所は、複数の共同被告人に対する公判において被告人Eを有罪としたが、それは複数の共同被告人が申合せに基づいて後に行った自白に基づくものであった（BGHSt 48, 161）。そのような「第三者に罪を押し付ける」自白（BGHSt 50, 49）は有効か。

a) 刑事手続における合意は現行の基本法及び手続法に適合するか、またそれはどの程度においてかという点は激しい争いがあり、実務においても長年明らかにされてこなかった。しかし、その間に、判例において一定の解決が図られてきた。連邦憲法裁判所第2部第3部局（BVerfG NJW 87, 2662）は、合意手続は基本的に公正かつ法治国家的な手続の原則に反しないとしつつ、手続関与者による処分には限界があるとした。裁判所と検察官には、判決を装った「和解」や「正義の売渡し」への関与が禁止されるとした。連邦通常裁判所第4刑事部は、1997年8月28日判決（BGHSt 43, 195）により、判決合意手続が許されるための最低限の条件を示し、刑事手続における合意に関する一種の手続的ルールを定立した。また、連邦通常裁判所大刑事部は、2005年3月3日決定（BGHSt 50, 40）により、裁判官による法形成の権限を援用して（裁132条4項）、合意は基本的に適法であると判示し、同時に前掲1997年判決（BGHSt 43, 195）において示された基準をより明確にして支持した。〔訳者注：2009年改正については問4を見よ。〕

b) 以下のとおりである。

①事前協議は許されるが、その内容は、合議体（素人裁判官も含む）による中間評議の後で公開の公判において報告し、調書に記載されなければならない。

②裁判所は、自白がなされた場合に科されるべき刑の上限を述べること

は許されるが、評議の前に特定の刑を約束することは許されない。刑の上限は、責任に応じたものでなければならない。〔訳者注：257c条3項2文によると、自白した場合に科されるべき刑の上限と下限を、責任に相応したものとして提示するのでなければならない。〕

③被告人に不利となる重大な事情が新たに判明した場合、裁判所は、合意による制約に拘束されない。判決合意手続から離脱する意図があることは、公判において告知しなければならない。更に大刑事部は、既に合意の時点で手続上重要な事実点又は法律点が見落とされていた場合も〔合意からの離脱が認められる場合に〕加えている（BGHSt 50, 40, 50）。〔訳者注：257c条4項1文。裁判所が合意から離脱する可能性があることは、合意に際して、あらかじめ教示しておかなければならない（257c条5項）。また、この場合、先に提供されていた自白は証拠として使用できない（257c条4項3文）。〕

④合意において約束された自白も、刑罰を軽減する方向で考慮できる。

⑤判決言渡し前に上訴放棄を取り決めることは許されない。〔訳者注：302条1項2文。〕

c）判決言渡し前に約束された上訴放棄の許容性が問題となった（詳細は問440を見よ）。

d）連邦通常裁判所は、一般的な形で、合意の事案で、合意に基づいて提供された自白はその信用性を検討することなく有罪判決の基礎としてはならないと強調している。つまり、それに必要な証拠調べが行われなければならない（BGHSt 43, 195, 204; 48, 161, 167 f.）。これらのことから、第1刑事部は、本問事案において、「被告人の有罪判決が共同被告人の自白に基づいており、それが手続を終結させる合意の対象であった場合は、この自白の信用性は、上告裁判所において事後審査可能な形で評価されなければならない。その評価対象としては、特に合意の成立過程と内容が挙げられる」と判示した（BGHSt 48, 161の要旨）。

問242 前科のあるAに対して、複数の盗品関与罪及び窃盗罪による公判が行われた。裁判所は、Aに対して、Aが自身の前科に起因する未納税金56万4000ユーロを支払った場合には最大でも4年の自由刑に抑えることを約束した。Aは、これに応じて自白した。ところが、Aは未納税金を全く支払うことができ

なかったため、裁判所は、Aを5年9月の自由刑に処した。
a) Aの上告は認容されるか。
b) 公判で刑を重くする新たな事情が判明したわけではなかったにもかかわらず、当初約束された刑の上限と実際に科された刑との間には1年9か月の差があった。これは適切か。

a) はい（BGHSt 49, 84）。Aは、公正な手続を受ける権利を侵害されている。連邦通常裁判所の見解によると、「裁判所による合意の提案が被告人に及ぼす潜在的な圧迫」は、「被告人に要求されている行為が主に起訴されている行為及び公判の進行と内的に関連しない目的に向けられたものである場合には、受忍されるべきものではない」。被告人の社会的に褒められた行為が全て量刑に関する合意の対象にできるということになれば、それは連邦憲法裁判所のいう許されない「正義の売渡し」（問241のa）になってしまう（BGHSt 49, 88f.）。

b) いいえ。大刑事部の基本決定（BGHSt 50, 40, 50）によると、合意に基づく場合と「争った手続」の場合とでの法律効果に関する「制裁較差」は、量刑法の観点から正当化できず、自白を理由とする相当な減刑ということではもはや説明がつかないほど大きなものであってはならない。これは、責任に応じた制裁の程度を上回る方向だけでなく、下回る方向でも許されない。以上のことは、判決合意手続が失敗に終わった場合でも、当初提案された制裁と実際に科されたものとの比較において同様のことが妥当する。このようにして、連邦通常裁判所（BGHSt 49, 84, 89 f.）は、本問事案で、税務署への支払い不能が刑罰加重理由として影響を与えたことは、それが許されないものであるにもかかわらず、その可能性は排除できないと判断した。

問243 しばしば、弾劾主義訴訟と糾問主義訴訟は、刑事手続の対立モデルとして位置付けられる。ドイツ刑事訴訟法は、このうちいずれの形態を採ろうとするものか。

両概念を対立するものとして用いる場合には、本問に対する答えは、両者のいずれでもないということになる。**ドイツ刑事訴訟**は、この二つの極

端なモデルを混合したものである。ドイツ刑事訴訟は、基本的に訴追機関と判決機関とが分離している点（問8参照）、全体として弾劾主義がドイツの刑事手続の形を決定付けている点で、普通法における糾問主義訴訟とは区別される（問8、31、181のc参照）。しかし、ドイツの刑事手続は、当事者主義訴訟の形態を採っていない点（検察官の非当事者的地位については問20、21参照）、真相解明が裁判官に委ねられている点において、かつてのドイツ法や一部のアングロ・アメリカ法における「純粋な弾劾主義訴訟」とも明らかに異なる。つまり、ドイツでは、弾劾主義訴訟と糾問主義訴訟が結合されているのである。これは、職権探知主義を伴う弾劾主義手続というものである。

問244 当事者主義手続とドイツのような糾問主義の要素を持つ手続との違いは、公判の指揮と進行にいかなる影響をもたらすか。

ドイツ刑事訴訟については、糾問主義の要素から必然的に、裁判所による手続支配と裁判長による訴訟指揮が導き出される。これに応じて、238条1項は、「訴訟指揮、被告人尋問、証拠調べは裁判長が行う」と定めている。これに対する不服申立てについては、裁判所が裁判する。純粋な当事者主義手続は、これとは異なる。そこでは、証拠調べは検察官と弁護人に委ねられており、彼らが被告人、証人、鑑定人を尋問する。裁判官は、そのような当事者主義手続において、自ら事案の解明に踏み込むのではなく、一件記録に触れることなく中立の判断者として当事者より公判に顕出された証拠について判断を下す。かつては、しばしば、このような純粋な当事者主義手続のモデルは英米の刑事訴訟において実現していると言われてきた。しかし、現実には多くの制約が伴っている。

問245 問244で言及した純粋な当事者主義手続とドイツの刑事手続との違いは、特にいわゆる「交互尋問」という尋問方法において明らかとなる。
 a) 交互尋問とは何か。
 b) 交互尋問は、ドイツの手続形式と当事者主義手続に基づく英米の手続形式のうち、どちらの手続形式によくなじむものか。

c) ドイツ刑事訴訟法は、交互尋問を採用しているか。

a) 交互尋問では、証人、鑑定人、更に自身の事件の証人としての被告人の尋問は、裁判官ではなく検察官及び弁護人によって行われる。その尋問方式は、最初に証人や鑑定人を呼んだ当事者が尋問し、それに続いて反対当事者が尋問するというものである（「交互・尋問」という名称はこのような交差的な状況に由来する）。

b) もちろん、英米の手続形式である。なぜなら、尋問が――ドイツ法とは異なり――当事者として対立する検察官と弁護人に委ねられるのであれば、供述の矛盾や虚偽は、通常、反対当事者による尋問によってのみ明らかにされ得るからである。つまり、弁論主義による手続は、交互尋問なしにはほとんど想定し得ないのである。これに対し、ドイツ刑事訴訟では、裁判長に訴訟指揮が委ねられていることから、交互尋問は例外的なものである。

c) はい。ただし、非常に限定されている（詳細は239条を見よ）。多くの制限があるため、交互尋問は、実務ではほとんど行われていない。

問246 ドイツで古くから行われてきた手続形式（弾劾主義と審問主義の混合形式）が将来的に改革される場合、これを交互尋問を伴う純粋な当事者主義手続のモデルに置き換えることは適切か。

この問題については見解が分かれる。純粋な当事者主義手続は、裁判官が全てにわたって調査すべき活動から解放され（その場合、中間手続も、当然に廃止されなければならない）、裁判官は事前に記録及び捜査の結果に触れることがなく、したがって最大限に予断の防止も図られる。また、その場合、弁護人にも、ドイツ刑事訴訟に比べてよりよい弁護の機会が認められる。しかし他方で、弁護人がそれほど有能でなく、検察官が片面的に被告人の罪を追及し、裁判官が審理に深く関わらないという場合、誤判の危険はドイツの現行手続によるときに比べ大きくなる。ドイツの刑事手続では、多くの制度（検察官の客観義務、中間手続、裁判官による公判指揮、裁判官が事前に一件記録に触れることなど）により、例えば隠れた誤りをその後の手続段階において是正する可能性が保障されている。

問247 **裁判官の訴訟指揮**について。裁判長は、公判を夜遅くまで継続させた。被告人Aは、これを不当として、公判を中断し（228条1項2号）、翌朝から再開するよう法的救済を求めることはできるか。

Aは、公判の継続について、「実体的訴訟指揮に基づく裁判長の命令を不許容のものとして異議を申し立てる」場合には、裁判所の裁判を求めることができる（238条2項）。しかし、238条1項のいう「訴訟の指揮」とは、「実体的訴訟指揮」のほかいわゆる「形式的訴訟指揮」も含むものであり、後者に対しては、238条2項の反対解釈から法的救済を求めることはできない。

つまり、本問の解答は、ここでは形式的訴訟指揮に対する異議なのか、又は実体的訴訟指揮を不許容のものとする異議なのかという点にかかってくる。両者の区別は、個別には争いがある。かつての通説は、審理の外形的な形成（開廷及び閉廷、公判の中断など）は常に形式的訴訟指揮に含まれるのであり、したがって法的救済は不可能であるとしていたが、この見解は次第にその支持を失っていった。これに代わる見解として、裁判長の処分が法的許容性のカテゴリーにより事後審査可能であるか（この場合は実体的訴訟指揮）、又は合目的性の観点でのみ異議が述べられるものか（この場合は形式的訴訟指揮）という点に着目されるようになった。この見解によると、本問事例においては、Aが疲労のためもはや公判に参加できないため公判の継続は136a条により許容されないと主張しているのか、又は裁判長の手続が不当又は不快であるとして異議を申し立てようとしているのかが重要となる。前者の場合、Aは審理の継続又は中断について裁判所による決定を求めることができ（238条2項）、この決定は34条により理由を付して下される。後者の場合、Aは、裁判長の裁判に従わなければならない。

問248
a) 問247の事例において、裁判所は、Aを有罪とした。そこで、Aは上告し、裁判所が中断の申立てを238条2項の決定により理由なしとして却下したことをその理由とした。この上告は認容されるか。

> b）Aが、公判において証人の供述を記録しないとする裁判長の命令に異議を申し立てなかったにもかかわらず、その命令により自身の防御が妨害されたという理由で上告した場合はどうか。
> c）Aは、裁判長の形式的訴訟指揮についても、上告によって異議を申し立てることができるか。

a） 238条2項による決定は、抗告の対象とならない（305条）。これに対し、原判決がAが過度に疲労した状態で行った供述を基礎とする場合（337条）、又はAが公判にこれ以上参加することができなかったことにより裁判上重要な点についての弁護が妨害された場合（338条8号）、上告が認容される可能性がある。

b） 確立した判例によると、被告人は、公判において238条2項による裁判所の裁判を求めておかなかった場合、実体的訴訟指揮による命令に対して上告することはできない（BGHSt 1, 322; 368; BGH NStZ 92, 346）。これによると、本問でもAの上告は認容されない。事前に238条2項による法的措置を採っておかなかった者は上告の権利を失うとする見解は、弁護人又は被告人が後に上告の道を残しておくために意図的に裁判長の処分について異議を申し立てなかったという場合には、支持されるべきものである。弁護人又は被告人が（例えば過度の疲労を理由とする）被告人の弁論能力を裁判所にわざと隠していた場合も同様である。しかし、この見解は、少なくとも被告人が弁護人のいないまま裁判に付され、238条2項にいう異議について知らなかったという場合には支持できない。それゆえ、上告の禁止は、被告人に弁護人がいない場合、裁判長が命令に際して、当該命令について238条2項による裁判所の決定を求めることができる旨を被告人に伝えていた場合に限られるべきである。上記の内容が被告人に伝えられていない場合、被告人には337条による上告が許されなければならない。ただし、338条8号（弁護の制限による上告理由）は除外される。なぜなら、同規定は、裁判所による決定を条件としているからである。

c） いいえ。形式的訴訟指揮は、裁判長の裁量に委ねられ、238条2項によっても、また抗告又は上告によっても異議を申し立てることはできない。

問249

a) 区裁判官は、軽微な犯罪の審判の際に、不注意から弁護人に最終弁論の機会を与えること、被告人に自身の防御のために何か言いたいことがあるかを質問することを失念してしまった。その結果、証拠調べの直後に判決が宣告された。被告人は、有罪判決を受けた場合、上告してこれを258条1項及び3項違反と、併せて法的聴聞の原則違反(基103条1項)とをその理由として主張できるか。

b) 被告人Aは、**最終陳述**が認められたときに、事前に自身が作成したメモを読み上げることを希望した。裁判長Vは、Aに対しその朗読を禁止した。これに応じて、Aは、幾つかのことは詰まりながらも話したが、上記のとおりメモなしの状態であったため自分が伝えたいことを述べることができなかった。Aは、有罪判決が下されたため、258条違反を理由に上告した。これは認容されるか。

c) a及びbの場合で、被告人及びその弁護人が区裁判官又は裁判長の実体的訴訟指揮による命令に異議を申し立てていなかったとき、上告権は失われるか。

d) Aの最終陳述の後、共同被告人Rに最終陳述が認められた。次いで、共同被告人Oの弁護人は、最終陳述の機会にRの最終陳述に返答した。公判が一時中断された後、判決が言い渡された。当該手続は適切か。

e) 被告人が最終陳述を行った後、裁判所は再び審理を再開し、一人の証人に対しある部分について再度質問が行われた。それに続いて評議が行われ、判決が言い渡された。これは許されるか。

a) はい(BVerfGE 54, 140)。258条1項及び3項は、基本法103条1項により保障される法的聴聞を求める権利の保障に直接資するものである。

b) 連邦通常裁判所(BGHSt 3, 368)の見解によると、258条に違反する。なぜなら、被告人は最終陳述を原稿なしの状態でのみ許されるとは、どこにも規定されていないからである。検察官及び弁護人は、その最終弁論及び論告を朗読することを許されるのであれば、なおのこと、あまりうまく話せない被告人には最終陳述の朗読が認められなけれなばらない。それゆえ、Vの命令は、「Aに最終陳述を認めないとするに等しい」。

c) いいえ。bの事案において、連邦通常裁判所は、裁判長の実体的訴訟指揮による命令について異議が申し立てられていなかったにもかかわらず、「陳述の機会を与えなかったこと」はそれ以前の判例においても「337条にいう上告理由」に当たるとされてきたという理由で、上告権の喪失を

否定した（BGHSt 3, 370）。この判断は、その剥奪が許されない手続的権利が妨げられたことについては、いかなる場合も上告の可能性が認められなければならないという考慮を基礎としている。

d) いいえ。連邦通常裁判所（BGHSt 48, 181）は、本問事案で、被告人A及びRに関して258条違反を認めている。そこでは、被告人には、自身の弁護人の弁論の後だけでなく、共同被告人の弁護人の弁論の後にも「よりいっそう」、最後にもう一度自身の防御のために主張する権利が保障されると判示された。

e) いいえ（BGHSt 20, 273; 22, 278）。このような場合、再度の最終弁論の機会が認められなければならない。これが認められなかった場合、判決は、通常は258条1項に対する違反を理由に破棄されなければならない。なぜなら、被告人がまだ何か自身の利益になるような陳述をした可能性が排除できないからである。もっとも、どのような場合に実質的に公判の再開となるかについては争いがある（BGH NStZ 04, 505を見よ）。

問250 牧師である被告人Aは、被後見人に対する性的暴行の罪について訴追された。Aは犯行を否認し、児童による彼に不利益な供述はでっち上げであって、児童がそのように供述するよう仕向けられた可能性があると主張した。公判において、Aの弁護人であるVは、被害少女のうち一人の母親に対して、「あなたは数人を訪問して告発に関与するつもりがないか尋ねたのではないか、……また、ある女性に対して、あなたが望むならAはもはや牧師ではいられないだろうと言ったのではないか」と質問した（BGHSt 2, 284）。裁判長は、この質問を事件に関係がないとして却下した（241条2項）。裁判所も、これに対するVの異議に対して、決定により事件と何ら関係がないという理由で却下した（242条）。Aは、有罪判決の後に上告した。

a) 公判において、誰が誰に対して**質問**を行うことが許されているのか。裁判長は、どのような質問であれば**却下**できるのか。
b) どのような場合に、質問は事件と無関係とされるのか。
c) 本問事例において、当該質問は事件と関係するか。
d) 本問の上告は認容されるか。
e) aで述べた質問権は、牧師に不利益な供述をする児童が証人として尋問される場合も存在するか。

a）職業裁判官及び無給裁判官〔参審員〕、検察官、被告人及び弁護人は、被告人、証人、鑑定人に対して質問できる（240条1項、2項1文）。ただし、共同被告人に対する他の共同被告人からの質問は許されない（240条2項）。裁判長は、241条2項の要件の下で質問を却下できるが、陪席する職業裁判官による質問である場合はこの限りでない（241条は240条1項を参照していないからである）。しかし、職業裁判官による質問の場合においても、——裁判長自身による質問の場合と同様に——質問の許容性について問題が生じた場合には、裁判所による裁判を求めることができる（242条）。

b）手続外の目的に資する場合である。例えば「人目を引くこと、一定の施設、企業体、政党を宣伝すること、第三者に嫌な思いをさせること及び公衆の面前で恥をかかせること」（BGHSt 2, 284）などである。これに対し、裁判所の見解によると裁判にとって重要でないという理由のみで、事件に関連なしとして質問を却下することは許されない。質問が訴訟の内容と関連していることで十分である（BGHSt 2, 288; BGH NStZ 84, 133; 85, 185）。

c）はい。すなわち、訴訟対象と関連しているからである。また、質問は、本問の具体的事案において裁判におよそ重要ではなかったとは言えない。なぜなら、その回答は、子供の証人の信用性に重要となり得たからである。

d）はい（338条8号）。その理由として、第1にcで記述したこと、第2に242条による裁判所決定は十分に理由付けられてはいないこと（34条）が挙げられる。本質的に法律の条文を繰り返すだけの形式的な言い回しの決定では足りない。むしろ、理由は、上告審において「事件に関係する質問」という概念が正しく解釈されているかどうかの審査が可能となるほど詳細に示されていなければならない（BGHSt 2, 284; 13, 252）。

e）16歳未満の証人には、原則として裁判長のみが尋問する（241a条1項）。その他の質問権者は、裁判長を通じて更なる質問をすることができる。児童たる証人の福祉を害する虞がない場合にのみ、裁判長は、例外的に、質問権者に直接に質問を許すことができる（241a条2項）。

問251 農場経営者であるAは、身の回りの世話を頼んでいた16歳の少女に性的行為を働いた（刑174条1項2号）として訴追された。公判において、弁護人

は、被害少女の母親に対し、「証人は、複数の男性を家に呼んで性交し、あなたの娘もそのような場に居たのではないか」、しかもそれは少女がAの所へ行く前からではないかと質問した。裁判所は、241条の意味で不適切なものであるとして、決定で当該質問を却下した。
 a) 質問は、どのような場合に不適切となるか。
 b) 本問において、この質問は不適切であったか。

 a) 質問は、刑事訴訟法の規定により許されない場合又は行うべきではないものである場合、常に不適切なものとなる。例えば、当該質問が136a条に反している場合などである。また、68a条1項によると、質問は、それによってある証人に対し恥辱を与える可能性のある場合又はその個人の私的領域を対象とする場合には、それが必要やむを得ないものである限りで許される。

 b) これは68a条1項にいう質問に当たるため、必要やむを得ない場合といえるかが問題となる。質問は、「それが真相探求のために必要」である場合、常に不可欠であると言える（BGHSt 13, 252; 21, 334, 360）。連邦通常裁判所（BGHSt 13, 256）によると、本問事案はこれに該当する。なぜなら、母親の供述は、Aにその身の回りの世話と非道徳的な危険から守るために娘を預けていたというものであるが、これは、その母親自身が非道徳的な素行を行いそのことを思春期にある娘に対し秘密にさえしていない場合には、信用できないということになり得るからである。つまり、上告は認容される（338条8号）。

問252 手続関与者は、証拠調べの間に質問を行うだけでなく、特定の問題点について確認、補充、修正の**陳述**を行うことを求めることもある。
 a) 被告人は、そのような権利を有しているか。
 b) 検察官及び弁護人は、この権利を有しているか。
 c) 裁判長が上記のような陳述を認めなかった場合、257条違反を理由として上告できるか。

 a) はい。その上、被告人は、257条1項により、共同被告人に対する尋問や個々の証拠調べの後、各々これらの点について何か陳述すべきこと

があるかどうかを尋ねられることともされている。

b) はい。検察官及び弁護人にも、被告人尋問や個々の証拠調べの後、事件に関連する陳述を行う機会が付与されなければならない（257条2項）。ただし、これらの陳述は、最終弁論を先取りするものであってはならない（257条3項）。

c) 支配的見解によるとできない。なぜなら、この規定は単なる訓示規定にとどまるものだからである。確かに、257条2項の文言は、——257条1項とは異なり——訓示規定であることを明確に示すものではない。しかし、通説によると、そのような場合に判決が陳述の機会を与えなかったことに基づくことはない。なぜなら、検察官及び弁護人は少なくともその最終弁論及び論告の場で陳述を追完できるのであり、他方で、被告人はまだ最終陳述の機会を残しているからである。

しかし、この見解は疑問である。なぜなら、そのような陳述が公判の過程で以後の証拠調べの進行に影響を及ぼした可能性は、最終陳述によって治癒されるものではないからである。

> **問253** 被告人が尋問を自身の防御のために用いる（243条4項2文、136条2項）だけでなく、その後に質問を行い、陳述を行い、最終陳述を残しているという事情からは、裁判長の訴訟指揮は被告人に対しあらゆる防御の機会を与えなければならない。これは、裁判所の包括的な「配慮義務」から導かれる推論であり、公正に行われるべき糾問主義の本質的要素である。配慮義務の最も重要な効果は、265条に規定されている**法的観点の変更に関する告知**義務である。
> a) 当該規定の目的は何か。
> b) 告知義務は法的見解の変更は新たな証拠結果に基づくことを条件とするものか、又は既に裁判所が公判開始決定の基礎となっている法的見解を変更したことで足りるか。
> c) 告知義務及び（場合によっては）公判停止義務は、公判に基づいて裁判所が認める事実のみが変化した場合にも存在するか。

a) この規定は、被告人を、公訴事実に挙げられておらず、それゆえ被告人が防御の機会を与えられていなかった刑罰規定によって有罪とされることから保護すべきものである。この点において、配慮義務は、法的聴聞を保障すべき義務（基103条1項）と密接に関連している。配慮義務は、新

たな防御を準備するための公判手続の停止又は中断を要求するものとなる（BGH NStZ 93, 400）。処罰規定が刑法212条〔故殺罪〕から211条〔謀殺罪〕に変更される際には、少なくとも長期の中断が必要である。

　b) 事実に変化がなくとも、法的見解の変更で足りる。しかし、新たな事情が付け加わっているかという問題は非常に重要である。なぜなら、被告人は、当該事情がより重い刑罰規定の適用を許すことになる場合、新たな事実を否認しそれに対する防御が十分に準備できていないと主張する限りで、265条3項により公判停止を求めることができるからである。

　c) 265条4項は、本問の場合について、「事実関係の変化により、訴追側又は弁護側の十分な準備のため相当」と思われる場合には公判は停止されるとのみ規定している。つまり、これは裁量規定である。告知義務は、法律上明文で定められてはいない。しかし、当該義務は、裁判所の解明義務（244条2項）、法的聴聞を保障するための配慮と保障の義務、265条4項により可能とされる公判の停止が事前に被告人に知らせることを条件としていることから導き出される（BGHSt 28, 196）。裁判官は、例えば公判開始決定で認められていたのとは異なる犯行時刻を認定しようとする場合（BGH NStZ 88, 190; 94, 502）、又は罪責の事実的基礎が変化する場合などには、被告人に対して、これらの点を告知しなければならない（BGH StV 90, 249）。

問254 以下の場合、法的観点の変更について告知が必要か。

a) 裁判所が、公判開始決定で示された既遂犯ではなく未遂犯（BGHSt 2, 250）、単独犯ではなく共同正犯（BGH StV 96, 82）、共同正犯ではなく単独犯（BGH NStZ 90, 449）、起訴において示された限定責任能力ではなく完全責任能力（BGH StV 87, 427）、観念的競合ではなく実在的競合（BGH StV 91, 101）をそれぞれ認定しようとする場合。

b) 裁判所が、刑法224条〔特に危険な傷害罪〕の範囲内で、ナイフを用いた手段としたのではなく他の危険な道具を手段としたこと（RGSt 30, 176）、複数の者が共同して実行したというのではなく危険な道具を手段としたこと（RGSt 12, 379）をそれぞれ有罪認定の基礎としようとする場合。

c) 裁判官は、故殺罪で起訴されたAに対し、刑法211条〔謀殺罪〕による有罪判決もあり得ると告知した。このような告知は、265条1項の要請を満たして

いるか。
d) 裁判所が、職業禁止（BGHSt 2, 85）、運転免許証の剝奪（BGHSt 18, 288）、保安監置収容（BGH StV 94, 232）を、許可された起訴において被告人に追及されている犯罪がこれらの処分を命じるための条件として定められていないにもかかわらず宣告しようとする場合。
e) 裁判所が、公判開始決定とは異なり、被告人に限定責任能力（刑21条）を認めないとする場合。

a) 本問では、未遂犯のようにより軽い処罰となる場合でも、全て告知が必要である。なぜなら、重要なのは、被告人は変更された非難に対して防御の機会を与えられるべきということだけだからである。ただし、265条1項違反を理由とする上告は、判決が告知の不履行を基礎としている可能性があると示された場合のみ可能である。そのような状況が認められることは少ない。連邦通常裁判所は、限定責任能力ではなく完全責任能力であると認定する場合でも、告知義務を否定している。その理由は、被告人は、いずれにせよ検察官による推定の検討を覚悟しなければならないということにある。逆に完全責任能力から限定責任能力へと変化する場合にも、連邦通常裁判所は、告知を不要としている（BGH StV 87, 427）。

b) 判例は、ある構成要件類型から別の類型に変化する場合、次のように区別している。第1に、「同一・単一構成要件の価値的に等しい現象形態」（RG aaO, 178）、例えば武器と危険な道具との関係のような場合には告知は不要である。第2に、共同の犯行から危険な道具への変化のように、独立した本質的に異なる態様へと変更される場合には告知が必要である。この点で BGH NStZ 84, 328 も参照。

c) いいえ。裁判所は、謀殺罪についてどの構成要件類型が問題となるのか（BGH NStZ 83, 34）、また裁判所がどのような事実をその見解の基礎とするのか（BGH NStZ 93, 200）を伝えなければならなかった。被告人は、裁判所の見解において謀殺罪の要素のうちどれの可能性があるかを知らされなければ、適切に防御できない。連邦通常裁判所は、謀殺罪のある要素から他の要素へと変化する場合にも告知義務を肯定している（BGHSt 23, 95; 25, 287）。

d) 本問においても、告知が必要である。もっとも、法律には、265条

2項は新たに明らかとなった事実がその宣告を正当化する場合にのみ、処分の告知が必要であるとの印象を与え得る点で不明確な点がある。しかし、現在、判例においては、裁判所が「事実に変化がないまま、公判開始決定とは異なる評価により処分を考慮する場合」にも告知義務が存在すると認められている（BGHSt 18, 288）。ただし、付加刑を科する場合には告知は不要とされている（BGHSt 18, 66; 22, 336）。なぜなら、この法効果は、公判開始決定又は公訴事実に示される必要がないからである。

e）本問においては、告知は必要ない（BGHSt NStZ 88, 151）。265条1項には該当しない。なぜなら、被告人は、他の刑罰規定に基づいて有罪とされるのではないからである。また、265条2項にも該当しない。なぜなら、不意打ちとなる新たな事実は存在しないからである。被告人は、もとよりその責任能力の審査を覚悟していなければならない。

> **問255** 以下三つの場合、告知義務違反に当たるか。
> a) 裁判所は、①「被告人に対して刑法259条の盗品関与罪に代えて刑法257条にいう犯人庇護罪が追及されること」（BGHSt 13, 320）、又は②「刑法164条〔虚偽告訴罪〕に代えて刑法145d条〔犯罪偽装罪〕の処罰」の可能性があること（BGHSt 18, 56）を被告人に告知した。
> b) 公判は、231条2項又は231a条1項に基づき、被告人欠席の状態で開かれた。裁判長は、この状況に鑑みて、265条1項により必要とされる告知を行わなかった。これは許されるか。
> c) Aは、偽証罪〔刑154条〕で起訴された。被告人は、弁護人自身がその最終弁論において同罪を検討し、この点で無罪を主張していた場合でも、なお過失偽証罪〔刑161条〕につき有罪の可能性があることを告知される必要があるか。

a）問題となる刑罰規定の叙述だけで十分な告知といえるかという問題は、個別の状況を踏まえて、判断が可能となるものである。そのような告知は、被告人に弁護人が付されていない場合又は証拠調べが非常に広範囲な事件の複雑な部分に及んでいる場合には、通常それでは足りない。そのような場合、裁判所が異なる法的評価の基礎とする事実も告知されなければならない。なぜなら、そうでなければ、変更された非難に対して適切な防御をすることができないからである。連邦通常裁判所は、このような検

討に基づいて、本問①の事案で上告を認め、②の事案では認めなかった。

b）いいえ。しかし、本問のような被告人不在の審理においても、告知が弁護人に行われていればそれで足りる（234a 条 1 文）。

c）はい（BGH MDR/D 52, 532）。なぜなら、A は、裁判所が過失偽証罪による有罪判決を検討していることを知れば、この非難に対してなお徹底して防御していたと考えられるからである。

問256 公判での証拠調べから、被告人は訴追されている窃盗罪を実行しただけでなく、別の事件で詐欺罪も犯したことの濃厚な嫌疑が存在することが明らかとなった。裁判長は、新たな事実を援用して、被告人に対し窃盗罪に加えて詐欺罪についても処罰される可能性があると告知した。この手続は正しいか。

いいえ。265条にいう告知義務は、法的又は事実的観点の変化が 1 個かつ同一の訴訟上の「行為」の範囲にとどまっている場合、つまり評価されるべき歴史的事象が同一の範囲にある場合のみを対象とする。265条は、この範囲内でのみ弾劾主義に適する。本問のように、異なる行為が裁判所の評価に含められるべきときは、検察官より口頭で提起された**追起訴**に基づいて、かつ被告人がこれに同意した場合に限り、266条の決定によってそのような手続を行うことができる。被告人の同意は、明示かつ明白にして行われなければならない。被告人が異議を申し立てず、追加された公訴事実に応じて防御していたということでは足りない（BGH NJW 84, 2172）。

問257 公判期間中に、A の電話回線に対して通信傍受が命令された。しかし、裁判所は、その結果を裁判に重要と考えず、判決で使用しなかった。公判中に、A に対して通信傍受が行われたことを告知する必要はあったか。

はい（BGHSt 36, 305）。これは、147条と**公正手続原則**との結び付きからの要請である。確かに、A の弁護人は、そもそも記録閲覧権を有し、これを通じて通話内容の記録にアクセスすることができた。しかし、弁護人は、公判中に弁護人の知らない新たな資料が一件記録に編綴されたことを知らない限りで、そのような権利を行使することができない。弁護人は、

このようなことについて、公正な方法で告知される必要があった。これにより、弁護人は、場合によっては当該告知に関連した証拠調べを請求することもできた。

> **問258**
> a) 裁判所は、公判の過程において、154a条２項又は154条２項により手続を特定の事象に限定したが、除外された犯罪を量刑又は証拠評価において使用した。これは許されるか。
> b) 裁判所が、154条１項により検察官が公訴提起前に打ち切った一定の行為を刑を加重する方向で考慮した場合、a の場合と結論は異なるか。
> c) 裁判所が、ある証拠申請を当該証拠は重要ではないとの理由で却下したが、判決において当該事実を被告人に不利に使用した場合はどうか。

　a）はい。しかし、それは、被告人が量刑又は証拠評価において使用されることがあると告知されていた場合に限られる（BGH StV 85, 221）。これは、「公正な手続」からの要請である。なぜなら、被告人は、裁判所が矛盾した行動をとらないこと、防御の機会が与えられることなく既に除外された罪を暗黙裡に被告人の不利に使用しないことについて、その信頼を保障されなければならないからである（BGHSt 30, 147; 30, 197; 31, 302; BGH NStZ 94, 195; 98, 51; 04, 162）。

　b）この問題については争いがあるが、正しい見解によると、許されないというべきである（BGH NStZ 83, 20. 異なる見解として BGHSt 30, 165）。なぜなら、本問のような場合においても、被告人は、公判で検討されなかった行為は裁判官の裁判において考慮されないということについて、その信頼を保障されなければならないからである。これに加えて、法的知識を有さない被告人には、裁判所による手続打切りと検察官による手続打切りとの区別がつかないため、「公正な裁判」の原則は、後者の場合にも告知義務を要請する。

　c）これは、公正な手続の要請に違反している（BGH NStZ 88, 38）。つまり、判決は、このような手続違反に基づく場合には破棄されなければならない（337条）。裁判官は、被告人に、自身の評価の変更について指摘しておかなければならなかった。つまり、公正な裁判の原則は、265条以外で

も多くの告知義務を要求するのである（問332も参照）。

> **問259** 前述のとおり、訴訟指揮は一般的に裁判長に委ねられ、裁判所は、裁判長による処分に対して手続関与者が異議を申し立てた場合に初めて行動を起こす（238条2項、242条）。公判中に行われなければならない裁判が、最初から裁判所に留保されている場合はあるか。

はい。そのような場合は多い。例えば、忌避申立て（27条1項）、公判停止の請求（228条1項1文）、事件の併合（237条）、証拠調べ請求の却下（244条4項）、被告人の退廷（247条）、裁判官尋問調書の証拠としての朗読（251条4項）、追起訴の併合（266条）、上級裁判所への事件の移送（277条）、公開停止（裁172条）、裁判所構成法177条、178条による手続関与者に対する処分などに関する裁判である。

4 手続関与者の出廷・在廷

> **問260** 被告人に対する公判は、既に数回行われている。次の者が不意に死亡した場合、その公判を更新する必要があるか。
> a) 参審員。
> b) 検察官。
> c) 書記官。

a) 基本的に、はい。226条によると、公判は、**判決の任に当たる者**（つまり裁判官及び参審員）**による終始の在廷の下**で行われなければならない。それゆえ、判決の任に当たる者は、公判開始から判決言渡しまで他の者と交代させることができない。交代があるとき、全ての公判を更新しなければならない。

b) いいえ。確かに、226条によると、検察官も終始在廷していなければならない。また、検察官が一時的に不在であった場合も、338条5号の絶対的上告理由に該当する（OLG Köln StV 87, 379）。しかし、これらのことは、在廷が要求される「検察官」が常に同じ人物によって務められなければならないことを意味しない。それゆえ、本問では、問題なく他の検察官

と交代できる。また、227条によると、複数の検察官が公判に関与し、相互に事務を分配することもできる。

c) いいえ。本問でも、事務局の書記官が誰か在廷していれば足りる（226条）。つまり、他の調書作成者が死亡した調書作成者を引き継ぐことができる。

問261 裁判所は、——例えば大規模かつ長期の訴訟において——判決の任に当たる者が万一欠けることにより公判を更新しなければならないという事態に対して、未然に対応できるか。

はい。裁判長は、1名又は複数名の補充裁判官又は補充参審員の選任を命令できる。これらの者は、初めから最後まで審理に「関与し、一人の裁判官に支障が生じた場合それに交代する」（裁192条2項、3項）。補充裁判官・参審員は、質問によって審理に介入してよいが、判決評議には交代後に初めて関与する（裁193条の反対解釈）。

問262 裁判官と検察官及び書記官との間で、その在廷義務に関する法的扱いに違いがある理由は何か。

裁判官は、「審理の全体から形成された自由な心証に基づいて」（261条）判決を言い渡さなければならない。つまり、判決の基礎となるものは、「審理から汲み尽くされたもの」、すなわち審理において口頭により述べられたものに限られる（口頭主義及び直接主義）。裁判官は、その裁判の基礎となる審理の内容を、自身が法廷にいることによってのみ知ることができる。裁判官は、このような認識を、例えば事後的に記録や報告を通じて間接的な形で得てはならない。それゆえ、裁判官が事後に交代する形で審理に加わることは、絶対に許されない。裁判所構成法192条2項及び3項の補充裁判官も、審理全体に参加しなければならない。これに対し、検察官の場合は、単に公訴を提起する機関として在廷する。検察官相互は、常に交代可能である（問28参照）。また、書記官の在廷も、公判の経過及び結果が記録されなければならないという理由のみで必要とされる（271条以下）。それゆえ、ここでは、書記官が交代することについて問題は生じない。

> **問263** 当初から必要的弁護とされていた事件において、裁判所から任命されていた国選弁護人Aは、証拠調べの途中で、被告人との間に衝突が生じたことを理由に弁護を続けることを拒絶した。これに応じて、裁判長は、145条1項1文により在廷していた弁護士Bを新たな国選弁護人として任命した。
> Bは、すぐに手続の停止を請求した。Bは、全ての証拠調べに自ら関与し、記録を詳細に検討する機会が与えられなければならないというのである（145条3項参照）。裁判所は、この請求を却下したが、10日ごとの中断を2度命じた。その理由として、この中断でもBにとって資料の検討のために十分な時間であること、AはBに全ての資料を渡して包括的に情報を伝えたと陳述していることが挙げられている。
> その後、Bは、338条8号を理由に、判決に対して上告した。Bは、裁判所はBの請求を認めて手続を停止すべきであったと主張している（BGHSt 13, 337）。
> a) 停止と中断は、どのように区別されるか。
> b) 裁判所は、本問事案において中断のままにしておいてよいか。

a) 停止（＝休廷）の場合、公判が更新されなければならないのに対して、単なる**中断**の場合は、229条による期間内（問305を参照）であれば継続できる。

b) 判例は、弁護人について226条ではなく227条において言及されていることから、複数の必要的弁護人が並んで活動することも許されるとしている。それゆえ、後にBが弁護人として関わる場合、公判で既に行われた部分を繰り返す必要はない（この点で、状況は問264のaとは異なっている）。しかし、少なくとも弁護人が義務にかなった裁量により適切な準備のために停止を請求した場合、やはり停止が必要ではないかどうかは争いがある。連邦通常裁判所は、これを否定し、145条3項の文言から想定できるように中断と停止の選択は裁判所の判断に委ねられるとした。しかし、連邦通常裁判所は、中断で足りるのは弁護人がその時点まで行われた審理の経過及び本質的な結果を確実に知らされることができる場合に限られると強調した。「事実的及び法的に難しく、大規模な手続の場合、一般的に手続停止が必要である」（BGHSt 13, 337）。もっとも、本問事例においては、Bは十分に知らされる機会があったため上告は認容されない。

問264 被告人Ａには弁護人が付いていないが、既に公判の本質的な部分が行われていた。証拠調べの間に他の犯罪が追起訴され、Ａの同意を得て手続に併合された（266条）。
a) この手続対象の拡大により、状況は、Ａには弁護人が必要になるほど複雑となった（140条2項1文による必要的弁護）。それゆえ、裁判所は直ちに弁護人Ｖを任命し（141条2項）、証拠調べを続行した。
b) 追起訴によっても、弁護が必要的とはならなかった。しかし、Ａは、その時点で1名の私選弁護人を選任した（137条1項）。その後、証拠調べが続行された。
Ａは、以上の事実につき有罪判決が下されたため、上告して338条5号違反を主張した。その理由は、弁護人が公判全てに関与できなかったということである。これは認容されるか。

a) 必要的弁護人の**在廷義務**は、145条に規定されている。145条1項によると、必要的弁護の事件では、当該弁護人（一人の弁護人であることまでは必要ない）は、全審理の間活動しなければならない。ただ国選弁護人が同席していても、その者が被告人との意見の相違により弁護活動を行わないような場合、これでは不十分である。そのような場合、被告人には弁護人が付いていないものであり、それゆえ、他の弁護人が任命されるか又は手続が停止されなければならない（BGH StV 92, 358）。このことは、必要的弁護人が事後的に任命された場合、145条2項の停止によってそれまで全ての手続が無効とされないときは、少なくとも被告人の身上及び事件に関する尋問、起訴状朗読、証拠調べなど公判の本質的な部分全てにわたり再度行われなければならないとを帰結する。「この必要性は、公判の一体性から導き出される。弁護人は、公判の全過程についてその立場を示すために選任される。国選弁護人は、公判の一部にでも関与しておらず、その間はまだ弁護の必要性が認められなかったとしても、そのような役割を果たすことができない状況にある」（BGHSt 9, 243）。連邦通常裁判所は、本問事例でそのような更新が行われていなかったことを理由に原判決を破棄した。

b) 必要的弁護事件でない場合、228条2項から、弁護人が終始在廷することは必要ではない。それゆえ、本問ではそれ以前の手続を更新する必要はない。

もっとも、少なくとも、Aが追起訴事件について尋問されることは必要である。この尋問が行われない場合、243条による公判の本質的な部分が欠けることになり、そのことを理由に判決は破棄されなければならない（BGHSt 9, 245）。つまり、本問の場合も、すぐに証拠調べに入ることは許されない。

> **問265** 被告人Aは、適法かつ適時に大刑事部での公判に召喚されたが、出廷しなかった。
> a) Aに対して、彼が欠席している状態で有罪判決を言い渡すことはできるか。
> b) 否定される場合、裁判所は何ができるか。

a) いいえ。刑事手続では、基本的に「欠席判決」はない。230条1項は、「被告人が出頭しなかったときは、この被告人に対して公判は行わない」と定めている。**被告人の在廷義務**は、一方で裁判所による真相究明に資する。裁判所は、被告人自身に尋問をしなければ判決が困難である。この義務は、他方で被告人自身の利益にも資する。被告人は、常に公判に在廷していなければ、そこで示されたことに対して十分に防御できない（例外については後述参照）。

b) 裁判所は、Aの不出頭について正当な理由がない場合、その勾引を命じること又は——112条以下の要件に関係なく——公判の期間に限定した勾留命令を発することができる（230条2項）。もっとも、勾留は、基本法上の過剰禁止〔比例原則〕を理由に、より緩やかな手段である勾引によっては被告人の出頭を確保できない場合にのみ許される（*Meyer-Goßner*, § 230 Rn. 19）。また、召喚する場合においては、230条2項による勾引又は勾留があり得る旨の警告が付されなければならない（216条1項1文）。

> **問266** 在廷している被告人に対してのみ審理を行ってよいという原則には、現行法上様々な例外が認められている。いかなる場合に、**法律上欠席**が認められるか。

①以下の場合、被告人が完全にいない状態でも公判を行うことができる。

- 被告人が自ら故意かつ有責に訴訟能力のない状態になったとき（231a条）。
- 罰金刑、刑の留保付き警告、運転禁止、（没収又は追徴など）財産に対する処分類似の制裁（刑73条以下を参照）だけが見込まれる場合で、被告人が不出頭の場合でも公判を行うことができる旨を告知されていたにもかかわらず、出頭しないとき（232条）。この場合、自由刑又は改善保安処分を科すことはできない。
- 複数の被告人に対する公判において、審理の一部がその被告人を対象としない場合（231c条）。
- 罰金刑、6か月までの自由刑、その他232条に列挙された効果が見込まれる場合で、被告人が申立てにより出頭義務を免除されたとき（233条）。
- 控訴審又は上告審の公判（329条、350条参照）。
- 私訴手続（387条）。
- 略式命令に対する異議申立ての場合（412条）。

②以下の場合、被告人が一時的に退廷した状態で公判を行うことができる。

- 被告人が尋問された後で、裁判所がその後の在廷を不要と認めた場合（231条2項）。
- 被告人が秩序に反する挙動により法廷から退出させられた場合（231b条）。
- 共同被告人又は証人が被告人の面前では真実を述べない虞がある場合（247条1文）。
- 16歳未満の証人が尋問されるときで被告人が在廷していることで当該証人の福祉に相当な不利益をもたらす虞がある場合、又はそれ以外の証人を尋問するときで被告人が在廷していることで当該証人の健康に重大な悪影響を及ぼす差し迫った危険がある場合（247条2文）。
- 被告人の容体及び治療の見込みに関する協議により、被告人の健康に重大な悪影響が及ぼされる虞が認められた場合（247条3文）。
- 少年裁判所における手続で、当該少年の教育に悪影響が生じるような協議を行う場合（少51条）。

問267 被告人は、公判に出廷していない。
a) 裁判所は、232条の要件が満たされているにもかかわらず、事案の解明のため被告人の在廷の下で審理を行いたいと考えている。この場合、何ができるか。
b) 被告人は、232条によって在廷しない状態で有罪判決を受けた。しかし、被告人は、交通事故のため出頭できなかったのである。この場合、被告人には何ができるか。
c) 被告人は、自身は出廷せず弁護人に代理させたい。これは可能か。

a) 236条によると、裁判所は、常に（232条、233条の場合においても）「被告人本人の出頭を命じ、勾引命令又は勾留命令によってこれを強制できる」。もっとも、これらの強制手段の適用は、被告人に対する召喚において当該強制が警告されていることが条件である。裁判所は、当該警告を付さなかった場合——これは、232条の場合で216条1項2文により可能——、再度出廷しない場合にこれを行使するためには、2度目の召喚によって出頭を命令して強制手段が用いられる旨を警告しておかなければならない。

b) 被告人は、判決の送達（35条2項）後1週間以内に、従来の状態への原状回復を求めることができる（235条。44条以下を読むこと）。これが認められた場合、当該判決は、特に破棄を要することなく無効となる。

c) はい、234条による。そのためには、弁護人への一般的な授権で足りる。「被告人が在廷していない間に」ついて代理を行うための特別な授権は不要である（BGHSt 9, 356. 争いがある）。

問268 裁判所は、233条の要件の下でその申立てに基づいて、被告人に公判審理への出廷義務を免除した。この場合、被告人に聴聞をすることなく、有罪判決を言い渡すことはできるか。

裁判所は、その裁量により、出廷義務免除の申立てを認容し又は却下できる。しかし、その場合、受命裁判官又は受託裁判官により被告人を公訴事実について尋問し、当該尋問について作成された調書が公判審理において朗読されなければならない（233条2項1文、3項2文）。検察官及び弁護人は、上記の尋問について通知されなければならないが、これに立ち会う

必要はない（233条3項1文）。

> **問269** 以下の事例で、230条、231条1項1文、338条5号の違反に基づく上告は、どのような結果になるか。
> a) 裁判所が公判中に現場検証を行ったが、被告人Aは、弁護人の同意があり、異議が申し立てられなかったことから当該現場検証に同行しなかった。
> b) Aは、第7回公判期日に出廷しなかった。裁判所は、被告人が出廷しない状態で結審させ、審理の終結前にAの前科も検討の対象とした。

　a）上告は認容される（BGHSt 3, 187）。確かに、231条2項は、例外的に被告人が「中断されていた公判の続行に当たり」不在であった場合に、被告人不在のままでの審理継続を許している。しかし、本問事案は、これに該当しない。なぜなら、この規定は被告人が独断で出廷しないことを条件としているからである。このことは、確かに法律上明示されてはいないが、「231条2項の目的及び同条1項の規定との関連から導き出されるものである」（BGH aaO, 190）。被告人が独断で退廷することにより、訴訟の繰り返しを強制できるようなことになってはならない。もっとも、このことは、被告人の不出廷が裁判長の命令に基づく場合には当てはまらない。A及び弁護人が異議を申し立てていなかったという事実は、判決の破棄可能性を変えるものではない。なぜなら、「338条5号から導き出されるように、これは強行規定であり、Aはそれが遵守されることを放棄して、裁判所又は裁判長についてこれを遵守する義務から解放することはできない」からである（BGH aaO, 191）。もっとも、裁判長が当該期日前に弁護人に対して被告人が出廷しない場合は231条により被告人在廷していないままで審理を行うと告げていた場合、裁判所は、被告人の不出頭を了承していない。その場合、被告人の不出頭は独断によるものとなる（BGHSt 37, 249）。

　b）上告は理由がない（BGHSt 27, 216はBGHSt 25, 4を変更した）。確かに、前科は、243条4項3文によると、必要な限りで裁判所より認定されなければならない。ただし、裁判長がその時期を定める。しかし、231条2項にいう「起訴に関する尋問」とは、「公訴事実に対する発言を可能にすること」と理解されるべきである（BGHSt 27, 216）。そうでなければ、231条2項は、広く意味のないものとなる。なぜなら、前科は、可能な限り証拠

調べの最後の段階で扱われるべきだからである。

問270

a) A及びBは、詐欺罪について共同で起訴された。公判の間に、Aに対する手続が8日間分離され、この期間中に誤って行われていなかったAに対する起訴状の送達（201条1項）が行われた。その間、Bに対する審理が行われ、そこでAに関連する事実も問題とされた。その後、両者に対する手続は再び併合され、A及びBに対して共同で更に審理が行われた。

a) その結果なされた判決は、上告された際に維持されるか。

b) この瑕疵は公判において治癒可能なものであり、それゆえ上告審での破棄が回避できただろうか。

a) いいえ（BGHSt 24, 257）。230条1項違反は、338条5号によって破棄されることになる。確かに、手続の分離は基本的に許される。しかし、最初から一時的な分離のみが意図され、これにより一時的に被告人が在廷していない間に当該被告人を対象とする事実について審理された場合、このような分離は230条に違反する。つまり、分離されていた手続が再度併合された場合、当該被告人の在廷の下で証人尋問が再度行われなければならない（BGHSt 30, 74）。これに対して、一時的な分離であっても分離のため在廷していない被告人に関連しない部分に審理が限定されている場合には、異議の対象とはならない（BGHSt 32, 100）。

終局的な分離の場合、両者の手続が事後に当初の予定に反して再度併合された場合であっても、230条に違反しない（BGHSt 33, 119）。もっとも、被告人が在廷しないままで審理されたものを、当該被告人の不利に使用してはならない。そのような使用がなされた場合、338条5号には反しないが261条には反する。

b) はい（BGH StV 91, 97）。ただし、Aが出廷していない状態で行われた審理部分が全て繰り返されなければならない。

問271

a) 裁判長Vは、被告人Aが休廷中に逃亡することを危惧した。それゆえ、Vは、休廷中は裁判所の一室においてAを監視することを命じた。これは許さ

れるか。
b) Aは、その監視中に部屋の設備を破壊し、その後の手続進行を妨げるため訴訟能力を否定させるほどの過度の興奮状態を示した。これに対して、裁判所は、以後被告人を除いて公判の最後まで実施した。なぜなら、裁判所は、以後被告人の在廷は必要ないと判断し、Aは既に事件について尋問されていたからである。Aは、338条5号を示して上告した。これは認容されるか。

a） はい。裁判長は、231条1項2文により、被告人の不出廷を防止するために適切な措置を採ることが認められている。また、裁判長は、審理中断の間に被告人を拘禁することもできる。

b） いいえ（BGHSt 2, 300）。被告人が手続を引き延ばすため又は繰り返させるために（229条参照）、自身を訴訟能力のない状態とした場合、連邦通常裁判所（BGHSt 2, 300）は、このような態度を231条2項にいう正当な理由がない退出又は不出廷と等しいとした。231a条は、231条2項を超えて、被告人不在の審理は、被告人がまだ公訴事実について尋問すらされていない場合でも許されるとしている。

問272
a) 被告人Aは、公判の中断中に真剣に自殺を試みたが、これは失敗に終わった。Aは、これにより長期間訴訟無能力の状態となった。裁判所は、これを231条2項に当たると判断し、Aが在廷していない状態で判決を言い渡した。338条5号によるAの上告は理由があるか。
b) 被告人は、公判を欠席した。その理由は、被告人はその日に重要な仕事があり、それができなければ職場を追われるというものであった。裁判所は、231条2項によりA不在のままで審理を行ってよいか。
c) 被告人が寝過ごしたため、公判に遅刻した場合はどうか。
d) 訴訟能力のない被告人が医師の治療によって訴訟能力を回復させることを拒絶した場合も、231条2項、231a条に該当するか。

a） 連邦通常裁判所（BGHSt 16, 178）は、ライヒ裁判所の見解に従い、責任能力のある状態で試みられた訴訟無能力につながるような殺人未遂が独断による欠席に当たるとして、それは231条2項により被告人が在廷しないままでその後の審理を許すものであると判断した。しかし、この結論は

疑問である。なぜなら、自殺を試みる者は、手続を引き延ばそうとしているのではなく、自身の死によって終結させようとするものだからである。つまり、この場合は、231条2項の基本思想に適合しない。したがって、連邦通常裁判所より理由なしとして棄却された上告は、正しくは認容されるべきであった。231a条も、この結論を何ら変更するものではない。なぜなら、行為者は公判を「妨害」するだけでなく、その死によって手続全体を終結させようとするものだからである。

b) いいえ（BGH NJW 80, 950; BGH StV 84, 325）。正当な理由がない不出廷の認定は、被告人がその在廷義務を無視することによって裁判の進行を妨害するという目的を追求していることを条件とする。不出頭が真摯な葛藤状況によるものであった場合はこれに該当しない。

c) 確立した判例（例えばBGH StV 88, 185）によると、この場合は正当な理由がない不出廷に当たらない。なぜなら、被告人は、意図的にその在廷義務を無視することで、裁判の進行を妨害しようとしたわけではないからである。つまり、この場合、被告人を待つか又は既に進行した審理部分を繰り返さなければならない。

d) 事情による（BVerfG NStZ 93, 598）。被告人は、重大かつ危険がないとは言えない侵害を、その成功の見込みがある場合でも受忍すべき必要はない（基2条2項1文）。これに対し、危険ではない医師による治療は受忍しなければならない。

問273 被告人Aが公判に出廷しなかったため、裁判所は、これを正当な理由がない欠席と判断し、231条2項により被告人不出廷のまま有罪判決を言い渡した。しかし、それは誤っている可能性があった。すなわち、Aは、反証を許さないその主張によると、彼に落ち度なしに生じた交通事故によって出廷できなかったというのである。Aは、どのような対応をすることが可能か。

原状回復（44条）は認められない。235条は、232条を参照しているが、231条2項は参照していない。類推適用も否定される。なぜなら、それにより被告人が不利となるからである（BGHSt 10, 304）。すなわち、被告人は、原状回復理由を疎明しなければならないが、231条2項は、逆に裁判所が被告人に対してその不出廷に正当な理由がないことを立証できること

を条件としている。それゆえ、本問では、338条5号による上告が可能であり、不出廷の正当な理由がないことが裁判上立証できなかった場合、その上告が認容される（BGHSt 10, 304）。つまり、本問では上告が認容される。

問274

a) 被告人Aは、事件に関する尋問に答えることなく、裁判長に口汚い罵倒を浴びせた。裁判所は、このようなときどのような対応が可能か。

b) 裁判所は、被告人Aがあまりに大きな声で裁判所及び検察官を侮辱したという理由で、231b条により証拠調べが終結する直前にAを退廷させた。その後、Aは、判決言渡しの段階になってようやく入廷を許可された。裁判所は適正な審理を行ったか。

---

a) 被告人の在廷により「公判の進行が著しく害される虞があるとき」（231b条）は、被告人に対して裁判所構成法177条、178条の処分を科して、被告人が在廷しないまま審理を行うことができる。そのために、231b条による個別の決定を下す必要はない（BGHSt 39, 72）。しかし、被告人には、いかなる場合も公訴事実について発言の機会が与えられなければならない。被告人が再度在廷を許可された場合、裁判長は、退廷中の審理について被告人に告知しなければならない。被告人が裁判所の決定ではなく裁判長によって退廷させられた場合、それは裁判所構成法177条2文に対する違反であり、338条5号の絶対的上告理由となる（BGH NStZ 88, 85）。

b) 本問では、二重の瑕疵が存在する（BGHSt 9, 77）。第1に、決定の理由は、退廷を正当化するAの秩序違反行為がそもそも存在するかどうかについて明示していない。事実審裁判所の裁判官は、被告人の態度に裁判所の威信や威厳を損なおうという意図が含まれていない場合には、被告人が激高し大きな声で叫ぶことも甘受しなければならない（BGHSt 9, 80）。決定はこの点について詳細を示していないことから、判決は、既に231b条違反を理由に破棄されなければならない（裁182条も参照）。第2に、258条3項に対する違反もある。なぜなら、退廷は、被告人から最終陳述の機会を奪うものだからである。確かに、231b条により秩序違反行為を理由として最終陳述の機会を制限することは、全く許されないわけではない。しかし、この機会は特に重要な手続的権利であるから、通常、少なくとも

被告人を再入廷させて最終陳述を保障するよう試みられなければならない。このような試みが最初からうまくいく見込みがない場合にのみ、被告人に最終陳述の機会を認めないことが許される。しかし、本問事例においては、そのような見込みのないことについての根拠が存在していない。それゆえ、256条3項違反からも上告には理由がある。

> **問275** 公判調書には、以下の経過が記載されていた。すなわち、「被告人Aは、その聴取の間、共同被告人Gが在廷しない状態で供述することを要求した。これに対して、いずれからも異議はなかった。これに応じて、被告人Gは、裁判長の命令によって退廷した。Aは、Gが在廷しない状態で供述を行う途中で2通の信書を提示し、書証目的でこれが朗読された。その後、Gは再び入廷した。Aはその陳述を継続した」。Gは上告し、247条違反を主張した。これは認容されるか。

裁判所は、247条により、被告人に対し、法定された一定の手続の間一時的に退廷すべきことを命令できる。これは、特に共同被告人又は証人が被告人の面前では真実を述べない虞がある場合に許される（247条1文）。本問でも、問274と同様に次のような複数の手続違反が問題となる。

①Gの一時的な退廷は、裁判長がこれを命令することはできない。一時的な退廷は、理由が付された裁判所決定（34条）を要する。なぜなら、理由が付されなければ、上告審裁判所は、247条による一時的な退廷が許される要件が現実に満たされているかどうかを確認できないからである（BGHSt 1, 346）。被告人には任意に退廷する意思があったとしても、裁判所決定は必要である（BGH NStZ 91, 296）。

②また、本問の書面は、その朗読が許されない場合であった。なぜなら、247条は、被告人不在の場において共同被告人又は証人の尋問のみを認めているが、書証についての証拠調べは一切認めていないからである（BGHSt 21, 332）。

③Gに対して、247条4文が規定するようにGが再入廷した後に、「その退廷中になされた供述その他の審理されたことの重要部分を告知する」ことが怠られている。この瑕疵は、判決破棄につながる。「なぜなら、被告人には、その退廷中に審理された部分について見解を述べる機会が与え

られるからである。また、被告人がその退廷中に審理されたことを知らないということは、被告人を不安定な状態におき、それが公判の残りの部分における被告人の態度や陳述に影響を与えた可能性が否定できないからである」(BGHSt 1, 346, 350 f.)。裁判所の告知義務は、被告人にとって不可欠の手続的権利であるため、238条2項による異議も不要である。

> **問276** 裁判所は、公判中に被告人Aを一時的に退廷させた。
> a) 決定は、証人はAがいない場であれば供述する意思があったが、被告人がいる場ではその供述拒絶権を援用するとしたため、当該証拠が喪失される虞があったということを理由としていた。これは、247条1文、338条5号に反するか。
> b) Aが退廷させられ、一時的に被験者Pが被告人席に座らされた。これによって、証人が再認識検査において誤ってPをAとして示すかどうかを実験するというのである。これは許されるか（RGSt 60, 179）。
> c) 重度の心臓病患者である証人が被告人の在廷中に供述することによって、過剰に興奮してしまうことが予期される場合、Aを退廷させることはできるか。
> d) Aが病的に激高する状態に陥ってしまうことが予想されたため、Aの心身の健康状態について必要であると判断された場合、A自身を退廷させることも可能か。

a) 本問について、連邦通常裁判所（BGHSt 22, 18）は、以下のように述べて、247条1文違反を否定した。すなわち、「証人が証言拒絶権を有し、被告人が在廷していることによる圧力ゆえにその権利を行使すると予告している場合、その証人はそもそも何一つ、つまり真実さえも述べる意思がない。これにより、当該証拠が全て失われる虞がある」。

b) ライヒ裁判所は、本問事例についてAの退廷を許した。なぜなら、被告人Aの在廷の下では証人が人物を取り違えて虚偽を述べる虞があり、これを除去する必要があるというのである。しかし、このような247条1文の解釈は疑問である。なぜなら、「再認識検査」の目的は、被告人を退廷させなくとも、通常は被告人を傍聴席に座らせることによって達成できるからである。

c) 本問では、Aの退廷は、247条2文に基づいて正当化される。この

規定に関しては、16歳未満の証人の場合は「証人の福祉に対する相当な不利益」が危惧されること、高齢の証人の場合は「証人の健康に重大な悪影響が生じることの差し迫った危険」が存在していることに注意が必要である。証人に宣誓させる場合、Aは、再入廷を許されなければならない。ただし、その限りでも健康上の不利益が懸念されるべき場合は別である（BGHSt 37, 48）。

d) 247条3文は、「被告人の健康について重大な悪影響」が懸念され得る場合、被告人自身の退廷を許している。もっとも、このことは、審理全体に当てはまるものではなく、被告人の心身の状態と治療の見込みに関する審理の期間についてのみである。被告人は、再び入廷した場合、その退廷中に行われたことについて教示されなければならない。

問277 以下の事例において、上告は認容されるか。
a) 裁判所は、247条1文により一時的に退廷させられていた被告人Aに対し、共同被告人の供述について、その再入廷の直後ではなく、Aの公訴事実に関する尋問が行われた後になってようやく教示した。
b) Aが再入廷を許された時点で、証人は、既に退廷させられていた。

a) その結果なされた判決は、破棄されるべきである（BGHSt 3, 384）。なぜなら、裁判長は、その情報提供義務を、被告人が再入廷をした時点で「速やかに」、すなわちその後全ての審理に先駆けて果たさなければならなかったからである。被告人は、その防御において、247条が定めている以上に制限されてはならない。被告人は、そのために、事後の教示によってできる限り強制的な退廷がなかった場合と同様の状態に置かれなければならない。このような理由から、情報提供の遅延は、「再び入廷を許された被告人が退廷中に行われた供述を知らないままでいると、矛盾に陥ること、自白を行うこと、容易に罪状が立証できることが予期される場合」であっても許されない（BGHSt 3, 386）。判決が247条違反に基づいている可能性があることは明らかである（337条）。また、証人供述の重要部分について被告人に教示することは、247条の意味での手続の本質部分であるから、上告は既に調書にそのような記載がなされていないことに基づくことができる（BGH StV 92, 359）。

5 公判の公開性

b) 本問事例では、247条4文違反がある。なぜなら、Aは、当該証人に補足的な質問を行う機会が与えられなければならなかったからである。それがなされず言い渡された判決は、338条5号により破棄されなければならない（BGH NStZ 86, 133. 確立した判例である）。

5 公判の公開性

問278 ドイツの刑事手続では、一般市民に公判を傍聴する権利が認められている。これを公開主義という。
a) 公開主義は、刑事手続のどの段階に認められるか。
b) 裁判所構成法169条により、直接公開性、すなわち法廷で傍聴する可能性のみが保障されるのか、又は間接公開性、すなわち一般市民が新聞、ラジオ、テレビを通じて手続を観る機会も保障されるのか。

a) 欧州人権条約6条1項は、刑事事件において、裁判所の面前での公開の手続（1文）、特に判決を公開の場で言い渡すこと（2文前段）を保障する。裁判所構成法169条1文は、これと一致して、「判決する裁判所の面前での審理は判決及び決定の言渡しを含めて公開される」と定めている。つまり、この規定は公判にのみ適用され、評議には適用されない。また、検察官による捜査手続や中間手続にも適用されない。

b) 裁判所構成法169条は、裁判の公開性として「法廷での公開性」のみ予定したものである（BVerfGE 103, 44, 62）。同条2文は、メディアによる公開が「音声や映像の録音又は録画を通じて、その内容を公開又は公刊する目的で」行われる限りで間接的なメディア公開を認めない。なぜなら、公判が視聴者向けのラジオドラマやテレビドラマになると、被告人が数百万人もの視聴者にさらされ、これによって被告人の人間の尊厳が侵害されると同時に、感情によって左右されてはならないはずの手続過程の司法形式性を危険にさらすからである。連邦憲法裁判所（BVerfGE 103, 44）によると、このような制限は合憲である。しかし、報道機関やラジオ局に口頭及び書面によって審理の結果を報告することによる間接公開は許される（BVerfGE 50, 234, 240）。

> **問279** 公開主義はいつから妥当し、その意義はどこにあるのか。

公判の公開性は、「古くからの民主的要請」であり、近代刑事訴訟法の最大の成果として19世紀の改革された手続に由来する（詳細は BGHSt 2, 56 を見よ）。公開主義は、法治国家原理の構成要素である（BVerfGE 103, 44, 63）。公開主義は、司法にとって格別重要な意義を持つ法治国家の基本である（BGHSt 9, 280, 281; 23, 176, 178; 36, 119, 122）。公開主義の意義は、以下の点にある。

①公開主義の最上位の目的は、政治的なものである。これは「裁判所の裁判に対する公の信頼の基本的条件であり、裁判所のあらゆる活動が閉ざされた扉の向こう側で闇に包まれ、これによる不信や疑心を防ぐ」（BGHSt 3, 386, 387 f., 実質的に同旨 BVerfGE 103, 44, 63 f.）。

②司法機関の責任を高め、「公衆の目を逃れた不適切な事情が裁判所やその判決に及ぶ」可能性を防ぐ（BGHSt 9, 280, 282）。

③一般市民による監視を通じて証人及び鑑定人にその真実義務を特に強く認識させることによって、証拠調べを促進する。

④法治国家的手続や判決の正当性を通じて、法の尊重を強固にする。

⑤一般市民による裁判のコントロールを可能にする（BVerfGE 103, 44, 64）。

> **問280** 公開主義は、無制限ではない。
> a) どのような場合に、**一般市民への完全非公開**があり得るか。
> b) その非公開は、任意的か、又は義務的か。
> c) 非公開の根拠は、法律に列挙されているものだけか。
> d) 非公開に関する決定は、公開の法廷で行われなければならないか。

a) 法律は、以下の場合に一般的な非公開を許容する。

①国家の安全、公共の秩序、道徳を危険にさらす場合（裁172条1号）。

②証人又は第三者の生命、身体、自由が危険にさらされる虞がある場合（裁172条1a号）。

③訴訟関係人、証人、被害者の私生活上の事情に言及される限りで、審理の公開によって保護されるべき諸利益が侵害され、かつ利益衡量上公開

の利益が優越するのではない場合（詳細は裁171b条を見よ）。

④優越する保護されるべき諸利益によって侵害される重大な業務上の秘密、企業秘密、発明上の秘密、徴税官の秘密が審理される場合、又は刑法203条の意味での個人の秘密が審理される場合（裁172条2号、3号）。

⑤16歳未満の者を尋問する場合（裁172条4号）。

⑥被告人を精神科病院や禁断治療施設に収容することが問題になる場合（裁171a条）。

⑦少年刑事手続（少48条）。

公序良俗に反するという非公開理由（裁172条1号）は、今日、裁判所構成法171b条（上述③）によって広く排除されている。ただし、その際、裁判所には、どの規定を適用するかに関して裁量が認められている（BGHSt 38, 248）。

b）非公開は裁判所の義務的裁量によって命じられるところ、少年裁判所法48条及び裁判所構成法171b条2項による非公開は義務的である。

c）一般的な非公開理由は、裁判所構成法171a条、171b条、172条、少年裁判所法48条に限定的に列挙されている。特定個人の非公開については問285以下を見よ。

d）基本的に、はい。しかし、法廷の秩序を著しく乱す虞がある場合、その言渡しは例外的に非公開で行うことができる。

問281

a) 裁判所は、病院での実況見分に赴いた。裁判所は、それに引き続いてその場で看護師2名に対する証人尋問を行った。その尋問が行われた部屋が非常に狭かったため、関係者以外の者は入室できなかった。被告人Aは、338条6号に基づいて上告した。これは認容されるか。

b) 公判が犯行現場で行われる場合、裁判所はどのようにすれば公開主義の要請を満たし得るか。

c) 裁判所は、被告人Aの仕事場の検証を行いたい。しかし、被告人Aは裁判所の立入りは認めたが、一般市民の立入りは認めなかった。一般市民の立入りを強制することはできるか。

---

a）はい（BGHSt 5, 75）。確かに、判例上は、裁判所が検証すべき場所が狭いため傍聴人による妨害を排除しなければ適切に検証を実施できないと

いう理由で第三者の立会いを認めなかった場合、公開性が違法に制限されているとは言えないとされている。しかし、本問では、そのような事情は存在しない。なぜなら、証人尋問は、裁判所において、一般市民が関与する中で行うことができたからである。つまり、裁判所構成法169条に違反する。338条6号は絶対的上告理由であるので、手続的瑕疵に基づく必要なく、判決は破棄されなければならない。

b) 審理の場所は、裁判所の建物内に掲示されなければならない。なぜなら、そうしなければ傍聴人がどこに向かえばよいか分からないからである（OLG Köln StV 92, 222. 限定的な見解として BGH NStZ 1981, 311）。

c) いいえ（BGHSt 40, 191）。仕事場の検証は、基本法13条への介入である。そのような介入は、基本法13条7項の要件が認められる場合のみ許されるが、本問ではこの要件は満たされていない。連邦通常裁判所の見解によると、そのような法的不可能性は事実的不可能性に等しいという（上記a参照）。この判決は疑問である。なぜなら、これによると、A自身が裁判所に検証を禁止できるのでなければならないからである。

問282

a) 裁判所は、強姦罪による刑事手続において、その記録によると「証人Mの尋問中は非公開とする」と決定した。そして、「決定は実施された」。被告人は、この経過に基づいて、裁判所構成法174条1項3文、338条6号違反を主張して上告した。これは認められるか。
b) 裁判所は、14歳の証人Dを尋問する際、「裁判所構成法172条4号に基づき」非公開とすることを決定した。この点に問題はあるか。
c) 非公開の理由となる事実は、告げられなければならないか。

a) 基本的に、はい（BGHSt 1, 334; 2, 56; BGH NStZ 82, 169; 96, 202. 制限的見解として BGHSt 45, 117）。174条1項3号は、裁判所構成法171b条、172条、173条に該当する場合で非公開を宣告する場合、いかなる理由に基づいて非公開とされるのかが示されなければならないと定めている。連邦通常裁判所の従前の判例によると、公開主義の特別な意義ゆえに、理由付けを欠いてはならない。理由付けは、諸事情、特に手続の対象から確実にその理由が理解され得るといったことに代えることもできない。なぜなら、

それによって不明確さが残り、事後審査を困難にさせ、公開主義の厳格な維持を妨げるものとなるからである。それゆえ、連邦通常裁判所は、原則として338条6号の絶対的上告理由を認めている。

b) 裁判所構成法174条1項3文の理由付け要請を満たすために、決定は、基本的に少なくとも法律の文言を告げることによって非公開の根拠となる規定を示さなければならない。裁判所構成法172条1号のような規定は多くの類型を定めているので、該当する規定が明確に指摘されなければならない（BGH NStZ 83, 324）。それに対して、裁判所構成法172条4号の場合は、単なる告知で十分である。なぜなら、同号は、尋問される証人が少年であることから非公開にするとの推論のみを許すものだからである（BGHSt 27, 117; 187）。裁判所構成法172条1a号の場合も同様である。同号は、唯一の公開性排除理由として、人に対する危険のみを挙げている（BGHSt 41, 145）。

c) 連邦通常裁判所は、正当にも裁判所構成法171b条、172条1号の場合において、そうしなければ公開審理から除外されるべきことが公表されてしまうことの危険性を指摘して、これを否定した（BGHSt 30, 212, 213）。

問283 公判において、証拠調べの間に「公序良俗に反するという理由で」非公開とされた。それに引き続いて行われた判決言渡しの際、公開に戻すことが失念されてしまった。
有罪判決を言い渡された被告人Ａは、公開主義違反を理由に上告した。これは認められるか。

はい（BGHSt 4, 279）。本問では、二重の手続的瑕疵がある。第1に、判決主文を非公開の法廷で言い渡すことは絶対に許されない（裁173条1項）。第2に、確かに裁判所構成法173条2項による判決理由の言渡しに関しては同172条の要件の下で非公開とできるが、そのためには証拠調べ終了後に初めて許される「特別な」決定が必要であった。本件ではこの点も欠いている。

338条6号は、およそ公開主義に関する諸規定が「口頭弁論」の際に違反されたことを条件とする。ライヒ裁判所は、判決言渡しを「口頭弁論」の構成要素とはみていなかった。それゆえ、裁判所構成法173条違反を理

由とする上告を認容しなかった。連邦通常裁判所は、正当にもこの見解を変更している。

> **問284**
> a) 公判が行われている建物の扉が、公判の途中で（既に数名の傍聴人が着席していた）施錠されてしまった。しかし、裁判所はこれに気付かず又は気付くことができなかった（BGHSt 21, 72）。手続の公開性に関する諸規定の違反に当たるか。
> b) 裁判所の警備担当者が誤った理由で傍聴人の入廷を拒絶したため、非公開の審理になった場合はどうか（BGHSt 22, 297）。

a) 連邦通常裁判所は否定した。確かに、扉が施錠されたことによって、審理に傍聴人として列席したい者らがその法廷への立入りを実際に妨げられてしまった。しかし、連邦通常裁判所は、この事実上の障害の事例を、裁判所がその障害に気付かず又は気付くことができなかった場合、諸事情が傍聴人の在廷をそもそも許さない場合、限定された人数のみ許す場合などと同様に扱っている（この点について問281参照）。この判断には疑問がある。第1に、事実上不可能の場合と同列に扱うという点は説得力がない。本問の場合、客観的に不可能であるために、傍聴人が排除されたのではないからである。第2に、公開主義が遵守されたかどうかの問題は、裁判所の過失の有無に関わるものではない。

b) 連邦通常裁判所は、この問題についても、裁判所に過失がない場合に限り（例えば裁判所の警備担当者の監視不十分など）、公開主義に関する規定の違反はないと判断した。しかし、これも事例 a の場合と同様に説得力がない。338条6号の上告理由は、過失に対する制裁ではなく、法廷における審理への自由な立入りそのものを確保しようとするものである。

> **問285** 法律は、完全な非公開ではなく、**特定の者**だけを審理から**排除**する可能性も認めているか。

はい。以下の場合である（裁175条）。
①未成年者、すなわち真摯な態度で関与できる程度の成熟性を欠く年少

者。

②裁判所の品位にふさわしくない態様で現れた者。

③裁判所構成法176条〜178条、183条による法廷警察上の処分に基づいて、個別に排除することもできる。

問286 ある窃盗事件の公判中に、検察官は、裁判長にXが傍聴人席にいると指摘した。Xに対して、同じ盗品を対象とする盗品関与罪についての捜査手続が進行中であったからである。これに応じて裁判長は、Xに退廷を求めた。Xに対して本件と関連する手続が進行中であるにもかかわらず、Xが審理を傍聴することは適切ではないとの理由であった。Xは反論することなく、裁判長の指示に従った。本件被告人は、上記事情について公開主義違反を理由に上告した（338条6号）。これは認められるか。

いいえ（BGHSt 3, 386）。確かに、特定の者だけを排除した状態での公開審理は、338条6号による絶対的上告理由に当たる可能性がある。また、本問では、裁判所構成法170条〜177条に明文で挙げられた公開排除理由のいずれにも該当しない。しかし、個人のみを対象とする場合（全体の公開性ではなく）、法律上規定されていない事例においても、他の手続原則が義務的衡量において優越する場合には排除が正当化される可能性がある（BGHSt 3, 386; 17, 201）。連邦通常裁判所は、その根拠として、58条（後に聴取されるべき証人を退廷させた上での証人尋問）はその他の優越する手続原則によっても特定の者の排除を正当化し得ることを示すものであると判示している。本問では、公判は、Xにしてみれば「彼に対する捜査手続の一部」である。「なぜなら、その手続では、本件と同一事実及び状況が問題とされ、それらに基づいて彼に対する盗品関与罪が追及されているからである」（BGHSt 3, 389）。しかし、捜査手続は秘密で行われるものである。つまり、公判の完全な公開の原則と、事前手続の秘密原則とが衝突する。連邦通常裁判所は、衡量の結果、ここで問題になっている事例につき事前手続の秘密原則が優越するという帰結に至った。その理由は、秘密原則を維持することによっても、公開主義は、「ごく僅かしか」侵害されないというものであった。その他の者は依然として在廷できたわけだから、公開性の目的である「一般市民が公判における出来事をチェックできる」とい

う点はなおも達成されるからである。

問287 以下の事例で、公開主義違反を理由とした上告がなされた。これらは認められるか。
a) 証人Zは、尋問中に突然泣き出した。そこで、傍聴人としてその場に居た警察官Kは、裁判長Vのテーブルに1枚のメモを差し出した。そこには、Zさんは気分がすぐれないようだ、精神的な不調かもしれないと書かれていた。Vは、それを、公判の進行に対する干渉であると感じた。Vは、Kを制止し、Kに退廷を求めた。Kは、これに応じて、その記録をまとめて立ち去った。
b) 裁判長Vは、弁護人Cの事務員AがCの指示に従って公判経過について速記しているのに気付いたため、Aに退廷を命じた。Vは、裁判所の職員がメモが真実であるかどうかをまだ確認できない時点で弁護人がそのメモを上告の理由付けのために、使用することを危惧したのである。
c) K新聞は、区裁判官Aの審理進行について否定的な見解を述べた。Aは、K新聞社の記者Bが自身の法廷で進められている公判の傍聴人席にいるのを発見したため、「法廷警察上の規定」に基づく決定によりBを退廷させた（BVerfGE 50, 234）。

---

a) 及び b) この事例は、裁判所構成法175条、177条が示す状況ではなく、より上位の手続原則の援用の問題でもない。むしろ、裁判長は、裁判所構成法176条により法廷の秩序維持のために与えられた、いわゆる**法廷警察権**を行使したのである。そのような指示は、通常は正式の審理指揮の措置であることから、上告によって不服を申し立てることはできない（問248のc参照）。しかし、それは、裁判長がその法廷警察権上の裁量を逸脱した場合、すなわち裁判長の指示が不合理であるだけでなく、強制的な手続原則（例えば公開主義）に違反するため違法である場合には当てはまらない。ただし、法廷警察上の理由に基づく個人の排除は、全く禁じられているわけではない。例えば、傍聴人が「法廷の秩序を……脅迫的な叫び声又は暴行によって徹底的に妨害する場合」、これを排除することは許される（BGHSt 17, 201）。しかし、本問はこれに当たらない。事例aについて、「傍聴人から裁判長への、どうやら善意でなされた駆け引き的なものではないメッセージによって、裁判所の威厳及び威信や適切な審理の進行が害され

るわけではない」(BGHSt 17, 201)。また、事例 b についても、退廷命令は「法廷における秩序維持」(裁176条)に資するものではない。なぜなら、記録を取ることは許されており、それゆえ妨害には当たらないからである(BGHSt 18, 179; BGH NStZ 82, 389)。懸念される不適切な上告申立ては、本質的な手続経過及び陳述を公判調書に記載することで防ぐことができる。

つまり、両事例において、法廷警察権上の裁量が明白に逸脱されている。それゆえ、連邦通常裁判所は、338条6号に基づく公開主義違反を理由に原判決を破棄した。

c) 本問も、公開主義違反に当たる。その結果、判決は338条6号に基づいて破棄されなければならない。法廷警察上の規定はBの退廷の根拠とされるが、これは「審理における秩序維持」(裁176条)、すなわち法廷の妨害を受けない外見上の運営にのみ資するものである。しかし、これはBの在廷によって危険にさらされるものではない。

問288 以下の事例につき、公開主義違反が認められるか。
a) ある免責証人は、非公開の場合にのみ詳細を述べると発言した。裁判長は、これに応じて傍聴人全員に退廷を求めたが、そこには新聞・雑誌記者も含まれていた。
b) 法廷内で数名の傍聴人の妨害による騒ぎが起きた。裁判長は、妨害者に退廷を求めた。妨害者がこの要求に従わないので、裁判長はその者を強制的に退廷させた。

a) 本問事例で、連邦通常裁判所(BGH NStZ 93, 450)は、裁判所構成法169条に対する違反を認めた。なぜなら、裁判長の要望は非常に形式的なものであるとしても、命令と解釈され得るものだからである。裁判長が傍聴人に指示に従わなければ非公開にすると示して退廷を求める場合も同様である。なぜなら、それにより裁判所構成法174条1項2文の要件が潜脱されることになるからである(OLG Braunschweig StV 94, 474)。

b) 本問では、裁判長は、具体的に行動している。なぜなら、裁判長は、裁判所構成法177条2文に基づき、「審理に関係ない者」(傍聴人)のうち数名に対して退廷を命じる権限を有するからである。「その他の場合」(手続関係者に対して)、その権限は裁判所にある。

問289 法学部生Ｓは、ある大学都市にある陪審裁判所に強盗致死罪（刑251条）で起訴された。その都市の住民は、この事件に特別の関心を寄せていた。傍聴希望者の殺到が予想されたため、裁判長はあらかじめ整理券を配布するよう指示した。大学生らの関心が特に高かったことから、裁判長は全ての整理券を専ら法学部生に配布することが正当であると考えた。
この手続は許されるか。

いいえ。確かに、傍聴人のうち限られた数の者のみが入廷の機会を与えられるという場合も、公判が公開とされていると認められる（BGHSt 5, 75参照）。大勢の者が殺到すると予想される場合、整理券の配布によって傍聴席への**入場**を**規制**し、同時に**制限する**ことができる。もっとも、「初めから特定の者のみ又は特定の公衆から抽出される集団のみ」に入廷を許すという形で、「入廷を許される者を選び出すこと」は許されない（この点で的確な見解としてRGSt 54, 225）。つまり、裁判長は、正しくは地方裁判所の事務室に整理券を預け、住民に対しそこで券を受け取るよう求めるべきであった。

問290
a) 数人の学生が騒乱罪で起訴され、その者らに対して公判が行われた。妨害の危険性を避けるために、裁判長は、妨害する虞のある者に対して身分証明書を提出して在廷期間中有効な番号付き整理券の交付を受けるよう指示した。それに加えて、裁判長は、事務室に預けられた身分証明書を複写すること及び全傍聴人を写真撮影するよう指示した。これらの指示は許されるか。
b) この手続において、傍聴人又は弁護人及びその者らが持参した物や書面について、武器又は審理妨害に適した道具（トランペットや腐った卵など）を所持していないか調べるために身体検査をすることは許されるか。
c) 裁判所は、審理前に傍聴席の椅子を移動させることによって、座席数を半減させることは許されるか。
d) 大勢の傍聴人が殺到したため、裁判所が審理の場を市立劇場に移すこと又は中央広場で拡声器を使って中継することは許されるか。

a) この問題には争いがある。連邦通常裁判所（BGHSt 27, 13）は、円滑な審理を手続過程の一般市民によるチェックと同程度に重要なものと考え

ている。それゆえ、同裁判所は、「法廷への立入りを本質的に妨げるものではなく、除外されるべき者らにおいて法廷内での治安を危惧させる根拠が存する場合に、傍聴人を一定の人的要素によって選択するような」措置を違法とはしなかった。

しかし、この見解は否定されるべきである。裁判所構成法176条～178条からは、妨害が起きるまで待つべきであり、妨害が発生して初めてそれに対して法定されている法廷警察上の措置によってこれを制圧してもよいという原則が導き出される。法律は、裁判所構成法175条1項を超える予防的規制を予定していない。それゆえ、法律は、妨害の疑いの有無によって入廷者を区別し又は疑いのある者を完全に排除することも、また身分証明書を提出させてそれを複写すること、点検すること、傍聴人の写真撮影をすることも認めていない。

b) 基本的にはい。これは、裁判所構成法176条が定める裁判長の法廷警察権に基づく（特定のテロ行為を理由とする公判前の弁護人に対する捜索についてBVerfGE 48, 118参照）。もっとも、具体的事案における捜索の範囲は、基本法1条1項及び（特に弁護人に関して）比例原則に基づく限界を顧慮すべきである。

c) この点は、かつてのライヒ裁判所の決定（RG LZ 1924, Sp. 703）と異なり、否定されるべきである。裁判所は、裁判所構成法172条、177条に挙げられた理由に該当することなく、傍聴席の半数の席を審理中に片付けることは許されないのであって、これと同様に審理開始前であってもそのような措置を採ることはできない。公開主義の優越性ゆえに、裁判所構成法169条以下、176条以下以外の場合を超える法廷警察権の拡張は全て許されない。

d) いいえ。本問は、逆に公開主義の拡張の事例である。これも、裁判所構成法169条2文の基本思想により、公開主義の縮減と同様に禁じられているとみなさなければならない。立法者は、「法廷の公開性」を要求しているのであって、それ以下のこともまたそれ以上のことも要求していない（BVerfGE 103, 44, 65 f.）。なぜなら、独裁政権下での公開裁判の歴史が示すように、民衆への公開は、秘密審理の場合と同様に感情的な群衆からの心理的圧迫により裁判所の独立性・中立性を害する虞があるからである。

問291

a) テレビ局が、休廷中に傍聴席と手続関係者を撮影したが、被告人は法廷に居なかった。又は、被告人を撮影したが、それは彼が審理の開始前に入廷していた時点であった。これらの場合、裁判所構成法169条2文に違反するか。

b) 裁判所構成法169条2文を超える制限を、裁判所構成法176条（問287）に基づく裁判長の法廷警察権によって行うことは許されるか。

a） いいえ。この規定は、裁判所構成法169条1文との関連から分かるように、審理中にのみ適用される（BGHSt 23, 123）。

b） 基本的にはい。しかし、そのような命令は、基本法5条1項1文の意義を考慮したものでなければならず、また比例原則を満たさなければならない。このような理由に基づき、連邦憲法裁判所（BVerfGE 91, 125）は、ベルリン地方裁判所でのエーリッヒ・ホーネッカーらに対する手続における非常に制約的な法廷警察上の裁判長の命令を、ラジオ放送の自由を侵害するものであると判断した。その命令は、非常に限られた代表取材を許してはいたが、法廷内での撮影を審理中以外についても禁じるものであった。

問292

a) テレビ局が、裁判所の許可を得て口頭による判決言渡しを撮影した（BGHSt 22, 83）。又は、検証の様子を撮影したが、それに対して裁判所は何ら措置を講じなかった（BGHSt 36, 119）。

b) 少年に対する審理中に（少1条2項）、少年裁判所法48条に反して公開とされた（BGHSt 23, 176）。

被告人は、両事例において、公開主義違反を主張して上告し338条6号を援用した。上告は認容されるか。

a） 両事案とも、裁判所構成法169条2文に明白に違反する。しかし、そこから絶対的上告理由が導かれるのは、338条6号が**公開性**の違法な縮減だけでなく、違法な**拡張**も含む場合に限られる。338条6号の文言は公開性の拡張にも及ぶことの根拠となり、その目的もこのような解釈を支えるものとなる（*Roxin*, JZ 68, 803; *ders*, NStZ 89, 376参照）。なぜなら、違法な

公開性拡張によっても、裁判官の判決が誰からの影響も受けずになされることが危うくなるからである。それゆえ、本問でも、問290の事例ｄと同様、338条6号による上告を認めることが適切である。これに対して、連邦通常裁判所は、338条6号は違法な**公開性縮減**のみを含むという見解を維持している（BGHSt 23, 176; 36, 119; BGH JZ 70, 34）。ただし、連邦通常裁判所は、前者の事例において、337条に基づいて上告を認容した。なぜなら、手続関係者が既に審理中に判決宣告の中継によって困惑させられた可能性が排斥されないからである。しかし、この見解は技巧的な印象を受ける。いずれにせよ、338条6号を通じた方が優先されるべきである（*Roxin*, NStZ 89, 376）。

b）本問も、違法な公開性拡張の場合であり、上述のとおり338条6号に基づいて破棄されなければならない。なぜなら、公開の審理は、少年刑事手続の教育目的を危うくするからである。もっとも、連邦通常裁判所は、従来の判例を維持し、本問事例でも338条6号は適用されないと判断し、更に公開審理による手続への影響は事例ａよりも容易に認め得るにもかかわらず、337条による上告も却下した。

6　公判の口頭性及び直接性

問293　ドイツの刑事訴訟では、公判における**口頭主義**が妥当している。
a）口頭主義とは何か。
b）口頭主義は、制定法上どこに現れているか。
c）なぜ改革された刑事手続において、口頭主義が実現されたのか。

a）口頭主義は、判決の根拠となり得るのは口頭弁論に提出され審理されたものだけであるということを意味する。つまり、被告人が警察官又は検察官の面前で行った供述は、基本的に判決のために使用することができない。書面の内容は全て、判決に用いることができない。証言や鑑定人の供述も口頭で行われなければならず、書面は、それが判決のため使用できるとされる場合でも朗読されなければならない。

b）261条である。これによると、裁判所は、判決にとって決定的な心証を「審理の総体に基づいて」得なければならない。つまり、他の情報源

が判決発見のために取り調べられてはならない。更に264条である。これによると、行為は、「それが審理の結果明らかにされる」限りでのみ判決発見の対象とみなされる。

c) 糾問主義訴訟では、構造それ自体は口頭主義と合致するものであったにもかかわらず、書面による記録だけが判決の根拠とされた。その後、19世紀における公開主義の導入によって（問279参照）、必然的に、公判の口頭主義も導入されなければならなかった。なぜなら、口頭主義なしに、公判について望ましいチェックを行うことはできなかったからであった。

> **問294** 直接主義は何を意味するのか、法律上どこに定められているか、口頭主義とはどのように区別されるか。

直接主義は証拠に妥当し、証拠は裁判所が公判で直接触れることができるものでなければならず、他のもので代用することはできないということを意味する。250条2文は、証言について非常にはっきりと、「尋問は、以前に行われた尋問で録られた調書又は書面による供述の朗読に代えることはできない」と規定している。被告人の出頭義務（230条）も、直接主義の要請から生じる。更に261条によると、判決発見に当たり公判外で獲得された情報を用いることを禁じている。

口頭主義と直接主義は、その効果の点で広く一致しているが、完全に同じであるというわけではない。文書の構成要素、書面による証言などが、それらが公判で朗読される限りで判決に援用されるという点は、口頭主義に適合する。これに対して、証人、鑑定人、被告人はその者自身が公判で聴取されること、書証が吟味されなければならないことは、直接主義によって初めて導き出される。例えば朗読された証人の供述の利用は（251条）法律上例外的に認められているが、これは直接主義を破るものであるとしても、口頭主義を破るものではない。

> **問295** 参審員Ｓは、公判廷で、腕を失った職業裁判官Ｒの隣に座っていた。Ｒは、被告人Ａが応訴する際及び証人尋問の際、起訴状に度々目をやった。Ｓは、その都度ページをめくってＲを補助した。その際、Ｓも共に、捜査結果が

Aの供述及び証言と一致しているかどうかを確認するために起訴状の一部を読んだ。Aは、口頭主義及び直接主義違反を理由として上告した（261条）。上告は認容されるか。

本問の事例につき、従前の実務は、職業裁判官と素人裁判官とを区別してきた。従来、職業裁判官が書面とそれに基づく起訴状の査査結果を知ることは許されるとされてきた。これに対して、連邦通常裁判所（BGHSt 13, 73）は、素人裁判官については、起訴状の閲覧は口頭主義及び直接主義に違反するとしていた（一般的に同旨の見解として *Beulke*, Rn. 408）。しかし、現在では、249条2項1文が、裁判官「及び参審員」がその文面を認識している場合のみその書面の朗読を省略することを認めている。これによって、法律は、両者の区別を否定しているのである。加えて、裁判所構成法30条1項は、原則として参審員を職業裁判官と同列に置く。それゆえ、今日の通説は、素人裁判官による記録の認識を認めている（*Hellmann*, Rn. 661; *Meyer-Goßner*, § 30 GVG Rn. 2）。この間に、連邦通常裁判所も、通信傍受の録音テープ記録を素人裁判官に引き渡すことを認めた（BGHSt 43, 36）。もっとも、第3刑事部は、再び、捜査結果によって根拠付けられた上級裁判所に事件を送付する旨の決定を朗読するという特別な事例において（209条2項）、「素人裁判官が審理において当該送付決定の根拠付けに影響を受ける」ことが懸念されるかどうかという点に着目している（BGHSt 43, 360）。

問296 裁判長は、起訴状朗読後に、証拠調べに入るに当たって、手続関係者に対して、記録を手掛かりにして起訴前手続の捜査結果が示す具体的事実を簡潔に叙述した（RGSt 32, 318）。
a) このような行為は許されるか。
b) 裁判長が被告人に対する公訴事実を説明するために、起訴状に記載された「捜査の本質的結果」を朗読した場合、どのように評価されるべきか。

a) いいえ。ライヒ裁判所は、このような手続において、正当にも直接主義に対する違反を認めた。なぜなら、裁判所の心証形成が意識的にせよ無意識的にせよ記録内容から影響を受け、したがって判決がもはや口頭弁論

の結果のみに基づくものではないという可能性が排除できないからである。

b) ここでも、前述 a と同じ理由で許されず (RGSt 32, 318)、判決は261条違反によって破棄されなければならない。裁判長が開始決定について説明することは判例上許されているが、ライヒ裁判所 (RGSt 32, 318) が判示するとおり、それは「公訴事実がどのような意味で理解されるべきであるか、その事実上又は法律上の射程範囲がどこまで及ぶか」という問題に関わる場合に限られる。「この目的のために、いかなる事情においても、従来の捜査から事実はどのようなものとして叙述されているかに立ち入る必要はない」。

> **問297** 証拠調べが終了した後、判決評議において若干の疑問が生じた。
> a) それゆえ、裁判長は、鑑定人Sを補充的に評議室に呼んだ。これを受けて、Sは、裁判官らに対し、公判で述べられた鑑定意見のうち幾つかの点について詳しく説明した (RGSt 17, 287)。
> b) 裁判長は、追加の質問をするため、証人に電話をかけた (RGSt 71, 326参照)。
> c) 裁判所は、判決発見に重要な心証を得るため、犯行現場で評議を行った (RGSt 66, 28参照)。
> d) 裁判所は、判決発見に当たり、共同被告人に対する分離した審理において得られた心証 (BGH StV 84, 186)、又はパラグアイで行われた証人尋問において得られた心証 (BGH NStZ 89, 382) を使用した。
> これらは許されるか。

いいえ。全ての事例で、口頭主義及び直接主義に違反している。なぜなら、全ての証拠（鑑定人の証言、証人の証言、検証）は、被告人に対する口頭での審理以外の場所で獲得されたものだからである。それは全く許されない。あたかも、裁判官は自身の事実認識を自ら公判で証人として供述することによってのみ使用できるということと同じである（ただしこの場合、当該裁判官は22条5号により裁判官から除斥される）。つまり、本問事例において、上告が認容されなければならない。なぜなら、違法に得られた証拠が判決に影響を与えた可能性が排除されないからである。

> **問298** 証拠調べが終了し検察官が弁論〔論告〕を行っているときに、被告人Ａの弁護人Ｖは、裁判官Ｒが既に判決の主文を書いていることに気付いた。Ｖは、この事象に基づいて上告を申し立て、261条違反及び法的聴聞を受けることについての基本権侵害（基103条１項）を主張した。Ｒは、この点について、職務上の陳述として、判決の主文を既に書いていたが、Ｖの最終弁論とＡの最終陳述を聞きこれを判決において考慮したと述べた。上告は認容されるか。

本問事例において、少なくとも外形上は、裁判官はＶ及びＡの最終弁論・陳述の前に既に判断を下しており、Ｖ及びＡに聴聞の機会を与えることなくその心証を「審理の総体」から汲み尽くしたものとは言えないことは、はっきりしている。それにもかかわらず、連邦通常裁判所（BGHSt 11, 74）は、同様の状況において、裁判官は並行して判決を執筆していたとしても、同時に最終弁論等に注意を払っており、その心証を判断に加えることができていたとの理由で手続違反を否定した。

この上級裁判所でも争いのある見解は、正当にもしばしば否定されている。なぜなら、裁判官はその義務とされるように現実に被告人による最後の言葉まで最終的な心証形成を留保すべきというならば、それより以前に判決の主文を確定すべき動機は全くないはずだからである。しかし、裁判官が判決文を執筆している場合、拙速な判断が行われた可能性は、およそ排除できない。それゆえ、本問において、この判決を破棄するのが適切である。

> **問299** 参審員Ｓは、公判中一瞬居眠りをしたが、書記官につつかれてすぐに目を覚ました。被告人は、これを理由に上告した。これは認容されるか。

裁判官が口頭による審理の際に眠っていた場合、口頭主義及び直接主義に違反する。なぜなら、その裁判官は、意識を失っていた間のことについて、事後に他の裁判官又は第三者に質問しなければ情報を得ることができないからである。しかし、その場合、裁判官は、判決に影響すべき心証を「審理の総体」からではなく、他の許されない情報源から得ている。つまり、261条に基づく上告には理由がある。連邦通常裁判所は、更に338条１号の絶対的上告理由（裁判所の構成が法律に違反していることを理由とする上

告）を認めた。

もっとも、連邦通常裁判所（BGHSt 2, 14）は、裁判官が「一時的にだけ疲労ゆえにその注意力を鈍らせた」場合、まだ裁判所の構成が法律に違反していることにはならないと判断している。裁判官が「少なからぬ時間、確実に眠っていた」ため、「裁判官がこの間に起きた本質的な出来事を見ていなかった」場合に限り、手続違反が認められる（BGH NStZ 82, 41参照）。これによると、本問で上告は認容されない。このような限定は、実際上の理由から支持されるべきである。なぜなら、ごく短時間意識が散漫になることは、裁判官が眠っていなくても避けることができないものだからである。

> **問300** Aが窃盗罪により起訴された。その公判には、盲目の職業裁判官Rが陪席裁判官として関与した。犯行現場の様子についてAの供述と尋問を受けた証人の供述とが食い違ったため、裁判長は、その矛盾を解明するために、法廷に備え付けられた黒板に犯行現場を描き、A及び証人と共にその図を検討した。Aは、有罪判決を受けた後、裁判官Rが盲目であるため審理に関与できていなかったことを理由に上告した。この上告は認容されるか。

本問でも直接主義が問題になる。つまり、裁判官は、盲目であるにもかかわらず「審理の総体」のみから心証を得ることができるかという問題がある。連邦通常裁判所は、差し当たり、ライヒ裁判所の判例とは逆に基本的に肯定していた（RGSt 4, 191; 5, 354; 18, 51）。ただし、本問事例のように（BGHSt 18, 51）、裁判所での視覚的印象——検証又は犯行現場の図示——が心証を形成する目的で意識的に「探究」される場合にのみ、否定すべきとされていた。それゆえ、本問において、338条1号に基づく上告は認容される。

この間に、連邦通常裁判所の新たな判例において、再び、盲目の裁判官は少なくとも裁判長として公判に関与することは許されないという見解が採られた（BGHSt 34, 236; 35, 164. 同旨としてBVerfG（部局決定）NJW 04, 2150, 2151は、盲目の参審員を参審員リストから削除することは、憲法上許されると判示した）。しかし、この問題につき、裁判官の他の機能については実務上もまだ明らかにされていない。

問301 被告人Ａを犯行直後に尋問した警察官Ｋが、公判において、当時のＡの供述についての証人として聴取された。Ｋの陳述は、基本的経過の点で調書の内容を正確に再現していたが、若干欠落していた。これを受けて、裁判長は、Ｋが調書を見ることを認めた。Ｋは、それによって供述を補完し、当初言及していなかった事情も確実に思い出したと述べた。

Ａは、有罪判決を受けた後、調書を読んだことが直接主義に反するとの理由で上告した（BGHSt 3, 281）。この上告は認容されるか。

直接主義は、そもそも証人、鑑定人、被告人に対する尋問が調書の朗読に代えられてはならないし、補われてもならないことを要求する（250条）。251条、253条、254条は、この原則の例外を定めている。しかし、本問は、この例外に該当しない。特に253条１項の諸要件を満たさない。なぜなら、Ｋは、Ａの供述内容をもはや思い出せない旨を明らかにしていなかったからである。また、ＫがＡの供述を思い出せない旨を明らかにしていたとしても、253条１項は以前にＫ自身が行った供述に関する調書の朗読を許すのみであって、Ａの供述に関する調書の朗読を認めていない。

しかし、確立した判例は、251条〜254条以外でも、全く一般的に記憶の補助及び意見を求める目的で書面を**摘示**することを認める。それは、直接主義及び250条以下に違反しないという。なぜなら、この場合、調書の内容ではなく、被尋問者がその摘示を受けて供述したことが判決発見のために利用されることを許されるにすぎないからである（BGHSt 3, 281; 11, 159, 160; 11, 338, 340 f.; 34, 231, 235; BGH NStZ 00, 427, 428）。

以上から、本問では上告は棄却される。

問302 この裁判所による摘示という長きにわたり行われてきた実務は、学理の一部において激しく非難されている。このような実務に反対する論者は、以前に行われた尋問に関する調書は——いかなる目的であろうとも——251条、253条、254条で定められた範囲でしか朗読を許されないと主張する。それはいかなる根拠に基づくものか。

判例の論拠は、理論的に異論を唱えられるべきものではない。なぜなら、——連邦通常裁判所を改めて引用すると——摘示に際して、「251条、

253条の場合と異なり、記録内容が確認されるのではない。裁判所の判断の根拠は、摘示された書面の内容ではなく、摘示によって惹起された尋問者の発言だけである」からである（BGHSt 3, 199. BGH StV 90, 485も参照）。このように尋問調書自体が証拠ではないとされることによって、直接主義は、その理念において完全に遵守されている。

そこで、問題は、このような区別を行うことが実際上可能であるかという点に尽きる——批判もそのような意味で理解される。特に法律知識のない素人裁判官が、実際に被尋問者の反応だけをその心証形成に用いたのであり、読み上げられた内容の影響を受けていないということは、どのようにして確認されるのであろうか。素人裁判官が251条、253条、254条が直接主義の例外を認めているような証明目的の朗読を、単なる摘示目的の朗読から常に明確に区別できるなどということは期待できるであろうか。つまり、学理上、摘示実務に対して向けられている疑いは重要でないとは言えない。

> **問303** 被告人Ａは、捜査段階では警察官に対して自白したが、公判では否認している。
> a) 警察官によって作成された調書は、常に自白を証拠とする目的で朗読されてもよいか。
> b) この調書を、Ａに対し朗読によって摘示してもよいか。
> c) 捜査段階で自白を録取した警察官Ｐを、Ａが当時供述した内容についての証人として聴取することは許されるか。

a） いいえ。254条は、専ら裁判官による調書について、直接主義の例外を認めている。そのような調書について、自白についての証拠調べのため（254条1項）、解消できない矛盾の確認又は除去のため（同条2項）、調書の内容を朗読によって証拠の基礎とすることが許容されている。しかし、本問では、そのような手続は禁じられる。

b） 判例は、摘示に関して展開された原則と一致してこれを許している。つまり、「摘示によって被告人に以前に行った陳述を確証するか又は否定するかを明らかにさせるために」調書を朗読することは許される（BGHSt 3, 149）。その際、証拠の基礎は、朗読された調書の内容ではな

く、被告人が摘示に基づいて公判で供述した点のみである。この判例にも疑問がある。なぜなら、この判例は254条を空文化する危険性をはらんでいるからである。

c）はい。連邦通常裁判所（BGHSt 3, 149）の見解によると、「254条は、事実審裁判官に、Aの以前の供述に関する証人として警察官Pを尋問して、その証言を証拠評価に使用し、Aの罪責に関する判断の基礎とすることを妨げるものではない」。つまり、その限りで判例により252条について展開されてきた原則（問367以下参照）は適用されない（BGHSt 1, 337も参照）。しかし、この見解は説得的ではない。なぜなら、調書自体が利用を許されない場合、更にそれよりも信用性が低い警察官の調書内容についての記憶を証拠調べの対象にするということは不合理だからである。

> **問304** Aは、禁止政党のための違法な政治活動をした罪で、有罪判決を受けた。裁判所は、その心証を、特にAは当該禁止政党の党幹部会議においてノルトライン＝ウェストファーレン州の選挙への無所属であることを偽った候補者として指名されたという認定に基づいている。この会議には、ドイツ連邦憲法擁護庁の身元を隠した数名の秘密捜査員が出席していた。裁判所は、その者らに対して証人尋問を行うことができなかった。なぜなら、その者らはその身分を保持したままであったため、供述の許可を得られなかったからである（254条）。それゆえ、裁判所は、他の警察官の供述に基づいて、それを認定した。その警察官は、証人とされなかった秘密捜査員らを尋問し、その結果を裁判所に伝えた。Aは上告し、この手続が証拠調べについての直接主義に反すると主張した。上告は認容されるか。

いいえ（BGHSt 6, 209; 33, 178）。これは、「**伝聞証人**」は証拠方法として許容されるかという、非常に争いのある問題である。確立した判例及び学理における従来の通説は、一致して間接的な証人の尋問は直接主義に反しないとしていた。この見解は、250条の文言に依拠している。これによると、250条2文が同条1文の注釈と理解されるならば、証人尋問を調書の朗読に置き換えることのみが禁止されるのであり、それに関して直接証人と間接証人との間に区別はない。伝聞証人も、自身が聞いたことを供述する限りで直接証人である。そのような証人について、「間接的」であるのは、その者が「構成要件に属する事実ではなく、そのような事実を示唆す

る徴表〔情況証拠〕のみを供述する」という意味に限られる（BGHSt 17, 382）。しかし、それは250条により禁止されるものではない。

もっとも、証明すべき事実を直接体験した証人の代わりに犯行から更に離れた伝聞証人のみを尋問する場合、裁判所は、その解明義務に違反する（244条2項）。つまり、裁判所が関係者の知人による秘密捜査を、捜査官に対する尋問だけで公判に持ち込むことは許されない。むしろ、知人自身が聴取されなければならない（OLG Köln NStZ 96, 355）。それが行われないのであれば、判決は破棄されなければならない。しかし、本問のように、直接証人を用いることができず、秘密捜査員の解除を求める裁判所の要求が試みられたものの奏功しなかった場合（問330参照）、伝聞証人の尋問は許される。しかし、その供述は、特に慎重に吟味され、加えて他の重要な観点によって確証される場合のみ有罪判決の根拠になり得る（BGHSt 17, 382, 385 f.; 34, 15, 18; 42, 15, 25; 49, 112, 119 f.; BGH NStZ 00, 265）。本問もこれに該当することから、上告は認容されない。連邦憲法裁判所（BVerfGE 57, 250, 292; BVerfG NStZ 91, 445; 95, 600; BVerfG NJW 01, 2245）は、伝聞証人を許容する一方で、連邦通常裁判所が示した証明力の制限という考え方を確証した（問375も参照）。

問305
a）第5回公判期日に、鑑定を嘱託する必要があることが判明した。裁判所は、鑑定書を作成するために公判を4週間中断できるか。
b）この中断の法律上の限界を設ける意味はどこにあるのか。
c）何度も続けて中断を命じることはできるか。
d）既に12回の期日で審理が行われているとき、上述の4週間にわたる中断は可能か。
e）10日間の中断は、Aの上告に基づいて判決破棄を導くか。
f）被告人の上告は、それ自体は許容される中断が228条1項1文で定められた裁判所ではなく、裁判長によって命じられたという理由に基づいている。上告は認容されるか。

---

a）いいえ。2004年第1次司法現代化法によって抜本的に改正された229条によると、公判は、原則3週間までの中断が許される（229条1項）。それ以上となる場合は、公判手続を「新たに開始しなければならない」

(229条4項1文)。

b）長期中断の禁止（**集中審理主義**）は、直接主義及び口頭主義から導き出される。なぜなら、口頭弁論が長期にわたり間が空いてしまうと、裁判官の記憶は薄れ、裁判官が「判決を下す際、以前に行われた審理の結果を記録から得る」虞があるからである（理由書128頁）。しかし他方で、硬直的な中断規定に基づくコストのかかる手続の完全なやり直しは、証拠喪失の危険性をはらんでいるという点も注意しなければならない。ただし、迅速裁判の要請（欧州人権条約5条3項2文、6条1項1文）は、中断機会の拡張を制限する。

c）はい。もっとも、中断と中断の間に行われる審理において、手続が現実に——例えば尋問又は検証によって——進められなければならない。単なる「期日の移動」、例えば次の中断期間のみ協議する場合（BGH StV 96, 528）、又は連邦中央登録簿からの情報を朗読する場合（BGHSt NStZ 1999, 521）などでは不十分である。

d）はい。229条2項によると、公判がそれまでに少なくとも10回の期日行われたとき、1か月間まで中断してもよい。被告人又は裁判官が病気である場合の中断期間の停止について、詳細は229条3項を参照。

e）期間超過は、絶対的上告理由ではない。もっとも、通常の場合、判決がbで言及した長過ぎる中断に基づいていた可能性が排斥できないため、原判決が破棄されなければならない（BGHSt 23, 224）。しかし、例外がある。例えば公判が1年間行われ、それが録音の記録に残されていて、最後に被告人の陳述だけが残されている場合である（BGHSt 23, 224）。

f）原則として認められない（BGHSt 33, 217）。なぜなら、判決は、通常はこの法律の瑕疵に依拠することがないからである。

問306 偽って粗悪な住宅を仲介した罪に問われた手続において、最初の告訴から公訴提起までに約8年かかり、更に公判まで5年以上を要した。刑事部は、154条2項により、公判対象の相当な部分を排除したにもかかわらず、公判が44期日行われた後に、実体判決により短期間で手続を終結することは不可能であると判断した。それゆえ、刑事部は、欧州人権条約6条1項1文から導き出される**迅速裁判の原則**を理由に手続を停止した。これは正しいか。

連邦通常裁判所（BGHSt 46, 159）は、手続打切り判決を注目すべき理由で破棄した。法治国家違反の手続遅延への適切な対応という問題は、長い間議論されてきた。裁判所の審理が「相当な期間内」に行われるべき要請（欧州人権条約6条1項1文）に対する違反は、連邦憲法裁判所の判例によると、基本法20条3項及び同2条1項から導き出される被疑者・被告人の公正な法治国家手続を受ける権利に反する（例えばBVerfGE 63, 45, 69; BVerfG NJW 84, 967; 93, 3254; 03, 2897）。しかし、実務は、これによって、そのような違反が司法の回避可能な行為から生じた場合であっても、そこから手続の長期にわたることによる手続障害——それが206a条による手続打切り又は260条3項による訴訟判決をもたらすようなものであること（通説はこれに賛成している）——を導くことに困難を生じた。確かに、連邦憲法裁判所も連邦通常裁判所も、この事情を被疑者・被告人にとって有利に考慮することを要求する。しかし、実践的には、通常は単に減刑理由として認められているだけである。もっとも、そこから再び153条による手続打切りが導き出されることもある（BVerfG NJW 03, 2897; BGHSt 46, 169）。連邦憲法裁判所（BVerfG NStZ 97, 591）は、この点について、「刑の減軽の程度が、迅速性の要請に対する違反を考慮することなく定められた刑罰との比較によって厳密に決定されること」を要求している。

それゆえ、ここで問題になっている事件に関する連邦通常裁判所の判例は注目すべきである。なぜなら、裁判所は、——連邦通常裁判所（BGHSt 35, 137）によると——その点において基本的に、「法治国家原則に反する手続遅延によって生じた欧州人権条約6条1項1文違反は、異常な個別事案において、実体裁判の範囲での違反の適切な考慮が包括的な全体評価においてもはや考慮されていない場合には手続障害をもたらす。これは、事実審裁判官より注意され、上告裁判所より職権で考慮されるべきものである」ことを認めているからである。連邦通常裁判所は、本問事例につき、検察官から上訴された地方裁判所の判決を破棄した。なぜなら、連邦通常裁判所は、基礎となる事実に関して要求される詳細な叙述がないことに気付いたためである。

7　訴訟条件及びその証明

> **問307** 公判の途中で、被告人は主張しなかったが、裁判所は被告人に追及されている行為を理由とする刑事訴追は時効が完成しているのではないかという疑いを抱いた。
> a) 時効は、進行中の手続にいかなる効果を有するか。
> b) 裁判所は、職権で時効の存在を審査しなければならないか、又はそれに関する被告人の主張が必要か。

a) これは、**時効**が罪責及び刑罰問題、すなわち実体法に関するものか、又は訴訟上の訴追可能性、すなわち手続法に関するものかということによる。前者の場合、時効が完成していれば無罪とされなければならず、後者の場合、訴訟障害となり手続打切り判決が下されることになる（260条3項）。時効を純粋な手続上の制度とする見解が支持されるべきである。すなわち、時効は行為の罪責及び可罰性を変更するものではなく、国家が（特に時間の経過によって生じる証明困難性を理由として）訴追を断念するだけのものである（この点について詳しくは *Roxin*, AT I, § 23 VI）。最近の判例も、時効は純粋な手続的性質を持つものであるとしている（BGHSt 2, 300参照）。しばしば、いわゆる「混合説」も主張される。これは、公訴時効は刑罰消滅事由でもあり訴訟障害でもあるとする見解である。しかし、そこから実践的な違いは生じない。なぜなら、混合説の支持者も、時効の手続的性質の優先を認めて、時効が完成した場合には被告人を無罪にするのではなく、判決による手続打切りを認めるからである。

b) 今日、裁判所は訴訟条件の存在、つまり犯行が時効にかかっていないことも、手続のあらゆる状況において職権により審査しなければならないということについては見解が一致している。260条3項は、手続打切りは「訴訟障害があるとき判決において宣告する」と定めているが、これは、民事訴訟と異なり刑事訴訟では訴訟障害の主張が必要ないことを明示的に示している。

問308 裁判所は、起訴された犯罪の時効が完成しているのではないかとの疑いが生じた場合、何をすることができ、またしなければならないか。

いまなお支配的な見解によると、裁判所は、訴訟条件の審査に当たり、罪責及び刑罰問題の審理とは異なり、そのような場合に証拠方法が限定されていること（証人、鑑定人、書面、検証）及びそれらの取調べに関する法規定に拘束されない。それゆえ、訴訟条件の審査では、罪責及び刑罰問題について要求される「厳格な証明」ではなく「自由な証明」が適用される（問317も参照）。

しかし、このような見解は支持されるべきではない。なぜなら、第1に、手続全体の許容性がそれに依拠する事情を、形式のない信頼性の低い証明手続において審査することは適切ではなく、第2に、訴訟条件と客観的処罰条件又は一身的刑罰阻却事由とは相互に密接な関係にあり、証明要件に関して異なって扱われるべきではないからである（*Roxin*, § 21 Rn. 22）。

問309 裁判所は、あらゆる試みにもかかわらず、被告人が犯罪を実行したこと自体は証明されたが、それがいつ実行されたのかを認定できず、そのため時効の起算日を確定できなかった。この場合、どのような裁判がなされるべきか。

手続打切りか又は有罪判決かは、「疑わしきは被告人の利益に」の原則（利益原則）が訴訟条件の判断にも適用されるか否かによる。歴史的発展と古い見解に相応して、本原則を単に責任主義の裏返しとみるならば、この点の疑いは被告人の利益に考慮されるものではない。なぜなら、被告人が追及を受けている犯行について責任があることには、全く疑いがないからである。しかし、その後の展開において、利益原則の適用領域は訴訟条件にまで広げられるべきと解されるようになった。確かに、このような理解は責任主義から求められるものではないが、法治国家性がこれを要求するのである。これによると、裁判所は、何人をもその犯行が国家の刑罰権に服するか否かが確実でない場合は処罰してはならない。連邦通常裁判所も、時効につき、その基本判例において、以前の判例を変更してこの見解に同調した（BGHSt 18, 274）。この原則が他の訴訟条件にも適用されることが承認されなければならない（連邦通常裁判所は、この問題について事例ごと

に判断しようとしている)。なぜなら、この点で利益状況は異ならないからである。つまり、刑罰権が消滅しているか (BGH StV 89, 190)、被告人に不利益な上訴が検察官より適時に提起されたか (OLG Hamburg NJW 75, 1750)、告訴が有効に行われたか、その犯罪が恩赦の対象となっているか、その犯罪が既に他の手続で判決され確定しているか (KG StV 89, 157) などの点について明らかでないときは、手続打切りが命じられなければならない。

問310 前述まで公訴時効を例にして訴訟条件の特徴を述べてきたが、ここで特に重要な**訴訟条件**について説明しなさい。

①ドイツの裁判権が及んでいなければならない。つまり、治外法権の対象者(裁18、19、20条)には、有罪判決も無罪判決も言い渡すことができない。

②提訴することが認められていなければならない(裁13条)。つまり、純然たる秩序違反は、まず行政機関で処理すべきものとされており(秩序違反法35条)、刑事手続は打ち切られなければならない。

③裁判所は、審判する事件について、事物管轄と土地管轄を有していなければならない。

④事件は「手つかず」のものでなければならない。すなわち、当該事件が他の裁判所に訴訟係属していたり、前の裁判で確定されたものであってはならない。訴訟係属については問197以下参照。

⑤刑事訴追は、時効が完成していてはならない。

⑥刑事訴追は、恩赦(全ての犯罪類型に関する恩赦法)によって排除されたものであってはならない。

⑦通常の手続においては、公訴提起が存在し、それは200条の要件に適合し(問187参照)、審判に付されるべき事実を十分特定して識別したものでなければならない。また、適法な開始決定が発せられていなければならない。

⑧それが要求されている場合、告訴又は官庁の授権(例えば刑194条4項)がなければならない。

⑨被告人は生存し(BGHSt 45, 108, 111 f.)、訴訟能力がなければならない

(詳細は問313以下を見よ)。

⑩被告人は、法律上の例外規定がない限り在廷していなければならない（230条。BGHSt 26, 84は、この訴訟障害は職権で審査されるべきものではないとする）。

⑪被告人が議員の不可侵特権（基46条2項及び4項）により刑事訴追を免れる状況であってはならない。

⑫被告人に対する国家の刑罰請求権が失われていてはならない（問311以下参照）。

訴訟条件は、一部は裁判所の審判権限に（①～③）、一部は具体的事件（④～⑧）又は被告人（⑨～⑫）の訴追可能性に関連する。また、訴訟条件は積極的にその存在が必要とされ（例えば裁判権、管轄権）、一部はその不存在が訴訟の追行を可能にする事情（消極的訴訟条件又は訴訟障害と言われる。例えば公訴時効、確定判決の存在、不可侵特権など）である。実質的な結論は、このいずれに分類されるかで違いはない。

> **問311** 警察は、Lをスパイとして麻薬密売組織に潜入させた。Lは、速やかに証拠を得るべく、前科がないAに強い説得と気をそそる利益の約束によって麻薬取引を唆した。案の定、Aは、取引が行われた際にLの思惑どおりに逮捕された。麻薬取引による麻薬法違反によりAを処罰できるか。

近時の連邦通常裁判所の判例によると、処罰は基本的に排除されない。連邦通常裁判所の刑事部は、差し当たり、1980年以降、「国家の刑罰請求権の喪失」という訴訟障害を、警察のスパイが前科のない者、又は麻薬依存症の者に特に強く働きかけて——それがなければ彼らが自発的には行わなかったはずの——犯罪に引き込んだ事案について認めてきた。しかし、この見解は、1984年の連邦通常裁判所判決（BGHSt 32, 345）以降は放棄されている。確かに、その後、欧州人権裁判所（EGMR NStZ 99, 47〔Teixerio de Castro対ポルトガル事件〕）は、そのような措置は欧州人権条約6条1項による公正手続原則に違反すると判断した。しかし、連邦通常裁判所の近時の判例（BGHSt 45, 321; 47, 44）は、そのような違反から手続障害を導くことも否定した。それによると、欧州人権条約6条1項に対する違反は判決理由において認定されるべきものであるが、その相殺は法効果の決定に

際してのみ行われるべきものとされる。すなわち、「詳細に量定された割引」（BGHSt 47, 44, 52）を対象となる個別刑の量定において行うのである（量刑的解決）。連邦通常裁判所（BGHSt 45, 321, 337）は、152条2項、160条の意味で十分な事実的根拠から「既に行われた犯行に関与していたこと又は将来の犯行を行う準備があること」の嫌疑が基礎付けられる人に対して情報提供員又は秘密捜査官が投入された場合には、国家に帰属されるべき犯行の誘引を否定している。もっとも、この判例は、学理において激しい批判を受けている。学理では、訴訟障害に加えて証拠禁止の適用も支持されている（*Meyer-Goßner*, Einl. Rn. 148a 参照）。

問312 以下の場合、訴追機関の違法行為は訴訟障害をもたらすか。
a）検察官は、97条1項3号、53条1項2号に違反して弁護側の記録を押収し、その弁護方針を知るに至った。
b）検察官は、他の犯行を訴追しないとの約束により被告人に上訴を取り下げさせたが、その約束を守らなかった。

基本的にいいえ。法治国家原則に対する違反は、極端に重大な事例においてのみ、公正裁判の原則により手続障害をもたらし得る。

a）記録の押収の例は、訴訟障害をもたらす場合に当たらない。なぜなら、弁護を受ける権利はこれによって影響を受けるものではないからである（BGH NStZ 84, 419）。同様に、連邦通常裁判所（BGHSt 33, 283）は、警察が違法な手段をもってなりふり構わず被告人を有罪にしようとした事例で手続障害を否定した。カールスルーエ高等裁判所（OLG Karlsruhe StV 86, 10）は、検察官が不公正な行為をした事例で同様に判断した。

b）連邦通常裁判所（BGHSt 37, 10）は、本問事案において、確かに公正裁判の諸原理に対する違反を認めたが、そこから導いたのは本質的な刑罰軽減事由のみである。

法治国家主義違反に基づく新たな手続障害の展開の基本的な問題について *Imme Roxin*, Die Rechtsfolgen schwerwiegender Rechtsstaatsverstöße in der Strafrechtspflege, 1995. 問306、311も参照。

> **問313** 公判の途中で、被告人に精神的混乱の症状が認められた。
> a) 裁判所は、そのような場合に何をしなければならないか。
> b) 精神的疾患は、常に訴訟無能力をもたらすか。
> c) 訴訟無能力である場合、常に被疑者・被告人の全ての訴訟行為を無効にさせるか。
> d) 訴訟能力が欠けている場合、常に260条3項による手続打切り判決が下されなければならないか。

a) 通説によると、裁判所は、自由な証明の方法で――例えば医師の意見を求めることによって――、被告人になお訴訟能力があるか否かを審査しなければならない。その際、民事手続上の訴訟能力概念は重要ではない。むしろ決定的なことは、被疑者・被告人に「自己の利益を合理的に主張し、自己の権利を守り、自己の防御を適切かつ説得的な方法で行う」能力があるか否かである (*Roxin*, § 21 Rn. 10)。上告手続における訴訟能力について問469のb参照。

b) いいえ。〔犯行時に〕責任無能力の場合でも、個々の場面で訴訟能力が存在することはある。他方で、犯行時に完全責任能力があった場合でも、(例えば自殺未遂の予後、高熱の場合、重病による移送不能の状況など) 審理の時点で訴訟能力が欠けることはある。

c) いいえ (BayObLG NStZ 89, 131)。法的救済手続を講じることや期間の遵守など、専ら被疑者・被告人の利益のために作用する訴訟行為は、民法107条に表されている法趣旨を適用して有効とみなすことができる。

d) いいえ。除去可能な訴訟障害の場合、まず暫定的な手続打切りが行われなければならない (205条の法趣旨)。そして、訴訟能力の回復が見込まれないときに初めて終局的に打ち切られる。例えば、重い心臓病の被告人について公判の実施が回復不可能な健康被害をもたらす虞がある場合がこれに該当する (BVerfGE 51, 324は、この点について基本法2条2項1文を援用した)。

> **問314** 被告人が手続の間に死亡したとき、それはいかなる効果があるか。

連邦通常裁判所の近時の判例 (BGHSt 45, 108) によると、手続は、206a

条により打ち切られなければならない（付随的裁判について Meyer-Goßner, § 464 Rn. 14を見よ）。

問315 訴訟条件が欠ける場合、手続は暫定的に又は終局的に打ち切られなければならない。この原則について例外はあるか。

はい。土地管轄及び事物管轄が不存在の場合である。

①裁判所は、その土地管轄の存在について、公判手続が開始されるまでは職権で調査しなければならないが、それ以後は被告人の申立てがあったときにのみ管轄違いを宣告できる（16条1文及び2文）。被告人は、この申立てを、遅くとも公判での事件に関する被告人尋問が開始されるまでに行わなければならない（16条3文）。

②公判において事物管轄の不存在が認定された場合、269条、270条が適用される（開始決定の管轄について209条参照）。269条によると、裁判所は、事件が下級裁判所の事物管轄に属することを理由として管轄違いの言渡しをすることはできない。それに対して、裁判所は、公判開始後に事件が上級裁判所の事物管轄に属すると判断したときは、決定で事件を管轄裁判所に移送する（270条1項1文前段）。

③そのような規定は、6a条、270条1項2文において、裁判所が法律上要求される特別の機能的な事物管轄を有しない場合について定められている。

8　証拠法の一般的基礎

問316 法律は、犯行、責任、刑罰に関する事情の認定のためにいかなる証拠方法を認めているか。それらは法律のどこに規定されているか。それらの規定に基づいて行われる証明を何と言うか。

刑事訴訟法は、証拠方法として以下のものを定めている。
①証人（48条～71条）。
②鑑定（72条～85条）。
③検証（86条～93条）。

④文書（249条〜256条）。

これらの証拠方法の使用可能性は、**厳格な証明**のルールに服する。すなわち、この方法によって行われる事実認定は、244条以下の基準に従って行われなければならない（問308参照）。

広義の証拠方法には、被告人自身も含められる。すなわち、その身体が検査の対象にされるだけでなく（81条以下）、その供述も証拠方法とされ得る。

特別の手続形式では、私訴原告（374条以下）や没収手続の関係人（430条以下）も証拠方法となる。

問317 証人尋問に当たり、証人は宣誓に必要な16歳という年齢に達しているかという点に疑いが生じた。裁判所は、市役所の住民課に電話で照会してこの点に関する情報を得ることができるか〔自由な証明で足りるか〕、又は法律上の四つの証拠方法及びその許容性要件に拘束されるか〔厳格な証明によらなければならないか〕。

裁判所は、**自由な証明**の方法で、つまりあらゆる随意の形式で——電話照会も含めて——確認できる。なぜなら、自由な証明は訴訟条件の審査にその適用があるかは争いがあるが（問308参照）、いずれにせよ基本的に手続問題に適用されるものだからである。手続問題においては、しばしば完全な証明すら必要ではなく、訴訟関係人による疎明でも十分である（例えば26条、45条、56条）。それに対して、可罰性の条件及びその帰結（つまり行為者の不法及び責任、処罰阻却事由の欠如、量刑及び処分に本質的な事情）は、厳格な証明ルールに服する。これらの場合、自由な証明は許容されない（BGH StV 95, 339）。

問318 被告人は、自分が警察で提供した自白は使用されてはならない、自白は虐待によって強要されたものであると主張している（136a条）。〔これに応じて、〕裁判所は、尋問官を証人として尋問するのではなく、記録と内部的な問合わせに基づいて、自白は禁止された手法が使用されることなく提供されたことが事実であると判断した。この手続は許されるか。

この問題は、本事案が手続問題に関わるものか又は実体裁判に重要な事

情に関わるものかによる。連邦通常裁判所（BGHSt 16, 164）は前者と理解し、136a 条にも自由な証明ルールが適用されると判断した。「なぜなら、証拠使用禁止の要件該当性は、訴訟上重要な事実の認定問題だからである。それは、罪責問題に重要な自白の内容が問題とされているのではなく、自白がどのようになされたのかという態様、つまり手続的瑕疵の認定が問題とされているのである」。

問319 道路交通時の犯罪によって起訴されたＡは、事故が起きた交差点は特に見通しが悪かったと主張している。Ａは、この事情の証明のために、裁判官による検証を申し立てた。裁判所は、証拠調べをこの点に及ぼすことを余分であると判断した。その理由は、全ての裁判官が自身の長年の経験からその交差点での交通状況を詳しく知っているからというものであった。この証拠調べは、行われなければならないものであったか。

裁判所は、基本的に、証拠調べを職権で（つまりそのような証拠申請がなくても）「裁判に意義を有する全ての事実について及ぼさなければならない」（244条２項＝**裁判官の解明義務**。この点について問240参照）。本問事例では、交通状況の罪責及び量刑の問題に向けた意義を否定することはできない。裁判官の私的な知識も、証拠調べを不要とさせるものではない（問297参照）。しかし、裁判上重要な**事実**も、それが**公知**のものであるときは例外的に証明は不要である。このことは、244条３項から導かれる。この規定によると、公知の事実の認定に向けられた証拠請求は却下できる。差し当たり、いわゆる「一般に知られた事実」は、「公知」のものである。「この概念は、理性的な人であれば通常は知っていること又は専門的な知識がなくても信頼のある典拠から確実に知ることができるような事実を言う。このような一般に知られているという状況は、ドイツ全土で存在している必要はない。例えばある自治体の特別な交通状況などは、限定された人又は地域に限り知られているということでもよい」（BGHSt 6, 292）。これによると、本問事案において証拠調べは不要である。

> **問320** 主にどのような事情が公知の事実に該当するか。公知の事実に対して反証は可能か。

本質的には、自然現象及び歴史的事実がこれに属する。また、信頼性のある典拠（新聞、事典、地図、カレンダー、時刻表など）からいつでも知ることができるような事実もこれに当たる。そのようなものが経験的事実であり反証について合理的な根拠があるときは、裁判所は、その証拠を取り調べなければならない（例えば被告人が時刻表に記載された列車が現実には走っていなかったと主張する場合）。例えばナチス時代の強制収容所におけるユダヤ人の大量殺人などは、公知の事実である（BGHSt 47, 278, 28＝文献一覧付き）。

> **問321** Aは、かつての自由ドイツ青年同盟西ドイツ支部（FDJ-West＝ドイツ民主共和国〔旧東ドイツ〕青年組織のドイツ連邦共和国〔西ドイツ〕側拠点）のメンバーである。Aは、国家の安全に対する危険活動を理由として起訴された。Aの弁護人は、公判において、FDJ-Westは、その文書による規約に基づいて活動していること、旧東ドイツのかつての国家政党であるドイツ社会主義統一党の目的とは何ら関わりがないことについて2名の証人の尋問を請求した（BGHSt 6, 292）。
> a）証拠調べは、FDJの反憲法的活動は公知であるという理由で却下できるか。
> b）裁判所に顕著と認められるためには、公判裁判所の全ての裁判官・裁判員がその事実を知っていなければならないか。

a） 公知の事実は、一般に顕著である場合だけでなく、いわゆる「裁判所に顕著な事実」もこれに当たる。ここでいう「裁判所に顕著」とは、「裁判官がその職務との関連で信頼性をもって聞き知っていたもの」である（BGHSt 6, 293）。その際、連邦通常裁判所の見解によると、裁判官がその事実を自身の職務において調査したか否かは重要ではない。むしろ、他の裁判官がそれを知り、裁判所がそれを判決文の購読や個人的教示によって知った結果も使用できる（争いがある）。この意味で裁判所に顕著な事実とは、とりわけ「多数の刑事訴訟において常に同様の方法で裁判の基礎」を形成してきた事象である。連邦通常裁判所の見解によると、FDJの反憲法性もこれに当たる。つまり、この事情は裁判所に顕著な事実と見てよい。

b） この点は争いがある。有力な見解は、その知識を持つ裁判官がそれ

について裁判所の多数を納得させることで十分としている（*Roxin*, § 24 Rn. 10; *Meyer-Goßner*, § 244 Rn. 53. BGHSt 34, 209, 210も見よ。他方、重要な論拠による否定的見解として KK/*Herdegen*, § 244 Rn. 72)。

> **問322** 公知の事実は、口頭弁論の対象にされなければならないか。つまり、裁判所は、前述〔問319、321〕の事例において、交差点の交通状況やFDJの目的及び活動を公判で審理しなければならないか。又は、その事実が公知であるとして検討を省略できるか。

ある事実が公知である場合、それについて証拠調べが行われる必要がない。しかし、それによって当該事実を公判審理の対象にする必要性が変わるわけではない（BGHSt 6, 292)。このことは、口頭主義のみならず、憲法上の法的聴聞の保障（基103条1項）からも明らかになる。すなわち、被告人は、裁判に重要な全ての事実について見解を述べる機会を与えられなければならない（BVerfGE 10, 177も参照)。例外は、せいぜいおよそ自明の事実であり、全ての訴訟関係人がそれを知っているような場合に限られる。

> **問323** 被告人は、危険傷害罪により有罪とされた。被告人は、〔上訴して、〕裁判所の解明義務（244条2項）に対する違反を主張した。その理由として、裁判所は正当防衛〔刑32条〕の要件及び以前に受けた脳の損傷により責任能力が減少〔刑21条〕していたことについて審理しなかった点が挙げられている。もっとも、被告人は、起訴前の尋問及び公判において、自身の防御のために正当防衛及び責任能力の減少を主張していなかった。この場合、**裁判所は解明義務に違反したことになるか。**

これは重要な問題である。基本的に、審問主義から導かれる職権主義（「裁判所自らが主導して審理を進める」）は、正当化事由、責任阻却事由、刑罰阻却事由の存否も裁判所が職権で審査すべきことを要求する。その限りで、被告人には「主張責任」がない。他方、例外的状況は、その存在について何らかの根拠があるときにのみ審理されなければならない。これに当たらない場合、「当然の推定」がその存在を否定させるのであり（*Henkel*, S. 264参照）、裁判所は自発的にそれを検討しなくとも解明義務を果たしている。

問324 被告人Ａは、〔地方裁判所の〕刑事部に起訴されたが、自身は参審裁判所に起訴されたものであり、それゆえ後１回事実審の裁判が残されていると誤信していた。Ａは、自分の母親に裁判の負担を与えないようにするため、母親を自身に有利な証人として指名せず、母親が有利な陳述を行い得ることを裁判所に隠したままにしてその防御の主張を準備した。

Ａは、その期待に反して有罪とされ、自分にはもはや控訴の可能性がないことを確認した。そこで、Ａは、上告し裁判所の解明義務違反を挙げて、母親の証言がなされていれば無罪判決が下されていたと主張した（BGHSt 16, 389）。その上告は認容されるか。

いいえ。確かに、裁判所の解明義務は、特定の供述についての被告人の請求又は放棄に左右されるものではない。したがって、裁判所は、被告人の明示の意思に反してでも無罪の可能性を追求しなければならない。しかし、解明義務は、（全記録及び先行の手続を顧慮して）既に明らかになった事実から、特定の事実を解明し又は疑いを除去するためには証拠の取調べが必要であると想定される限りで及ぶものである（BGHSt 3, 169）。Ａに対する手続で明らかになった事実はＡの母親の尋問が必要であると思わせるものではなく、Ａが公判におけるその主張により当該証拠調べを意識的に妨げていた場合には、Ａは、それを自分自身の責任で行ったのである。それにもかかわらず、防御の懈怠を解明義務違反の主張により上告審で補うことはできない（BGHSt 16, 389）。

問325 被告人Ａは、アルコールの影響の下、性的倒錯に基づいて多数の性犯罪を実行した。この症状は、通常は同種犯罪の再犯に至ることが多い。裁判所は、それにもかかわらず保安拘禁（刑66条）を命じなかった。その理由は、Ａの供述によるとアルコール濫用の傾向がなく、数か月前からＨと深い恋愛関係にあったことから、それによりＡの病的傾向が収まるものと推測されるというものであった。検察官は、裁判所がこの処分を科さなかったことについて上告し、解明義務違反を主張している。検察官の上告は認容されるか。

はい（BGHSt 13, 326）。公判裁判官は、「被告人の供述を間違いないものとして自身の裁判の基礎としたが、自身に明らかとなった事情からは被告

人の供述は明白な証言によって否定され得ると予測されるべきものであった場合、244条2項に対する違反が認められる」。本問は、このような場合に当たる。つまり、解明義務は、被告人に有利な事情の探求のみを求めるものではない。むしろ、それは裁判に重要な全ての事実の究明を要求する。「利益原則」は、解明の手段が尽くされた後に初めて妥当するものである。

問326

a) 世間を騒がせた謀殺事件の訴訟において、被告人Ａは、情況証拠及び証言により非常に不利な立場に立たされた。Ａの弁護人Ｖは、結審近くになって、匿名で彼の下に届いた指摘に基づき、Ａが犯行時刻に犯行場所にいなかったことを証明するためにＸを証人として尋問することを請求した。裁判所は、この証拠調べ請求を却下した。その理由は、裁判所はＡの犯人性を既に確信している、つまりＸの尋問は無意味であるということであった。Ａは、この判決に対して上告した。上告は認容されるか。

b) Ａは、証人Ｘの尋問を請求した。裁判所はこの請求を却下したが、自らこれと全く同価値と判断する証人Ｙを尋問した。これは許されるか。

a) はい。**証拠調べ請求の却下**は、244条3項〜5項に列挙された要件の下で許容される。それらの規定には、要証事実と逆の事実が既に証明されている事例として証人の証言は挙げられていない。特に請求されたＸの尋問は、244条3項にいう「裁判にとって意味がない」又は「証拠方法として完全に不適当」であるなどと言うことはできない。なぜなら、その証明しようとする事実は、それが証人による信頼できる確証がなされても判決に影響を与えるものではない場合に限り「意味がない」というものであり、また証人が何一つ不利益なことについて供述しない場合にこれをもってその証人が初めから「完全に不適格」であるということにもならないからである。本問の状況は、却下が禁止される場合であった。なぜなら、そのような先取りされた証拠評価は、解明義務の重大な違反を意味するからである。唯一の証人が証拠構造の全体を崩すものであるかどうかなど、誰も知り得ることではない。Ｘの尋問は、時機に遅れた申立てを理由としても却下できないものであった（詳細は246条を見よ）。Ａの上告は、244条2項、3項、337条によって認容されるだけでなく、338条8号の絶

対的上告理由にも該当する。

b) 基本的に許されない (BGH NStZ 83, 86)。なぜなら、証言は、「体験に結びつき」、「その人格に基づいた」ものであり、それゆえ、二人の証人の証言の証拠価値は通常は同一ではないからである。連邦通常裁判所によると、いずれの証人とも等しく触れることのできる文書の内容について報告されるべき場合に限り例外が認められる。この見解は支持されるべきである。

問327
a) Aを被告人とする謀殺事件において、Aの弁護人Vは、既に尋問されて解放された証人Zを、彼が他の証人たちと申し合わせて何を証言するかを各々事前に知らせていたとして再び聴取することを請求した。Vは、どの証人に影響があったのかという裁判所からの質問に対して何も答えなかった。裁判所は、この請求に対して正式に回答するのではなく、Vの新たな尋問はこれに関する疑いの要素がないため必要ないとのみ伝えた。Aは、有罪判決が下された後に上告し、証拠調べ請求が違法に却下されたと主張した。これは正しいか。
b) Aが自身は存在するかも知れないと考えている程度の事実の証明を求める場合、これは証拠調べ請求か又は証拠探知請求か。
c) Aが別の証人は「信頼性がない」、「行動障害がある」、「依存症である」、「犯行時に酔っていた」といったことについての証言を請求する場合、これは証拠調べ請求か又は証拠探知請求か。

a) いいえ。確かに、証拠調べ請求の却下は正式の裁判所の決定を必要とし (244条6項)、それが欠けている場合は上告理由となる。しかし、本問では、実際には**証拠調べ請求**ではなかった。「証拠調べ請求とは、特定の事実について訴訟法上許される一定の証拠方法を使用することの訴訟関係人の要求である」(BGHSt 6, 128)。しかし、本問では証明すべき事実が十分特定されていない (BGHSt 19, 24)。なぜなら、どの証人が影響を受けたとされるかについての陳述が欠けているからである。むしろ、これは、Vの請求後に裁判所によって探知されるべき事項である。それゆえ、Vの申立ては、**証拠探知請求**とみなされる (BGH LM Nr. 10 zu § 244 IIIは、「証拠探知提案」と表現している)。これは証拠調べ請求の要件に合致しな

い、判決対象に関する証拠調べを行うことの裁判所への提案である。裁判所へのそのような提案は、個別の決定によって却下する必要はない。

裁判所がその提案に応じるべきか否かは、提案された証拠調べが244条2項による解明義務の範囲で必要か否かによる。その際、244条3項〜5項に定められた要件には拘束されない。事実審裁判官が認識し又は認識可能であった事実が更なる証拠の使用を求めるか又は少なくとも強く示唆する場合に、更なる解明が求められる。本問事例では、裁判所は、証人Zを新たに尋問することのVの提案につき、その他の証人の尋問がそのような影響の根拠を全く示さなかった場合には提案に応じる必要はない。

b) これは、証拠調べ請求である。なぜなら、Aに対して、彼自身はその存在を単に推測している程度の事情についても証拠調べを求めることを拒絶できないからである。証拠探知請求は、被告人が全くのでたらめをうわべだけ事実主張で覆っているといった例外的事例に限られる（BGH StV 85, 311; BGH NStZ 88, 324; BGH StV 89, 237; BGH NStZ 93, 143, 247）。

c) 連邦通常裁判所（BGHSt 37, 162）によると、本問は証拠探知請求に該当する。これは事実ではなく外形的事情及び行為からの評価であり、それら自体について証拠調べが必要な事実である。つまり、証拠調べ請求は、それら自体に向けられなければならない。

問328

a) 法廷に現在する証拠と現在しない証拠とを区別した場合、それぞれどのように理解されるか。
b) 現在しない証拠の取扱いは、どのように規定されているか。
c) 現在する証拠は、公判でどのように扱われるか。

a) **現在する証拠**とは、召喚されて公判に出廷している証人及び鑑定人、その他既に提出されている全ての証拠である。**現在しない証拠**とは、これから取り寄せられなければならない証拠である。

b) 現在しない証拠の取り寄せ及び使用は、それが裁判所によって行われないときは、常に証拠調べ請求を必要とする。その取扱いは、244条3項〜6項に詳細に規定されている。これによると、証拠方法ごとにそれぞれ異なって規定されている。

aa）証人尋問及び文書朗読の請求は、244条によって以下四つ事例において却下され得る。

①請求された証拠調べが不許容の場合。

②その証拠が不要である場合〔過剰性〕。

・要証事実が公知である（問319〜322参照）。

・証明しようとする事実に意味がない。

・証拠調べされるべき事情は既に証明されている。

・証明しようとする事実は既に真実と推定される。

③その証拠が無意味である場合。

・証拠は全く不適格である。

・証拠が入手できない。

④遅延目的の証拠申請と認められる場合。

bb）鑑定人の尋問の請求は、——aaで言及された諸事例に加えて——裁判所自身が必要な専門知識を有しているという理由からも却下できる（244条4項1文）。更に第2鑑定人の意見聴取を求める請求は、一定の要件の下で、「その主張する事実と異なる事実が既に証明されている」という証人の場合には許されない理由からも却下できる（244条4項2文）。

cc）最後に、検証又は国外所在証人（その召喚を外国に向けて行わなければならない）の尋問を求める証拠調べ請求は、——aaで言及された諸事例に加えて——既に「それらが適切な裁量に基づく判断から真実の発見のため必要ではない」とされるときも却下できる（244条5項1文、2文）。

c）法律は次のように区別している。証拠調べは、裁判所による召喚を受けて出頭した人証（証人、鑑定人）、裁判所又は検察官によって取り寄せられた物的証拠に及ぼされなければならない。ただし、証拠調べが不許容であるときはこの限りでない（245条1項）。その他の場合、すなわち検察官及び被告人より召喚された人的証拠、被告人より取り寄せられた物的証拠については、証拠調べ請求を必要とする。その却下事由は、244条3項2文の場合と若干異なっている（245条2項）。

問329 以下の証拠調べ請求について、どのように考えるべきか。

a）証人Zの信頼性を心理学者によって調べさせること（BGHSt 14, 21）。

> b）別の裁判所がそこでの事件において絞殺による殺害をどのように審判し、刑罰をどのように量定したかについての証拠を取り調べること。
> c）法医学の鑑定人を、13年前に生じた被害者の死亡は組織障害によるものであり、それは既にＡの拳銃発射の射撃の前にその死亡をもたらしていたことについて尋問すること（BGHSt 14, 339）。
> d）これまでにも刑法153条、154条〔虚偽の陳述・宣誓に関する罪〕によって何度か処罰された経験のある証人を尋問すること。
> e）当該鑑定人は事実的根拠が不明のため確実な推論ができないことが明らかであるにもかかわらず、この鑑定人を尋問すること。
> f）既に尋問された証人を、同一テーマについて改めて尋問すること。
> g）外国で生活している、共犯の疑いがある証人を尋問すること。

a） 本問では、裁判所は、証人に検査に同意するか否かを質問しなければならない。証人が同意するならば、証拠調べが行われる。証人が拒否した場合、請求は不許容として却下される。なぜなら、証人の検査は、81c条の要件があるときに限り本人の意思に反しでも行うことができるとされているからである（問146参照）。

b） 証拠調べ請求は、意味がないことを理由に却下できる（BGHSt 25, 207）。なぜなら、裁判所は、「他事件の裁判所の判断に左右されず独立して」、被告人の犯行がどのように評価され、被告人がどのように処罰されるべきかについて裁判しなければならないからである。

c） 証拠調べ請求は、証拠方法の完全な不適格性を理由として却下できる。なぜなら、このように長い年月の経過後には遺体が腐食しているため、鑑定人はもはや検査を行うことができず、それゆえ証明課題についてもはや何も意見を述べることができないからである。

d） 証拠は、取り調べられなければならない。証人に信頼性がないという疑いだけでは、その証人を、例えば被告人との共犯の疑い（60条2号）又は親族関係がある場合などのように完全に不適格とさせるものではない。ごく稀な例外事例（例えば継続する精神障害があるなど）に限り、当該証人の証言を全て放棄できる。

e） この事例においても、証拠方法は完全に不適格というわけではない（BGH NJW 83, 404）。なぜなら、鑑定人が特定の事実経過又は証明命題が存在する蓋然性を高いか又は低いかということのみ供述する場合であっても

(BGH NJW 84, 564; BGH StV 84, 231)、これが判決発見に意味を持つこともあるからである。

 f) この証拠調べ請求は、244条3項の要件に拘束されずに却下できる（BGH NStZ 83, 375）。なぜなら、この請求は、既に処理された証拠調べ請求の繰り返しのみを目的としているからである。このことは、ある人を証人として尋問するよう請求したがこの人は既に共同被告人として同一テーマに関して供述していたという場合には異なる。なぜなら、証人の供述は、被告人の弁解よりも高い証拠価値を有するからである（BGH NStZ 83, 468）。

 g) この尋問は、入手不能を理由として（244条3項2文）却下することはできない。むしろ、裁判所は、まず司法共助の方法で証人を入手〔確保〕するよう試みなければならない。しかし、244条5項2文は、いずれにせよ広く却下を認めている。裁判所は、この規定を援用するときは、その決定において請求された証拠調べが判決に影響を及ぼすものではないことの根拠を示さなければならない（BGHSt 40, 60）。

問330

a) 警察の秘密連絡員を証人として尋問するよう、証拠請求がなされた。しかし、上級監督官庁からは、証人の氏名及び住所が通知されず、またその供述の許可も得られなかった（54条、96条参照）。この拒絶は、受け入れられなければならないか。
b) 証拠が他国の措置によって遮断される場合も、これらの原則が適用されるか。

---

 a) 本問の場合も、直ちに証拠は入手不能と認められてはならない。むしろ、裁判所は、公判での尋問に向けて努力し、供述承諾及び身元開示の拒絶理由を審査し、行政官庁の理由付けが不十分である場合にはその決定の修正を求めなければならない（BGHSt 32, 115; 36, 159. 問375も参照）。裁判所は、不十分な理由付けに対し、自身でこれを追完するようなことをしてはならない（BGH NStZ 89, 282）。被告人には、官庁による拒絶表明の内容的審査について行政裁判所法40条による行政法上の提訴が認められている（BVerwG DVBl. 84, 836; BVerwG NJW 84, 2233; BGHSt 44, 107; KG StV 96, 531）。96条による拒絶がなく、警察及び検察官による機密保護の約束しかない場

合、なおのこと証人の入手不能には当たらない。なぜなら、そのような機密保護の約束は、裁判所を拘束するものではないからである（BGHSt 35, 82; BGH NStZ 93, 293）。

b） 連邦通常裁判所（BGHSt 49, 112）は、エルモサデク事件において、アメリカ合衆国で拘束された証人Ｂにつき、司法共助によるＢの尋問が合衆国より拒絶されたためこれを入手不能と判断したが、同時に、高等裁判所には、このような〔政治的判断による〕司法共助の拒絶によりドイツの刑事手続が制限を受けたという例外的事案において、証拠が入手不能であったということをその証拠評価に含めるべき義務があるとも判示した。

問331

a）Ａは、侵入窃盗罪を理由に地方裁判所の刑事部に起訴された。既に裁判所が評議のために引き下がった後に、Ａの弁護人Ｖは、証人を指名し、Ａは犯行時に飲酒による限定責任能力（刑21条）の状態であったことを立証しようとした。報告担当裁判官が法廷に戻ってきたとき、Ｖは、その裁判官に自らの意図を知らせた。報告担当裁判官は、これに応じてＶの意図を裁判長に伝えた。裁判所が評議から戻ってきたとき、Ｖは更に身振りで尋問を求めたが、裁判長は判決を言い渡した。Ｖがその後もう一度証拠調べ請求を行おうとしたが、裁判長は、時機に遅れたものとして却下した。Ｖは、上告し246条違反を主張している。それは正当か。

b）Ａは、侵入窃盗罪を理由に起訴された。他方、共犯者Ｂは、この間に判決を受けていた。Ｂは、以前にＡが在廷する裁判官尋問の際に、Ａと共同して犯行を行ったと供述していた。Ａは、公判においてＢの召喚を放棄し、その代わりにＢの尋問に関するＡにとって既知の調書を251条１項４号によって朗読することについて同意した。Ａは、その朗読後に初めてＢの供述は虚偽であると主張し、Ｂを証人として直接に聴取するよう請求した（BGHSt 1, 29）。この証拠調べ請求は、どのように扱われるべきか。

c）弁護人は、見込みのない新たな証拠調べ請求を断続的に行い、それによって手続を著しく遅延させていた。裁判長は、最終的に、新たな請求について、「内容的な審査をすることなく一括して権利濫用」であるとして訴訟遅延を理由に却下した。それは許されるか。

d）弁護人は、公判裁判官自身に対する尋問を請求し、その裁判官が証明しようとする事実について何も知らないことを職務上陳述しているにもかかわらず

> この請求を固持した。この尋問は、行われなければならないか。

a) はい（BGH NJW 67, 2019; BGH NStZ 81, 311）。時機に遅れた提示というだけでは、証拠調べ請求の却下は正当化されない（246条）。証拠が重大な過失によって早期に提示されなかったときですら、却下は正当化されない。このこと自体は、既に職権探知主義（244条2項）から導かれるが、246条にも明示されている。特に、裁判所は、判決宣告の開始までは証拠調べ請求を受理しなければならない。裁判所が判決宣告のため既に裁判官席に揃って着席している場合でもそうである。もっとも、裁判所が手続のこの段階で更なる証拠調べ請求の受理を拒絶するときは、弁護人は、後に上告してこの手続違反を主張するためには、この時点で238条2項による異議（この点について問248のb参照）を申し立てておかなければならない（BGH StV 92, 311）。

b) この請求は却下できる。本問では、請求が「手続遅延目的で」（244条3項）行われたと考えなければならない。Aは、Bの供述を詳細に知っており、差し当たり調書の朗読に同意しておきながらその後突如公判での直接の尋問を要求したのである。しかし、この間に、Bの供述の意味を変化させるような新たなことは何も判明していなかった。このような場合、Aにとっては、判決言渡しを先延ばしすることだけが重要であったと推測できる。もっとも、却下決定には、既に全体の関連からそれが明白である場合を除いて、手続遅延の意図を示す理由が明示されなければならない。

c) いいえ（BGHSt 29, 149）。これは、法律上規定のない手続上の制裁に当たる。むしろ、裁判所は、各々の請求について、要求された証拠調べは裁判所の心証において具体的事例で何ら意味のあることをもたらさないものであるか、請求者はそれを自覚しているか、専ら手続遅延を意図されたものであるかなどの点について審査しなければならない（BGH NStZ 84, 230）。これに対して、連邦通常裁判所（BGHSt 38, 111）によると、裁判所は、被告人が過度に証拠調べ請求を行う場合（当該事案は8500件の証拠調べ請求であった）、被告人はその証拠調べ請求を弁護人を通じてのみ行うよう命じることができるとされている。

d) いいえ（BGH StV 91, 99）。そのような請求は、裁判官の職務遂行を

妨げるという手続外の目的を追求するものである。これは不許容として却下されるべきものである。

問332 窃盗罪で起訴されたAは、Xを証人として、自分は自発的に犯行を決意したのではなく、Bによって唆されたことについて尋問するよう請求した。裁判所は、この証拠調べ請求を、主張された事実は真実と推定できるとの理由で却下することを考えている（BGHSt 1, 137参照）。これは正当か。

いいえ。被告人に有利となる重要な主張は、それが裁判所の調査によってはこれ以上解明できず、それゆえ、もはや反証できないという場合に限り真実と推定することを許される。Bより唆されたとするAの主張は、その責任の程度及びこれに伴って量刑に意義があり、重要なものである。もっとも、そのような事情が当該事件において被告人に有利に働くものか、またそれはどの程度かという点は、当該主張の反証可能性と同様に証拠調べを行わずに確認できるものではない。それゆえ、証拠調べ請求は許可されなければならなかった。

つまり、以下の点に注意が必要である。真実性の推定は、裁判官の解明義務を制限させるものではない。裁判所は、当該事実がなおも解明可能である限りその調査を続けなければならない。しかし、事実が真実と推定されるときは、裁判所は、判決発見に当たりそれに依拠しなければならない（BGHSt 28, 310; 32, 44）。そうでなければ、裁判所は、通常は244条2項及び公正手続の原則に違反する。また、事実が被告人の不利に評価されるときは、プロ・レオ原則に対する違反にも当たる（BGH StV 94, 115）。

問333 裁判所（刑事部）は、Aに対し、盗まれた家畜を買い受けたとして業務上盗品関与罪（刑260条）を理由に有罪判決を言い渡した。盗品関与罪の主観的構成要件について、Aより支払われた金額が定価以下であったかどうかという点が重要であった。Aは、この点について鑑定人の意見聴取を請求した。裁判所は、「自身で十分鑑定できる、関与している2名の参審員は農業経営者と農業従事者であり、彼らは長年にわたり家畜の売買を経験し肉の価格によく精通している」との理由で、Aの請求を却下した（BGHSt 12, 18）。Aは上告し、裁判

所が鑑定人を省略できるのはその全ての構成員が必要な専門知識を備えている場合に限られると主張した。この上告は認容されるか。

いいえ。Aの証拠調べ請求は、244条4項1文によって却下することができた。なぜなら、合議制裁判所の全ての裁判官が同程度に専門知識を有することまでは要求されていないからである。「裁判所は、必要な専門知識を裁判所に属しない補助者を介して得ることができ、また裁判体に属する1名又は数名の裁判官の特別な専門知識を利用することもできる」（BGHSt 12, 18）。裁判官は、その専門知識を、公開審理において被告人の面前で得る必要もない。もっとも、法的聴聞の原則は、訴訟関係人に対して裁判所が自身の専門知識に基づいて証明問題につき判断しようとしていることを明らかにし、それについて意見を述べる機会が与えられるべきことを要求する。更に、上告審において、事実審裁判所は専門知識を正当に確信したものであるかどうかが審査可能とされることも必要である。それゆえ、判決理由には、裁判所の専門知識が十分であったことが読み取れるような記述がなされていなければならない。

問334 Aは、妻Eを激しく虐待したとして起訴された。Eは、公判において、唯一の証人として犯行を詳細に供述した。Aは、自分に追及されている事件は妻がでっち上げたものであると主張した。Aは、夫婦の住居内でEが供述するような態様での虐待を行うことは不可能であることを立証するために、その住居の検証を申請した。裁判所は、Eの供述は信頼性があり、それゆえ請求された検証は真実究明のために必要ではないと判断したとの理由でAの請求を却下した（BGHSt 8, 177）。
Aは、これに対して244条5項1文の違反を理由に異議を申し立てた。これは認容されるか。

はい。確かに、244条5項1文は裁判官に相当な裁量を与え、一定程度先取りされた証拠評価をも許している。それゆえ、基本的に、検証の請求を、証明対象の状態は他の証拠によって既に確定している、又は検証によって証明されるべき事情は既に他の証明結果によって否定されているなどの理由で却下することは許される（BGHSt 8, 177）。しかし、判例による

と、裁判所は、犯行証人は一人のみであり検証により当該事件は場所的状況からして証人が証言するようには行えなかったことが証明されるべき場合は、244条5項1文により認められている適切な裁量の範囲を越えてしまっている。連邦通常裁判所は、これにより、検証証拠に関して既にライヒ裁判所の判例で展開されてきた原則を再び援用している。すなわち、「裁判官による検証の実施がある証人の供述に反証するため請求された場合、裁判所は、この請求を請求者より異議を唱えられた証言は信用性があると判断したとの理由で却下することはできない」（BGHSt 8, 180; BGH NStZ 84, 565; BGH StV 94, 411）。

問335
a) Aは、謀殺罪により起訴された。証拠調べの結果から、Aの犯人性について確実性に境を接した蓋然性〔合理的疑いを超える証明〕が認められた。しかし、裁判所は、Aの殺意について最終的な疑問を克服できず、その要件が証明されたと判断する危険傷害罪のみで有罪とした（BGHSt 10, 208）。検察官は上告し、自由心証主義（261条）に対する違反を主張した。これは正当か。
b) 心証形成に際して裁判官個人の確信を要件とすることは、およそ全ての疑問を払しょくすべき確実性など実際に判決に当たって想定できないものであることから過剰な要求ではないか。

a）いいえ。**自由心証主義**（261条）によると、裁判所は、「その自由な確信に基づいて」判断する。つまり、現行法は、昔の刑事訴訟法に規定されていたような固定した証明法則への拘束を認めていない。連邦通常裁判所は、1957年に、本問事案でそこから広範な推論を導いている。すなわち、「自由心証主義は、罪責問題の回答にとって事実審裁判官が特定の事実について確信に到達したか否かのみが重要であることを意味する。この個人的な確信は、有罪判決に必要でありかつ十分でもある」（BGHSt 10, 209）。つまり、裁判官の確信は、「疑うことなく真実であると判断する」（*Henkel*, S. 351）ことであり、確実性に境を接した蓋然性という客観的認定に代えることができないものである。裁判官が認定された事実から引き出す推論は、「無条件に必然的なものである必要はなく、むしろその推論は可能でありかつ後付けできるものであるということで十分である」（BGHSt 36, 1, 14）。連邦通常裁判所（BGHSt 10, 208）は、これに基づいて上

告を棄却した。

b）いいえ。なぜなら、裁判官が到達すべき確信は、数学的又は絶対的なものではないからである（BGH NJW 51, 122; OLG Celle NJW 76, 2030参照）。裁判官のあらゆる認識は、主観的又は相対的確信のみをもたらす。確かに、純理論的には、「人の認識に基づくあらゆる判断は、それがどれほど確実であるように見えても、その認識方法の不十分さによって生じる誤りや誤解にさらされている」（RGSt 66, 163）と言えるが、これによっても（個人に結び付けられた）確信形成が排除されるものではない。

問336 他方で、判断を〔裁判官の〕「自由な」主観的証拠評価に完全に委ねるという場合、そこに危険はないか。

実際、証拠調べの客観的な結果は被告人の犯人性についての合理的な疑いを許さないという場合でも、証明にとって裁判官の主観的確信で十分であるとすることには疑問が生ずる。それゆえ、裁判官の証拠評価の要件は、近時の判例において大きく変更されている。すなわち、現在では、「罪責の認定は、強固な証拠基盤に基づいていること、それが証明結果が正しいことの客観的に高度の蓋然性をもたらすものであること」が条件とされる（例えばBVerfG NJW 03, 2444, 2445）。裁判官の主観的な確信による判断は、それが他の裁判官によって後付け可能な程度にまで客観的に保障されたものでなければならない（BGH StV 82, 256; BGH NStZ 86, 373）。連邦通常裁判所は、この要件が具備されない場合、実体違反の主張に基づいて判決を破棄する（*Schäfer*, StV 95, 147 ff. を見よ）。連邦憲法裁判所の見解によると、連邦通常裁判所は、それによって「自由かつ法治国家としての手続に向けて、基本法2条2項の自由保障機能から導かれるべき基準を具体化した」（BVerfG NJW 03, 2445）。

問337
a）裁判所は、公判において、被告人は何度も虚偽の主張をしていること又は被告人が提出したアリバイ証拠はこれと対立する証言に基づいて否定されたものであることを認定した。そこから、被告人の罪責を推論することは許さ

れるか。
b) 多くの事件では、一人の不利益証人のみが存在し、これにより被告人との間で供述が対立する〔供述対供述の〕状況が生じる。裁判官は、被告人に対して、不利益証人の供述の方が信用できる、なぜなら証人は被告人と異なり偽証すれば刑法153条以下の処罰を科されるからであるとの理由で有罪とすることはできるか。

a) いいえ。なぜなら、無実の者も不当な有罪判決への不安から虚偽の証拠を手段として難を逃れようとする可能性が常に存在するからである (BGH StV 82, 158; BGH NStZ 86, 325; BGH StV 94, 175)。裁判所は、被告人の自身は犯行時に現場にはいなかったとする主張は反証されたものと判断する場合でさえ、そこからはまだ被告人の犯人性を推論することを許されない (BGHSt 41, 153)。

b) いいえ。むしろ、事案の全事情が詳細に審査されなければならず、各供述は綿密に比較して衡量されなければならない（連邦通常裁判所の確立した判例。例えばBGH NStZ 92, 347; BGH StV 94, 359, 526; BGHSt 44, 153, 158 f.; 44, 256を見よ）。

問338
a) Aは、偽証罪で起訴された。彼女は、養育費の訴訟において性的関係を持ったのはXだけであると供述・宣誓していた。これに対して、血液型鑑定からXが父親である可能性が排除された。その際に使用された手続は、現在の科学的知識状況からその結論が絶対的に正しいものであることを保障するものであった。それにもかかわらず、裁判所はAを無罪とした。その理由は、遺伝学的鑑定はXが父親でないことの蓋然性を示したものにすぎず、それゆえ裁判官はAの罪責に対する最終的な疑いを克服することができなかったということであった (BGHSt 6, 70)。検察官は、261条違反を主張して上訴した。これは認容されるか。
b) 裁判所は、被告人Bが強姦したという事実を、DNA型分析の結果のみに基づいて認定した（問151）。これは正しいか。

a) はい。確かに、前述のとおり、裁判官は心証形成において一定の蓋然性の程度を満たすべきことを義務付けられない。「しかし、自由心証主

義は、裁判官が今やあらゆる拘束から解放されることを意味するものではない。裁判官は、論理則及び経験則に従い、事実認定に当たってこれらの法則を遵守しなければならない」(BGHSt 6, 70)。「ある事実が科学的認識に基づいて確定される場合、裁判官の事実認定及び心証形成に裁量の余地はない」(BGHSt 10, 208)。本問はこれに該当する。なぜなら、使用された血液型鑑定の手続は遺伝子学の自然法則に基づいており、それゆえ、反証を許さないものだからである。したがって、判決は破棄される。

b) いいえ。連邦通常裁判所の判例によると、事実審裁判所は、DNA型分析は単に統計上の結果を含むのみであり、全ての証拠状態の評価を不要とさせるものではないことを顧慮しなければならない (BGHSt 38, 320; BGH NStZ 94, 554)。それゆえ、連邦通常裁判所 (BGHSt 38, 320) は、実体違反の主張に基づいて不十分な証拠評価を理由に原判決を破棄した。

問339
a) 贈収賄罪による刑事手続において、公務員Bは、彼の公務上の守秘義務に関わる問題について証人として尋問されたが、公務員法上必要な証言の許可がなされていなかった (54条)。Bの証言は、証拠評価の対象とできるか。
b) 証拠調べ禁止の違反は証拠使用禁止——つまり自由心証主義の制限——をもたらすか、またこれが肯定されるとして、その要件につき一般法則を立てることができるか。

---

a) これは疑わしい。必要とされる証言の許可が欠如していることは、いわゆる証拠調べの禁止を根拠付ける。この違反は供述を証拠評価から除外すること、すなわち**証拠使用禁止**をもたらすか否かは争いがある。しかし、本問では否定されるべきであろう。なぜなら、54条の法趣旨は、公共の利益において特定の事情が秘密にされるべきという点にあるからである。この目的が証人尋問によって既に修復不能な形で妨げられた場合、今や公然となった事実が裁判官の心証形成から除外されるべき理由はおよそない。なぜなら、既に生じた害が使用禁止により回復されるものではなく、〔使用禁止は〕もはや何の役にも立たないからである。

b) 証拠禁止論の基礎については争いがあり、いまだ最終的に解明されていない。証拠禁止の法律上の規定は、以前から136a条3項2文、69条

3項に定められている。しかし、この間に一連の更なる法律上の使用・利用禁止が加えられた（81a条3項、81c条3項5文、98b条3項、100b条5項、100c条5項3文、108条2項、110e条、161条2項、登録51条1項、租税法393条2項、破産法97条1項3文）。規定がない事例について、証拠・情報獲得に関する原理が論じられている（この点について、例えば *Beulke*, Rn. 454 ff.; *Hellmann*, Rn. 782 ff.; *Roxin*, §24 Rn. 20 ff.; *Volk*, §28 Rn. 8 ff. を見よ）。以下のアプローチが主張されている。

①判例及び学理の一部で有力に主張されている基準によると、使用禁止該当性の判断は、連邦通常裁判所が最終的に公式化したように「法治国家原則において設定された対立する諸要請」の包括的な衡量に基づいて行われなければならない（例えばBGHSt 38, 214, 220; 47, 172, 179を見よ）。この見解は、裁判所に見過ごすことができないほど大きな裁量を与えるものである。

②更に重要な論点は、違反された規定の保護目的は何かという点である。この点について、連邦通常裁判所の前掲判例（BGHSt 38, 214, 220）は、「使用禁止は、違反された手続規定が（本問のように）刑事手続における被疑者・被告人の手続法上の地位の基礎を保障するために定められている場合には肯定される」と判示している。

③当初連邦通常裁判所より主張された「権利領域」の基準に、今日において証拠禁止論にいかなる意義が認められるかは不明である。この基準によると、使用禁止の判断に当たり本質的な観点は、違反行為が「被告人の権利領域に本質的に関わるものか、又はその者にとってあまり重要ではない若しくは全く重要ではないものかという点にある」（BGHSt 11, 213, 215〔大刑事部決定〕）。

④一部では、仮定的な捜査経過という点に本質的基準が求められている。これによると、手続法に違反して得られた証拠は適法な方法でも入手できていたかという基準に従って判断される。

⑤最後に、*Amelung*（Roxin-FS, 2001, S. 1259 ff）は、「情報支配権説」を主張した。これは、住居などの秘密領域や情報の尊重という考え方に基づいており、その侵害があれば対象とされた市民に調査結果の除去又は情報の保存、使用、伝達に対する中止を求める請求権が付与される。*Amelung* は、そこから証拠禁止論に関する具体的帰結を引き出している。

それぞれの具体的な問題設定に関する議論において、更に詳細な展開が見られる。

問340 Aは、交通犯罪により区裁判所に起訴された。Aは、防御のために、追越し車線で突然レンガ大の障害物を発見しこれを避けるためやむを得ず（過失なく）スリップしたと主張した。しかし、裁判所は、Aの罪責を確信し、判決においてAの主張は信用できないと判示した。その理由は、Aが当該主張を直ちにしていたのではなく、事故現場では警察官に対して供述を拒んでいたということであった。このような判断は、自由心証主義により許されるか。

いいえ（OLG Braunschweig NJW 66, 214）。被疑者・被告人は**黙秘権**を有しており、それについて警察官によりその最初の尋問の際に告知されていなければならなかった（163a条4項、136条1項2文）。この権利は、Aが捜査手続における当初の黙秘が後に裁判所で自分の不利に解釈されることを危惧しなければならないならば、およそ無意味なものになってしまう。そのような評価が許されるならば、立法者は、その告知義務を、黙秘権だけでなく被疑者・被告人に不利となり得る効果にも及ぼしていたはずである。しかし、そのようにはされていないことから、自由心証主義によっても捜査手続における被疑者の黙秘を後に彼の不利に使用することは許されないと解されなければならない（BGHSt 20, 281; 38, 302, 305）。むしろ、黙秘は、あらゆる評価対象から除外される。このことは、なおのこと被疑者・被告人が手続全体を通じて黙秘する場合にも妥当する（BVerfG NStZ 1995, 555を見よ）。

同様に、被疑者・被告人が、他の手続において証人として尋問を受けた際に、自身に対する訴追に関連する質問に対して回答を拒絶した場合（BGH NStZ 81, 272; BGHSt 38, 302）や、包括的に黙秘している被告人が証人の守秘義務の免除を拒絶した場合（BGHSt 45, 363）も、黙秘は証拠評価に含められない。

問341 上記〔問340〕事例で、Aは、警察官の面前で供述した際には障害となった石については一切触れず、公判で初めてこの自己に有利な観点を主張し

た場合はどうなるか。この事例で、裁判所は、Ａの供述を、その出来事が現実に起きていたならばＡは自己に有利になるその事情を既に警察官に主張していたはずであるとの理由で信用性なしと判断できるか。

連邦通常裁判所（BGHSt 20, 298）は、そのような「一部黙秘」、不完全供述の事例において、〔問340の場合と〕異なって判断した。連邦通常裁判所は、Ａがその義務がないことを知りつつ事件について供述した場合、彼は自由な判断で自らを証拠方法としそれによって自由な証拠評価に委ねたのであり、彼の供述は他の全ての証明されるべき事実と同様に評価されなければならないと判示した。裁判官は、261条により、「全ての証拠は事実点においていかなる意味を与えるものであるかを完全に評価し尽くすことを義務付けられる」（BGHSt 20, 299）。

それゆえ、連邦通常裁判所判例（BGHSt 20, 298）の事案では、弁護人をその守秘義務から解放することの拒絶は証拠評価から除外された。しかし、連邦通常裁判所（BGHSt 45, 367）によると、このような理解は、当該訴訟行為がそれを分析的に見た場合にその供述内容との実質的関連性が認められない場合には妥当しない。

問342

a) Ａの資産について破産手続が開始されている。Ａは、破産法97条により、手続に関連する全ての事情について情報を提供することを義務付けられる。そこには、破産犯罪の開示も含まれるか。その情報は、必要とあればＡに対する刑事手続での使用も許されるか。
b) Ａは、自動車損害賠償保険会社に対して自己に不利となる供述をした。この供述は、Ａに対する刑事手続で使用できるか。

a）破産法旧97条1項2文は、債務者に対して、明示で犯罪（又は秩序違反）による訴追につながる事実も提示することを義務付けていた。しかし、連邦憲法裁判所決定（BVerGE 56, 37＝破産事件決定）を受けて、破産法97条2項3文は、債務者又は親族に対する刑事手続（又は過料手続）においてその者の同意がない限り使用禁止とすることを規定している。

b）ベルリン高等裁判所（KG NStZ 95, 146. 同旨 BVerfG NStZ 93, 599）は、

破産事件決定裁判の原則をこの種の事例に転用することを否定した。なぜなら、Aは、損害賠償保険会社に陳述することを強制されていないからである。また、自己負罪拒否特権（問86）は、被疑者・被告人と国家機関との関係においてのみ適用される。〔しかし、〕双方の論拠はあまり説得的ではない。なぜなら、Aは、黙秘した場合には損害保険請求権を失う可能性があり、また国家がAの保険会社に対する陳述を入手したときは、国家に対して間接的に自己に不利な供述を提供したことになるからである。

問343 Aは、妻とドライブ中に酒気帯び状態で交通事故を引き起こしたとして追及されている。Aは、公判において、犯行時に車を運転していたことを否認した。Aの妻は、既に警察官に対してまた後の手続においても、供述を全て拒絶した（52条1項2号）。裁判所は、〔妻の〕供述拒絶を被告人の不利に評価し、その理由として、Aの妻はAの弁解を正しいものと確証できるのであればその証言拒絶権を行使しなかったはずであると判示した（KG NJW 66, 605）。これは許されるか。

いいえ（BGHSt 22, 113; KG NJW 66, 605）。証人は、このような場合、証言を拒絶する権利を有する。なぜなら、証人に対しその親族に不利な供述を求めることは期待できないからである。この立法目的は、証人の黙秘がその親族に不利に解釈することを許されるならば損なわれてしまう。証言拒絶権を有する証人が最初は黙秘していたが後に供述したという場合でさえ、そこから証人の親族に不利となる推論を導くことは許されない（BGH StV 93, 61）。

問344
a) 被告人Aは、公判で初めて母親Mの供述を援用した。その供述は、実際にAに有利となるものであった。この供述の評価に当たり、Mが事前に自ら進んでAに有利な供述を捜査機関に対してしていなかったという事情は、Mの供述の信用性がないことを示す拠として使用できるか。
b) Aの妻Eは、捜査の初期から進んで供述し常にAに有利な供述をしていたが、公判で初めてAは犯行時に犯行現場にはおらず自宅で自分と一緒にいた

と証言した。裁判所は、Ｅはその事情が正しいものであるならば既に事前に述べていたはずであるとの理由で、Ｅの公判証言を信用性なしと判断してよいか。

 a）いいえ（BGH NStZ 87, 182; BGH StV 92, 97）。なぜなら、Ｍが最初に証言拒絶権を行使していたならば（52条1項3号）、そのことはＡの不利に評価されてはならず（BGH StV 85, 5）、この点は証言拒絶権を有する証人の黙秘についても同様だからである。Ｍが捜査の初期にＡの保釈のための保証金を提供し、その際Ａのアリバイを主張していなかった場合でさえ、そこからＭの供述の信用性を否定する推論をしてはならない（BGH NStZ 89, 281）。

 b）はい（BGHSt 34, 324）。なぜなら、本問では、Ｅの黙秘からいかなる推論もなされていないからである。Ｅは、最初から夫の有利に供述していた。むしろ、彼女の供述態度それ自体が評価される。

問345
a) ＡがＢに貸与したテレビの返還請求は、民事裁判所によりＡは所有者ではないとの理由で棄却された。Ａは、この判決に憤慨し、Ｂの住居に侵入してテレビを奪還した。刑事裁判所は、Ａが所有者であると確信する場合でも、窃盗罪の特に重大な事案に当たるとして（刑243条）Ａを有罪としなければならないか。
b) Ａは、非嫡出子Ｂに対する扶養義務違反の罪（刑170条）で起訴された。刑事裁判所は、Ａが父親であることは確定判決により確認されたにもかかわらず、Ａを無罪にしようと考えている。その理由は、Ａが父親であることについて確信に至らなかったからということである。これは正当か。

 a）いいえ（LR/*Gollwitzer*, § 262 Rn. 9）。刑事裁判官は、当該刑事手続の対象に関わる他の裁判所の確定判決に拘束されない。むしろ、この場合も、自由心証主義及び刑事裁判官の確信形成の原則が適用される（261条。262条も見よ）。刑事裁判官は、厳格に実体的真実を探知すべきものであり、弁論主義や処分権主義による異種の手続で生じ得るような訴訟遂行上の偶然に左右されるものであってはならない（*Henkel*, S. 350）。これによると、刑事裁判所は、Ａに対し窃盗の起訴事実について無罪を言い渡すこ

とができ、またそうしなければならない。

b) いいえ。民法1592条 3 号、1600d 条により、民事裁判所に A が父親であることを認定する判断が委ねられる。民訴法640h 条 1 項 1 文により当否の効果を持つ全ての民事判決は、刑事裁判所にも拘束力を有する（KK/*Engelhardt*, § 262 Rn. 4. BGHSt 26, 111参照）。

> **問346** 被告人は裁判官がその罪責を確信するときのみ有罪とすることを許されるとの原則からは、必然的に、裁判所が被告人の犯人性又は罪責について疑念を克服することができないときは無罪判決が下されなければならないということが導かれる（「**疑わしきは被告人の利益に**（in dubio pro reo）」＝プロ・レオ原則）。
> a) プロ・レオ原則は、現行法に明示されているか。
> b) 手続法上の問題も、プロ・レオ原則に従って判断されるべきか。
> c) プロ・レオ原則は、法解釈にも適用されるか。

a) 刑事訴訟法は本原則を明示していないが、261条から直接に導くことができる。なぜなら、有罪判決の条件として被告人の罪責に関する裁判所の確信が要求されるならば、その点の疑いは被告人に有利に判断されなければならないからである。また、本原則は、欧州人権条約 6 条 2 項に定められている。この条約は、連邦法として国内的効力が認められる。そこでは、「可罰的行為を理由として訴追された者は、その罪責が法律上立証されるまでは無罪と推定される」と定められている。プロ・レオ原則は、正当化事由又は責任若しくは刑罰阻却事由の存否に疑いが残る場合も適用される。

b) プロ・レオ原則は、争いはあるが現在の通説によると訴訟条件にも適用される（問309参照）。これに対して、本原則は、厳しい批判はあるがなお支配的な見解によると、その他の訴訟上重要な事実については適用されないものとされている。例えば連邦通常裁判所（BGHSt 16, 164）は、136a 条〔禁止される尋問手法〕違反の存否についての疑いを被告人の不利に判断している（この点について問88の b、318参照）。302条 2 項による上訴取下げについての授権が適時に取り消されたことについて疑いが残る場合、上訴取下げは有効とされた（BGHSt 10, 245）。しかし、判例も揺れている。

例えば連邦通常裁判所（BGHSt 11, 394）は、「被告人に有利となる上告の申立て及び理由付けは〔疑いが残る場合〕適時に行われたもの」とすべきとした。この問題は、なお最終的な解明が待たれる。

c）いいえ。「本原則は事実認定にのみ適用され、法解釈の領域には適用されない」（BGHSt 14, 68）。法解釈に疑問が残る場合、その結果が個別の事案で被告人にとって不利となる場合でも、周知の方法（文理解釈、歴史的解釈、体系的解釈、目的論的解釈）によらなければならない。

問347
a) 裁判所は、公判の結果から、被告人が起訴事実の窃盗罪を実行したものと確信している。しかし、被告人は宝石を窃取した部屋に侵入したのか、又は鍵のかかっていない玄関ドアから住居内に立ち入ったのかについては明らかになっていない。裁判所は、このような場合にどう裁判すべきか。
b) 被告人Aは、窃盗事件発生の直後に盗品を所持した状態で警察官に逮捕された。裁判所は、Aがその物を自身で盗んだか又は窃盗の犯行後すぐに故買人として窃盗犯人から入手したかのいずれかであると確信したが、そのうちいずれが正しいかは判断できなかった。この場合、aで検討した状況と同様に扱われるべきか。

a) 単純窃盗罪として有罪とすべきである。プロ・レオ原則は、本問では、修正形式として「疑わしきはより軽い罪に」という形で適用される。すなわち、構成要件（本問では刑242条）の有責的な実現は立証されているが特に重大な事案（本問では刑243条1項2文1号）の当否に疑いが残るときは、行為者に有利な可能性が前提とされ、いずれにせよ該当する基本構成要件によって処罰されなければならない。

b) いいえ。なぜなら、本問では特定構成要件の有責的な実現が立証されていないからである。むしろ、窃盗罪も盗品関与罪も、確実性を持って証明されていない。立証されているのは、二つの犯罪のうちいずれかには該当するということだけである。当該二つの犯罪それぞれに一貫してプロ・レオ原則を適用するならば、いずれの犯罪に関しても証明不十分として無罪となり、Aは不処罰という結論に至らざるを得ない。しかし、実現された犯罪の態様は不明であるがともかくAの可罰性は立証されているため、判例は、狭い範囲で選択的有罪判決、いわゆる「択一的認定」を

許している。そのための条件として、択一的に実現された双方の構成要件が法倫理的及び法心理的に匹敵したものであることが必要とされている（BGHSt 9, 390, 394. 学理において「不法核心の同一性」に着目した異なるアプローチについて *Lackner/Kühl*, StGB, §1 Rn. 19= 文献一覧付き）。この匹敵性は、窃盗罪と盗品関与罪との関係では常に肯定されている。つまり、Aは、窃盗罪又は盗品関与罪のいずれかを理由に有罪とされることになる。その際、刑罰は、刑法242条と259条のように法定刑が異なる場合、両規定のうち軽い方が基礎とされなければならない。

> **問348** 被告人Aは、Bを傷害した。Aがそれを故意に行ったか否かは確実性を持って認定できなかった。しかし、裁判所は、故意が否定される場合でもなおAには少なくとも過失があったと確信している。この場合、択一的認定とプロ・レオ原則のいずれから、刑法229条に基づく有罪判決を導くことができるか。

判例により択一的認定について立てられた原則は、本問では、択一的有罪判決を可能とさせるものではない。なぜなら、故意犯と過失犯は「法倫理的及び法心理的」に匹敵するものではないからである。

しかし、結論的には、選択的な事実的基礎に基づく刑法229条による明白な有罪判決が可能である。なぜなら、故意と過失との間には規範的な「段階的関係」が存在するからである（BGHSt 32, 57. 異説としてBGHSt 17, 210は、同様の結論を捕集構成要件の構成を通じて導いた）。確かにこの場合、過失は故意の中に既に含まれている（一部要素を差し引いたもの）という意味での段階的関係にはない。しかし、この関係が論理的のみならず規範的（評価的）なものとしても理解される限りで段階的関係を認めることは妨げられない。段階的関係を認めるためには、故意と過失は帰属の程度が異なるものであり、それゆえプロ・レオ原則の適用において軽い方の犯罪を基礎に処罰できるということで十分と言わなければならない。

9 証 人

> **問349** Xは、刑事訴訟において証人として供述することになった。彼は、まず以下のことについて情報を得たいと考えている。
> a) 証人となるのはどのような者か。
> b) 証人はいかなる義務を負うか。
> c) 証人はいかなる権利を有するか。

a） 証人は、異なる手続上の役割によってその地位から除外されることなく、「裁判官の面前で事実に関してその者が知覚したことを供述によって知らせるべき」者のことである（RGSt 52, 289）。鑑定人も、場合によっては裁判所にその知覚したことも知らせるべき者であるが、証人と鑑定人との区別については問384参照。

b） 証人は、三つの義務を負う。それらは、個別事案によっては、48条以下の基準に従って限定され又は完全に免除される。

①出頭する義務（48条～51条）。

②真実に従った供述をする義務（52条～56条）。

③供述の真実正について宣誓する義務（59条～67条）。

c） 証人は、同様に三つの権利を有する。

①公正な取扱いを求める権利。ここには、原則として尋問の際に法的援助者を立ち会わせる権利も含まれる（BVerfGE 38, 105. 被害者が証人として尋問される場合は、406f条2項が明文でこの権利を認めている）。もっとも、憲法は、裁判所がそのために必要な費用を負担することまでは命じていない（BVerfG NStZ 83, 374）。1998年証人保護法によって新設された68b条1文によると、証人は、「尋問の際に証人がその権限を自ら行使することができず、かつ、その保護されるべき利益がそれ以外の方法によっては擁護されないことが明らかであるとき」は、国庫の負担で弁護士の援助を受けることができる。更に重罪及び一定の軽罪の場合、弁護士の選任は、証人又は検察官の申立てに基づいて義務的なものとなる（68b条2文）。

②裁判所に対してその知っていることを全て、かつ聴取に関連付けて申し述べる権利（69条1項。ただし供述を補完するために個別の質問を行うことが

できる（69条2項））。

③補償を受ける権利（71条）。詳細は、2004年5月5日の「司法上の費用償還・補償法」（BGBl. 2004, I, 776）に規定されている。

問350 XとYは、共同して実行した重傷害罪により、共同被告人として裁判に付されている。Xは、公判の過程で犯行時のYの行動に関する証人として尋問された。Xは、自己の刑事責任を軽くするために、Yの不利益な方向で虚偽の供述を行い、その供述について宣誓した。
a）この手続はどう評価されるべきか。
b）XとYが共同被告人として裁判に付されているのではなく、Xに対する手続はまだ捜査段階であり、XがYに対する公判において証人として供述した場合はどうか。

---

a）Xを証人として尋問してはならない。被疑者・被告人は、共同被疑者・被告人も含めて証人にはなれない（BGHSt 10, 8）。なぜなら、被疑者・被告人の黙秘権は、証人の供述義務と相容れないものだからである。Xは証人から除外されるので、彼に宣誓させることも許されなかった（60条2号参照）。被疑者・被告人は刑法154条の行為者になり得ないので、虚偽の「宣誓」は不可罰である。

b）この点について、判例と通説は異なる見解である。判例によると、「共同被疑者・被告人」とは、検察官の明示的な裁定により、その者の手続が他の者の手続と（BGHSt 34, 215; BGH StV 88, 465）「刑事手続の全過程又は特定の手続段階において併合されている」者のみである（BGHSt 10, 11）。それゆえ、判例は、共同被疑者・被告人についてまだ公判が開始されていない場合、その者を他の被疑者・被告人に対する公判において証人として尋問することを許している（BGHSt 10, 11; BGH NJW 85, 76）。

しかし、正しくは、単なる手続進行に関する合目的的な裁定によっては手続参加者の実体的な義務を負う立場を変えることはできないというべきである。なぜなら、（共同）被疑者・被告人は、証人とは異なり決して刑法153条以下による処罰の対象となることはなく、また136条により55条よりも広範な黙秘権を有しているため、その者が形式的には他者の手続においてであるが、実質的には自身も追及されている刑事責任について尋問を

受けるときは、依然としてその者に当該黙秘権が保障されなければならないからである。これに反対する見解（BGH NStZ 84, 464; *Hellmann*, Rn. 720）は、特に60条2号により共犯者も証人になることができるとされていることを根拠とする。しかし、この規定は、制限的に、その者に対して関与の疑いがあるがまだ捜査が開始されていない場合に限ると解釈することが可能である。

問351 被告人は、証人W博士がR裁判官及びS検察官に対して違法な形で影響を与えようとしていると主張している。被告人は、RとSを、当該問題に関する証人として尋問することを申し立てた。
a) Rが当該事項につき何か供述する意思があるときは、いかなる手続を採るべきか。Rは、証人又は裁判官から除外されるか、又は両方の役割を果たすことが可能か。
b) 証人に指名されたRが職務上の陳述として証明すべき事実につき何も知らないと述べた場合は、いかなる手続を採るべきか。
c) 証人の地位は、Sの検察官としての活動にどのような影響を及ぼすか。Sは、自身の尋問中又は少なくとも尋問終了後に再び検察官として務めることができるか。

---

a)「何人も一つの事件で同時に証人と裁判官になることはできない」（BGHSt 7, 44）。なぜなら、裁判官は、当然ながら自己の証言につき予断なく評価できるものではないからである。証人としての義務が優先する（22条5号参照）。それゆえ、Rは以後裁判官としての関与から除外され、別の者と交代しなければならない（裁70条、21e条〜21g条）。

b) この場合、確立した判例によると、裁判所は証人に指名された裁判官の関与の下で証拠申請を却下できる。なぜなら、そうでなければ、被告人は自身が疎ましく思う裁判官を実質的根拠なく証人に指名することによって恣意的に裁判官としての職務から外すことができることになってしまうからである（BGHSt 7, 44; 7, 330）。つまり、この場合、244条に明示されていないが、証拠申請の適法な却下理由に該当する。

c) 検察官は、証人としてのその尋問の間は他の検察官と交代しなければならないだけでなく、その後も当該事件においてもはや検察官として関与できない（BGHSt 14, 265; BGH NStZ 83, 135）。なぜなら、連邦通常裁判所

(BGHSt 14, 265) がライヒ裁判所の判例 (RGSt 29, 236) に従って説明しているように、証人として尋問された検察官は、証人の証言相互に矛盾が生じたときにどちらの供述を弾劾すべきか又は対質させるべきかといった点を客観的に判断できるものではないからである。また、そのような検察官は、その最終弁論〔論告〕において、自らの人格や証言が問題になる限りで証人の信用性やその者の供述の重要性を客観的に検討する状態にはない。もっとも、その後の連邦通常裁判所の判例は、手続からの除外を制限しようと努めている。例えば立会検察官が尋問されたがその証言は複数の被告人のうち一人にのみ関係するという場合、その後も、他の共同被告人に対しては公判に関与できる (BGHSt 21, 85, 89 f. この結論は疑わしい。更にBGH NStZ 89, 583; 94, 194; BGH NStZ-RR 01, 107も見よ)。

それにもかかわらず、当該ルールに対する違反は、aの場合に338条2号に該当するのとは異なり、絶対的上告理由に当たらない。つまり、この違反は、具体的事件において判決が当該瑕疵に依拠している可能性が存在する場合に限り原判決破棄を導く (BGHSt 14, 265)。

問352 Aは、幾つかの破産犯罪により起訴された。Aは、自己に有利な証人として弁護士Rを指名したが、Rは、既に弁護人として本件に関与していた。
a) Rは、同時に証人及び弁護人として関与できるか。
b) Rが証人として尋問されている間、Aは弁護人がいない状態におかれなければならないか。

---

a) この問題は、かつては非常に争いがあったが、弁護人除斥規定（問58以下参照）が設けられてからは肯定すべきことになる。現在は138a条、138b条が弁護人除斥を限定的に規定しており、証人と弁護人の役割の衝突はあえて除斥理由に加えられなかったので、Rは、証人として尋問を受けた後も弁護を継続できる (LR/*Dahs*, vor § 48 Rn. 45-47参照)。

b) 連邦通常裁判所 (BGH NStZ 85, 514) は、必要的弁護事件で、裁判所の配慮義務により、少なくとも尋問において重要な質問が行われRが他の弁護人の選任を希望するときは、Rの証人尋問の間は他の弁護人が付されることが要求されると考えている。ただし、連邦通常裁判所は、証人尋問の際の弁護人の不在が338条5号に該当するかどうかについては判断

示さなかった。

> **問353** 証人の第1の義務は出頭義務である。
> a) 当該義務は刑事手続の全ての場面で課されるか。
> b) 適法に召喚された証人が出頭しなかった場合はどうなるか。

a) 出頭義務は、裁判官に対しては全ての手続段階において課され（48、51条）、事前手続では検察官に対しても課される（161a条1項）。刑事訴訟法は、警察に対する同様の出頭義務を定めていない。

b) 当該証人の義務として3とおりある。

①不出頭により生じた費用を負担しなければならない。

②過料（場合によっては補充的に秩序拘禁）を科される（この点につき刑法施行法6条～9条参照）。

③強制的に勾引される。当該措置の命令権限は、裁判官と同様、基本的に検察官も有している。もっとも、検察官は、補充的な秩序拘禁を科すことはできない。検察官は、それを自身の管轄区域の区裁判所に請求しなければならない（161a条2項2文）。また、証人は、検察官による秩序維持措置及び強制措置に対して地方裁判所に不服申立てを行うことができる。地方裁判所は、これを決定によって裁判し、これに対して上訴することはできない（161a条3項）。不出頭につき適時かつ十分に弁明が果たされた場合、これらの効果は失効されずに置かれるか又は取り消されなければならない（51条2項）。

> **問354** 被告人の父Vは、裁判長より（214条1項）適法に召喚された。Vは、裁判長に52条1項3号により証言拒絶権を行使することを伝えた。Vは、それゆえもはや公判に出頭する必要はないと考えた。この理解は正しいか。

いいえ。証言拒絶権を有する者は、当該権利を行使することを伝えたときであっても出頭しなければならない（*Meyer-Goßner*, § 51 Rn. 12）。つまり、刑事訴訟における法状況は、民事訴訟におけるそれとは異なっている（民訴386条3項）。このことは、当然ながら裁判官が証言拒絶権者に対し公判への出頭を免除したときは妥当しない。出頭免除は、Vが証言拒絶権

の行使を撤回しないことが確実であるときは合目的的である。

> **問355** 出頭義務は、供述義務に左右されないこと、すなわち証言拒絶権を有する者も原則として少なくとも裁判所には出頭しなければならないことを確認した。**供述義務の制限**について概略しなさい。

以下のように分けられる。

①近親の親族（婚約者、配偶者、血族及び姻族）らは、「無制限の証言拒絶権」を有する。これらの者は、証言拒絶権につき教示されなければならず、一旦この権利を放棄した場合でも常につまり尋問の最中であっても放棄を撤回できる（52条）。教示が怠られた場合には、その供述は使用できない。ただし、当該証人が拒絶権を有することを知っており、たとえ教示が行われていたとしても権利を行使しなかったことが確実である場合を除く（BGH NStZ 90, 549）。

②以下の者は、「限定的な証言拒絶権」を有する。

・特定の職業グループ及びその補助者（53条、53a条を読むこと）。これらの者は（それぞれについて一定の修正があるが）、職務の遂行によって（職務の機会にではない。BGHSt 38, 7）知った事実につき証言を拒むことができる。しかし、弁護士は、弁護目的と関連性を持つとは考えられない可罰的行為に関しては証言拒絶権を有さない（BGHSt 38, 7は、被告人のために拳銃を調達したという事案）。弁護士及び医師（詳細は53条1項1文2号～3b号）は、守秘義務を免除されていない限りで証言拒絶権を有する（53条2項）。証言拒絶権の教示は、53条、53a条には明示的に定められていない。

・「連邦大統領」は、その専権的裁量により、「証言することにより連邦又はドイツ諸州の利益を損ねる虞があるときは証言を拒絶」できる（54条3項）。

③裁判官、公務員及びその他の公務従事者は、職務上の守秘義務に関する事項について証言しようとする場合には証言の許可を得る必要がある（54条。承諾を拒絶又は付与できる要件について、補足的に連邦公務員法61条、62条、公務員の権利を定めた法律39条、軍人法14条参照）。

問356
a) 55条に定められている回答拒絶権は、証言拒絶権とどのような違いがあるか。
b) 回答拒絶権の行使にとって、単なる懲戒処分の虞でも十分か。

a) 55条によると、証人は、個別の質問について、「それに対する回答により自己又は52条1項の定める親族が犯罪行為又は秩序違反行為により訴追される虞がある」場合には回答を拒むことができる。単なる推測又は抽象的な可能性だけでは、刑事訴追の虞を認めるために十分ではない。むしろ、152条2項の意味での嫌疑の端緒がなければならない（BGH NStZ 94, 499）。証人は、この権利についても教示されなければならない。証人がいかなる回答をしても訴追を受ける虞があるときは、回答拒絶権は、実際上全体的な証言拒絶権と同じ結果になる。

b) 懲戒処分を受ける虞は、法律の文言及び通説によると、供述拒絶権を根拠付けない。55条を類推適用できるかどうかは（OLG Köln StV 87, 537）問題である。

問357 以下の者は**証言拒絶権**を有するか。
a) 父親に対する刑事訴訟における非嫡出子。
b) 離婚した又は婚姻が無効とされた夫婦。
c) 二人姉妹のそれぞれの夫相互の間（義理の兄弟）。
d) 薬剤師。
e) ソーシャルワーカー。

a) はい。民法1589条1文と刑事訴訟法52条1項3号の結び付き。

b) はい。なぜなら、この点でも基準となる民事法の規定によると、「配偶者概念は手続法的に有効な婚姻の締結が前提」となるからである（BGHSt 9, 37）。後の離婚や婚姻の無効宣言は、52条1項2号に明示的に定められているように証言拒絶権を排斥しない。

c) いいえ。民法1590条1項1号によると、「配偶者の親族のみがもう一方の配偶者と親族の関係にある」。つまり、52条1項3号もこの場合は適用されない。

d) はい。現行の53条1項3b号は、国家によって承認された薬剤師に

も証言拒絶権を保障している。

e）いいえ。この職業群は、53条1項に列挙されていない。確かに、連邦憲法裁判所（BVerfGE 44, 353）は、非常に厳格な要件の下で基本法2条2項から直接に証言拒絶権を導き出すことは可能であると判示している。しかし、これは個々の事案における衡量に基づく場合に限られる。連邦憲法裁判所（BverfGE 33, 367）は、証言拒絶権を一般的にソーシャルワーカーに拡張することを否定した。

問358 10歳のAは、彼女の叔父Oに対する刑事訴訟で証人として尋問されることになった。
a) 10歳の子供は、そもそも証人になることができるか。
b) Aは、52条1項3号による証言拒絶権を教示されなければならないか。Aが証言拒絶権の意味をまだ理解できないとしても教示が必要か。
c) Aの叔父ではなく、父が被告人であった場合はどうか。
d) 裁判官は、鑑定人の高度な感情移入能力に信頼を寄せているとき、教示を鑑定人に委ねることができるか。

---

a）はい。基本的に証言不適格な人はいない。それゆえ、子供（及び精神疾患を有する者）は、自己が知覚したことにつき理解できる形で供述する能力がある限り証人になることができる。

b）Aに教示しなければならない（52条3項1文）。この場合、証人が証言拒絶権の意味を理解するために必要な精神年齢に達していないことが明らかであるときは、証人の法定代理人の同意を得なければならない。しかし、法定代理人の同意があった場合でも、証人自身が供述する意思のないことを表明したときは、その証人に尋問してはならない（52条2項1文。BGHSt 12, 235）。問150も参照。

c）この場合、証人の父親——これは利益相反のため——も母親も、証言拒絶権の行使につき判断することはできない（52条2項2文）。当該判断は、後見裁判所によって任命された後見人に任される（問150参照）。

d）許されない（BGH NStZ 91, 295）。しかし、裁判官は、専門的なことについて助言を受けることはできる。

問359 しばしば、裁判所及び公開の場への出頭は、子供の証人にとって重い心理的負担になり得るという指摘がなされる。立法者は、この点に配慮しているか。

はい。241a条によると、16才未満の証人の尋問は裁判長のみにより行われる。247条2文によると、子供の証人を尋問する場合、「被告人の面前では証人の福祉に著しい不利益をもたらす虞がある」ときは、被告人を退廷させることができる。また、裁判所構成法172条4号によると、16歳未満の者を尋問する場合は非公開とできる。

1988年の証人保護法は、更に二つの措置を可能にした。247a条によると、証人尋問の様子を、他の場所から公判へ映像と音声を中継できる。裁判所は、この措置を、証人尋問が公判出席者の面前で行われれば証人の福祉に重大な不利益を及ぼす虞がある場合に命令できる。更に、58a条1項2文1号は、16歳未満の犯罪被害者のために、証人尋問の録画・録音を行うことができる。そして、255a条2項に従って、この再生を、一定の留保の下で公判における証人尋問に代えることができる。

問360
a) Cと被告人は捜査手続では共同被疑者とされていたが、その後手続が分離された。Cは有罪が確定したが、被告人はようやく裁判が開始したところである。公判において、Cの義兄弟であるZが証人として尋問された。Zは52条1項3号により証言拒絶権を有しているか、この点について教示されなければならないか（したがって、教示を怠れば上告理由となるか）。
b) Zは、Cがこの間に死亡した場合も証言拒絶権を有するか。
c) 血縁関係にある被告人の無罪が確定した場合はどうか。

a) いいえ（BGHSt 38, 96）。確かに、確立した判例によると（BGHSt 34, 215 f. は参照）、共同被疑者・被告人の親族に引き続いて他の共同被疑者・被告人に対する手続においても証言拒絶権を付与するためには、以前に訴訟上の共同関係があったことで十分である。なぜなら、証人は統一してのみ証言を行うことができるものであることから、親族ではない以前の共同被疑者・被告人に対する手続における証言は親族に対しても影響を及ぼす

ことになるからである。しかし、本問のように親族の有罪判決が既に確定しているときは、証言拒絶権はもはや存在しない。なぜなら、この場合、そのような証人は証言することについてもはや何も恐れる必要がないからである（当該親族に対する不利益再審の可能性は、連邦通常裁判所がこれを慮外に置くほど極めて低い）。かつては、本問のような場合にも証言拒絶権が肯定されていたが、連邦通常裁判所は、この判決により以前の判例を変更した。

b) いいえ（BGH NStZ 92, 291）。連邦通常裁判所は、従前の判例（BGHSt 38, 96. 前述 a）に依拠して、親族の共同被疑者・被告人が死亡したときも証言拒絶権を否定した。「この場合、なおのこと、証言拒絶権は消滅したと考えなければならない。なぜなら、この場合——理論的には——共同被疑者・被告人に不利益な再審手続の可能性は考えられないからである」。

c) 連邦通常裁判所（BGH NStZ 93, 500）は、従前の判例（BGHSt 38, 96）に依拠して、証言拒絶権はこの場合にも消滅すると判示した。362条による万一の再審の可能性では足りない。

問361 弁護士Rは、以前に弁護士として被告人Aの相談を受け、代理人を務めたことがあった。Rは、Aに対して行われている刑事手続で証人として尋問された。Aは上告し、以下の理由でRの供述の使用は許されないものであったと主張した。その上告は認容されるか。
a) Rは、53条1項1文3号によるその証言拒絶権について教示されなかった。
b) Aは、Rに対し守秘義務を解除していなかった。
c) Rは、その供述により刑法203条1項3号による業務上の秘密侵害の犯罪を行った。

通説によると、全ていいえ。

a) 教示義務は、53条の場合には（52条3項1文、55条2項の場合と異なり）存在しない。なぜなら、立法者は53条に列挙された人はその証言拒絶権を知っていると考えたからである。

b) 判例によると、この点は重要ではない。それによると、Aによる証言承諾の拒絶は、Rに供述拒絶権を与えるが、その義務を生じさせるものではない。「被告人は証人が沈黙する権限を行使することにつき手続上の請求権を有していない」（BGHSt 9, 59）。更に連邦通常裁判所（BGHSt 15,

200）によると、裁判所は、証人に、供述の承諾の拒絶にもかかわらず事件について証言する意思があるかどうかを明示的に質問しなければならない。

c）判例及び通説によると、供述の実体法的可罰性は、その訴訟上の使用可能性を変更させるものではない。つまり、裁判所の面前での証言というだけで秘密公開に対する正当化事由となるわけではない。「しかし、守秘義務者による当該構成要件該当行為は……証言の手続法的許容性及び使用可能性に影響しない」（BGHSt 9, 59）。

Lencker, NJW 65, 321及び *Haffke*, GA 73, 65は、b及びcで説明した通説に対して、裁判官は証人に証言させるという形で可罰的行為の遂行に関与してはならないとの説得的な理由により反対する。

問362 裁判所は、医師であるX博士に対し、自分の夫より傷害を受けた被害者Bは医師としての守秘義務を解除したと告げた。しかし、実際は、Bはこの解除を撤回していた。Xは、これに応じて供述義務を負っていると考えて供述した（53条2項と1項1文3号の結び付き）。Xの供述は、Bの夫に対して使用可能か。

いいえ（BGHSt 42, 72）。なぜなら、裁判所による誤った教示は、手続の司法形式性を害するからである。53条は直接的には医師のみを保護しているという事情は、使用禁止を妨げるものではない。連邦通常裁判所は、55条をきっかけに発展した権利領域理論（問364参照）は53条、53a条の規定領域に転用することはできないと判示している。

問363
a）検察官は、日刊紙に掲載された略号広告の氏名及び住所を知りたい。しかし、新聞社は、依頼人の身元に関して秘密を守る義務があることを理由に情報提供を拒絶した。区裁判所の捜査判事の下に召喚された広告部門の担当者は、証言拒絶権を有するか。
b）雑誌に読者の手紙が掲載されたが、そこには外国の諜報機関の策略について警告されていた。出版社の編集部員は、秘密を明かさなければならないか。

a) 以下のとおりである (BVerfGE 64, 108)。53条1項1文5号は、直接適用されない。なぜなら、1項3文の証言拒絶権は、「編集部門に関わる寄稿、資料、素材、報告」であることが条件とされているからである。つまり、広告部門への情報提供者は、この限りでは保護されない。しかし、報道の自由の基本権（基5条1項2文）は広告部門にも及ぶので、制定法の規定を超えて直接的に報道の自由から証言拒絶権が導かれ得る。ただし、連邦憲法裁判所の見解によると、証言拒絶権が認められるのは、機能的な司法の要請と報道機関の秘密保持の利益との間のここで要求される利益衡量において、広告が例外的に報道機関の政治的監視機能を果たすか、又は公共の意見形成に貢献するものである場合に限られる。これによると、広告が純粋に経済上の私的利益に資するという通常の場合、依頼人の情報が明らかにされなければならない。

b) いいえ (KG NJW 84, 1133)。読者の手紙は、広告部門ではなく編集部門に属する。それは、公共の意見形成に役立つものであり、それゆえ53条1項1文5号、2文、3文、97条5項1文の保護を受ける。

問129、130も参照。

問364 Zは、Aに対する公判で証人として尋問されたが、その際、その回答によりZ自身が刑事訴追を受ける虞が生じる質問を受けた。しかし、V裁判長は、Zに55条による**回答拒絶権**を告知するのを怠っていた。Aは、一部Zの供述に基づいて有罪とされたため上告し、裁判所は55条2項に違反しており、判決は当該違反に依拠していると主張した。この上告は認容されるか。

この点は非常に争いがあるが、連邦通常裁判所（BGHSt 11, 213＝大刑事部）及び通説によると否定される。それによると、被告人は、（52条3項の場合と異なり）55条2項による教示が行われなかったことを上告の理由とすることはできない。なぜなら、55条の規定は被告人の権利領域とは関係なく、自己負罪を強制されてはならないという証人の利益にのみ仕えるものだからである（もっとも、連邦通常裁判所もこの「権利領域論」が一般的に妥当するものとは認めていない。BGHSt 42, 73, 77を見よ。権利領域論に反対の立場として *Roxin*, § 24 Rn. 20)。この理論に依拠するとしても、55条は被告人の利益に関係しないという前提は、その正当性について疑問がある。なぜな

ら、55条の定める状況において証人は自己に有利な供述をするという傾向があるために、当該規定はその真実性が元から非常に疑わしい供述から被告人を守るためのものでもあるからである（*Roxin*, §24 Rn. 36）。

問365 Ａは、刑事訴訟において、被告人として取調べを受け有罪とされた。裁判所が被告人の供述を信用しなかったのである。Ａは第三者に対する訴訟で証人として同一の出来事について尋問されたが、55条に基づいて証言を拒絶した。これは正当か。

いいえ（BVerfG NStZ 85, 277）。なぜなら、被告人は以前の訴訟で虚偽を述べ、今度は真実のことを告白したとしても、自身は既に有罪となっていることから彼に訴追の危険は及ばないからである。被告人が以前の供述を維持している場合、確かに、彼は刑法153条以下による捜査を受ける虞があるが、連邦憲法裁判所の見解によると、この危険は機能的な司法の利益のために甘受されるべきとされる（疑問である）。訴追の危険は、尋問の前に行われた犯罪に関するものでなければならない。また、前の有罪判決の事実認定は、拘束力を持たない。

問366 証人Ｚは、その尋問に当たり55条による回答拒絶権を行使した。これに応じて、Ｚに対して、彼が証人として供述しようとしなかった事情に関して捜査が開始された。今度は被疑者・被告人となったＺに対する手続において、証人のときに黙秘したことをＺの不利に評価してよいか。

いいえ（BGHSt 38, 202）。何人も自身の罪状立証を強制されないという原則は、136条において被疑者・被告人の黙秘に対して長い間承認されてきた使用禁止が回答拒絶の場合に拡張されることを要請する。なぜなら、そうでなければ、55条は証人を自己負罪の強制から保護しようとするものであるにもかかわらず、その証人に不利な形で利用され、それによって規定の趣旨とは反対の帰結がもたらされることになるからである。

問367 被告人Ａに対して、その娘Ｔに性的行為を行ったという起訴事実によ

り公判が開始された。Tは、公判で証言を拒絶した。しかし、Tは、既に警察による取調べ及び捜査判事の面前における尋問の際にAに不利な供述を行っていた。

a) Tが事前手続においてP警察官に対して供述したことにつき、Pを証人として尋問し、これに基づいて有罪判決を言い渡すことはできるか。
b) TがE捜査判事による尋問の際に供述したことにつき、Eを証人として尋問できるか。
c) 連邦通常裁判所の見解によると、Eを公判で証人として尋問することができるか。Tが公判で黙秘したことから、Eの前では彼女に不利な証言が行われたと推定してよいか。

a) いいえ（基本的に BGHSt 2, 99; 45, 203, 205. 確立した判例である）。確かに **252条**は、その文言によると、**公判において初めて証言拒絶権を行使した証人**の以前の供述調書を朗読することのみを禁じているように見える。しかし、この規定の目的は、以前の供述を心証形成の基礎とすることを完全に排除することにある。もし、供述調書の朗読はできないが、その代わりに朗読によって裁判所に知らせることが禁じられている内容につき尋問者を証人として尋問できるということになれば、当該規定の目的は無に帰し、252条は実際上意味を失うことになる。それゆえ、連邦通常裁判所は、正当にもライヒ裁判所の判例とは異なり252条から以前の供述の一般的使用禁止を導き出した。

b) 連邦通常裁判所は、Tが以前の裁判官による尋問の際に証言拒絶権につき適法に教示されていたならば、aで説明した原則の例外を認め、証人尋問当時の供述内容について裁判官を証人として尋問することを許している（BGHSt 2, 99; 48, 294, 297. 確立した判例である）。しかし、尋問が許されるのは裁判官のみであり、立ち会った司法修習生や書記官は許されないとされている（BGHSt 13, 394; BGH NStZ 93, 294）。この区別は、学理の支配的見解において正当にも批判されている。なぜなら、252条は、その者の親族に不利な供述をするかどうかの判断を最後まで証人に委ねる趣旨だからである。もし、証人が以前に行った負罪供述を尋問者の証人尋問を通じて親族に対して不利益に使用してもよいとするのであれば、当該権利は無意味になる。事前手続における尋問が裁判官によって行われたかどうかは、この点において重要ではない。それゆえ、正しくは252条の場合あらゆる

以前の供述の使用が許されないとすべきである（*Beulke,* Rn. 420; *Hellmann* Rn. 670; *Roxin,* § 44 Rn. 21）。

c） いいえ（BGH StV 91, 450）。証人は、裁判官が証人の黙秘から一定の推論を導き出すことができることを恐れなければならないならば、もはやその判断において自由ではない。

問368

a) 証人Zは、Xに対する刑事手続で捜査判事より尋問された。ZはXと婚約したため、公判では供述を拒絶した。そこで、捜査判事が証人として尋問された。これは正しいか。
b) 娘のTは、その父Vに毒が盛られた事件の被疑者・被告人として尋問された。Tは、防御のために、当該行為によりVの性的暴力を防ごうとしたと弁明した。そこで今度は、Vに対して性犯罪を理由とする刑事手続が開始された。TはVの公判で証言を拒絶した。Tが被疑者・被告人として行った以前の供述を、Vに対して使用できるか。
c) 捜査判事Eは、証人に対して、証人が被疑者・被告人の血族又は姻族であれば証言拒絶権があることを告げた。証人は、事実に反して親族関係を否定したが、公判では証言拒絶権を行使した。Eを、その者の面前で行われた供述に関する証人として尋問できるか。

---

a） 252条の使用禁止は、親族関係が証人尋問の後に発生したときも妥当する（BGH StV 88, 92）。これにより、本問では捜査判事の尋問は許されない（BGHSt 27, 231）。Zは尋問を受けた後に証言拒絶権を獲得したため、裁判官による教示の後で証言拒絶権を放棄していないからである。

b） いいえ（OLG Koblenz NJW 83, 2342）。252条は、証言拒絶者がその時点で証人として登場することのみ対象としている。以前の尋問の際に被疑者・被告人であった場合も含まれる。娘が父親に不利な証言をすることによってのみ自身の被疑事実に対して防御できるという場合、そうすることで自分の父親を刑務所に送り込まなければならないとするならば、それは252条の目的に反する。

c） 連邦通常裁判所の判例（BGHSt 32, 25）によると、はい。確かに、基本的には、証言拒絶権の放棄は証人が事前に裁判官から証言拒絶権につき教示されていた場合にのみ認めることができる。本問の場合、証言拒絶権

の教示は証人が虚偽の陳述をしたために行われなかったが、裁判官が証人に血族又は親族の場合は証言拒絶権を有することを摘示しただけで十分である（同旨 BGHSt 48, 294, 299 f.）。

問369
a) 警察は、殺人事件の解明のために、秘密連絡員に被疑者の周辺に潜り込むように指示した。秘密連絡員は、Aの婚約者からAが犯罪の凶器の所持人であるとの情報を引き出すことに成功した。婚約者は、捜査判事の面前及び公判で52条により証言を拒絶した。Aの有罪立証のために秘密連絡員の供述を使用できるか。
b) Aは、自分の子供Kを暴行したとして追及されている。Kは、公判で証言を拒絶した。そこで、検察官は、少年から自分の父親に何をされたかを聞いた二人の女性を証人として尋問することを申し立てた。これは許されるか。
c) Eの妻は、警察に電話をし、夫に暴行されていると告げて救助を求めた。Eが公判で証言を拒絶した場合、電話で聞いたことについて警察官を証人として尋問できるか。
d) 鑑定人に対する供述も252条に含まれるか。

a) 252条の禁止は、「公判で尋問された証人」の供述にのみ適用される。連邦通常裁判所（BGHSt 40, 211）は、使用可能性を肯定した。その理由は、秘密連絡員による情報の引き出しは尋問ではないので252条は適用されないというのである。尋問は、質問者が職務として証人と対面する場合に限られる（BGHSt 40, 213）。

また、欺罔があったにもかかわらず、証拠使用禁止は基礎付けられない。なぜなら、52条は被疑者・被告人の保護に仕えるものではなく、したがってその権利領域に関係しないからである。それにもかかわらず、この判決は疑問である。なぜなら、これは52条の潜脱であり、法治国家原理と合致し難いものだからである。

b) はい。公判で証言を拒絶した証人が尋問以外のときに行った発言は、無制限に証拠とできる。なぜなら、252条が考慮している証人の利益相反状況は、「証言義務を満たすために供述しなければならないか又は既に供述した範囲でのみ生じるのであり、証言義務を履行する意思からではなく任意に他人に対して発言した場合はこれに当たらない」からである

(BGHSt 1, 373; BGH NStZ 92, 247)。

c) はい。刑事訴追機関に対する自発的な発言も、252条の意味での尋問に該当しない（BGH NStZ 86, 232）。ただし、警察による「誘導的」又は「内密的」な質問の場合は異なる。なぜなら、尋問該当性は、警察がその捜査活動をどのように呼ぶかに依存するものではないからである（BGHSt 29, 230）。また、証人は確かに自発的に警察に電話したがこの機会に既に完全な供述が行われた場合（BayObLG NJW 83, 1132）、又は証人が夜間に出頭したときに尋問類似状況の圧力の下で供述した場合も結論は異なる。

d) 判例によると、補足事実に関する限りではい。この点について詳しくは問391を見よ。

問370

a) Oは、未成年の姪Nに対する性的虐待の罪により審理を受けている。12歳のNは証言拒絶権を行使したが、信用性の鑑定を依頼された鑑定人に対するその供述を公判で使用することには同意した。使用は許されるか。

b) 地方裁判所は、3歳の娘に対する傷害致死罪などで起訴された両親の公判で捜査手続で行われた裁判官尋問のビデオ録画を使用した。これは、死亡した娘の兄M（7歳）に対する尋問の様子を記録したものであったが、その際、親に代わって監護を委託された青少年局の職員がMのために52条による証言拒絶権を行使したにもかかわらず尋問が行われたのであった。両親の弁護人は捜査手続における証人尋問に立ち会ったが、両親自らはそこに立ち会っていなかった。当該ビデオ録画を判決の基礎に用いることはできるか。

a) 連邦通常裁判所の見解（BGHSt 45, 203）によると、はい（疑問であるがBGH NStZ 03, 498; BGHSt 49, 72, 75）。確かに、証人が証言拒絶権を行使するときは、補足事実に関する発言を鑑定人尋問を通じて公判に顕出することはできない（詳しくは問391）。しかし、このことは、証人が自身の発言の使用につき有効に同意したときは妥当しない。なぜなら、252条の証拠使用禁止は、証言拒絶権により追求される目的を確実にすることにのみ仕えるものだからである。しかし、52条は、尋問状況の特殊性から生じる葛藤からのみ証人を保護しようとするものである。第4刑事部は、証人が未成年であって裁判所が了解するよう働きかけた事案においても、反対の理由を認めなかった（これに反対する通説についての紹介は *Meyer-Goßner*, §252

Rn. 16a を見よ)。

b) いいえ。255a 条 1 項によると、それは準用される252条に抵触する（BGHSt 49, 72）。連邦通常裁判所の見解 (BGHSt 45, 203) に依拠すれば、52条 2 項 1 文により必要とされる M の使用の承諾が欠けている。録画・録音という質的により高い価値のある証拠方法が当時尋問に当たった裁判官の尋問という信用性の低いものに代替されなければならなくなってしまうという価値矛盾は、立法者のみ対応できることである。255a 条 2 項 1 文 (問359) も、顕出を許容していない。なぜなら、M の両親は、ビデオテープに記録された M の尋問に当たり当該規定が前提としているような関与の機会を持たなかったからである。

> **問371** 証人は出頭し、供述義務を果たす用意があるとする。証人尋問は法律のどこに規定されており、どのように行われるか。

法律は、57条～58a 条、68条～69条に**証人尋問**を規定する。これによると、証人尋問は以下のとおり進行する。

①最初に二重の教示が行われる。第 1 に真実を述べることと宣誓すべき可能性の教示、第 2 に虚偽供述に対する刑法上の帰結についてである（57条）。その際、宗教的意味を持つ宣誓と宗教的意味を持たない宣誓とで選択する機会があることも教示しなければならない。事件への呼出しに応じて出頭した全ての証人に対して一緒に教示できる。

②次に、全ての証人は一旦法廷から退席し、その後各自の尋問のために個別に、後で尋問される証人が同席していないところで再び呼び戻される（243条 2 項 1 文、58条）。このようにして、相互の影響が防止されるわけである。しかし、後の手続のために必要と思われるときは、証人相互を対峙させることもできる（58条 2 項）。更に審問者が後に証人として指名されこれを尋問したとしても、58条に違反するものではない。

③尋問自体は、人定に関する質問から開始する（68条）。その際、証人又は証人の親族の不名誉になり得る質問又は証人の私的生活領域に係る質問は、「それが不可欠である場合に限り」行うことができる（68a 条 1 項）。前科については、それが60条 2 号による宣誓をさせないために又は信用性判断のため必要な場合に限り質問できる（68a 条 2 項）。

④これに続いて、事件に関する質問が行われる（69条）。その際、まず証人に、審理の対象と被疑者・被告人の人定について説明しなければならない。次に、証人は、要証事実について知っていることを脈略を持って説明することとされている。これに続いて、全ての訴訟関係人は、更なる事実の解明及び補完のために個別の質問を行うことができる。136a条は、尋問の全ての段階で遵守されなければならない（69条3項）。

> **問372** 証人尋問の際、①57条による真実の警告及び宣誓の教示が行われなかった。②裁判長は、58条1項に反して、後で尋問すべき証人の同席の下で証人尋問を行った。③裁判長は、自分の知っている証人について人定に関する質問を怠った（68条）。④裁判長は、不必要に証人の名誉を害する質問を行った（68a条）。
> a）被告人は、このような違反を理由に上告できるか。
> b）証人が69条に違反して専ら質問形式によって聴取され、脈略を持った報告をする機会を与えられなかった場合はどうか。

a）通説は、これら全てを「努力規定」と理解している。それゆえ、これらに対する違反は337条の意味での法律違反ではなく、上告理由にならない。もっとも、判例によると、個々の事案において、こうしたやり方が裁判所の事案解明義務に反し、その結果上告が244条2項を通じて認容される可能性がある。例えば、同時に他の証人が同席していることによりその供述の真実性を毀損した疑いが生じるとき（BGH MDR 55, 396）、又は人定を怠ったため判決に影響を及ぼすべき人の取り違えにつながったときなどがこれに該当する。

b）69条1項1文は強行法である。なぜなら、脈絡を持った供述のみが、完全かつ影響されない物事の描写を可能にするからである（RGSt 74, 35. これに従うものとして BGH NJW 53, 35）。つまり、69条1項1文の違反は、337条により提起された上告理由を支持するものとなる。

> **問373** 証人Zは、尋問の際、自分も加わっていた数年前の飲食店での喧嘩の出来事についてもはや思い出すことができないと述べた。しかし、Zは、事件直後に警察の面前で極めて詳細な供述をしており、それが調書に録られてい

た。この以前の供述を**朗読**の方法で証拠として公判に顕出することは許されるか。

はい。通説（BGHSt 3, 199; 11, 338参照）によると、253条は、証人が記憶を欠き又は他の方法では確認又は解消できない以前の供述との矛盾が生じたとき、「以前の調書化された供述を……朗読の方法で直接に証拠の基礎とすること」（BGHSt 11, 338）を認めている。裁判官によらない調書もこれによって無制限に証拠とできることから、この点で直接主義に対する懸念すべき広範な例外が存在する。それゆえ、証人が朗読後にその供述を確証しないときは、それでもなお以前の供述を使用するためには、事案解明義務（244条2項）により、通常は当時の取調官を証人として尋問する必要がある（LR/*Gollwitzer*, § 253 Rn. 2）。書証のこの形式と裁判官による書証との区別について問301～303番参照。

問374 証人の供述について、公判で尋問が行われるのではなく、既に行われた尋問の調書を朗読することにより判決の基礎にできる場合はあるか。

251条はこれらに該当する場合を取り扱っており、253条と並ぶ証人尋問における直接主義の二つ目の例外である（当該規定は、鑑定人や共同被疑者・被告人の供述に関する調書にも妥当する）。

以下のとおり区別される。

① 「裁判官以外」による証人尋問の調書及びその他の供述書は、2004年第1次司法現代化法による改正後の251条1項（以前の2項）により、以下の場合に朗読できる。

・被告人に弁護人が付されており、検察官及び弁護人と被告人も朗読に同意している場合（1号）。
・証人が死亡した場合又はその他の理由から裁判所によって尋問できる見通しが立たない場合（2号）。
・記録又は書面が財産損害を対象とする場合（3号）。

② 「裁判官による」尋問調書は、251条2項（2004年までは1項）により、以下の場合に公判での尋問の補完として朗読できる。

・証人が公判に出頭することが不可能である場合、又は非常に遠方であ

るためそれが期待できない場合（1号、2号を読むこと）。
・弁護人、被告人、検察官がそれに同意した場合（3号）。

以上の場合、朗読は裁判所の決定により命じられなければならない（251条4項1文）。尋問調書及びその他の証明に役立つ書類は、自由な証明の対象範囲に限り、つまり手続法上の問題を明らかにするという場合には、裁判所の決定を要せず、また何らの制限もなく朗読できる（251条3項）。もっとも、この場合も、事実関係の解明（244条2項）に必要であるときは証人本人が尋問されなければならない（BGH NStZ 88, 37）。

問375
a) 警察は、犯罪組織の構成員Xを秘密連絡員とすることに成功した。当該組織の構成員に対する刑事訴訟において、警察は、Xの住所を明らかにし証人として出頭させることを拒絶した。Xの安全が脅かされる危険があるというのがその理由である。裁判所は、本人に尋問できないことを理由に、251条1項2号により当該秘密連絡員の供述書を朗読できるか。
b) 権限のある内務大臣は、96条により証人を秘匿したため、証人を公判に呼び出すことができなくなった。そこで、裁判所は、当該証人を公判外で受命裁判官により尋問させることを考えた。上級官庁は、これを、証人の人物に関しては秘密にすること及び被告人の弁護人は尋問に立ち会わせないことという条件の下で承諾した。この制限は許されるか。
c) 証人が96条により秘匿されたため、被告人は、準備した質問項目を証人に提示して答えを求め、その答えを伝聞証人によって公判に顕出させるよう申し立てた。しかし、裁判所は、この申立てを却下した。これは正当か。
d) 2001年9月11日にニュー・ヨークで起きた政治テロに関与したことに対する刑事責任を問う手続において、裁判所は、アメリカ合衆国政府から送付されてきた、外国の秘密の場所に拘束されているアルカイダ幹部の供述の要約書を提示した。合衆国政府は、この証人に対する直接の尋問を拒絶していた。要約書を公判で朗読することは許されるか（OLG Hamburg NStZ-RR 05, 380）。

a）直ちにはできない。まず、証人を適切な保安措置の下で出頭させるか、又は少なくとも受命裁判官による尋問を実施するよう試みなければならない（BGHSt 29, 109; 30, 34; 33, 178; KG StV 95, 348）。247a条、255a条（問359）の制定以降、遮蔽措置をおいての視聴覚機器を用いた尋問も可能であ

る。これは、欧州人権条約6条3項d号により法的に必要となり得る（BGH NJW 03, 74; BGH NStZ 04, 345; 05, 43. BGHSt 32, 115, 124はこれと異なる見解であった）。これが不可能な場合に限り、裁判所は、証言拒絶の意思表明を受け入れなければならない。しかし、その点について、警察ではなく上級官庁のみが意思表明を行うことができる（96条の類推。この点につき問330参照）。その場合、朗読は許されるが、事実から離れたこの証拠方法の価値は、裁判所により特に慎重に吟味され、注意深く評価されなければならない（BGHSt 33, 178）。このような場合、秘密連絡員の尋問を求める証拠申請も、入手不可能性を理由に（244条3項2号）拒絶できる。（問304、330も参照）。

b） 68条2項によると、証人自身又は第三者に危険が及ぶときは、証人に対して自宅の住所の代わりに事業所、職場その他の召喚可能な住所を申し出ること（68条2項1文）、また公判では自宅の住所に関する陳述をそもそも行わないこと（68条2項2文）を許可できる。更に生命、身体、自由に対する危険があるときは、証人に「人定に関する陳述を行わないこと、又は以前の本人確認事項についてのみ陳述すること」を許可できる（68条3項1文）。しかし、この場合、証人は、公判でどのような資格において供述すべき事実を知るに至ったかについての質問に答えなければならない（68条3項3文、4文）。あらゆる場合に、それにより1項から3項の保護措置が潜脱されない限り（*Hilger*, NStZ 92, 459）、証人に対しその信用性を確認するための質問を行うことができる（68条4項）。

これに対して、弁護人をその意思に反して証人尋問から排斥することは、依然として許されない（BGHSt 32, 115＝大刑事部は、その限りでなおも有効である）。弁護人の立会権は、168c条2項からの帰結である。224条1項2号は、当該立会権ではなく、通知義務の制限にとどまる（BGHSt 32, 115, 128）。

c） いいえ（BGH NStZ 93, 292）。被告人は、240条2項及び欧州人権条約6条3項d号により証人に質問する権利を有する。証人の遮蔽は、証人の匿名性が守られるべき限りでこの質問権を失わせるものではない。

d） ハンブルク高等裁判所の見解によると、251条1項2号はこれを許すものとされている。確かに、本問の要約書は、尋問調書ではなく、また関係証人の供述書でもない。しかし、251条1項2号に対して要請される緩やかな解釈を行うならば、要約書はこれらと等しいものとされなければ

ならない。確かに、有罪立証がそのような陳述書のみに基づくことは許されない。しかし、限定的解釈により、証人の供述について書面による陳述を通じて被告人に有利な事実を証明する可能性を制限すべきではないとされている。問88のb及び330のbも参照。

問376 証人の第3の基本的義務は、**宣誓義務**である。
a) 2004年第1次司法現代化法により、どのような点で基本的な変更が行われたか。
b) 公判とその前の手続段階とで違いはあるか。
c) 証人は、供述の前に宣誓を行うか又は後で行うか。

a) 以前は、宣誓が原則でその省略は例外であり、そのための理由説明が必要であったが、現在は、59条1項1文に「証人は、裁判所が結論を左右するほどの供述の重要性ゆえに、又は真実の供述を引き出すためにその裁量により必要と考えるときに限り宣誓させることができる」と定められている。

b) 宣誓は、59条2項2文により、基本的に公判で行われる。準備手続(捜査手続、中間手続、場合よっては公判準備手続)では、62条に59条1項1文に付加すべき補足的な要件が定められている。すなわち、遅滞の危険が存在するか又は証人が公判に出頭することが妨げられる見込みがある場合である。加えて、証人に宣誓させる理由は公判調書に記載しなくてよいが、公判外では記載が必要的である(59条1項2文)。

c) 刑事手続では、事後の宣誓と定められている。すなわち、「証人の宣誓は、その者の尋問後個別に行わせる」(59条2項1文)。

問377
a) 前述のとおり、現在、宣誓は原則として裁判所の裁量による。裁判所が宣誓させることを禁じられる場合はあるか。
b) 証人が良心的理由から聖書に依拠しての宣誓を強く拒絶した場合、どのように取り扱われるか。

a) はい。60条によると、宣誓未成年者、すなわち子供及び16歳未満の

未成年者の場合、並びに宣誓無能力者、すなわち病気又は障害のために「宣誓の本質及び意味につき十分に理解できていない場合」（1号）、及び手続対象となっている犯罪の正犯又は共犯、これに接続する犯罪の犯人（刑257条、258条、259条～260a）との嫌疑がかけられている者（2号）には宣誓させてはならない。更に61条は、52条1項に記載する親族に、本人が証言することを承諾していた場合でも証言に対する宣誓を拒絶する権利を付与している。これは、当然、裁判所も拘束する。

b） 連邦憲法裁判所（BVerfGE 33, 23）によると、ここでも宣誓するよう強制してはならない。法律は、65条において、証人はこの場合その責任を自覚した上でのみ供述が真実であることを裁判所の前で「保証」しなければならないという形で、このような判断を考慮している。しかし、虚偽に真実を保証した場合の刑法上の効果は、偽証の場合と同じである（刑155条1号）。

問378

a）商人Kは、詐欺罪により起訴された。Kに雇われているZは、公判で初めて証人として事件についての尋問を受けた。ZはKに有利な証言をしたが、裁判所はZの供述を信用できないと判断した。それは、Zがそのような供述により処罰妨害未遂の罪に問われるというほど疑わしいものであった。
裁判所は、Zに、59条1項1文により真実の供述を引き出すために宣誓をさせようとしたが、検察官は、60条2号を指摘してこれに懸念を示した。この懸念は正当か。
b）Zが以前の公判期日に処罰妨害に当たる偽供述を行っていたが、これがもはや刑罰を免除する効果によっては修正できないときはどうか。

---

a）いいえ（BGHSt 1, 360）。60条2号の宣誓禁止は、公判で初めて処罰妨害未遂について罪に問われる疑いがある犯人庇護供述を行った証人には適用されない。なぜなら、60条2号は、証人が既に強制された状態にある場合、真実に即した供述はもはや宣誓義務を課しても強制して得ることができないことが前提となっているからである。

しかし、Zは、尋問開始時点にはまだそのような強制状態にはなかった。それゆえ、Zが宣誓義務により真実に即した正しい供述を行う気になることがまだ期待できる。また、ライヒ裁判所が時折述べていたような、

被告人に有利な信用性のない供述だけで宣誓を防げるという見解は、非常に不公正なものである。「なぜなら、被告人に不利益であると共に信用できない供述の場合に、法律上は宣誓が排除されないからである」。加えて、「宣誓をさせない場合、被告人にとって通常は不利となる不当な証拠評価の先取りとなろう」(BGHSt 1, 360)。

b) この場合、60条2号による宣誓禁止が妥当する。なぜなら、Zは、このような状況に特徴的な強制的状態に置かれているからである（BGHSt 34, 68）。

問379 問378の設例において、Kの有罪判決の後、証人Zに対し、処罰妨害未遂罪により公訴が提起された。公判において、Kの他の従業員であるYが証人として尋問された。Yには、Kの詐欺を幇助した疑いがある。裁判所は、Zに非常に有利なYの供述がなされた後、Yに宣誓させるべきかどうかを審査しなければならない。どのように判断されるべきか。

Yの宣誓は、60条2号により許されない。なぜなら、Yは、Zの犯罪への関与を疑われているからである（BGHSt 4, 255）。すなわち、60条2号にいう「審理の対象となる行為」の概念は、被疑者・被告人に追及されている法律上の構成要件と同じではなく（ここでは刑法258条であり、Yはその実現に関与していない）、歴史的事象のうち起訴された行為の構成要件が実現されたもの全体を含むものである。処罰妨害罪の追及を受ける者に対する訴訟において罪責問題は先行行為の解明やその可罰性の認定なくして判断できないものであるから、処罰妨害行為とその先行行為とは1個の歴史的事象を形成する。それゆえ、訴訟法上の意味において1個の「行為」である（「行為」概念について問200、201、477〜484も参照）。

「関与」の概念は、この訴訟上の意味における「行為」に関係する。ここで、関与は、刑法25条以下の共犯形式と同じ意味ではなく、「行為」に際して可罰的な方法で被疑者・被告人と同じ方向で関与した者、又はそうした関与が疑われている者は全て関与者に当たる（この場合、嫌疑は弱いものでも足りる）。そのような「同じ方向での関与」は、共同正犯や幇助犯に加えて、処罰妨害又は犯人庇護〔隠避〕により援助された者と処罰妨害又は犯人庇護の行為者との間に認められる。なぜなら、先行行為者の処罰を

妨害した者は、その犯罪行為によりまさに法益侵害を引き起こしているからである（BGHSt 4, 256, 257）。この点、本問の場合、YはZと同じ方向において（すなわちKの有利となるように）、事象全体において可罰的な方法で行為した疑いがある。それゆえ、Yには同一の行為に関与した疑いがあり、宣誓させることはできない。このことは、立法者の基本的な考え方にも合致する。これによると、「そうすることで供述の信用性が高められることにはならない」場合には宣誓が排除される。本問は、このような場合に当たる。なぜなら、Yは、「被疑者・被告人が追及されている行為とY自身に嫌疑がかけられている可罰的行為との密接な関連性に鑑みれば、真実が隠されることに理由があるからである（BGHSt 4, 255. これを引き継ぐものとして BGHSt 21, 147）。

問380 AとBは、自動車で衝突した。Aは、過失道路交通危険罪により起訴された。Aは、公判において、証人として尋問を受けているBに責任を転嫁しようとした。Bに宣誓させることができるか。

連邦通常裁判所（BGHSt 10, 65）は、ここでも、Bを60条2号にいう関与者と認めてその宣誓を禁止した。本問の場合、衝突の事象が単一の行為を構成するという点に問題はない。むしろ、問題は、「同一の方向において」関与したかどうかという点である。なぜなら、両者はまさに対抗関係にあり、共謀した者ではないからである。しかし、連邦通常裁判所（BGHSt 10, 67）は、「過失によって行われた犯罪行為の場合、意識的な関与であるとしても、意思の特定の方向性は対象にならないことから、複数の人の同一方向性の関与は、方法や関与がそれぞれの関与者ごとに異なっていたとしても、同一の権利侵害結果を引き起こすことに寄与したときは、既にそれだけで認められる」と判示している。過失の疑いは十分であるから、60条2号は、証人が「明らかに又は証明可能な程度に有責的に関与していない」という場合に限り適用されない（BGHSt 10, 70）。連邦通常裁判所は、その見解の根拠として、主に事故に関与した証人において、「通常はその後に続く損害賠償訴訟を顧慮すると」、その供述について必要とされる中立性が期待できないために、宣誓強制がその者の供述の信用性を高めるものではないという点を挙げている。

問381 商人Kに対する大規模詐欺による公判において、特にKの従業員であるLが証人として尋問された。裁判所は、差し当たり、LがKの犯罪の関与者であるとの疑いを抱き、60条2号により彼に宣誓をさせなかったが、その後の審理及び判決評議において、LはKの詐欺に何ら関係していないとの心証を得た。
  a) 宣誓させるかどうかの判断は、裁判所の事項か又は裁判長の事項か。
  b) 本問の場合、裁判所は、宣誓についての判断を追完しなければならないか。
  c) 上告が宣誓させなかったことを理由とする場合は認容されるか。
  d) 逆に、証人の宣誓の後に60条により宣誓を妨げるべきであったことが判明した場合、裁判所は、どのような手続を採らならなければならないか。

 a) 確立した判例によると、裁判長の訴訟指揮権（238条）から、裁判長が「まずは単独で」宣誓させるかどうかについて判断すべきものであり（BGHSt 1, 216. いわゆる裁判長の先行判断）、これに対して不服があるときに初めて、238条2項により裁判所の判断を求めることができる。この点は非常に争いがあり、特に2004年改正後の59条1項1文も明示的に裁判所の裁量に委ねられていることから疑問である（詳しくはSK/*Rogall*, §59 Rn. 19以下を見よ）。しかし、いずれにせよ裁判長に暫定的な判断権限を与えるのであれば、このことから、238条2項を知らないがゆえに裁判所への不服申立てを怠った訴訟関係人がそれゆえに上告権を失うという結論を導き出すことはできない（この問題点について問248及びBGH NStZ 84, 371参照）。

 b) はい（BGHSt 8, 155）。261条によると、判決は公判全体に依拠すべきものである。それゆえ、公判が終結するまでは、宣誓が必要であったかどうかが検討されなければならない。

 c) 例外的に証人に宣誓させるかどうかの判断は、59条1項1文により裁判所の裁量に委ねられており、それゆえ、今日では原則としてもはや上告の理由とならない（*Meyer-Goßner*, §59 Rn. 13）。もっとも、裁判所が裁量の限界を守ったかどうかの事後審査は、依然として上告により求めることができる。

 d) 裁判所は、判決発見に当たり供述を宣誓されていないものとみなさなければならない。また、このことは公判において関係人に告知され、当該事実は調書に記録されなければならない（BGHSt 4, 130; BGH StV 86, 89）。つまり、判決理由中にそうした供述を宣誓されていないものとして

評価したことを記載するだけでは足りない。その前に、法及び手続の状態の変更を明確にし、Kにその防御を適合させ、場合によっては新たな証拠申請を行う機会を与えなければならない。さもなくば、本問の場合も上告が認容されることになる。

> **問382** 証人は出頭しているが、供述を拒絶した場合はどうなるか。また、供述は行ったが、法律上の理由なくその供述につき宣誓しようとしない場合はどうなるか。

その法的効果は、70条に規定されており、51条が正当な理由なく出頭しない場合につき定めていることと類似している（問353のb参照）。連邦通常裁判所（BGH NStZ 84, 31）は、裁判所の配慮義務（問349のc①参照）から、事実審裁判官は法律上付与されている強制措置の使用を義務付けられていないと結論付けている。

10 鑑定、検証、書証

> **問383** 鑑定人とは何か？

鑑定人とは、「公判裁判所の補助者」である（BGHSt 9, 292）。鑑定人は、具体的に以下のようなことを行う。

①裁判所のために、「特別の専門知識によってのみ知覚され、又は遺漏なく理解・評価できる」事実を認定する（BGHSt 9, 292）。例えば被告人の血中アルコール濃度は1.5‰であった、遺体には殺鼠剤の痕跡があったなどである。

②裁判所に科学的知識を報告する（多くは経験則であるが、歴史的又は自然法則的な事実や状態も含む）。例えば毒物Xは10mgで人を死亡させるに足りる量となる。

③自身がその専門知識によって得た事実から科学的法則に従って推論する。例えば死体を解剖した結果、死亡は事実x、y、zに基づいて起こったに違いないことが判明した。

問384
a) 鑑定人は、証人とはどう違うか。
b) 鑑定証人とは何か。

a) この区別は難しい。証人は事実を報告するが鑑定人は推論をするという命題は、常に妥当するわけではない。なぜなら、特別の専門知識に基づく事実認定は、鑑定人の活動に属するからである。また、証人は過去に訴訟外でなされた経験について供述するが、鑑定人は手続内で裁判所のために自ら認定を行うとの公式も、確かに多くの場合に当てはまるが、常にそうだとは限らない。例えば、刑事手続の中で裁判所の依頼を受けてある建物の窓ガラスが壊されているかを確認しこれを報告する場合、それは証人であって、鑑定人ではない。なぜなら、このような認定には特別の専門知識が必要ないからである。この場合、検証補助者と呼ばれる。しかし、通常の場合、前述の事例で鑑定人の活動に関して述べたことを手がかりに区別できる。

b) 「鑑定証人」とは、その供述が過去の事実又は状態に関係し、それを知るためには特別の専門知識を必要とする者である。鑑定証人は、鑑定人の特徴（特別の専門知識）と、証人の特徴（過去の事実の認識）とを併せ持つ。しかし、立法者は、鑑定証人を専ら証人に関する規定に入れている（85条）。これは適切である。なぜなら、そのような認識を持つ者は代替性がないことから、選択及び交代が可能であることを考慮した鑑定証拠に関する規定はこれに適さないからである。

問385
a) 裁判所は、ある要証事実の認定が特別の専門知識を必要とする場合、常に鑑定人を呼ばなければならないか。
b) 法律が鑑定人の召喚を明文で規定している場合はあるか。
c) 法律が検証補助者の関与を命じている場合はあるか。

a) いいえ。基本的にそうではない。前述（問328、333）のとおり、鑑定人の尋問を求める証拠請求は、「裁判所自身が必要な専門知識を備えている場合」に却下できる（244条4項）。しかし、裁判所が自身に必要な専門

知識があると誤信したため鑑定人を呼ばなかった場合、これは裁判所の解明義務に違反する。例えば真実を発見するために、少年である証人の信用性を評価することを目的として児童心理学者を鑑定人として呼ぶことが必要となる場合がある（BGHSt 2, 163）。このようなことが怠られた場合、244条2項の違反を理由とする上告が認容されることになる。

b) はい。そのようなものとして、次の五つが挙げられる。

①被疑者・被告人を精神病院、禁絶施設に収容し、又は保安監置に付することが予想されるときは、起訴前手続においてはできる限り、公判では必ずこの問題について鑑定人の意見聴取が求められている（80a条、246a条、415条5項1文）。

②被疑者・被告人の精神状態を観察するための公立精神病院への収容は、鑑定人の意見を聴取した上でのみ行うことができる（81条。問143参照）。

③検視には原則として1名の医師が立ち会うこととされ、死体解剖は2名の医師によらなければならない（詳細は87条〜90条を見よ）。これらの医師は、鑑定人として職務を行う。

④毒殺の疑いがある場合（91条）。

⑤通貨及び有価標章〔有価証券等〕偽造の疑いがある場合（92条）。

c) はい。例えば女子の身体検査を行う場合（81d条）。この場合は女子〔又は医師〕を立ち会わせるが、それはその専門知識を必要とするためではなく、社会的作法を考慮して付されるものである。

問386 被告人と検察官は一致して、D博士を医師としての鑑定人に任命するよう申し立てた。
a) 裁判所は、この申立てを許可しなければならないか。
b) 被告人は、自身の信頼する鑑定人を裁判所が召喚する意思がない場合でも、証拠調べにおいてなおその（自己の信頼する）鑑定人の意見聴取を求める機会を有するか。

---

a) いいえ。73条1項によると、「召喚されるべき鑑定人の選択とその数の決定」は、裁判官により行われる。これは、一貫したものである。なぜなら、裁判官は244条4項1文により証拠請求を却下できるのであれば、その特別の知識が事実の解明のため最もよく期待できる鑑定人を召喚

する権限も持っていなければならないからである。73条2項は、そのような選択権の制限を定めているが、それは強行規定ではない〔したがって、これに反しても無効とはならない〕。

b）はい。被告人は、自ら鑑定人を召喚できる。その結果、出廷した鑑定人を在廷証拠としてその尋問を求める請求があった場合、この請求は245条2項に列挙された理由がある場合に限り却下できる。73条は、245条の範囲では適用されない。

> **問387** 切手の偽造が問題となっている訴訟において、裁判所は、法学者であるX教授を鑑定人に任命した。Xは切手収集を趣味とし、その分野でも権威者であった。Xは、切手の出自及び真正性について求められた鑑定を行わなければならないか。

いいえ。75条によると、鑑定人に指名された者は、法律に定められた特定の場合に限りその鑑定に従事しなければならない。

Xはただ趣味で切手に関わっていただけの者であるから、法定された四つの類型に該当せず、それゆえ、鑑定人として従事することを拒絶できる。また、鑑定人は、52条〜55条の要件が備わっている場合も（つまり証言拒絶権、回答拒絶権に準じて）相応の拒絶権を持つ（76条1項1文）。更に裁判所は、申立てがあれば、別の理由からも（例えば過剰な負担を理由に）鑑定人の鑑定義務を解除できる（76条1項2文）。このような証人との違いは、鑑定人の代替可能性から理由付けることができる。

> **問388** 捜査手続において、死因を判定するために鑑定人の協力を求めることが必要となった。
> a）検察官は、鑑定人を任命できるか。
> b）検察官より他の事件で呼ばれた鑑定人は、裁判所からも鑑定人として任命されることができるか。

a）はい。73条は鑑定人の選択は「裁判官により」行われると定めているが、161a条1項2文により検察官の任命の場合に準用されている。

b）はい。判例によると、検察官の委嘱を受けて事前に活動していたこ

とは忌避理由にならない（問390参照）。ただし、検察官は、初めから被疑者・被告人の信頼も得ている鑑定人を選択することが望ましい。

問389
a) 鑑定人Sは、裁判所の任命により鑑定の報告を義務付けられた。Sは、この場合、証人と同様に出廷し、供述し、宣誓する義務を負うか。
b) 検察官も、77条の強制的措置を採ることができるか。

a) Sは、基本的に全ての義務を負う。72条により、鑑定人には、特別の定めがない限り「証人の章」の規定が準用される。もっとも、鑑定人は、これらの義務に違反した場合でも、費用の賠償及び秩序金を科せられるのみである（77条1項1文、2文）。これらの処分は、必要な場合は1回に限り繰り返すことができる（77条1項3文）。相当な期間内に鑑定を行わない鑑定人に対する強制措置について77条2項参照。鑑定人に対する秩序金が支払われない場合にこれに代わる秩序拘禁、出頭しないときの勾引、理由のない供述拒絶又は宣誓拒絶に対する強制拘禁の命令は——証人の場合と異なり（51条、70条）——許されない。

b) はい。161a条2項1文が77条を参照していることから明らかである。

問390
被告人は、裁判所が任命した鑑定人は証明問題の評価に予断を持っていると考えた。それゆえ、被告人は、裁判所の鑑定人を予断の虞を理由に忌避したいと思っている。
a) そもそも鑑定人を忌避できるか。
b) 鑑定人にも、裁判官の場合と同様に（22条、23条）法律上の除斥理由はあるか。
c) 手続において証人として供述した者は、そのことを理由に鑑定人として忌避されることがあるか。
d) 鑑定人は、30条の類推により「回避」も可能か。
e) 鑑定人の忌避は、裁判官の場合と同様（25条）一定の期間に拘束されるか。

a) はい。裁判官の忌避の場合と同じ理由で（74条1項1文）。証人にはない忌避可能性も、鑑定人にはその代替可能性から導かれる。

b) はい。ただし、87条2項3文が定める場合に限る。これによると、

当該医師が死者をその死亡の直前に処置していた場合、この者に医師としての鑑定人により行われるべき死体解剖を委託することはできない。その他、裁判官の場合に除斥されるべき理由は、鑑定人の場合には忌避申立てによって主張されなければならない。

c) いいえ。これは、74条1項2文が明示で定めている。同条項は、22条5号の例外に当たる。

d) 直接的には、いいえ。しかし、76条1項2文は、裁判所に、そのような場合において鑑定人にその義務を解除する権限を与えている。

e) いいえ。83条2項は、鑑定人はその鑑定を報告した後でもなお忌避され得ることを定めている。

問391 被告人Ｖは、自身の娘Ａに対する被保護者への性的虐待罪と近親相姦罪（両罪は行為単一の関係）の公訴事実により起訴された。その際、Ａの供述の信用性を評価するために、心理学者Ｈが鑑定人として呼ばれた。Ｈは、公判でその鑑定を報告したとき、特にＡが事実経過について自分に語ったことも陳述した。裁判所は、判決認定に当たりこの供述を使用した。
a) この手続は許されるか。
b) 鑑定人は、被検者であるＡにその証言拒絶権及び必要とあれば検査拒絶権について教示しなければならないか。
c) Ａが公判でその証言拒絶権を行使していた場合はどうか。
d) 252条は、鑑定人が自身に対するＡの供述から獲得し、自身の鑑定の資料とした鑑定結果（所見）事実の使用も禁止するか。

a) いいえ。鑑定人がその鑑定の資料とする事実認定（いわゆる「**連結前提事実**」）は、二つの類型に分けられる。すなわち、①鑑定人がその専門知識に基づいてのみ認識できる事実（発見された専門調査事実）と、②裁判所自身も用いることができる認識手段及び証明手段をもって認識できる事実（付加的事実）である。

①「専門調査事実」には、「人の身体及び態度、犯行現場、その他外形的事情に関しての鑑定人の自然科学的な知覚、病歴の専門的所見及び医師としての鑑定、人の身体的又は精神的状態からののその者の行動に関する推認（例えば血中アルコール濃度から走行態様を推認）などが含まれる。連邦通常裁判所の判例では、このような事実については公判でそれに関する更

なる証拠調べを行うことなく使用可能であることが認められている」(基本的なものとして BGHSt 9, 22)。

②しかし、「付加的事実」の場合は異なる。そこには、特に犯罪事象を対象とする事情で、鑑定人がその対象となる証人 (BGHSt 18, 107) 又はその家族 (BGHSt 9, 292) への質問によって得たものが含まれる。そのような事情は、鑑定人、被鑑定人、又は質問された第三者が証人として尋問されるということによってのみ、適法に公判に持ち込むことができる (前掲以外で BGHSt 13, 1; 250; BGH NStZ 82, 256; 93, 245)。これは、証拠調べにおける直接主義から導かれる (BGHSt 9, 292)。この原則は、確かに、通説によると間接証人の尋問を禁止しない (問304参照)。しかし、鑑定人はそれ自身、「証人」ではなく、裁判所自身の知覚機関である。その知識は、他の証言とならぬものと置き換えることができない、個別の裁判所構成員の私的に又は職務上得た知識と同様である。つまり、Hは、犯行事実に関して、証人として尋問され宣誓しなければならなかった (BGH NStZ 86, 323)。

b) はい。52条3項1文及びこれを参照する81c条3項1文は、教示を要求している。つまり、鑑定人も教示をしなければならず、これが欠ける場合には供述及び検査結果は使用不能となる (BGH StV 96, 195 und 196)。

c) この場合、252条について判例より展開された原則によると (問367以下参照)、鑑定人は、その面前でなされたAのこのような付加的事実についての供述に関して、鑑定人としても証人としても尋問されてはならない (BGHSt 13, 1; 18, 107; 45, 203, 205 f.; 46, 189)。使用禁止は、鑑定人の面前での供述が民事訴訟又は非訟手続で行われた場合にも妥当する (BGHSt 36, 384; BGH NJW 98, 2229)。使用の承諾について問370のaを見よ。

d) 判例によると、証人が鑑定人より質問される前に裁判官からその証言拒絶権について教示されていた場合、専門調査事実の使用は禁止されない (BGHSt 11, 97; BGH NStZ 96, 145)。連邦通常裁判所は、このことを鑑定人の裁判官の補助者としての地位から導いている。それゆえ、「一定の範囲で」鑑定人の面前で行われた供述を裁判所の面前での供述と同様に扱うことができる (BGHSt 11, 99 f. 批判的見解として *Wohlers*, StV 96, 192)。

問392

貴方が裁判所の委託により鑑定人として鑑定を行うことになったとせよ。

a) 鑑定人は、裁判所に対してその意見を口頭で述べなければならないか又は書面の提出で足りるか。

b) 鑑定人は、鑑定準備のために記録を閲覧すること、警察及び検察官による証人又は被疑者尋問に立ち会うこと、またその際に質問することを許されるか。

c) 鑑定人は、公判に同席できるか。

d) 鑑定人は、同時に証人でもある場合でも、前述の同席権が保障されるか(58条1項参照)。

e) 鑑定人は、自分がいかなる点にその鑑定を及ぼすべきかが全く不明の場合は裁判所に尋ねることができるか。

a) 鑑定は、大抵の場合、書面を作成して裁判所に提出される。しかし、口頭主義からは、その書面は公判で朗読されなければならないことが導かれる(例外について256条を見よ)。

b) はい。これらのことは、80条によりその要求に応じて鑑定人に許すことができる。それらは、裁判官の解明義務において必要という限りで——すなわち、そうしなければ鑑定人は十分に判断資料を得ることができないとき——必ずなされなければならない。

c) はい。80条2項は、手続の全段階に適用される。

d) これは、裁判官の裁量に委ねられる。公判全体への関与が鑑定に役立つという場合、原則として58条は鑑定証拠の必要性に劣後せざるを得ない(RGSt 22, 434)。

e) はい。78条によると、裁判官は、「自身がそれを必要と判断する限りで、鑑定人の活動を指揮しなければならない」。この指揮には、一義的に鑑定人より回答されるべき証明問題の範囲を適切に定めることが含まれる。

問393

Aに対する刑事訴訟において、Aが犯行時に完全に酩酊しており、したがって責任無能力の状態(刑20条)であったかどうかが問題となった。鑑定人SはこれをAについて否定し、限定責任能力(刑21条)のみ認めた。

a) 裁判官は、Sのこの見解に拘束されるか。

b) 裁判所は完全酩酊を否定し、判決理由について「全面的に鑑定人の意見に賛成する」とだけ述べた。これで足りるか。

a） いいえ（BGHSt 7, 238）。鑑定人の鑑定も自由心証主義（261条）に服しており、裁判官は、その信用性について審査しなければならない。連邦通常裁判所が強調するように、このことは鑑定人より認定された結合事実についてだけでなく、その「医学的所見や推論」についても妥当する。しかも、「特別の科学的専門分野」が対象とされる場合さえである（BGHSt 7, 239）。もっとも、裁判所は、その心証形成に当たり科学的基準から離れてはならない（BGH StV 93, 234）。

b） いいえ。なぜなら、そのような形式的な「依拠」では、裁判所が実際に自ら証拠評価を行ったかどうかが明らかにならないからである。確かに、時折「裁判官の審査は、鑑定人はその専門分野における信頼できる代表者であるか、そして、それゆえにこの領域において彼の専門知識が信頼できるものであるかということに限定されることは許される」（BGHSt 7, 238, 239）。しかし、そのような場合でも、刑法20条に該当するかどうかという問題は、いぜん裁判官による当てはめの課題である。つまり、裁判官はSに「丸投げ」することを許されず、判決において少なくともSの説明を再現し、「正しい法的観念を基礎としていることを示さなければならない」。そうでなければ、「裁判官が裁判の重要な部分についての責任を、そのような責任を負うものではない他者に委ねている」という虞が存在することになる（BGHSt 7, 240）。

問394 証人及び鑑定人による「人的証拠」と並んで、検証及び文書による「物的証拠」がある。
  a) 検証証拠には、どのようなものがあるか。また、検証はどのようにして行われるか。
  b) 書証は、検証とどのようにして区別されるか。
  c) 立法者が、「鑑定と検証」を一つの章にまとめた理由は何か。

a）検証証拠は全ての物を対象とし、生きている人や死体も、その存在、状態、性質により裁判官の心証形成に影響を及ぼし得る限りで対象と

なる。ある交差点での交通状況などという事象も対象となる。検証は、感覚的知覚によって行われる。つまり、視覚（例えば犯行現場の視察）だけでなく、聴覚（例えば機械の騒音）、味覚（例えば腐った食べ物）、嗅覚（例えば排気ガス）、触覚（例えばナイフの鋭利さ）を駆使して行われる。

b）刑訴法上の**文書**とは、全ての書面のことをいう。この概念は、刑法267条の文書概念と比べて、一面では証拠記号〔文字によらない観念の表示〕を含まないことから狭く、他面ではその作成者の認識可能性が重要ではないことから広い。書証の本質及び検証との違いは、このような書面はそこに表示された思想内容によって裁判官の心証形成に影響を及ぼすという点にある。つまり、例えばある文書に消去された痕跡があるか、その文書が損壊されているか、またその程度はどうかといった認定が問題となる場合、それは検証証拠であり、文書の問題ではない。

c）特に80条〜93条は、裁判官による検証と鑑定との様々な組合せを含んでいるからである（例えば87条参照）。そもそも、鑑定証拠は、歴史的には専門家である「裁判官の補助者」による検証から派生したものである。

問395 警察官は、謀殺事件が発生した直後に犯行現場に到着し、そこで死体と事件のあった部屋を検証してその印象を詳細に記録した。
a）この検証調書は、公判で朗読し、判決発見のために使用できるか。
b）裁判官による検証調書は、249条1項2文により一般的にその朗読が認められている。これは、法律が証人や鑑定証拠の場合に251条、253条、254条で許すよりも相当広く、直接主義の例外を認めるものである。このように規定される理由は何か。

---

a）いいえ。249条1項2文は、裁判官による検証調書の朗読のみ許している。つまり、裁判所は、当時犯行現場にいた警察官自身を直接尋問するという方法しか採ることができない。これは、もはや検証証拠ではなく、250条により取り調べられるべき証言である。

b）それは、特に、証拠喪失の危険が相当大きいことによる。殺人が行われた部屋や、交通事故現場などは、公判の時点では、大抵実行された犯罪の痕跡がもはや残されておらず、それゆえ検証は既に不可能だからである。公判準備の段階で先取りして行われる検証が広く許されることについ

て（225条）、公判中にそこから離れた犯行現場へ赴くことは訴訟関係人全体にとってしばしば困難に過ぎるという考えもその根拠の一つとなっている。

> **問396** 周知のとおり、裁判所は、時折公判中でも検証を実施し、例えば犯行現場での期日を定めることもある。
> a）その内容について調書を作成し、「目の当たりにした客観的状態」が記述されなければならないか。
> b）裁判官は、公判外でも、例えば散歩中に犯行現場を見るなどのことを許されるか。そのような場合、裁判所の検証として使用可能であるか。

a）いいえ。86条は、調書の作成を指示しその内容を基本的特徴において規定しているが、これは、公判外での裁判所の検証のみに適用されるものである。公判中の場合、検証は直接の証拠調べの構成要素であり、その調書化は271条以下に従って行われるべきものとされている。これによると、確かに検証が実施されたことは調書に記載されなければならないが、その結果を記載する必要はない（273条1項、2項）。

b）裁判官は、このような観察を禁じられていない。しかし、これは裁判所の検証ではない。それゆえ、公判外で得られた知識を使用することは直接主義に違反する（問297のcも参照）。つまり、裁判官は、そのような知識を質問や弾劾のためにのみ利用することができ、証拠として使用することはできない。

> **問397** 被告人Aは、故殺罪により起訴された。Aは、既に捜査手続において警察官Pの面前で自白を提供し、それはAの同意を得て録音されていた。そこで、この録音テープを公判で使用できるか、またそれはどの範囲で可能かという問題が生じた。
> a）そもそも、録音テープの再生によりどのような種類の証拠が提出されることになるのか。Aの供述、書証、裁判官の検証のいずれか。
> b）録音テープを公判で再生することにより、その内容を判決発見に当たり使用できるか。
> c）録音テープは、公判において、Pの証人尋問に際しその弾劾の目的で再生できるか。

a) 公判で再生された**録音テープ**は、公判における A の供述と評価することはできない。なぜなら、公判における供述は、話し手が話しているときに裁判所がこれを観察できることを条件とするからである。それゆえ、第三者の以前の供述も、証言の方法で再生することはできない。録音テープは書証となるものではなく、また書証について定められた規定を類推適用して使用を許されるものでもない（争いがある）。なぜなら、録音記録は、一般的に偽造される虞が大きい、つまり採取された供述が切断や再録により内容的に随意に事後点検できない形で改ざんされてしまう可能性が存するからである。したがって、今日の通説は、録音テープを単に検証の客体と考えている。

b) この問題は否定されなければならない。58a 条、255a 条は、証人の保護に資するべきものであり、被疑者・被告人に転用できない。しかし、244条以下は、刑訴法は基本的に「訴訟法上許される供述者より発せられた思考内容の証明のためには、およそ検証証拠を許容しておらず、むしろそのためには専ら供述又は文書による証明のみ」を許すものであることを示している（同旨として *Eb.Schmidt*, II, § 244 Nr. 80. 全く明快とは言えないものとして BGHSt 14, 339）。そう解さないと、禁止される書証のいずれもが文書を検証の対象として公判へ持ち込むという方法に代えることができてしまう。つまり、文書の朗読が254条により（又は証人の供述調書が251条、253条により）許されているとしても、録音の内容を判決の基礎とすることは許されない。これに対して、録音の再生は、A がその供述をした当時「ドイツ語に堪能であった」という事情を証明する目的である場合は許される（BGHSt 14, 339）。なぜなら、それは検証として行われ得る問題だからである。

c) はい（BGHSt 14, 339）。そもそも判例の弾劾実務が肯定される限り、録音はこの目的のために許されざるを得ない。なぜなら、この場合、録音が証拠方法として利用されるわけではないからである。もっとも、この場合、判決のために使用されるのは録音内容ではなく、証人（その他の場合として被告人）が自身に提示された録音に基づいて述べたことだけであるという点は厳格に遵守されなければならない。それゆえ、連邦通常裁判所の見解は広過ぎる。これによると、証人が録音テープ採取の真正性を認める場合、その内容は「これにより同時に証言の構成部分」になるとされる（BGHSt 14, 341）。使用可能であるのは、証人がこの時点で——録音テープ

の助けを得つつも——思い出すことができたことだけである。それ以上の使用は、判例より弾劾について展開された原則（問301、302参照）に適合しない。

問398
a) 弁護士Rは、虚偽宣誓罪及び当事者に対する背任罪の教唆未遂により起訴された。裁判所には、証拠として録音テープが提出されている。そこには、公訴の対象であるRの発言がその会話相手より密かに記録されていた。この録音テープは、公判で再生しRに対する証拠として使用できるか。
b) 密かに撮影された写真は、ある税務署の検査官が彼の監視する賭博場で紙幣を窃取したとの事実を証明するために使用できるか。

a) 連邦通常裁判所（BGHSt 14, 358）は、この問題を否定した。今日、刑法201条により可罰的とされる秘密録音は、聴取された者の人間の尊厳及びその一般的人格権を侵害するということが認められている。それゆえ、そのような録音は、基本的に、その他、その証拠としての重要性に関わりなく、刑事訴訟においていかなる形でも使用されてはならない。この点について、その録音が訴訟外で第三者より作成されたものか又は刑事訴追機関がその捜査活動の範囲で作成したものかは重要ではない。しかし、この原則は、無制限に妥当すべきものではない。その例外として、例えば録音が正当防衛又はそれに類似した状況で適法に行われた場合（例えば子供を誘拐した犯人の身代金を要求する電話が録音される場合）が挙げられる。それ以外でも、多くの場合に、利益衡量から秘密録音の訴訟上の使用が許される場合が導かれる。連邦憲法裁判所は、確立した判例において、私的生活形成における不可侵の核心領域を認めている。この領域は、国家が侵入することは許されず、およそ利益衡量の対象外とされている（BVerfGE 34, 238, 245; 80, 367, 373; 109, 279, 313）。しかし、この領域外では、「共同体と関係し、共同体に結び付けられた市民として……全ての人は、公共の優越した利益のために、比例原則が厳格に遵守された下で行われる国家の処分を甘受しなければならない」（BVerfGE 34, 246）。「純然たる私的生活領域」から秘密で行われた録音の使用は、それが公共の優越する利益により必要とされる場合、例えば危険な重大犯罪の犯人を識別するという目的のためには

許される（BVerfGE 34, 249. この点について問399も参照）。

　この基準によるとしても、本問では使用禁止が肯定されなければならない。確かに、録音された発言はRの私的領域から生じたものではないが、公共の利益がその使用を圧倒的に要求するわけでもない。これに対して、連邦通常裁判所（BGHSt 36, 167）は、私人が密かに作成した録画テープを重放火罪の証明のため使用することは許されると判断した。なぜなら、ここでは生命に危険のある重大な犯罪が対象となっているからということである。これ以外では、秘密に採取された録音テープの使用は、証拠としてだけでなく弾劾目的でも禁じられていると考えなければならない（BGHSt 36, 167は、この問題を判断していない）。

　b）はい（OLG Schleswig NJW 80, 352）。なぜなら、写真の密かな撮影は、私的生活形成の領域に介入するという場合に限り、個人の人格権を侵害し得るものだからである。しかし、本問では営業の検査が行われたにすぎない。

問399 Aは、ドイツ経営者連盟会長S氏誘拐及び謀殺事件への関与を理由に起訴された。裁判所は、Aが犯人であることを解明するために、Aの声紋と発話法がSの誘拐後捜査機関に電話してきた誘拐犯人のものと一致するかどうかを鑑定人に調査させることを考えた。Aが声の録音への同意を拒絶したため、管轄の高等裁判所は、Aと彼が収容されている拘置所の所長との会話をAの意思に反して密かに録音させることを決定した。
　a）この手続は適法か。
　b）採取された録音テープを訴訟で使用できるか。

---

　a）いいえ（BGHSt 34, 39）。秘密録音は、一般的人格権への介入であり、それが刑事手続における強制処分として使用されるべき場合には特別の授権根拠が必要である。しかし、本問ではそれが欠けている。

　①本問では、81b条の「その他これに類する処分」には当たらない。なぜなら、81b条によると、一定の身元確認行為の消極的な受忍が要求されるのみであり、音声テストのような自己の罪状立証への積極的関与までは要求できないからである。また、81b条は公然たる強制処分のみを定めたものであるが、本問では欺罔が用いられている〔密かな行為である〕。

②100a条の類推適用は問題にならない。なぜなら、通信傍受は基本法10条の権利への介入であるが、本問の場合、基本法2条1項1文の権利への介入であり、双方は匹敵するものではないからである。

③最後に、刑法34条も授権根拠となるものではない。なぜなら、国家が刑法34条を援用することが全く否定されるわけではないとしても、それは危険回避の領域においておよそ異常な状況にのみ適用されるだけであり、刑事訴訟において罪状立証の手段として用いられるべきものではないからである。そうでなければ、利益衡量に基づいた介入権限の法規定が潜脱されるものとなる。

b) いいえ（BGHSt 34, 39）。確かに、証拠収集禁止に対する違反が常に証拠使用禁止につながるわけではない。しかし、秘密に録音されたテープは、連邦憲法裁判所の判例によると（BVerfGE 34, 238）、通常なら行われるべき刑事訴追利益と被疑者・被告人の利益との衡量にかかわらず、それが私的生活形成の不可侵の領域に触れるものである場合にはおよそ使用不能とされる。本問ではそれに該当する。なぜなら、そう解さなければ、Aは、非合法の手段による罪状立証に対してあらゆる会話を控えることによってしかそれを避けることができなくなってしまうからである。そのようなことは、人間の尊厳に反する。

問400 **書証**について、検証証拠との違いは前述したとおりある（問394のb）。
a) どのような種類の文書が、刑事訴訟において証拠方法としてとくに問題となるか。
b) 書証の取調べは、どのように行われるか。
c) 書証による証明は、常に許されるか。

---

a) 最も重要なものは、いわゆる「設権的文書」である。これは、そこで観念された内容自体により、直接に犯罪構成要件を充足するものである（人を誹謗する内容の手紙、ポルノ又は国家を危殆化するパンフレット、文書による虚偽告訴など）。これに加えて、「報告文書」が挙げられる。その内容として、犯罪行為について証明上重要なことが報告されるものである（被疑者・被告人又は証人の犯行事象に関する手紙又は日記など）。更に時折、法律業務上の意思表示がなされたもの（契約書、手形など）や、手続事象に関して

記載されたもの（例えば事前手続又は他の訴訟における状況が記載されたもの）が重要になることがある。

b）公判で朗読することによる（249条1項1文。そこに挙げられた「その他の書面」は、事柄上同様に文書である）。朗読要求は、口頭主義による。しかし、249条2項により一定の場合に朗読を省略できる。

c）いいえ。250条以下は、直接主義による制限を定めている。250条2文によると、基本的に、知覚した本人（証人又は鑑定人）の供述を「前に行われた尋問について作成された調書又は書面による陳述の朗読に代えること」はできない。その例外は、251条、253条、254条に定められている（問301以下参照）。

問401 Aに対して、強姦罪による刑事手続が行われている。その公判において、被害者OがAの行為により被った傷害に関するD博士より作成された医師診断書が朗読された。
Aは、第1審で有罪とされたため上告し、前記朗読は不適法であったと主張している。これは正しいか。

はい（BGHSt 4, 155）。Dは、証人（又は鑑定人）として、被害に関して尋問されなければならなかった。これは、250条2文に定められた直接主義から導かれるとおりである。確かに、256条1項2文は、朗読の例外を認めている。同条項は、「医師の診断書は、それが重い傷害でない場合に朗読を許しており、医師個人を聴取する必要はない」としている。しかし、本問は、この例外の場合に当たらない。なぜなら、256条は、――一般に認められているとおり――刑事手続の目的が刑法223条、224条、229条、340条〔3項は除く〕による傷害の訴追にある事案のみに適用されるのであり、刑法226条〔重傷害罪〕、227条〔傷害致死罪〕、340条3項〔公道上の傷害における準用規定〕を理由とする手続には適用されないからである。この規定の意味は、これら軽い傷害の認定が問題となる事案では、医師に対して裁判所に出頭することの負担を避ける点にある。しかし、本問のような強姦罪による手続では、一義的に「証人〔被害者〕は身体傷害を受けたかという単純な認定ではなく、むしろある傷害からいかなる推論が導かれるべきかという回答が著しく困難な点が問題となる。この点において、証人尋問

を診断書の朗読に代えることができないことは明らかである」(BGHSt 4, 155)。

判決がこの手続の誤りに基づいていた可能性〔上告の可能性〕もある。なぜなら、D博士は証人として召喚されていたならば口頭でどのようなことを述べたであろうかなどということは、およそ認識できるものではないからである。

問402 詐欺罪を理由とする手続において、被告人Aの責任能力に疑いが生じた。裁判長は、この問題についての証拠調べの範囲で、国立病院の医師がAについて作成した鑑定書につき公判でその内容〔のみ〕を示した。Aは、この手続を不服として上告した。
a) Aは、鑑定書を作成した医師は公判で鑑定人として尋問されなければならなかったと主張している。これは正しいか。
b) また、Aは、鑑定書は少なくともその全文が朗読されなければならなかったとも主張している。〔裁判長が〕自分の言葉で単に要約を述べるだけでは信用性がないというのである。Aのこの主張は認容されるか。

---

a) いいえ (BGHSt 1, 94)。本問では、256条1項1a号が、250条の原則に対する例外として適用される(その他の例外について256条1項1号～5号参照)。確かに、鑑定書を「医師の診断書」として朗読することはできない。なぜなら、傷害罪を理由とする手続ではないからである。しかし、国立病院は「公的機関」であり、その供述書又は鑑定書は、それぞれ知覚した本人を尋問することなくその朗読を許される。このような直接主義の例外が認められる理由は、立法者の見解によると、公的機関のこのような公表は知覚者本人の尋問が必ずしも必要ではないというほどに信用性が高いという点にある。もっとも、個別の事案では、それでもなお事実の解明のために本人に対する直接の聴取が必要となることもある (BGH NStZ 93, 397)。

b) いいえ。249条2項は、明示的に裁判官及び参審員が書面の内容を認識しており、その他の関係人もそれを知るための機会を得ていた場合に朗読の省略を認めている。253条、254条の場合はそのような省略が除外されているが、256条の場合は除外されていない。

問403
a) 被告人Aは、見ず知らずの女性を強度の殴打によって殺害した。その罪状立証のため、Aの日記帳が使用された。これは、Aの住居で発見されたもので、そこには「女性に対する犯罪の実行」が検討されていた。この〔日記の〕使用は適法か。
b) 麻薬犯罪で起訴された被告人を、未発送の手紙——そこには彼が医師に宛てて自分の薬物依存性を記述していた——により罪状立証することは適法か。

a) 連邦通常裁判所（BGHSt 34, 397）は、この証拠調べを許した。確かに、連邦通常裁判所第4刑事部は、その以前の裁判例（BGHSt 19, 325）において、ごく内密の手記を証拠として使用することは人間の尊厳及びその人格の自由な発展〔に向けた権利〕（基1条、2条）に対する侵害に当たると認めていたが、その制限も許していた。使用不能とされるのは、手記が個人の人格的領域から記述されたものに限られ、例えばその犯罪や被害者の数について書かれたものなどはその対象とはされない。また、人格的領域においてさえ、自己の秘密領域に向けた個人の利益が国家の刑事訴追の利益に対して衡量上優越していることが条件とされている。本問の評価は、この点に依拠することになる。連邦通常裁判所は、重大な犯罪の場合（本問では謀殺罪）、刑事訴追の利益が優越するものと判断している（BGHSt 34, 397, 401）。

この判例の問題点は、連邦憲法裁判所が示す「三段階説」との関係にある。連邦憲法裁判所は、秘密の録音テープと平行する〔同種の〕事案について、三つの領域に区別した（BVerfGE 34, 238, 245 ff.）。

①基本法2条1項と1条1項の結び付きは、全ての市民に私的生活形成の不可侵の領域を保障しており、そこに公権力の作用を及ぼすことはできない。優越する公共の利益が認められる場合でさえ、私的生活形成のこの核心領域への介入は正当化されない。

②しかし、私的生活の全ての領域がこの絶対的な基本権保護の下に置かれるわけではない。むしろ、全ての市民は、国家の介入が、公共の優越する利益において比例原則を厳格に遵守して行われる場合、それが私的生活形成の不可侵の領域を侵害するものでない限りで、これを甘受しなければならない。

③最後に、連邦憲法裁判所は、——録音採取に関連して——話された言葉がその私的な性格を失う場合があることを認めている。

この核心領域論は、連邦憲法裁判所の近時の判例でも再びその意義を認められている（BVerfGE 109, 279, 314 ff.; 113, 348, 390 ff. は見よ）。また、現在では、100c 条 4 項、5 項に法律上の具体化も図られている（問166を見よ）。もっとも、連邦憲法裁判所（BVerfGE 80, 367）は、本問事案で被告人の憲法抗告を 4 対 4 の同数判断で棄却した。しかし、その論拠は説得的ではなく、4 人の裁判官の一致した意見で論破された〔多数ではない〕意見によるものであった。

b) いいえ（BayObLG NStZ 92, 556）。この手紙は、被告人の内心領域に関係している。それゆえ、その使用は基本法 1 条 1 項、2 条 1 項に違反する。

11　調　書

問404　「公判について調書に記載し、裁判長及び書記官がそこに署名しなければならない」（271条 1 項 1 文）。まず、関連する規定の**概観**を示しなさい。続いて、何が調書に記載されなければならないか、また刑事手続における調書の意義はどのような点にあるのかを検討しなさい。

271条から274条は、公判調書に関する規定である。271条は署名、272条、273条は調書の内容、274条は調書の証明力について規定している。

①272条は、調書の内容に関して「手続の外形的事項」につきどのような情報が記載されなければならないかを定めている。審理の場所及び日時、起訴された犯罪、全手続関係人の氏名、審理の公開又は非公開について記載されなければならない。

②これに対して、273条は、「審理経過」の調書化を規定する。273条 1 項によると、調書は「公判の経過及び結果をその主要な点において再現し、重要な手続が全て遵守されたことを明確にする」ものでなければならない。273条 2 項 1 文は、刑事裁判官単独裁判及び参審裁判所では（つまり第 2 の事実審は別として、法律審たる上級裁判所の場合を除く）、更に尋問の本質的な結果も調書に記載されることを要求する。上訴が許されない場合に限り、この記載は不要である。273条 3 項は、また「公判における事象の認

定又は供述や発言の内容」が問題となる限りで、その「完全な録取及び読み上げ」も定める。

③274条は調書の「証明力」を定めるが、これは実務において非常に重要な規定である。公判について定められた規定が遵守されていたことは、調書によってのみ証明することができる。調書の内容に反してそれが誤りであるとの証明は許されず、ただそれが偽造されたことの証明のみ許される。これにより、274条は上告理由として最も多く主張される規定の一つである。弁護人は、重要な手続に関する調書の記載が怠られていたかどうかの審査のみ求めればよく、それが現実に遵守されていたかどうかまで問題とする必要はない。ただし、この広い証明力は、272条、273条1項にのみ適用されるのであり（本質的な手続遵守部分に限られる）、273条2項、3項により記載されるべき点には及ばない。

問405 調書は、273条1項により、特に全ての「本質的な手続の遵守」を明らかにするという重要な任務を負っている。この点をどのように理解すべきか、例を挙げて説明しなさい。

本質的な手続の遵守とは、手続の適法性に意味のある全ての訴訟行為を対象とする（KK/*Engelhardt*, § 273 Rn. 4）。そこには全ての申立て、朗読された全ての書面、公開性を排除した後のその再開（BGH StV 94, 471）、裁判や判決主文に関する内容が含まれるが、公判において裁判所に周知である事実の検討（BGHSt 36, 353）や被告人の初回供述（BGH StV 94, 468）などは含まれない。被告人が当初は黙秘していたが後に初めて事件について供述したとき、これも手続遵守の本質部分に当たる。なぜなら、これによりその供述が初めて証拠となるからである（BGH NStZ 95, 560）。

問406 書面による調書の代わりに、公判を録音することは許されるか。

2004年の被害者の権利を改正するための法律により、区裁判所での手続では、裁判長は、本質的な尋問結果の調書化——本質的な手続遵守の部分ではない——に代えて個別の尋問を録音するよう命じることができるようになった（273条2項2文）。この録音は、上訴された場合、控訴審で323条

2項の基準に従って書面による調書に反訳し、改めて尋問する代わりにそれを朗読できる（323条2項6文、325条）。これに対して、上級審の手続では、刑事訴訟法は、民事訴訟法（民訴159条1項1文、160a条1項）とは異なり録音調書を定めていない。

168a条2項、168b条2項は、事前手続における裁判官及び検察官の調査行為に関して、録音機による仮の記録を許している。しかし、その場合、審理の終了後に遅滞なく従来型の調書が作成されなければならない（168a条2項2文）。

> **問407** Aは、まだ幼い自分の娘Tに対する性犯罪により有罪判決を受けた。Aは、上告により61条の違反を主張した。Tは宣誓拒絶権に関する教示を受けることなく宣誓を行ったとの理由である。この手続違反は、調書にはそのような教示に関する記載がなかったということによって証明された。教示が行われなかったことは裁判に本質的な影響を与えた、すなわち裁判所は証人が宣誓しなければその供述を信頼しなかったであろうという理由である。
> a) 上告趣意が届いた後で裁判長及び書記官が署名した修正書が調書に添付されたが、これによると、証人は、その宣誓拒絶権について適切に教示されていた。上告は認容されるか。
> b) 修正が上告提起の後、しかし上告趣意が届く前に行われていたらどうなるか。

a) はい（BGHSt 2, 125）。274条によると、当初の調書によって宣誓の教示が行われなかったことが証明され、その証明は現実にはどうであったかにかかわらない。もっとも、事後的な**調書修正**の機会が認められている。それは、法律に定めはないが、判例により271条で定められた二人の発行者（裁判官と書記官）が別途添付されるべき修正書に共同で署名した場合に認められているものである。しかし、そのようにして判例上認められている修正は、それが上告理由の到達後に行われその根拠を失った場合には許されない。以上から、本問では宣誓の教示は行われていなかったものと認定され、この瑕疵に基づいた上告は認容されなければならない。

b) 連邦通常裁判所（BGH JZ 52, 281）によると、この場合には修正が許される。これは重要である。なぜなら、本問でも、既に提起されていた上告が事後的に成果を得ないものとなるからである。

> **問408** 有罪判決を受けたAの弁護人Vは、上告理由を準備するため裁判記録を見ていたところ、公判調書が欠けていることに気がついた。調書は、Vが事実審裁判官に照会した後も見つからないままであった。
> Vは、上告理由において、調書が欠けているためAは手続事象をその手続違反の点について検討することができないと主張した。例えば証人が規定どおりに宣誓したかどうかを確認することができないというのである。この点で重要な手続違反の存在が推定される。
> この場合、上告は認容されるか。

いいえ。調書の欠缺だけでは上告理由にならない（BGH NStZ 91, 502）。上告は、本質的な手続事象が行われなかった又は手続が遵守されなかったことに基づくことができるが、それらが記録されていなかったことに基づくことはできない。その結果、上告が認容され得るのは、具体的な手続違反が証拠を付して主張される場合だけである（344条2項2文の文言を参照。瑕疵を含む事実が主張されなければならない）。その主張がなされたときに、調書が欠ける事案においては、274条の証拠法則に代わり上告裁判所による自由な証明による評価が行われる。しかし、特定の手続違反を主張することなく単に「調書の異議」を述べることは、元から許されない（BGHSt 7, 162）。なぜなら、調書〔の証明力〕は「訴訟関係人に手続違反のあら探しを可能にさせるために規定されたものではない」からである（RG HRR 1940, Nr. 317）。それゆえ、この機会が妨げられても、上告理由にならない。

> **問409** 裁判長は、公判で尋問された証人を、その宣誓について裁判することなく解放した。被告人は、その裁判の懈怠を、上告によって法的瑕疵があると主張した。それは認容されるか。

この問題は、現在、連邦通常裁判所の部ごとで争いがある。2004年第1次司法現代化法以来、宣誓をしない尋問が原則となり宣誓は例外的となった（問376）。しかし、同法の政府草案では、事実審裁判官は宣誓に関する裁判を行い、このことは手続の本質部分の遵守として調書に記載しなければならないと述べられていた（BT-Dr. 15/1508, S. 23 zu § 59）。連邦通常裁判所の第1刑事部及び第3刑事部は、その見解に従っている（BGH StraFo

05, 244; BGH NStZ 05, 340)。これに対して、連邦通常裁判所第2刑事部（BGH NJW 06, 388）は、証人に宣誓をさせないことの裁判は、2004年の制度変更以後は、手続関係人が宣誓に関する申立てをしたときだけ必要であるとの見解に立っている。

> **問410** Aに対する公判は複数の期日に及び、それぞれについて個別に調書が作成された。第2回期日に関する調書には、地方裁判所の裁判官Rが第2陪席裁判官として挙げられていたが、別の期日に関する記録には、地方裁判所の裁判官Zが第2陪席裁判官として記載されていた。338条1号及び5号に基づく上告では、226条違反が主張されていた。公判は常に判決発見に関わる人が所在する下で行われなければならないというのである。調書により、はっきりと、裁判所は第2回期日にZの代わりにRをもって構成されていたということが証明された。しかし、裁判長及びZの職務上の陳述によると、Zは第2回公判期日にも関与していた。上告は認容されるか。

いいえ（BGHSt 16, 306）。正しく作成された調書のみが、274条の**証明力**——それは、272条により調書の冒頭に記載されるべき形式的事項にも及ぶ——を発揮する。明白かつそれ自体では説明がつかないような調書記載の矛盾は、その範囲に限り法廷記録から274条の証明力を奪う。連邦通常裁判所の見解によると、そのような矛盾は本問でも認められる。なぜなら、「法律は公判に関与する裁判官の交代を許しておらず——裁判所構成法192条2項に定められた補充裁判官を関与させる機会は別として——、この禁止は実際に無視されてもいたからである」（BGHSt 16, 306）。その際、相互に論理的に排他的な意味での矛盾が存在している必要はない。

つまり、この場合、274条の証拠法則は自由な証拠評価に置き換えられる。その証拠評価から、関与した裁判官の職務上の陳述に基づくと、非難された手続違反は存在しない。それゆえ、上告は認容されない。

> **問411** 強姦罪（刑177条2項1号）により有罪判決を受けたAは、上告により手続の公開性に関する規定の違反を主張している。すなわち、調書には、法廷の入口に「公開」と表示され、判決宣告前に「再び公開とします」と記述されていた——しかし、公開性排除の手続及び理由については記載されていなかっ

た。Aは、公開性は実際に排除されていた——しかし、それについての決定が公開の法廷で理由を示して宣告されていなかった——と主張している。このような手続は、裁判所構成法171b条、172条、174条1項2文、3文に対する違反であり、338条6号によって判決破棄をもたらすこととなる。裁判官は、一致して公序良俗を害する虞を理由として公開性排除の決定を宣告し、実施したと説明している。上告は認容されるか。

いいえ（BGHSt 17, 220）。本問では、問412とは異なり、調書の記載に矛盾ではなく空隙がある。なぜなら、公開性の再開がはっきりと宣告されていたならば、事前に一度公開性が排除されていなければならないからである。そのような場合も、連邦通常裁判所の見解によると、「明らかな空隙がある場合、法廷調書は274条の証明力を失う」（BGHSt 17, 221）。つまり、裁判所は、Aが主張する公開性排除に際して手続違反が生じていたかという問題に関して、自由な証明の方法で自身に与えられた全ての認識源を駆使して解明しなければならない。連邦通常裁判所は、この事案で、裁判所職員の信用性ある陳述により公開性は適切に排除された、それゆえ338条6号の上告理由は存在しないと判断した。これによると、上告は認容されない。

問412 Aは、虚偽宣誓罪により起訴された。公判では、Aが宣誓の上虚偽の供述を行ったとされる手続の法廷記録が朗読された。Aは、以下の点を争っている。
①前の手続でそもそも宣誓させられたこと。
②自身の供述が調書に記載された形で行われたこと。
裁判所はこの主張を検討しなければならないのか、又は274条による調書の証明力——偽造の異議のみ許される——によりその主張を排斥できるのか。

裁判所は、虚偽宣誓罪の存在を独自に審査しなければならない。なぜなら、規定された調書の証明力は、調書の対象である手続に関してのみ、そして前審手続の適法性を審査すべき上訴裁判所に対してのみ妥当するものだからである（LR/*Gollwitzer,* §274 Rn. 8参照）。それゆえ、虚偽宣誓罪の訴訟では、調書の記載に反して宣誓は行われていなかったと認定することも

問題はない。また、前の供述の内容は、確かにその時点で273条2項の基準に従って調書に記載されなければならないが、しかし既に当時の手続においても274条の証拠法則の対象とはされない。なぜなら、それは274条の対象となる「重要な手続」には含まれないからである。

> **問413** Aの弁護人は、その有罪判決の後で上告の準備のため法廷記録を見ていたところ、二つの調書を発見したが、そのいずれにも裁判長及び書記官が署名していた。第1のものは短い書面にまとめられ、明らかに不完全なものであったのに対して、第2のタイプ打ちされたものからは、手続的瑕疵は認められなかった。また、第2の完全な記録は、判決主文に続いて「被告人は上訴を放棄した」との記載もあった。
> a) いずれの調書が有効か。
> b) 被告人は、有効な上訴放棄が行われたことを争っている。上告審の裁判官はこの問題を事後審査できるか、又はその問題は第2調書の証明力（274条）によって妨げられるか。

a） 第2調書である。なぜなら、有効な調書の方がより長い文章でまとめられているはずだからである。第1調書は、署名こそなされているが草案の意味しか持たない。また、形式的に有効な調書は、速記官の速記を基にして公判の後に作成・編集することも許されている（BGH GA 60, 61）。ただし、それは、判決の送達前に作成されなければならない（273条4項）。これによって、有罪判決を受けた者は、判決送達に結びつく上告理由提出期間内（345条1項2文）に審理記録を読み、検討することができる。さもなければ、判決送達は無効となる（BGHSt 27, 80）。

b） この問題は、上告裁判所の自由な証明による証拠評価に服する（BGHSt 18, 257）。なぜなら、上訴放棄に関する記載は「公判の重要部分には該当せず、274条による強い証明力を持たないからである。それは、上訴放棄を証明し得る単なる徴表にすぎず、絶対的に証明するものではない」からである（BGHSt 18, 258）。ただし、連邦通常裁判所によると、上訴放棄の調書化に際して273条3項により手続すべき場合には異なるとされている。しかし、それは説得的ではない。せいぜいのところ、それによって徴表効果が高まるにすぎないからである。

12 評議、評決、判決

> **問414** 裁判所は、証拠調べが終わった後、**評議**のため一旦引き下がった。その後すぐに審理が再開され、被告人は、265条により法的観点の変更について告知を受けた。手続関係人は、変更について新たな意見陳述をしなかった。
> a) この場面ですぐに判決を言い渡すことができるか、又は改めて評議をしなければならないか。後者の場合、新たな評決もしなければならないか。
> b) 裁判所は一旦評議室に引き下がらなければならないか、又は新たな評議及び評決を法廷内で簡潔に行うことはできるか。
> c) 検察官及び弁護人が新たな法的観点について陳述した場合又は被告人が何か述べた場合も、裁判体は、法廷内で簡潔な申合わせをすることができるか。
> d) 法廷記録には第2評議について何も記載されていなかった場合、上告審裁判所は、274条に基づいてその評議は行われなかったものとして考えなければならないのか。
> e) 第2評議が全くなされないか又は不十分な形でしかなされなかった場合、その点に基づいた上告は認容されるか。

a) 改めて評議が行われなければならない。この結論は、260条1項から導かれる。同条項によると、判決の宣告は、「評議に基づいて」行われることとなっている。また、新たな評決も必要である。なぜなら、公判が再開されたことにより法的観点が変化する可能性があるからである。

b) 評議は秘密で、つまり非公開で行われる（裁193条）。しかし、判例は、「特に審理が再開された後、従来の評議の結論が維持されるべきかという点についてのみ評決が必要」という場合には、裁判所が評議のため法廷を離れることが絶対に必要とは考えていない（BGHSt 19, 156）。その場合、裁判体は、法廷内で小さな声で又は素振りで申し合わせることができる。この申合わせは、被告人にとって外見的に認識可能でなければならない（BGH NStZ 92, 252）。これに対して、判決宣告の前に参審員に「発言の機会」を与えるというだけでは不十分である（BGHSt 19, 156）。

c) いいえ。なぜなら、前述の手続は非常に限定的にのみ行い得るものだからである。そのようにできるのは、簡単な質問の裁判に際して「迅速な申合せ」が可能な場合だけである。手続関係人の一人が発言し、既に行

われていた申立てが補足又は修正され得る場合はこれに当たらない。もっとも、新たな審理部分が実質的な意味内容を持たないということまでは必要ない（BGHSt 24, 170; BGH NStZ 92, 601）。

d）いいえ（BGHSt 5, 294）。この問題は、自由な証明による証拠評価に服する。つまり、裁判所構成員の職務上の陳述によっても解明できる。この点で、274条は適用されない。なぜなら、評議は公判外で行われており、同条に関して規定された重要な手続には含まれないからである。

e）通例の場合のように、新たな評議が判決に影響を与え得る限りで認容され得る。

> **問415** 裁判長は、評議の途中で検察官を評議室に呼び、4件について有罪判決を求めるのか又は自分（裁判長）が聞き間違いをしたのかと質問した。
> a）被告人は、そのような出来事を理由に上告した。これは認容されるか。
> b）補充裁判官（裁192条2項）、書記官、裁判所事務官が評議に加わることは許されるか。
> c）司法修習生又は学生（裁判所で研修・実習を行っている）が評議に同席することは許されるか。
> d）評議は、法的に有効とされるためには、事件の困難さに見合った期間で行われなければならないか。
> e）単独裁判官も、判決宣告前に引き下がり一人で検討しなければならないのか。

a）はい（BGH MDR 55, 272）。たとえ短時間であったとしても、検察官が評議の間そこに同席することは裁判所構成法193条に違反するのであり、その間に判決発見の対象について何も話合いがされなかった場合でもこの結論に変わりはない。判決がこの違反に基づいている可能性もある。その場合、検察官の回答が評議の結果に影響したという可能性は排斥できない。裁判所構成法193条の目的は、裁判官以外の者が評議の進行に影響を及ぼすことがないようにする（黙ってそこに同席するという場合も含めて）という点にある。判例は、この影響を排除するために、裁判所構成法193条違反の審査に当たり厳格な基準を立て、この規定が遵守されていない場合には常に上告を認容してきた。

b）いいえ。この者らは全て、「裁判に携わる裁判官」には含まれな

い。同席権は、基本的に裁判所構成法193条に限定〔的に規定〕されている。

c) 司法修習生は、同じ裁判所で研修を行っている場合、裁判長の許可を得て評議に同席できる（裁193条）。その者が同時に書記官を務めていた場合であっても変わりはない。ただし、その者が同じ事件で証人、区検察官、弁護人として活動していた場合は除く（BGHSt 18, 165）。なぜなら、そのような場合には、裁判に携わる裁判官以外の手続関係人が評議に影響を与える虞が存在するからである。そのような場合に司法修習生が同席することは、判決破棄を導く。

通説によると、学生は、裁判所構成法193条により許可される人には含まれない（BGHSt 41, 119）。ただし、この結論はさほど明白ではない。なぜなら、現在特に裁判所構成法193条２項により、派遣先として研修中の外国の法律家やドイツ留学中の外国人法律家に判決評議への同席が許されているからである。

d) いいえ（BGHSt 37, 141）。短い評議が法律上の評議に当たらない場合、そのような判決に対しこれを理由として上告できる。しかし、連邦通常裁判所は、評議の秘密性ゆえにその内容を事後審査することはできないことから、上告審より評議期間についての基準を立てることも排除されると判断している。

e) これは許されるが、必要的ではない。なぜなら、本来の意味での評議は合議裁判所の場合のみ行われるものであり、裁判所構成法193条はこれにのみ適用されるものだからである。それゆえ、通説の立場からも、単独裁判官は、裁判について自身の下で実習中の学生と事前に相談することもできる。

問416 Aは、故殺罪により起訴された。評議では、５名の裁判官（陪審裁判所としての大刑事部＝裁74条２項１文５号、76条１項１文）の下で、Aは刑法212条又は222条のいずれかで有罪とされるべきか、又は証明不十分で無罪とされるべきかで意見が分かれた。
a) 誰が評議を主宰し、裁判官はどの順番で投票するのか。
b) 実際に、まず最も重い非難（故意の故殺）について投票された。Aをその故殺罪で有罪とするためには、どの程度の多数が必要か。

c）故殺罪の認定に必要な多数が得られなかった場合、過失致死罪に関する評決において、最初の故殺罪に関する評決でAの故意を肯定していた裁判官はどのように行動すべきか。
d）この方法で過失致死罪の認定について3分の2の多数が賛成したが、科するべき刑の重さについて意見が分かれた。2名の裁判官は8月、2名は7月、残り1名は6月の自由刑に投票した。この場合、どのような刑が科されるべきか。
e）3名が8月、2名が7月を支持した場合はどうか。

a） 評議及び**評決**は、裁判長が主宰する。その実施に関する意見の相違については、裁判所が裁判する（裁194条）。初めに、報告担当裁判官が自分の意見を示す。そして、2名の参審員が投票するが、若年者が高年者より先に投票する。第2陪席職業裁判官が続き、最後に裁判長が投票する（裁197条）。この手続の趣旨は、若年者、職級が下の者、経験が少ない者にも判断の独立性を保障すべき点にある。

b） 263条1項（単純多数を求める裁判所構成法196条に優先する）によると、行為の罪責問題及び法律効果に関して被告人に不利となる裁判については、全て3分の2の多数が必要となる。つまり、少なくとも4名の裁判官が殺意の存在について確信していなければならない。

c） その裁判官は、もはや当初の意見を維持することを許されない（裁195条）。ここでは、故意の行為は存在しないという前提に立った上で、少なくとも過失は肯定されるかという点を検討しなければならない（RGSt 59, 83）。

d） Aは7月の自由刑に処される。この結論は、裁判所構成法196条3項1文から導かれる。同条項によると、8月に投票した意見は「次に少ない不利益な意見」、つまり7月という意見に算入され、その結果この7月という意見が3分の2の多数を得ることになる。

e） この場合も、7月の自由刑となる。裁判所構成法196条3項2文により、二つの意見のいずれもが必要多数を得ない場合には、被告人にとって軽い方が適用される。

> **問417** ある公判で、被告人に追及されている故殺罪について時効が完成しているのではないかという問題が浮かび上がった。
> a) 2名の裁判官が時効の完成に賛成し、3名が反対した。この場合、手続打切りの裁判（260条3項）が下されるべきか。
> b) 2名の裁判官は時効を認めたが、1名は事件は既に確定しているとの見解にたち、残り2名は手続障害はおよそ存在しないとの見解であった場合はどうなるか。

a) この場合、時効完成に反対する意見が3分の2に達してはいないが、手続は打ち切られない。なぜなら、全ての訴訟上の問題——費用の裁判も同様——においては、裁判所構成法196条1項の原則が適用されるからである。同条項によると、単純多数で決定される。また、時効に関しては、このことは260条3項で既に明示されている。

b) この場合、手続打ち切り判決が下されるべきである（争いがある）。なぜなら、現在では、法律効果の点で意見が分かれたときは、その理由ではなく結論に着目すべきとの見解が多数を占めているからである（結果説、全体説、主文説）。これによると、手続障害を理由に手続打ち切り判決が下されるべきかという問題の評決に当たっては、結論に着目されることになる。本問では、打切りに十分な多数として、5名中3名が賛成している。これに対して、評決が理由によって行われるとすると、時効完成も既判力の肯定も十分な多数を得ていないため、裁判官の多数が手続打切りに賛成しているにもかかわらず実体判決が下されなければならないことになる。結果に着目することの正当性は、罪責問題の評価において一般的に妥当している。（本問のように）訴訟条件の評価についてのみ、依然として争いがある。

> **問418** 裁判所は、**判決**においてどのような裁判を下すことができるか。

裁判所は、まずいわゆる形式裁判（訴訟裁判）を下すことができる。すなわち、手続障害がある場合、手続打切り判決を下さなければならない（260条3項）。また、そうでない場合は、実体裁判を下す。これに関しては、無罪判決、有罪判決、処分命令がある。判決主文の形式は、260条4

項により幾つかの準則が定められている。その他は、裁判所の裁量に委ねられる（260条4項5文）。

> **問419** しばしば、判決の基礎となった認定が公判開始決定における行為の評価と異なることがある。以下の場合、判決宣告はどのようにしなければならないか。
>   a) Aは持凶器窃盗罪（刑244条1項1a号）で起訴されたが、公判では単純窃盗罪の証明しかなされなかった。
>   b) Aは傷害罪及び侮辱罪（行為単一）で起訴されたが、公判では侮辱罪の故意が欠けていたことが判明した。

a) この場合、Aは、単純窃盗罪でのみ有罪とされ、持凶器窃盗罪について無罪判決が下されるわけではない。なぜなら、刑事訴訟上の意味で1個かつ同一の行為である限りで（この点について問200以下、477以下参照）、有罪又は無罪のいずれかの判決が下されるのであり、双方同時に下されることはないからである（*Meyer-Goßner*, § 260 Rn. 12）。持凶器窃盗罪の証明が欠けることについては、理由中で示されることとされている（267条2項）。

b) aの場合と同じく、侮辱罪についての無罪判決は下されない。

> **問420** 以下の場合、判決主文では、有罪判決及び無罪判決についてどのように述べられるか。
>   a) 2個の行為が実在的競合〔併合罪〕の関係で実行されたとして起訴されたが、公判ではそのうち1個だけが証明された場合。
>   b) 故意の行為であることが証明されず、過失による犯行としては公訴時効が完成していた場合。

a) これは重要な問題である。2個の行為が歴史的に1個の事象を構成する場合——それは行為複数の場合でも可能である——、そのうち1個の行為を理由に有罪判決を下さなければならず、他方について無罪判決を下す必要はない。これに対し、実在的競合の関係にある行為が訴訟上の意味でも2個の行為に当たるときは、主文で、有罪判決と並び他方の無罪判決も示さなければならない。

b) この場合は無罪判決が下されるべきであり、手続打切り判決は下さ

れない (BGHSt 36, 340)。手続障害が存在するが、同時に被告人の犯行であることの証明もなされない場合も、無罪判決が下されなければならない。

> **問421** 択一的認定の事案では、主文はどのように記載されるべきか。裁判所は、被告人Aについて、集団窃盗罪又は盗品関与罪のいずれかについて罪があると考えた。しかし、判決主文は、Aを「盗品関与罪」を理由に（つまり軽い方の法律に従って）有罪とするとのみ記述された。これは許されるか。

はい (BGHSt 1, 302)。260条4項1文は、連邦通常裁判所の見解によると、明白な認定に基づく罪責宣告にのみ適用されるのであり、択一的認定に当たっては重い方の刑罰規定に言及する必要がないとされている。しかし、260条4項5文は判決宣告の形式を裁判所の裁量に委ねており、判例の見解によっても、依然として、主文として「集団窃盗罪又は盗品関与罪を理由に」と記載することも許される。

> **問422** Aは、性的強要罪で有罪とされた。**書面による判決**はどう構成し、何を記述しなければならないか。

判決は五つの部分で構成される。

①見出し（判決表題）、②判決主文、③適用罰条の列挙、④判決理由、⑤職業裁判官の署名。

詳細は、以下のとおりである。

①判決表題は、「国民の名において」という言葉で始まる（268条1項）。また、275条3項が適用されるが、同条項は表題の内容を完全に示したものではない。以下のような内容が必要である。

- 被告人の氏名、これは起訴状に記載されている表現とする（問187参照）。
- 裁判所及び審理に関与した人の表示（275条3項）。
- 法廷期日の表示。

②判決主文は、その書き方の詳細については「裁判所の裁量」に服するが（260条4項5文）、差し当たり「被告人が罪を問われる行為の法的表示」を示すことになっている（260条4項1文）。この点について、犯罪構成要件

に法律上の見出しが付されている場合（これは全ての刑法典に妥当する）には、それらが的確かつ十分詳細な表示を保障するものである限りでそれを使用しなければならない（260条4項2文参照）。これに対し、条文は、主文には属さない。つまり、本問では、「性的強要罪を理由に」とだけ記述し、犯罪実行に関するより詳細な記述は不要である。他方、一つの有罪判決が複数の犯罪構成要件からなる場合、個別の構成要件とそれらの競合関係が示されなければならない。それに続いて、法律効果の記述である。つまり、主刑、付加刑、代替自由刑を、方式及び程度にそって、また保安改善処分、罰金刑の場合はその換算日数の数及び日額、保護観察のための執行猶予など（260条4項3文、4文）。また、訴訟費用及び必要経費の立替分も、主文に記載しなければならない（464条1項、2項）。

③適用される刑罰規定は、（1975年以後）主文から切り離して個別の条項を列挙して記述されなければならない（260条5項を読むこと）。これは、犯罪登録簿への電子的報告の根拠となるものであって（登録20条、5条1項6号）、判決では朗読されない（268条2項1文）。

④判決理由は、民事訴訟の場合と異なり構成要件と裁判理由が切り離されておらず、以下五つの部分からなる（267条1項～3項を読むこと）。

・当てはめられるべき全ての事実の記載（267条1項1文）。そこには、「可罰性を排除し、軽減し、増加させる事情に関して、それら事情が審理で主張された限りでその認定も含まれる（267条2項）。
・証明理由の記載。確かに、法律はこの点を包括的な形で定めるのではなく、裁判に重要な徴表は記述しなければならないとの示唆にとどめている（267条1項2文）。しかし、一般的な証拠評価は、上訴審裁判所の事後審査の機会という観点で（34条参照）必要である。
・「適用される罰条」（267条3項1文）。そこには、裁判に関連する全ての規定、つまり未遂、共犯、罪数、法律効果に関する条項も含まれる。
・量刑理由（267条3項1文～3文）。
・保護観察のための執行猶予、刑罰を留保した戒告、何らかの刑罰免除の承認又は否定についての理由（267条3項4文）。

⑤署名は、裁判に関与した職業裁判官のみが行う（275条2項1文、3文）。署名することに障害があるときは（病気、休暇などで）、障害理由の記述に換えられる（275条2項2文）。

問423 終身自由刑の言渡しに際して、主文では、責任の重さが後の執行停止（刑57a条1項1文2号、57b条）の妨げとなるかという点についても記述されなければならないか。

はい（BVerfGE 86, 288; BGHSt 39, 121; BGH NStZ 00, 194）。これに対して、特別な責任の重さを否定する場合、それを判決理由に記載することもできる（BGH NStZ 93, 448）。

問424 問422の判決の模範例は、以下の場合どのように変わるか。
a) 全ての上訴権者が上訴を放棄し又は期間内に上訴を提起しなかった場合。
b) 無罪判決が下される場合。
c) 手続打切り判決が下される場合。
e) 保安改善処分が科される場合又はその申立てに反して処分が科されない場合。

a）この場合、書面による判決理由は大幅に省略することができ（267条4項）、事実の叙述と刑罰規定の表示で足りる。一定の判決では、更に起訴事実、418条3項2文による起訴又は略式命令、略式命令申立てを参照することもできる（267条4項1文後段）。裁判所は、それ以外の判決理由の内容についても、自身の裁量で決定できる。

b）この場合、主文は無罪を判決するという内容だけであり、「証明が欠ける」などの付加的事項は判決主文には含まれない。また、「判決理由には、犯罪の証明がされなかったのか、又は証明されたと考えられる事実についていかなる理由から不可罰と考えられたのかについても記述されなければならない」（267条5項）。犯罪の嫌疑の程度がどの程度のものであったかなどの詳細な叙述は必要ない。上訴放棄又は上訴不提起において更に別の簡易な手続がなされることについては、267条5項2文、3文を参照。

c）法律は、手続打切り判決の内容について何も定めていない。ライヒ裁判所は、その基本判例において（RGSt 69, 157）、「事柄の性質上」以下のような命題を示していた。判決理由は、上訴裁判所において、原判決の打切り判断が正しいものであったかどうかの事後審査を可能とさせるほど詳細に記述されなければならない。そのほか、手続打切り問題の「評価に

とって必要ではない」限り、その事実認定を見送ることが望ましい。なぜなら、罪責について詳細に記述されることにより、被告人が不要な非難を受けることになるからである（RGSt 69, 160）。

d）本問では、267条6項が妥当する。同条項によると、理由中には処分が科された（又は科されなかった）理由が示されなければならない。特に可罰的行為の形式によって自由剥奪又は制限（刑69a条1項3文）が問題となるときは、当該処分が命じられない理由が示されなければならない。

問425 未決勾留に付されている被告人は、9月の自由刑に処せられた。未決勾留算入により残された刑は、保護観察のため執行猶予とされた。
このような事案で、裁判所は判決宣告で足りるか、又はこれ以外に別途裁判官の行為や裁判が必要か。

未決勾留算入に関する裁判（刑51条）は、判決主文で科されるべき刑の宣告に続いて行われる。しかし、裁判所は、判決宣告に加えて更に三つのことをしなければならない。

①不服申立て可能な全ての判決に際して、判決宣告の中で口頭による上訴の教示が行われなければならない（35a条）。それは、273条により、「本質的な手続部分」として調書に記載されなければならない。

②保護観察のため執行猶予を付する命令（刑56a条〜56d条、59a条）は、個別の決定の形式で判決と併せて宣告されなければならない（268a条）。

③更に「判決宣告に際して」、別の決定として——これは、判決と併せて宣告しなければならない——、職権で未決勾留の継続について裁判しなければならない（268b条。同条は、中間手続における207条4項を準用する）。本問では、いずれにせよ勾留が破棄されなければならない（120条）。

問426 Aに対する有罪判決の後で、その弁護人は以下の点を確認した。
a）書面による判決理由は、判決主文の告知に続いて当該期日の最後に口頭で示された判決理由と比べて本質的に異なっていた。口頭で述べられた理由は一連の手続的瑕疵を推測させるものであったが、書面による判決理由は異議申立ての対象となるべきものではなかった。この矛盾及び口頭による理由が

示す瑕疵に基づいた上告は認容されるか。
b) 書面による判決ではAは訴訟上独立した2個の行為を理由に有罪とされたが、判決理由では2個の行為のうち1個についてのみ言及されるだけで、第2の有罪判決の理由が明らかに忘れられていた。上告はこの瑕疵を理由とすることができるか。
c) Aは正当防衛であったと主張したにもかかわらず、判決理由では、この観点について何も言及されていなかった。この理由から上告することは妥当か。

a) いいえ。確立した判例（BGHSt 2, 63; 7, 370; 8, 41）によると、口頭で示された理由は、訴訟関係人への暫定的な通知という意味しかない。決定的であるのは、書面による判決理由である。なぜなら、「全ての職業裁判官が署名した判決書だけが、判決の叙述が評議結果を再現したものであることの保障を与えるものだからである。それゆえ、裁判長が口頭で述べた理由が書面で記述された理由と異なる場合、裁判長が誤っていたものと認められなければならない」（BGHSt 7, 363）。つまり、本問では、書面による理由は瑕疵を示すものではないから、上告は認容されない。

b) はい。このような判決理由の瑕疵——本問では第2の行為に関するもの——は、絶対的上告理由となる（338条7号）。なぜなら、それによって、上訴審裁判所の事後審査を完全に妨げるものだからである。

c) 本問では、267条2項に対する違反があり、それ自体で337条による上告理由を基礎付け得る。ただし、——判決理由におけるその他の瑕疵も同様に——判決がその理由中の誤った見解に依拠していることが証明できない可能性がある。しかし、本問のような場合、大抵は裁判所は刑法32条の適用可能性をそもそも審査しなかった又はその条件を見落としていたという可能性が否定できない。それゆえ、一般的には、実体法違反に基づく実体非難（267条に基づく手続非難ではなく）が判決破棄をもたらすことになる。また、解明義務の非難（244条2項）も、裁判所が正当防衛の条件を検討していなかった場合には上告を認容させるものとなる。

問427 判決主文又は書面による判決理由の起案に当たり、誤りが入り込む場合がある。

> a) 被告人は、調書及び書面による判決から分かるとおり、児童に対する性的濫用罪によって有罪判決を受けた。しかし、口頭及び書面による理由からは、裁判所は被保護者に対する性的濫用罪を想定していたと考えられる。
> b) 高等裁判所より宣告された判決主文は上告棄却であった。しかし、その直後に口頭で述べられた判決理由は、はっきりと高等裁判所は上告を認容し、原判決を破棄しようとしていたことを示していた。
>
> 上記二つの場合、判決の事後的修正は許されるか。

　刑事訴訟法は、（民訴319条以下と異なり）**判決修正**に関する規定をおいていない。そこから、そのような措置は基本的に許されないことが導かれる。一旦宣告された判決は、事後的にはもはや同じ裁判所によって修正を許されず、上級審でのみ是正できるだけである。しかし、「明らかな誤り」は決定の形式で修正できるとする見解が広まっている。もっとも、ここでいかなる誤りがそれに当たるのかは、まだ最終的に解明されていない。判例は、この点について当初は修正を許すことに厳格な条件を示していたが、次第にその条件を緩めつつある。

　a) 第1の事例について、連邦通常裁判所（BGHSt 3, 245）は、古い判例に依拠して、修正が許されるのは「形式面での明らかな誤り」、つまり筆記上の誤りなどの場合に限られるとして、本問のような事例では修正は許されないと判断している。修正して新たな犯罪構成要件を叙述することは、連邦通常裁判所の見解によると独自の裁判であり、告知した判決の趣旨に置き換えられるものである。そのようなことは常に禁止されるのであり、それは「判決理由の観点で実質的な誤りが明らか」という場合であっても変わりはない。

　b) 第2の事例について、連邦通常裁判所（BGHSt 5, 5）は、（全ての部の同意を得て）主文の修正を以下の条件の下で許可した。すなわち、書面による理由と口頭で伝えられた理由との間に明白かつ解消できない矛盾があり、裁判長が誤って別の判決理由を宣告してしまった可能性も排除されるということである。本問では双方の条件が満たされることから、修正は許されることになる。そのような判決の趣旨の変更は、連邦通常裁判所（BGHSt 3, 245）の判例による原則を超えるものである。しかし、いずれにしても、修正の背後に内容的に異なって評決された判決が隠されていると

いうことは排斥されなければならない（BGH NStZ 91, 195）。

問428 ある虚偽宣誓罪の事案において、やり取りされた書面の内容が問題となった。判決理由には、被告人Ａは「依頼を顧客に確認していた」との一文が含まれていた。後に、この一文は、修正決定の方法でＡは「依頼を顧客に確認していなかった」という内容に修正された。
これは許されるか。

いいえ（BGHSt 7, 75）。本問は、――問427の事案と異なり――判決自体はそもそも不一致を示していなかった事案である。なぜなら、当初の内容は明らかに不完全というのではなく、ある意味を示していたからである。しかし、修正は、いずれにせよ瑕疵は「その修正がなければ明らか」であるという場合に限り許される。そうでなければ、本来許されない判決理由の実質的変更が事後的に行われるという可能性が残されてしまう（BGHSt 7, 76 f.）。もっとも、「修正」は完全に無効というわけでもない。なぜなら、それは、裁判官は（275条2項1文）判決が事後的に「修正された」文章の本来の形式を含んでいる限りで判決への署名をもはや維持しないということを意味するからである（BGHSt 7, 77）。つまり、ここで、Ａは依頼を確認したとも確認していないとも認定されていないことになる。この間隙は、理由を不明確にさせ、裁判所は虚偽の宣誓を果たして正しく認定したのであろうかという疑問を生じさせる。つまり、判決は、実体非難に基づいて破棄されなければならない。

問429
a) 被告人は、5回の公判を経て3年の自由刑に処された。書面による判決理由は、判決宣告の8週間後に記録に編綴された。
b) 報告担当裁判官は期間内にかつその休暇に入る前に判決理由を起案していたが、別の職業裁判官はそれを期日の経過及びその休暇を終えた後に初めて署名することができた。
双方の事案で、判決に対して上訴できるか。

a）はい。275条1項2文前段により、判決は、通常は宣告から5週間

のうちに記録に編綴されなければならない。ただし、公判が——本問のように——3回を超えた場合には、271条1項2文後段により期間は2週間延長され、全体として7週間となる（10回以上の期日に際しての更なる期間延長について275条1項2文後段参照）。しかし、本問では、この期間も経過している。この瑕疵は338条7号により絶対的上告理由とされていることから、被告人が上告したときは、判決は更なる審査をすることなく破棄されなければならない。もっとも、期間の経過は、275条1項4文により、予測不可能で回避できない事情があった場合には許される。判例は、その許容について厳格である。例えば、確かに裁判官が不意に重大な疾病にかかったということは期日の経過を正当化し得るが、単に勤務過剰であったというだけでは許されない（例えばBGH NStZ 89, 285; 92, 398; 03, 564参照）。報告担当裁判官が病気のため欠勤したときは、それが可能であるとして、必要であれば裁判長又は第2職業裁判官が判決を起案しなければならない（BGHSt 26, 247, 249; BGH NStZ 99, 474）。

b）この場合も、338条7号による上告理由が認められる。なぜなら、完全なものとなった判決は、職業裁判官が署名した場合に限り期間内に記録に編綴できるものだからである（BGHSt 26, 247, 248; BGH StV 92, 98）。

第4章　通常の法的救済手続（上訴）

1　上訴総論

問430　原裁判を取り消すための制度として、どのようなものがあるか。

　裁判を取り消す手段を全て包含する上位概念は、**法的救済手続**である。法的救済は、通常の法的救済手続と非常の法的救済手続とに分けられる。まず、通常の法的救済手続には、いわゆる上訴、すなわち抗告（304条～311a条）、控訴（312条～332条）、上告（333条～358条）、略式命令に対する異議（409条～412条）が含まれる。通常の法的救済手続は、原則として停止効と移審効を有している。それゆえ、通常の法的救済手続は、確定力の発生を阻止し、事件を上級審へと移す（問447の b、c 参照）。しかし、これは抗告と略式命令については限定的である（問446以下参照）。非常の法的救済手続は、確定力を破るものである。非常の法的救済手続には、再審（359条～373a条）、原状回復（44条～47条）、連邦憲法裁判所への憲法抗告（基93条1項4a号と憲裁90条以下の結び付き）、欧州人権条約上の人権抗告（欧州人権条約25条以下）がある。

問431　Aは、複数の詐欺罪を理由に起訴された。Aは無罪とされたが、判決理由において、この公訴事実は「少なくとも事実的に、及びその非難の外形的要素に照らして適法であったかどうか」は判断の必要がない、なぜなら、少なくともAは行為時に精神疾患にかかっていたためこれを有罪とすることはできないからであると判示された。
Aは上告し、無罪判決を求めて、自分は追及されていた詐欺行為を行っていない、つまり構成要件該当性も違法性もないと主張している。また、Aは、自分は精神的に正常であるとも述べている。
この上告は適法か、また理由はあるか。

　判例（BGHSt 16, 374）及び通説によると、この上告は不適法である。なぜなら、上告は、他の上訴と同様に対象者の**「不服」**を条件とし、これは

判決の主文から導かれるものであって、判決理由から導かれるものではないからである（異なる見解として AK/*Achenbach*, vor § 296 Rn. 15 ff.）。本問事例の判決主文は無罪のみを内容としており（問424の b 参照）、A が上告によって求めている目的においてもこれが変わるものではないことから不服は存在せず、そのため上訴は許されない。このことは、連邦通常裁判所が強調するように、被告人が責任無能力又は刑法35条の責任阻却〔免責的緊急避難〕により（BGH NJW 79, 2053）無罪とされた場合も同様である（BGHSt 7, 153ではこの点が判断されなかった）。それは、「裁判所がそもそも構成要件に該当し違法な行為が存在するかどうかを判断していない場合でさえ」である。この考えによると、証明不十分を理由とする無罪判決に対して無実であることを確認する目的で上訴することが許されないだけでなく、被告人は、いかなる理由をもってしても無罪判決に対し上訴により異議を申し立てることができない。

この点について、連邦憲法裁判所（BVerfGE 6, 7; 28, 151）は、個別の事例においては、無罪判決がその理由付けにおいて「基本法上保護される領域に対する受忍できない侵害」をもたらす場合には、憲法抗告が可能としている。

問432 有罪判決を受けた A は、控訴し、無実の証明による無罪判決を求めた。以下の場合、この控訴は認容されるか。
a) A は侮辱罪について有罪であったが、刑法199条〔相互侮辱による処罰阻却〕により処罰が阻却された。
b) 裁判所は、A の非宣誓供述を虚偽であると認定したが、刑法157条１項〔追い込まれた状態での供述に対する刑の免除〕により刑を免除した。
c) 裁判所は、公訴時効を理由に手続打切り判決を言い渡した。

---

a)、b) 処罰阻却及び刑の免除の場合、不服はある。なぜなら、A は訴追された行為について責任があるとされている、すなわちこれらは有罪の一類型とされているからである。このことは、刑の留保付き警告（刑59条）及び刑の免除（刑60条）についても同様である。

c) 260条３項による終局的な手続打切りの場合、これは無罪判決ではないが、A の不服はない。なぜなら、国家の「刑罰権」は、手続打切り

判決によっても消滅するからである（BGHSt 13, 75; RG 20, 46; 42, 399参照）。もっとも、大赦・特赦があった事件、告訴がなかった事件、長期間の訴訟無能力の事件について、一部の判例では不服が肯定されている。

問433 裁判所が立会検察官の申立てどおりに判決をした場合でも、検察官は、当該判決に対して被告人に不利な方向で控訴することはできるか。

はい。検察官の場合、その申立て・主張とは異なって判断されたという意味での不服は必要ない。検察官の上訴権は、法違反が存在すれば認められる。それゆえ、検察官は、立会検察官の見解に反してでも、例えば判例の統一性を維持するためにより重い刑罰が必要と考えた場合には控訴できる。

問434 控訴及び上告に適用される以下三つの**重要な原則**とは、それぞれどのようなものか。
 a) 停止効。
 b) 移審効。
 c) 不利益変更の禁止。

a)「停止効」は、上訴が適時に提起されることにより、判決の確定（これにより、有罪判決の場合はその執行力も）が「阻止」される、すなわち先延ばしにされるという結果をもたらす（控訴に関して316条1項、上告に関して343条1項）。

b)「移審効」は、上訴について上級審により裁判されるという結果をもたらす。すなわち、控訴については地方裁判所の小刑事部、上告については高等裁判所又は連邦通常裁判所により裁判がなされる（問460のaを見よ）。移審効の制限として、319条や346条には、上訴提起が時機に遅れた場合及び形式に違反した場合が定められている。

c)「不利益変更の禁止」は、被告人のみが上訴した場合、検察官が被告人の利益となる方向で上訴した場合、被告人の法定代理人が上訴した場合には、法効果の形式及び程度において原判決を被告人に不利に変更してはならないということを意味する（控訴に関して331条1項、上告に関して358条2項1文）。不利益変更禁止原則の意義は、上級審でより厳しい法効果が

科されることを懸念して、上訴権者、特に被告人が上訴提起を躊躇するということを防ぐ点にある。

> **問435** Aは、窃盗罪（刑242条）により、刑事裁判官から6月の自由刑に処された。Aは控訴したが、検察官は上訴を放棄した。
> a) 控訴審でAが実際には加重強盗罪罪（250条）を実行していたことが明らかになった場合、控訴審判決の主文はどのようなものとなるか。
> b) Aが控訴を量刑に限定していた場合、aと同様のことが妥当するか。

a)「区裁判所の判決は……その罪責判断において、被告人は加重強盗罪により6月の自由刑に処されるとの内容に変更する。また、被告人の控訴は理由がないものとして棄却する」。つまり、不利益変更の禁止は、罪責判断の是正を妨げるものではない。331条1項は、より重い法的評価を禁じているのではなく、法効果がその形式及び程度において重くなることのみ禁じている。

b) いいえ。318条は、控訴を「特定の不服点」に限定することを認めている。通説によると、控訴を量刑に限定することも認められる（この点について問485のa参照）。その場合、区裁判官の判決における有責の宣告は確定し、それゆえもはや変更できなくなる。以上から、本問の場合、控訴審裁判所は控訴理由に該当しないとして棄却できる。

> **問436** 以下の場合、不利益変更禁止原則に違反するか。
> a) 原判決において付された保護観察のための執行猶予が、上訴審裁判所より取り消された場合。
> b) 原判決の短期自由刑〔実刑〕よりも自由刑の期間は長くなったが、新たに保護観察が付された場合。
> c) 上訴審裁判所が被告人から運転免許を剥奪したが、第1審裁判所はそれを認めていなかった場合。
> d) 上訴審裁判所が、被告人の同意を得て、精神病院への収容に代えて保安監置を命じた場合。

a) この問題については争いがあるが、肯定されるべきである（SK/*Frisch*, § 331 Rn. 60）。確かに、331条及び358条2項は、「法効果の形式及び

程度」を不利益に変更することのみを禁じており、刑の宣告部分を見ると、執行猶予が取り消された場合はこれに当たらないようにも思われる。しかし、適切な見解によると、331条1項、358条2項1文において、刑罰の程度は実際に執行されるべき刑期によって量られるべきである。そうでなければ、被告人は執行猶予が取り消されるという虞から上訴提起を躊躇することにもなるが、これはまさに不利益変更禁止原則が防止しようとしたことであった。

b) 本問の場合も、不利益変更禁止原則に反する。刑の執行猶予が取り消されると、有罪判決を言い渡された者はより長期の自由刑に服することになり、原判決よりも不利益な状態に置かれる。

c) はい。331条1項、358条2項1文は、刑罰だけでなく「法効果」、つまり処分も不利益変更禁止の対象としている。331条2項、358条2項2文によると、精神病院又は禁絶施設への収容はその例外とされている。これらの処分を治療目的を理由として事後的に命令することは、立法者の見解によると、被告人の保護されるべき利益に資するものである。

d) 保安監置も、cで挙げた理由から、基本的に不利益変更禁止の対象となる (BGHSt 25, 38)。被告人の同意がこの結論を変更させるかについて (そのような見解として BGHSt 5, 312)、連邦通常裁判所は、まだ明確な判断を示していない。

問437 以下の場合、上訴は有効か。
a) 被告人Aの弁護人Vは、裁判所に対し、「私はAの弁護人として判決に対し……念のため上告します。また、申立ての取下げを留保しておきます。」と通知した (BGHSt 5, 183)。
b) Vは、地方裁判所の第1審判決に対して「控訴」と表示して上訴したが、その判決に対しては上告のみが可能であった。
c) VはAの名で「上訴」したが、その際、控訴又は上告のいずれであるのかを明示していなかった。
d) 裁判所は、弁護人の付いていない被告人に対して、その特定されていない上訴を上告とするよう指示をした。

---

a) **上訴の申立ては、「訴訟行為」である**（この概念について *Eb. Schmidt*, I, Nr. 202 ff.）。そのような訴訟行為は、民法上の意思表示とは異なり、条件

を付けることはできない。「既に表示に条件が付されているという疑いがあれば、上訴は不許容となる。なぜなら、手続の公法的な性格は、意思表示が疑いなく存在していることを要求するからである」(BGHSt 5, 183)。「念のための」上訴申立ては、例えばその有効性を検察官の上訴提起に条件付ける場合などには、不許容の条件を伴うものといえる。もっとも、本問事例においては、その次の文章から上告は無条件に提起されるものであること、及びVがその取下げ——いずれにせよ可能である——を留保しようとしていることが読み取られる。つまり、上告は有効に行われた。ただし、弁護人は、そのような誤解されやすくかつ余計な付記を控えた方が良い。

b) この上訴は、上告として有効に行われた。なぜなら、300条によると、許容される上訴の表示の誤りはその効力を害しないからである。

c) 300条の法趣旨からは、上訴の表示の不明確さは当該上訴を無効とさせない。例えば上告など特定の上訴のみが認められる場合、上告が提起されたものとして扱われる。控訴と上告が選択できる場合（335条）、上告趣意提出期間中に上訴の詳細な表示が行われたときは控訴として扱われる（OLG Köln NStZ, 92, 204）。そもそも上訴が提起されたこと自体ははっきりしている。

d) 裁判所が被告人に対して上記指示と同時に、控訴と上告との違い及び上告の厳格な形式要件（問464を見よ）についても適切に教示していた場合に限り、上告として扱うことが許される。そうでない場合、裁判所の配慮義務違反により、上告ではなく控訴として扱われなければならない。

問438 以下の場合、上訴申立ての形式について問題はあるか。
a) 被告人は、上訴期間内に裁判所に到達するのであれば電報で上訴できるか。
b) 電話で上訴申立てできるか。
c) E-Mailによる上訴申立ては可能か。

---

a) はい。上訴申立ては、書面の提出又は事務局の調書に記載を求めるという方法で行われなければならない（306条1項、314条1項、341条1項）。もっとも、電報の送付は、事務局の調書への記載ではない。なぜなら、その方法によるためには申立人が事務局を訪問しなければならないからであ

る（*Meyer-Goßner*, Einl. Rn. 134）。しかし、現在一致している見解によると、電報は文書の形式を保持している。その際、電報が窓口で申し出られたものである必要はない。それゆえ、電報の内容が郵便や電話で伝えられてもよい。重要なのは、送達された電報が文書の形式を保持していることである。電報は当然ながら自筆されたものではないが、当該文書の内容及び署名が自筆でなされる必要はない（BGHSt 8, 174; 14, 233）。同様に、テレタイプ（BGHSt 31, 7）、電話情報ブリーフィングサービス（BGH wisrta 89, 313）、ファックス（BGH NJW 89, 589）による上訴申立ても許される。

b）いいえ（BGHSt 30, 64）。すなわち、この場合、電報やテレックスによる上訴申立ての場合と異なり、そもそも上訴人による書面の形式による表示が存在しない。このような形式では表示された内容が不確実であり、法的安定性の理由から甘受できないものである。電話による上訴の放棄も許されない（OLG Stuttgart NJW 82, 1472）。

c）2005年3月22日の司法通信連絡法により導入された41a条は、刑事訴訟法上書面の形式によることが必要とされている意思表示について、2000年5月16日の署名法による特別の電子署名が付され、裁判所又は検察官による処理に適している場合には、電子書面として提出することを認めている。その詳細は、州の政令によって規定されている。これに対し、上述の署名がないE-Mailでは不十分である。

問439 A（17歳）は、窃盗罪について有罪判決を言い渡された。Aは、判決言渡しの直後に、裁判長からの質問に応じて判決を受け入れ、上訴放棄を表明した。
a) そもそもAは上訴放棄できるのか、またその放棄はどのような形式で行われなければならないか。
b) 被告人が上訴放棄した場合、検察官は被告人に有利な方向でも控訴できるか。
c) Aの父親は、本問の場合でも、彼の法定代理人として控訴できるか。
d) Aの弁護人は、本人が上訴放棄してもなおAのために控訴を申し立てる権利を有しているか。
e) 上訴放棄は、上訴申立て期間の満了前又は当該期間の開始前であっても可能か。
f) 上訴放棄は、上訴に関する教示がなくとも可能か。

---

a）Aは未成年者ではあるが、有効に**上訴放棄**を表明できる。法律は、

その形式について何ら規定していない。一般的には、上訴放棄の形式は上訴申立て（306条、314条、341条）と同様のものが求められる。つまり、その意思表示は、書面の提出又は調書への記載を求める（事務局、公判では書記官による記載）方法によらなければならない。以上によると、本問では、上訴放棄は、それが調書に記載されているのであれば有効である。

b）はい。検察官の非当事者的地位からは、検察官は、被告人に有利な方向で上訴できるだけでなく（296条2項）、A自身が上訴したかどうかとは関係なく上訴権を有していることも導き出される。もっとも、検察官が被告人に有利な方向で上訴を申し立てるためには、被告人が判決により不服のある状況にあることが条件である。本問ではこの点に問題はない。

c）はい。298条により法定代理人にも上訴申立て権が認められているが、これは、被告人の意思に反していても、また被告人が上訴を放棄した後でも行使可能であるという意味で「独立した」ものである。ただし、被告人に有利な方向に限られる。

d）いいえ。確かに、弁護人は297条により被告人のために上訴を申し立てることができるが、当該申立ては「被告人の明示の意思に反して」行うことはできない。被告人が上訴を放棄した場合、そのような意思が明示されている。

e）放棄は上訴申立て期間満了前でも（つまり本問のように判決言渡し直後においても）可能であることは、302条1項1文により導かれる。判決言渡し後ではあるが上訴申立て期間開始前の上訴放棄は、判決が被告人不在廷のまま言い渡され、それゆえ上訴申立て期間が314条2項、341条2項により判決書送達後に初めて開始する場合にのみ想定され得る。そのような場合、連邦通常裁判所（BGHSt 25, 234）によると、既に申立て期間開始前の上訴放棄は、被告人が他の方法で（例えば判決言渡し時に在廷していた弁護人と話し合うなどによって）判決理由の内容について信頼できる形で教示されている場合には可能である。

f）はい（BGH NStZ 84, 329）。上訴放棄する者が上訴申立ての可能性を知っていることで足りる。

> **問440**
> a) 判決言渡し前の**合意**において、上訴放棄を約束させることは許されるか。
> b) 最高裁判例に反して上訴放棄が申合せに取り込まれ、合意に従って上訴放棄が表明された場合はどうなるか。
> c) 被告人は、判例の要求する特別の教示を受けていない場合、いつでも上訴を申し立てることができるか。
> d) 上訴申立て期間に遅れた場合、上訴権者は、特別な教示を受けていないことを理由に以前の状況への原状回復を求めることができるか。

a） いいえ。既に連邦通常裁判所（BGHSt 43, 195. 問241の b）はこれを否定していた。しかし、この問題については、その後、連邦通常裁判所の各刑事部の間で見解が分かれた。連邦通常裁判所第3刑事部の回付（BGH NJW 04, 2536）を受けて、連邦通常裁判所大刑事部は、事前に合意された上訴放棄は許されないものであることを確認した。これによると、裁判所は、判決合意において上訴放棄に関する協議に関与することや上訴放棄を求めることを許されない。客観的にみて被告人を上訴放棄に拘束する又はそれが被告人に利益となるように解釈されるような発言は、全て避けられなければならない（BGHSt 50, 40, 57）。

b） 大刑事部の見解によると、判決合意が行われた場合は常に——つまり上訴放棄が全く問題とならなかった場合も含めて——本問のような手続は無効である。この無効は、上訴権者に対し35a条による上訴に関する教示に加えて「特別な教示」が、すなわち被告人は「合意があることにかかわらず、また弁護人を含む他の手続関与者の勧めに拘束されずに上訴を申し立てるかどうかを自由に判断できる」ということが、裁判所より明示で教示された場合にのみ否定される（BGHSt 50, 40, 61）。当該教示の後でなされた上訴放棄は、通常の手続と同様に有効であって、基本的にこれを取り消すことはできない。

c） いいえ。大刑事部の見解によると、有罪判決を受けた者は、上訴申立て期間中にのみ上訴を申し立てることができる（BGHSt 50, 40, 62）。

d） 対象者が、不当な影響により——例えば裁判所などの情報提供義務違反の結果、自身に有利な法的手段を採ることができなかったなど——、自身が上訴放棄後に上訴をその期間内に申し立てることができなかった

——その理由として、自分は過失なく誤って上訴放棄に拘束されるものと考えてしまったから——ということを疎明できた場合に限られる。しかし、連邦通常裁判所大法廷は、これを例外的なものと見ている(BGHSt 50, 40, 62 f.)。〔訳者注：2009年改正（問241訳者注）により、合意手続が行われた場合、上訴放棄は一切無効とされた（302条１項２文）。〕

> **問441** 被告人Ａは、公判において、裁判長の質問に対して判決を受け入れると陳述し、その求めに応じて、この陳述を法廷調書に記載するために繰り返した。それにもかかわらず、Ａは、その数日後に上訴を申し立てた。その際、Ａは、判決を受け入れるとの陳述が上訴放棄を意味するとは認識していなかった、自分は決して上訴放棄の申し出ようとは思っていなかったと陳述した。
> a) Ａは、なおも有効に上訴できるか。
> b) 刑事部は、Ｋを１年の自由刑に処し、保護観察のための執行猶予を付した。裁判長は、判決言渡しの際に、Ｋの地方公務員としての地位は１年以上の自由刑が言い渡されない場合には影響ないと述べた。これを受けて、Ｋは上訴放棄を申し出て、調書に記載させた。しかし、実際には、公務員の権利に関する法律24条１項１号により、故意の犯罪により１年以上の自由刑に処されてこれが確定すると、公務員としての地位が失われることになっていた。Ｋは、このことに基づき上告した。Ｋは既に上訴放棄を表明していたため、この上告は無効となるか。

a) 判例及び通説によるとできない。確かに、Ａは、自身の陳述内容について思い違いをしていた。しかし、一般的に、**「手続上の陳述は取消しできない」**との原則 (BGHSt 5, 338) が承認されている。この原則によると、特に意思表示の取消し可能性に関する規定（民119条以下）を訴訟行為に適用することはできない。ただし、誤ってなされた訴訟行為の法的存続性については争いがある。

b) いいえ (BGHSt 46, 257)。判例は、上訴放棄が取消し不可能であるとの原則について、限られた範囲で**例外**を認めている（基本的な判例としてBGHSt 45, 51, 53）。そのような例外には、ある事情の成立についてその形式及び態様に関して責任がある場合も含まれる。例えば、本問事例のように、客観的に誤った裁判所の陳述又は回答が上訴放棄を引き起こした場合などである。それゆえ、上訴放棄は当初から無効であり、錯誤による取消

しは不要であった。

> **問442** 以下の事例で上訴放棄は有効か。
> a) Aに対し、有罪判決が下され、保護観察のための執行猶予が付されたが、法規定上は執行猶予が許されない場合であった。Aはこの結果を喜び、裁判長の質問に対して直ちに判決を受け入れると述べ、上訴放棄を公判調書に記載させた。弁護人が割って入り最終的な意思表示の前にもう一度依頼人と話したいと述べたが、裁判長は、Aは一旦表明した判決の受諾に拘束されることを理由にその申出を却下した (BGHSt 18, 257)。この措置は正しいか。
> b) Aは、謀殺罪により終身刑に処された。裁判長の質問に対し、Aは、直ちに「私は判決を受け入れる」と陳述した。これに応じて、弁護人はAの陳述につき何か発言するかを尋ねられたが、「被告人が陳述を行った後で、私はもう何も言うことはない」と述べた (BGHSt 19, 101)。それにもかかわらず、弁護人は、その後に上告を申し立てた。これは許されるか。
> c) 被告人は、公判において、140条2項に反して必要的弁護人が任命されなかった（問53を見よ）。被告人は、有罪判決の後、上訴放棄を陳述して調書に記載させた。この放棄は有効か。

a) いいえ。確かに、有効な上訴放棄は取消しできない。しかし、法的知識を有さない被告人が判決言渡し直後に上訴放棄を陳述し、これを公判調書に記載させた場合、連邦通常裁判所の見解によると、その放棄は被告人が上訴放棄の利害について根本的に検討するために十分な機会を有していた場合に限り有効とされる。このような機会は、本問では特に必要であった。なぜなら、Aは、検察官の上訴により執行猶予の利益を失う虞があったからである。本問事例において、このような十分な検討の機会は、連邦通常裁判所の見解によると、273条3項を類推して上訴放棄がその言葉どおり調書に記載され、朗読され、そして被告人より確認を得た場合、又は弁護人が事前にその依頼人と相談する機会を有している場合にのみ保障されていたとされる。本問ではいずれもなされていないため、Aは、自身の「明らかな性急で熟慮せずになされた陳述に拘束されること」はない (BGHSt 18, 257)。

b) はい。本問でも、Aの上訴放棄は無効である。確かに、弁護人は質問されている。しかし、弁護人はAが自身の発言に拘束されると誤信し

ていたために自身が陳述することを無意味であると述べていたことから、裁判長は、この見解を是正し両者に十分な話合いの機会を与える必要があった。しかし、裁判長は、「両者にまだ話合いの機会があることを告知せず、弁護人の見解に反論せずそのままにしてしまったため、現実には、弁護人は話合いが必要であると考えていたにもかかわらず、被告人はこれと話し合う機会を事前に与えられることなく上訴放棄の陳述を行った」(BGHSt 19, 101)。

つまり、本問では、裁判長は、法的知識を有する弁護人の誤りを訂正することも義務付けられていた。これは相当広い結論であるが、裁判所の配慮義務の帰結として承認されるべきである。

c) 従来の通説（OLG Düsseldorf StraFo 98, 384; KG StV 98, 646; OLG Köln StV 03, 65; *Meyer-Goßner*, § 302 Rn. 25a）によると、上訴放棄は、必要的弁護事件では、被告人が上訴放棄について弁護人と相談する機会を有していた場合に限り有効となる。上訴放棄が無効の場合、判決は、上告審において338条5号により破棄されることになる。これに対し、有力な反対説は、弁護人が付されていない被告人が自身の陳述の意味と効果を認識していたかどうかという点のみに着目する（OLG Hamburg StV 98, 641; OLG Brandenburg StraFo 01, 136; OLG Naumburg NJW 01, 2190）。

> **問443** 被告人の勾留は、116条によりその執行が停止されていた。裁判長は、弁護人が国外所在の証人の尋問を証拠申請したことから、これに対抗するように、それは不適法であるにもかかわらず再度の収監を告知した（問81の事例b）。裁判長は、更に被告人が自白した後に激しく上訴放棄を迫った。弁護人は、この上訴放棄に同意した。弁護人のこの陳述は有効か。

いいえ（BGH StV 04, 636, 638）。連邦通常裁判所は、この裁判長の行為を136a条1項3文にいう刑事手続法上許されない処分をもってする脅迫であると評価し、また不当な意思侵害によって「代償として要求された」上訴放棄も無効とした（類似の事案で結論同旨として BGH NJW 04, 1885. BGHSt 17, 14は136a条の類推適用を否定したが、基本的に意思の欠缺不考慮の原則の例外を認めている）。本問において、連邦通常裁判所の見解（BGH StV 04, 638）によると、上記経過の印象の下で行われた弁護人の上訴放棄も無効である。

問444 問439の事例において、上訴権者より有効に申し立てられた上訴が取り下げられた。
　a）それが許されるためには、どのような形式によるべきか。
　b）検察官は、被告人Ａに有利な方向で申し立てた控訴を取下げできるか。
　c）検察官は、Ａに不利な方向で申し立てた控訴を取下げできるか。
　d）Ａの父親は、自身が独自に申し立てた控訴を取下げできるか。
　e）上訴取下げを取り消すことはできるか。

a） 事後的な**上訴取下げ**は許される（302条1項1文）。また、その形式は、上訴放棄の場合と同様である（問439のa参照）。

b） 検察官は、Ａの同意を得てこれを取り下げることができる（302条1項2文）。なぜなら、Ａは、自身の権利が検察官によって保護されると信頼したために、控訴を放棄したかもしれないからである。つまり、Ａは、この時点で、自身の意思によらず不意に「上訴のない状態」に置かれることになってはならない。この同意は、形式不要である。しかし、検察官の上訴取下げにただ黙っているだけでは不十分である。

c） はい。Ａの同意は不要である。検察官控訴の場合でも、301条により原裁判が被告人の有利に変更され又は破棄された可能性があったとしてもである。もっとも、上訴審の公判が既に開始されていた場合、301条1文により、相手側（本問ではＡ）の同意があるときに限り上訴を取り下げることができる。

d） 少年裁判所法55条3項により、父親は、Ａの同意があるときに限り控訴を取り下げることができる。なぜなら、有罪判決を受けた者は法定代理人の上訴がなされたことを考慮して自身の上訴を放棄した可能性があるため、利益状況は302条1項2文の場合に等しいからである。

e） いいえ。上訴放棄と同様、取下げも、基本的に取り消すことができない。上訴放棄が無効とされる場合について承認されてきたことは、以前は取下げには及ばないとされてきた（AK/*Achenbach*, § 302 Rn. 28）。しかし、連邦通常裁判所（BGH StV 94, 64）は、検察官による欺罔が行われた事案に関して異なる判断をしている。

> **問445** A（17歳）は、有罪判決に対してまず控訴を申し立てた。その直後、Aの父親も298条によりAに有利な方向で控訴を申し立てたため、Aの弁護人VがAの控訴を取り下げた。Vは、第1審公判の前から付与されていた訴訟委任において控訴取下げについても授権されていた。
> a) Vは、Aの控訴を有効に取り下げることができるのか。
> b) 判例に従い訴訟委任により授権された取下げ権限は有効であるとしたとき、Vは、更にAに代わって上訴放棄を表明することもできるか。
> c) Vは、上訴の限定についても（問485のa参照）Aからの明示の授権が必要か。
> d) Vは、Aの控訴を有効に取り下げたが、その間にAは18歳になっていたたとする。この場合、Aの父親より独立して申し立てられていた控訴はどうなるか。

a) 302条2項により、控訴取下げについて「明示の授権」が必要である。つまり、一般的な弁護委任では足りない。もっとも、その授権は特定の形式を要しない。授権は、書面、口頭、電話で行うことができる（BGH NStZ 95, 356）。取下げ授権が明示であるとはいえ、訴訟委任に際して形式的用紙により行うことで足りるかどうかには争いがある（判例は肯定する）。学理上支配的な反対説が支持されるべきである。これによると、授権は既に許された具体的な上訴に関してのみ——つまり有罪判決の後に——行うことができるとされる。なぜなら、そのような場合にのみ、被告人は、訴訟委任においてしばしば見落とされ、又は正しく理解されていなかった授権の意義を正しく判断できるからである。つまり、この見解によると、Vによる取下げは無効である。

b) 302条2項は、上訴放棄について何ら規定していない。しかし、判例及び通説は、正当にもこの規定を放棄に類推適用することを認めている。なぜなら、取下げと放棄の効果は同じだからである。つまり、上訴放棄についても特別の授権が必要である。しかし、連邦通常裁判所（BGHSt 3, 46）によると、本問においてなされた取下げに関する授権は「上訴放棄に関する権限」を含んでいないことから、上訴放棄のための第2の授権が必要であった。また、上訴放棄に関して明示の授権があった場合でも、Vは、在廷しているAに事前にその意思を確認していた場合に限り有効に上訴放棄を表明できる（OLG Zweibrücken NStZ 87, 573）。

c) いいえ (BGHSt 38, 4; 366)。上訴を限定して行った場合、それは、上訴から除外された判決部分について、上訴の一部取下げ又は一部放棄と見るべきものではない。むしろ、異議申立ての範囲のみが具体化されたものであり、弁護人は、特別の授権がなくとも一部上訴の権限を有する。

d) 父親は、Aが成年となった後に自身が申し立てた控訴を更に追行することはできない。なぜなら、父親の法定代理権は、父親自身がその上訴を行う権限の根拠であったが、これはAが成人となった時点で消滅するものだからである。しかし、A自身は、その父親が申し立てた上訴を更に追行できる。Aが一旦上訴を放棄し又は取り下げていた場合であっても、それは可能である (BGHSt 10, 174)。なぜなら、Aは、その父親が上訴したことを考慮してそのような放棄又は取下げをしていた可能性があり、それゆえ、彼が成人したことによりその異議申立ての機会が奪われることになってはならないからである。

2 個別の法的救済

問446
a) 抗告は、控訴及び上告とどのように区別されるか。
b) 即時抗告と通常抗告の違いはどこにあるか。

a) 控訴及び上告は判決に対するものであるが、**抗告**は、被疑者・被告人、証人、鑑定人、その他の者 (304条2項) が裁判所の「決定」、裁判長、起訴前手続における裁判官 (捜査判事)、受命裁判官又は受託裁判官の「命令」に対して行う法的救済である (304条を読むこと)。その他、抗告は、事実的観点「及び」法律的観点での再審査を求める点で控訴と同じである。しかし、抗告は、任意的な停止効のみである点で控訴及び上告と区別される。

b) 「即時抗告」の許容性は、法律に明示されている (例えば81条4項、210条2項。その他多数ある)。そのような規定がないとき、第1審及び控訴審における決定及び命令に対して、制定法上そもそも異議申立てが排除されていない限りで通常抗告の機会がある (例えば153条2項4号、210条1項、304条3～5項、そして特に305条)。それ以外に3つの違いがある。

①通常抗告には期限がないが、即時抗告は1週間以内に提起されなければならない（311条2項）。

②通常抗告は、原裁判をした裁判所又は裁判長の属する裁判所に提起する（306条1項）。

③通常抗告の場合、原裁判をした裁判所又は裁判長は、3日以内に自ら更正できる。原裁判をした裁判所又は裁判長が更正しない場合に限り、事件が抗告裁判所に送付される（306条2項、3項）。それに対して、即時抗告の場合、原裁判をした裁判所は原則として自ら変更する権限を持たない。法的聴聞に反する場合のみ、聴聞の追完に基づいて抗告に理由があると認められるときには、原裁判所は自ら原裁判を更正できる（311条3項）。

問447 参審裁判所は、公判で被告人Ａに対し法廷侮辱を理由に30ユーロの秩序罰〔過料〕を科し（裁178条）、最終的に公訴事実の罪で禁錮刑に処した。

a) Ａは、裁判所による秩序罰決定に対して抗告できるか。

b) Ａの抗告に関してまだ判断がなされていないにもかかわらず、過料を徴収することはできるか。

c) Ａの抗告につき、どの裁判所に管轄があるか。

d) 高等裁判所は、Ａの抗告を棄却した。Ａは、それに対して更なる抗告を申し立てることができるか。

---

a) はい。確かに、判決に先行する公判裁判所の裁判は、305条により一般的には抗告できない。なぜなら、立法者は、判決と共にそれを審査できると考えたからである。しかし、305条は、判決前の秩序罰や強制手段の場合を例外としている（身体拘束、収容、差押え、運転免許証の仮剥奪、第三者を対象とする全ての決定も同様である）。このような例外が認められる理由は、これらの処分が――本問のような過料決定又は第三者に対する決定――その判決に対する上訴によってそもそも事後審査できないものであるか、又はその帰結が上級審において全く是正されない若しくは適時に是正できないという点にある。本問では、裁判所構成法181条により（「1週間の期間〔内に〕」）即時抗告を申し立てることになる。

b) はい。なぜなら、抗告の申立ては、「不服を申し立てられた原裁判の執行を妨げない」からである（307条1項）。つまり、（通常ならびに即時）

抗告には、義務的な「停止効」がない。(81条4項2文のような若干の制定法上の例外がある。問143のa参照)。ただし、原裁判を行った裁判所又は裁判官及び抗告裁判所は、原決定の執行停止を命じることができる（307条2項）。裁判所構成法181条2項は、本問に関して307条の規定と同様であるが、抗告審の法廷外での裁判官の過料命令に関して例外的に停止効を与えている。

c）裁判所構成法73条1項によると、そもそも地方裁判所の刑事部がこれを判断しなければならない。しかし、裁判所構成法181条3項は、秩序罰に対する抗告は高等裁判所の管轄であることを定めている。

d）いいえ。310条は、更なる抗告を基本的に認めていない。裁判所構成法120条3項によると、地方裁判所又は高等裁判所の抗告決定で、それが身体拘束又は仮収容を対象とする限りで例外が認められる。

問448 被告人Aは、参審裁判所での公判で、262条2項により手続を停止し、この刑事手続の民法上の前提問題に関して係争中の民事裁判の判決を待つことを申し立てた。検察官は、この申立てに同意しなかった。
a）Aは、その停止申立てが認められない場合に抗告できるか。
b）検察官は、裁判所がAの申立てを認めた場合に抗告できるか。
c）その抗告について、誰が裁判するのか。
d）抗告裁判は、口頭による審理を条件とするのか、又はA及検察官はそもそも聴聞されないのか。
e）刑事部が検察官の抗告には理由があると判断した場合、裁判はどのような形式で下されるか。

---

a）いいえ。なぜなら、この決定は、判決に先行するものだからである（305条）。すなわち、決定はそれに続く判決と直接的な関係があるので、不服申立てもこれと併せてのみ認められる。

b）はい。停止を命じる決定に対して抗告が認められる。なぜなら、停止は、305条が要求するように、判決を進めるものではなくこれを延期するものだからである（通説）。

c）地方裁判所の刑事部（裁73条1項）。3名の職業裁判官で構成される（裁76条1項2文）。

d）口頭弁論は行われない（309条1項。この規定には若干の例外がある。例

えば118条2項による、勾留に対する抗告についての手続である）。しかし、「適当な場合」(309条1項）に、検察官から意見を聴取できる。加えて、裁判所は、被告人にあらかじめ反対意見を述べさせるために通知しておかなければ、検察官の抗告を認容できない（308条1項1文）。被告人の聴聞が行われないときは聴聞を追完しなければならず、場合によっては、抗告裁判が事後的に変更されなければならない（311a条）。

e）刑事部は、抗告裁判所としてその事件を自ら判断する（309条2項）。つまり、破棄・差戻しをする必要はない。

問449
a) 被告人は、区裁判所（刑事裁判官、参審裁判所）の判決に対してどのような上訴をすることができるか。
b) 控訴は、上告とどのように違うか。
c) 被告人は、地方裁判所大刑事部の判決に対しても控訴できるか。

---

a) 被告人は、区裁判所の判決に対して**控訴**できるが（312条）、それに代えて335条1項により**上告**することもできる（「跳躍上告」）。

b) 控訴は、被告人に2度目の事実審を認める。公判は、再び事実の調査と原審の法適用の再検討を目的として行われる〔覆審性である〕。それに対して、上告の場合、判決の基礎となる事実は確定されたものとして取り扱われ、原裁判所は実体法又は形式法の違反を犯したかどうかという点のみ審理される。

c) いいえ。控訴は、専ら参審裁判所又は刑事裁判官の判決に対してのみ行うことができる（312条）。大刑事部の判決は、上告によってのみ不服を申し立てることができる（333条）。上告審は、原則として連邦通常裁判所で行われる（裁135条1項、121条1項）。

問450 立法者は、区裁判所の判決に対してのみ控訴を認める一方、第1審が地方裁判所の大刑事部や高等裁判所で審理される重大かつ重要な刑事事件では被告人に2度目の事実審を認めていない。この点についてどのように理解し、どう評価されるべきか。

この一見すると不可解な法規定の理由は、上級裁判所の裁判体がより多くの裁判官によって構成されることから慎重な判決発見が可能であり、これによって第2の公判が不要であるという点が考慮されたことにある。また、区裁判所の管轄に当たる日常的な中程度の犯罪の場合、事前手続及び中間手続は、必然的に重大犯罪の場合よりも簡略的にならざるを得ないという点も考慮している。313条は、この点についても、絶対的に軽微な犯罪の場合にのみ控訴の機会を制限している（問450のe参照）。

このような法規定について、いまだ争いがある。一方では、重大犯罪について、その特に重大な結果ゆえに第2の事実審が要求されている。他方で、第2の事実審がよりよい判決をもたらすという保障は決してない——証明の機会は時間の経過により減少していくため——との理由で、控訴の価値が疑問視されている。

問451
a）控訴又は上告は、どこに申し立てることになっているか。
b）控訴又は上告が直接に上訴裁判所（ここでは地方裁判所又は高等裁判所）に提起された場合はどうなるか。

a） 双方の上訴は、移審効にもかかわらず、原審裁判所に、すなわちその判決に不服を申し立てられた裁判所に申し立てなければならない（314条1項、341条1項）。

b） この場合、上訴は、上訴を受理する管轄の裁判所に転送される。上訴期間は、その上訴が申立期間経過前に管轄裁判所に届いた場合にのみ遵守されたものとされる。

問452 Aは、参審裁判所において、横領罪で9月の自由刑に処せられた。
a）Aは、どのような上訴手段を有するか。
b）Aは、どのような観点から上訴を選択するか。
c）控訴及び上告の場合の不服申立て期間はどうなっているか。また、この期間はいつ進行し始めるか。
d）控訴及び上告も、理由付けられなければならないか。

e) 差し当たり限定して申し立てられた上告を拡張する場合、その最終の時点はいつか（問485のa参照）。

a）Aは、判決に対して、控訴又は控訴審を飛び越えた上告（跳躍上告、335条）を申し立てることができる。

b）Aが特に裁判所の事実認定に誤りがあると考え実体法又は手続法違反のみの主張にとどまらない場合、Aには、控訴が適当である（小刑事部の控訴審判決に対して更に上告を申し立てることができるからである）。また、Aは、上告の場合、新たな事実の申立てにより取り調べられるわけでもない。それに対して、Aが手続規定に対する違反のみを主張し又は実体法上の問題が誤って判断されたと主張しようとする場合、すなわち原判決を法的関係においてのみ非難しようとする場合は、上告が適当である。ただし、その場合、控訴審の審級の利益を放棄することになる。

c）不服申立ての期間は、両上訴共に1週間である。その期間は原則として判決の宣告によって開始するが、例外として、判決宣告が被告人の出席なしに行われた場合には判決送達により開始する（314条、341条）。

d）「控訴」の場合、317条により申立期間経過後から1週間以内に、又はこの期間に判決がまだ送達されていないときはその送達後に理由付ける〔控訴趣意を提出する〕ことができる。しかし、理由付けは、義務的ではない。それに対して、「上告」の場合、345条により申立期間の経過後又は判決送達後から1か月以内に理由付け〔上告趣意を提出し〕なければならない。

e）連邦通常裁判所（BGHSt 38, 366）は、この極めて争いのある問題について、当初限定されていた上告は上告期間（341条1項）が経過するまでに限り拡張できると判断した。なぜなら、確定力の発生は、不服申立てが表明された範囲でのみ遅らせられるものだからである（343条1項）。

問453 被告人Aは、5月2日に、軽罪により区裁判所から有罪判決を言い渡された。5月5日には、弁護人の文書が裁判所に到着したが、そこには「判決に対して不服を申し立てる。理由付けは、判決の到着を待って行う」と書かれていた。判決は、5月23日に送達された。弁護人は、6月6日に裁判所に到着した追加文書の中で、5月5日に表明した不服申立ては上告とすると述べた。

管轄の高等裁判所は、上訴提起は無効であるとの理由から、上告を不許容であるとして却下した。これは正しいか。

いいえ（BGHSt 2, 63）。ライヒ裁判所の判例は、全ての訴訟行為は明白性が求められるという刑事手続の公法としての性質ゆえに、上訴は1週間の申立期間内に控訴又は上告のいずれかを明示する場合にのみ有効であるとしていた。連邦通常裁判所は、実際上の理由に基づき、これと異なる判断を示した。被告人が判決の理由を知る前に既に上訴の形式を判断しなければならないとすると、被告人は、合目的的にみて常に控訴を選択すべきことになる。なぜなら、被告人は、この方法によって常に事実関係の再審査を留保し、控訴審判決に対して更に上告を申し立てることができるからである。しかし、そうなると、訴訟経済上の理由から第2の事実審を省略する可能性をもたらすという跳躍上告の制度が無意味となってしまう。それゆえ、連邦通常裁判所は、上告理由期間（345条により1か月間——判決送達から起算）が経過するまでは、上訴の名称を追完することを認めた。その期間が経過するまでに上訴の選択が行われない場合、控訴として扱われることになる。

問454 Aは、公務執行妨害罪により、区裁判所から有罪判決を受けた。Aの弁護人は、判決言渡しから1週間以内に控訴した。しかし、弁護人は、判決の送達から5日目、つまり上告理由付けの期間内に当該上訴を上告とし、同時に理由付けた。

a) この上告は許されるか。
b) 逆に、Aが申立ての際にこの上訴を上告と表示し、上告理由付けの期間内にこの上訴は控訴とすると述べた場合はどうなるか。

a) はい（BGHSt 5, 338）。連邦通常裁判所は、従前の判例（BGHSt 2, 63. 問453参照）と関連付けて、以前から活発に議論されてきた問題について、申立人が当初は控訴としていたがこれを跳躍上告とした場合、上訴理由付けの期間内であれば上告に変更できると判断した。それは、詳細を示さずに行った上訴申立ての許容性と同様の考慮から導かれている。弁護人は訴訟経済の観点から好ましい審級の省略を書面による判決理由を受け取った後

に初めて責任をもって申し出ることができるものとするならば、弁護人からそのような機会を奪うべきではない。変更の意思表示及び上告理由は原判決を下した区裁判所に提出されなければならず、手続が既に係属している場合でも、地方裁判所に提出するのではない（BGHSt 40, 395）。

b）本問では、第2の事実審が省略されるのではなく事後に追加されるべきという点で、利益状況が異なる。他方、弁護人にとって、第1審の事実認定を適切に弾劾できる見込みが、事情によっては書面による判決理由が送達された時点で初めて得られるということもある。それゆえ、連邦通常裁判所（BGHSt 13, 388）は、申し立てられた「上告」を「控訴」と表示することも一般的に排除しようとはしなかった。しかし、その要件は、申立人がまだ「控訴ではなくはっきりと上告を選択」していたのではないということである。判例の事案では、疑わしきは被告人の利益にの原則から、上訴は明白な決定を留保して提起されたものとして扱われている（BGHSt 17, 44, 48; 25, 321, 324; 33, 183, 188 f.）。

問455
a) **控訴**は、刑事裁判官又は参審裁判所による全ての判決に対して許されるか。
b) どの裁判体が、控訴について判断するのか。
c) 申立人が遅れて控訴を申し立てたとき、控訴についてどの裁判所が、いかなる形式で判断するのか。

---

a）いいえ。313条によると、ごく軽微な事件の場合、控訴は同条が認める限りで許される。この規定によると、15日分以下の罰金刑又は過料、15日分以下の罰金を留保した戒告に処する有罪判決、無罪判決又は打切りで検察官が30日分以下の罰金刑を求刑していた場合は控訴除外の対象となる。明らかに理由がない場合、控訴は不許容として棄却されるが、そうでなければ受理される（313条2項）。この裁判に対しては異議申立てできず、受理される場合は理由付けの必要がない（322a条2文、3文）。受理に関する裁判は、常に決定の形式による（322a条1文。322a条1項2文後段も見よ）。

b）参審裁判所の判決に対する場合も含めた全ての控訴について、地方裁判所の小刑事部が判断する（裁76条1項1文）。小刑事部は、通常1名の職業裁判官と2名の参審員で構成される（裁76条1項1文。しかし3項を参照）。

c) この場合、控訴審裁判所ではなく、第１審裁判所が判断する。裁判所は、控訴を決定により不許容として棄却する。つまり、公判を開かず、したがって素人の関与なく判断する。つまり、区裁判所においては、この場合、常に刑事裁判官が単独でこの事件について判断しなければならない（319条）。それに対して、控訴審裁判所に請求する機会に関しては、319条２項を見よ。

問456 通例、控訴について、新たな公判に基づいた判決によって判断される。その準備については、基本的に第１審手続と同様である（323条）。新たな証拠は、無制限に持ち出すことができる。つまり、第１審公判を完全に繰り返すのである。この第２の公判は、どのように進められるか。

①証人及び鑑定人を召喚した後（243条１項）、裁判所の構成員である記録係が証人不在中に今までの手続の結果を伝えなければならない。その際、控訴にとって意義がある限りで、第１審判決が朗読される。つまり、判決理由の朗読は、検察官、弁護人及び被告人がそれに同意する限りで完全に省略できる（324条１項）。同意なく朗読が行われない場合、それは上告理由となり得る（OLG Hamburg NStZ 85, 379）。なぜなら、参審員が審理の対象について充分に情報を与えられているかどうか不確かだからである（第１審の公訴事実に関する同様の問題について問222参照）。

②続いて、被告人が（人定及び事件について）尋問されなければならない。324条２項。

③続いて、――公訴事実の再朗読なしに――証拠調べが行われる（324条２項）。その際、325条１項によると、証人又は鑑定人の供述に関する調書は、これらの者が裁判所又は検察官から新たな公判のために召喚されず、被告人もその召喚を適時に申し立てなかった場合に、証拠とする目的で朗読できる。この規定も直接主義の例外であり、新たな審理及び証拠調べの原則を相当に制限する。それゆえ、325条１項は制限的に解釈されなければならず、訴訟上重要な証人は控訴審公判でも個別に尋問されなければならない（OLG Zweibrücken NStZ 92, 147）。

④最後に、裁判長は、最終陳述の機会を――先に控訴人に――与えなければならない。この場合も、最後の発言は常に被告人が行う（326条）。

> **問457** 参審裁判所は、Aを詐欺罪により6月の自由刑に処した。A及び検察官が控訴した。Aは自分が無罪であることを理由とし、検察官は量刑が軽過ぎることを理由とした。
> a) 刑事部〔控訴審裁判所〕は、Aを無罪にすることを考えている。裁判所は、どのような裁判をしなければならないか。
> b) 刑事部は、参審裁判所において裁判官による解明義務に対する重大な違反（244条2項）があったと認める場合、どのような裁判をするか。

　a）刑事部は、検察官の控訴を棄却しなければならず、Aの控訴に基づいて参審裁判所の判決を破棄し、Aに無罪判決を下さなければならない。同じ判決に対して双方の控訴が申し立てられた場合、裁判所は、各々の控訴について裁判しなければならない。その際、裁判所は、控訴に理由がない場合はこれを棄却しなければならず、理由がある場合は、原判決を破棄し、通常は自ら無罪判決を言い渡すか、又は判決変更を宣告する（328条1項）。

　b）訴訟上の違反の場合も、控訴審裁判所が自ら事件について裁判しなければならない。328条2項は、第1審裁判所が自身の管轄を誤って認めた場合にのみ、差戻しを定める。この場合、被告人は法定された裁判官より裁判を受ける利益を奪われてはならないのである。

> **問458** 参審裁判所は、Aを窃盗罪により1年の自由刑に処した。
> a) それに対して、Aが控訴した。しかし、Aは、その控訴に応じて設定された新たな公判に出廷しなかった。控訴審裁判所は、この場合どのように手続を進めなければならないか。
> b) Aは完全に酩酊した状態で出廷し、弁論無能力の状態で控訴審に出席した。裁判所は、直ちに控訴を棄却したい。これは許されるか。
> c) Aのために弁護人が出廷したものの、その弁護人は被告人による十分な指示が　なく、事件について自らは何も発言できなかった。329条1項1文により棄却できるか。
> d) Aが控訴審の第1回期日には姿を現したものの、第2回期日に無断で欠席した場合はどうか。
> e) 控訴が検察官より提起され、Aが控訴審の審理に出廷しない場合、刑事部

〔控訴審裁判所〕には何ができるか。

a) Aが出廷せず、また代理が許される事案で（234条、411条2項）その弁護人が出廷しない場合で、かつその不出頭について十分な説明がないときには、即時に控訴を棄却できる（329条1項）。もっとも、Aが召喚の際にそのような機会について明示的に教示されていたことが条件である（323条1項2文）。この判決は、民事の欠席判決に類似する。

b) はい（BGHSt 23, 331）。「弁論無能力の状態で現れた者は、原則として出廷していないものとして扱われる」。ただし、Aの弁論無能力状態がA自身の責任によるものであることが確認されなければならない。高度に酩酊している場合は常に該当する。

c) いいえ（BayObLG NStZ 81, 112. 争いがある）。被告人もその弁護人も陳述する義務を課されないので、彼らが陳述しないことは控訴審を妨げるものではない。また、少なくとも弁護人が出廷している場合、Aが控訴への関心を失ったと直ちに認めることもできない。

d) この場合も、控訴は即時に棄却されなければならない。なぜなら、329条1項1文は、被告人が「公判開始の際」（すなわちそれぞれの審理の期日）に出廷していないということのみを要件としているからである（しかし329条1項2文の例外がある）。

e) この場合、A不在のまま控訴について審判すること、又はAを勾引又は勾留して在廷させることができる（329条2項、4項。330条も参照。）。

問459 被告人Aの控訴は、329条1項により棄却された。なぜなら、Aが審理を無断で欠席したからである。しかし、Aは本来その控訴審に出席したかったのであるが、弁護人VがAに自分の車で法廷に連れて行くことを固く約束していたにもかかわらず、仕事が忙しくてその約束を失念したために遅参したのであった。Aは何ができるか。

Aは、判決の送達後1週間以内に**原状回復**を申し立てることができる。この法的救済は、44条から47条に詳細に規定されているが、これは期限（44条）及び公判期日の経過（例えば235条、315条、329条3項、342条の場合）を事後的に元に戻す機会を与えるものである。その際、（329条3項、44

条による）法的救済を得るためには、申立人が「過失なく」公判への出廷を妨げられたことが必要である。民事上の紛争では、訴訟代理人の過失は民事訴訟法85条2項と233条の結び付きにより本人に帰属されることになっているが、刑事訴訟では、判例によると、被告人自身にも過失がない限りで被告人に過失のない事故とみなされる（BGHSt 14, 306; 14, 330; 25, 89）。ここでVの単独過失と認められる場合、Aの原状回復申立ては認容され、彼の控訴を棄却した判決は特別の申立てを必要とすることなく無効となり、新たな控訴審の期日が定められなければならないという効果が生じる。

問460
a) 上告は、どのような判決に対して許されるか。また上告について、どの裁判所が裁判するのか。
b) 上告の目的は何か。

a) 333条、335条の規定から、高等裁判所の第1審以外の裁判又は連邦通常裁判所の裁判を除く全ての判決に対して上告できる。このことは、差し当たり、地方裁判所の判決について妥当し（333条）、同裁判所が第1審として裁判したのか又は控訴審として裁判したのかにかかわらない。また、区裁判所の判決についても同様であり、それに対して控訴ではなく上告を選択することもできる（跳躍上告＝335条）。上告裁判所は、高等裁判所（バイエルン州では、従来はバイエルン上級裁判所であったが、2006年7月30日に同裁判所は廃止された）及び連邦通常裁判所である。高等裁判所は、跳躍上告、控訴判決に対する上告について管轄を持ち、例外的に大刑事部（陪審裁判所も含む）の第1審判決に対する上告に関しても、上告が州法規定の違反のみに基づく場合には管轄を持つ（裁121条1項）。連邦通常裁判所は、その他全ての上告について、すなわち連邦法（例えば刑法又は刑事訴訟法）違反に基づく大刑事部及び高等裁判所の第1審裁判に対する上告について管轄を持つ（裁135条）。

b) 上告の目的は、立法者の意思によると、現実の法的救済を保障するという点にある。すなわち、法律問題は、上告裁判所により時間的経過に左右されずその法違反について事後的に審査され得るが（337条）、事実問

題（すなわち事実認定）は、時間的経過によって証拠の質が劣化することから、事実により近い審級の裁判官による評価に委ねられている（*Schünemann*, JA 82, 73 ff. 参照）。つまり、上告による個別的正義は、限定的な範囲でのみ実現され得るのに対して、法的統一性は、高等裁判所又は連邦通常裁判所が原判決の法解釈について判断することにより完全に実現されるのである。また、立法者は、最上級審の裁判所内部における齟齬の場合にも配慮している。すなわち、裁判所構成法121条2項によると、高等裁判所は、そこで示された他の高等裁判所又は連邦通常裁判所の判断から逸脱しようとするときは、事件を連邦通常裁判所に回付しなければならない。同じく、裁判所構成法132条2項によると、連邦通常裁判所の異なる部が異なった法的見解を支持している場合又は非常に重要な点が問題となっている場合には、大刑事部が裁判しなければならない。

問461 Aは、過失で交通事故を引き起こした事件について有罪とされた。
a) Aの弁護人は、上告趣意において、裁判所は尋問を受けた2名の証人の供述を正しく評価しなかったと主張することはできるか。
b) 第1審裁判所は、証人の供述に基づいてAは速度を超過して運転していたと認定した。犯行時刻頃に行われた速度測定からは、Aは制限速度を遵守していたことが判明したのであったが、それにもかかわらず、裁判所は、証人の供述が信用できると確信したのであった。Aは、この判決に対して上告できるか。
c) 2名の証人は、第1審の公判において、要証事実について相互に矛盾する供述を行った。裁判所は、その点をAの不利に評価し、その供述の評価に当たり、十分な理由を示すことなく「それらの供述には矛盾するところはない」と判示した。この認定は、上告を基礎付けるものか。

a) いいえ。337条によると、上告は、基本的に判決が誤った法適用に基づいているという理由でのみ申し立てることができる。証拠評価は事実認定を対象とするものであるから、上告により不服を申し立てることができない（ただし次のb参照）。

b) はい。確かに、この場合も、不服申立ては事実問題（速度の超過）に向けられている。しかし、確立した判例によると、上告裁判所は、事実審の証拠評価を論理則、承認されている科学法則、一般的な生活経験や公知

の事実の点から誤っていないかという観点から事後審査を行うものである。この上告可能な事実問題の分野には、レーダー装置による速度判定も含まれる。これは、その現在の研究状況において学問的に確かであり、それゆえ自由な証拠評価に服するものではない（問338参照）。判例は、上告可能とする理由として前述の法則が不文の法規範であると述べている点は（BGHSt 6, 79参照）、思考法則及び経験則には法規範的性質が欠けるため不正確であるが、その結論は正しい。なぜなら、法律上上告が法的問題に限定されている点は、前述の3類型についてはこの間に確立した判例によって修正されているからである。

c) 判例によると、はい。確かに、それぞれの証明事実の価値を相互に衡量することは、専ら事実審裁判官のなすべき事柄である。「しかし、事実審裁判官が相互に矛盾する事実を双方は問題なく適合するとして、その点について十分な理由を示さないときは、その証拠評価は不明確なものとなる。そのような場合、上告裁判所は、その評価は法的に正しいものなのか又は思考法則や経験則に違反していないかを事後審査できない」（BGHSt 3, 213）。それゆえ、不明確な、不十分な、又は矛盾のある証拠評価は、上告裁判所より実体法違反を理由に破棄されることとなる（*Meyer-Goßner*, § 337 Rn. 28 f. 参照。争いがある）。

問462 事実審裁判所は、Aに対して、彼が起こした交通事故（被害者Oは顔面に傷害を負った）につき特に刑法226条1項3号により有罪とした。なぜなら、Oはこの傷害により「相当程度に継続的な改変をもたらされた」と認定されたからである。Aは、この判決に対して上告し、裁判所は「相当な改変」の概念を誤っていると主張した。この上告は認容されるか。

これは重要な問題である。上告可能な法律問題と事後審査できない事実評価との区別は、——特にいわゆる不特定な概念の場合——非常に困難である。通説は、事実問題と法律問題とは論理的に不可分であるとの前提から、不服を申し立てられた瑕疵は「事実審裁判官より事実資料の直接かつ口頭による審理においてのみ審査され得るものであるのか、又はそのような審理がなくても上告裁判所——事実審裁判官と同様の認識源を持たない——において解明され得るものか」という点に着目する（*Henkel*, S. 375）。

識別は、論理的には可能である。法律問題には法律概念への当てはめのみが含まれ、事実問題には日常概念への当てはめが含まれるものだからである。しかし、この識別は、事実審判官が検証に基づいて「全体の状況」（例えば顔面の醜悪さ）について判定しなければならない場合には妨げられる。この場合、法律概念と日常概念との厳密な区別は言語の不完全さゆえに不可能であることから、上告裁判所は言葉で表すことのできる範囲内でのコントロールに制限される。しかし、「法律なければ刑罰なし」の原則〔罪刑法定原則〕からは有罪判決をそのような不合理な全体的印象に基づかせることはできないため、前述した制限は、結論として不合理な全体的印象ゆえの無罪判決に対する検察官の上告の場合に限られる（Roxin, § 53 Rn. 23参照）。

これによると、本問事例では、有罪判決は「相当な改変」を基礎付ける事情の完全に言語化された仲介可能性を前提とすることから、上告裁判所は、この事情（例えば傷の大きさや色）が認定として十分であるのか又はそのような傷が実際に存在しているのか（すなわち傷痕は実際にそれほどの期間のものであったのか）について事後審査できる。

問463 Aは、参審裁判所より、自分の娘Tに対して実行したとされる児童に対する性的濫用の罪（刑176条1項）を理由に有罪とされた。しかし、記録によると、参審裁判所の判断には誤りがあり、Tは犯行時には既に15歳であったことが判明した。
Aは、この有罪判決（刑176条1項）に対して上告できるか。

Tの年齢の評価は、純粋な事実認定に当たり、一般原則によると上告できないものである。しかし、この事案は、上告裁判所は判決の誤りを口頭による審理を行うことなく記録のみから確実に認定できるという点で、前述の純粋な法律問題の事後審査可能性を超える事案（思考法則、経験則、公知の知識に対する違反）に匹敵する。それでもなお、通説によると、第1審裁判所による認定の「記録の誤り」に基づく上告は許されない。なぜなら、それは事実問題と法律問題との区別を完全に消し去るものだからである（BGH NStZ 92, 506; 97, 294）。連邦通常裁判所は、完全に明白な事案においてのみ、261条違反か244条2項違反かの選択的な不服申立ての方法を許

している（BGHSt 43, 212, 215f. 否定するものとして BGH NStZ 99, 423; 00, 156）。

> **問464** 被告人Aは、その有罪判決に対して「判決宣告から1週間以内」に上告を提起した。
> a) Aは、この上告を理由付けなければならないか。
> b) 弁護人は、その理由付けのために「私は実体法違反を主張する」とのみ記述したが、それで足りるか。
> c) 弁護人は、「私は手続法違反を主張する」とのみ記述することはできるか。
> d) 弁護人は、被告人が起案した書面を「内容的に全て引き継ぐこと」ができるか（OLG Köln NJW 75, 890）、又はそれと区別して記述しなければならないか（BGHSt 25, 272）。

 a）はい。控訴の場合、書面による理由付けは可能であるが必要的ではない（317条）のに対して、上告の場合、上告人は、提起期間が経過してから又は判決の送達を受けてから1か月以内に、書面で自分はどの範囲で判決に不服を述べ破棄を申し立てるのかを明らかにし（上告申立て）、申立てに**理由**を付さなければならない（344条1項、345条1項）。被告人は、この陳述を書記官の調書に記載してもらうか、又は弁護人（又は弁護士）の署名を受けた書面の方法で提出できる（345条2項）。

 b）はい。この実体非難の理由付けは、344条2項、352条2項の要件を充たす。上告人の見解からいかなる実体法規定が違反されたのかは、上告理由で詳細にされなければならないものではない。

 c）いいえ。上告人は、「手続に関する法規定の違反」を主張するとき、自分はいかなる事実においてその法違反を認めるのかを明らかにしなければならない（344条2項2文）。連邦通常裁判所は、そのような手続非難の理由付けに厳格な要件を立てている（BVerfGE 112, 185は、これを基本的に承認している）。

 当該事実は、上告裁判所が理由書を見ただけで主張された事実が存在したとすれば手続違反は存在したといえるのかを審査できる程度に、厳密かつ完全に示されなければならない（BGHSt 3, 213, 214; 29, 203; BGH NStZ 02, 216）。その際、上告人は、その主張に反することとなる事情も検討しなければならない。上告人は、自分に不利な事実を避けてはならず、例外要件に該当し自身の主張に根拠を失わせることとなる要素も述べなければなら

ない（BGHSt 40, 218, 240; BGH NStZ 00, 49, 50）。実務は、このような形で報告されるべき事実の範囲を拡張する傾向にある。しかし、連邦憲法裁判所は、これに反対の見解を示している。その見解によると、「上告裁判所は、上告主張を超えた意義内容を持たない事実の報告を求めるという場合、許容性の要件を過剰に立てている。なぜなら、それは、公判における証明の優先と直接的に関係するものではないからである」（BVerfGE 112, 185〔判決要旨2〕）。

d）区別しなければならない。上告理由への弁護人の関与は、「単なる文書作成に尽きるものではない。弁護人は、上告理由に形成的に関与し、その点について責任を負わなければならない」（BGHSt 25, 272）。

問465

a）判決が申立人より主張された法違反に基づいていない場合も、上告が認容されることはあるか。
b）被告人に不利となる唯一の証人が60条2号に反して不法に宣誓していたということを理由に、上告を申し立てることができるか。
c）証人が違法に尋問されず判決がそれに基づいていた場合、これは破棄されなければならないか。
d）338条8号は、絶対的上告理由であるか。

a）はい。確かに、337条では、上告は「判決が法律違反に基づいている」ということのみ理由にできるとされている。しかし、一致した見解によると、337条の「相対的上告理由」によるときであっても、正しい法適用がなされていれば判決は異なったものとなっていた可能性が排斥できない場合には上告が認容されると解されている。338条の「絶対的上告理由」によるときは、公判の箇所で前述したように、判決は法違反に基づいていることが反論の余地なく推定される。つまり、この場合、関連性の証明は不要である。事案によりそもそも法違反に基づくことがない場合でさえ、判決が破棄されなければならない。この規定の意味は、立法者は338条に列挙された特に重要な手続原則の遵守を確保しようとしたという点にある。この立法者の意思は、上告は同規定に対する違反の場合に例外なく認容されるという場合にのみ実現される。

b) はい（BGH StV 94, 225）。これは、判決破棄に至る相対的上告理由の典型的な事案である。なぜなら、判決が手続違反に基づいているからである。つまり、宣誓供述は、通常であれば、非宣誓供述よりも大きな重みを与えられるからである。逆に、証人は法律に反して宣誓したが裁判所はそれにもかかわらずその供述を信用しなかったという場合、判決が瑕疵に依拠していないことの典型的な例である。

c) 大抵の場合、供述が判決に何らかの形で影響を与えた可能性は排斥できないため、破棄が求められる。しかし、連邦通常裁判所は、「因果性は、証人が尋問されなかった場合においておよそ排斥されない」との一般的法原則を認めていない（BGH NStZ 96, 400）。むしろ、そのような判断は個別事例で問題となる全ての事情に基づいてのみできることとされている。

d) その本来の意味では、絶対的上告理由ではない。なぜなら、弁護が裁判に重要な点において制限される場合、それにより必然的に判決が影響を受けるのであり、それゆえ、通常であれば既に337条が適用されるからである。

> **問466** 被告人は、上告により、刑法20条の不適用と手続の公開性に関する規定の違反を主張している。上告裁判所は、二つの主張には理由がないと判断した。しかし、適用された刑罰規定の客観的構成要件要素が満たされていないこと、及び証拠申請が不当に却下されたことが認められた。上告裁判所は、どのように裁判すべきか。

「実体非難」（実体法違反の主張）は、実体法が的確に適用されたかについて判決の全体にわたる事後審査を導く。「手続非難」に基づくときは、法律違反はそれが主張された限りでのみ審査される。そのことから、手続法違反が主張される場合には、344条2項により常に違反を基礎付ける事実が主張されなければならないとされている点も理解できる。

つまり、本問事案では、上告裁判所は、証拠申請が却下されたという事実を考慮することはできないが、実体法違反を考慮することはできる。

2 個別の法的救済 349

問467 Aは、窃盗の公訴事実について無罪とされた。検察官は、この判決に対しAに不利となる意味で上告を提起し、その理由としてAは公判で最終陳述の機会を与えられなかったと主張した。この上告理由は許されるか。

いいえ。339条によると、検察官は、被告人に不利となる意味での上告を、単に被告人に有利となる意味で規定された法規定の違反に基づいてすることはできない。最終陳述の機会は、被告人の保護にのみ資するものである（例えば必要的弁護は同様であるが、手続の公開性に関する規定は異なる）。

問468 Aの上告について、どの裁判所が、どのような形式で裁判するのか。

四つの可能性がある。

①原裁判所（index a quo）が、上告を不許容として決定で棄却する。すなわち、その判決の破棄を求められた裁判所は、上告を自ら棄却できるが（346条1項。346条2項も参照）、それは上告提起又は申立書提出の期間が過ぎていた場合又は345条2項に定められた形式が遵守されていなかった場合に限られる。

②上訴裁判所（index ad quem）、すなわち上告裁判所が、上告を不許容として決定で棄却する（349条1項）。この場合は、346条1項の場合と異なり、不許容とされる全ての事例が問題となる（例えば不服主張の欠缺、単なる事実認定に対する異議など）。

③上訴裁判所が、検察官の申立てに基づいて、上告人の意見を聴取した上で（349条3項）、上告は「明らかに理由がない」として全員一致の決定で棄却する（349条2項）、又は一致して上告は理由があると認めるときには、決定で原判決を破棄する（349条4項）。実務では、全ての上告のうち4分の3は、「明らかに理由がない」として棄却されている。決定による棄却は理由を付す必要がないとされているが、これは法治国家として疑わしい（しかしBVerfG NJW 82, 925; 87, 2219は、この規定の合憲性を認めている）。

④上訴裁判所が、上告について公判を開いた上で、判決により裁判する（349条5項、350条以下）。この方法が原則であるべきだが、立法者が示すとおり、上訴裁判所が349条1項、2項、4項を適用しない場合に限り、すなわち上告が不許容として又は裁判所から一致して理由あり若しくは理由

> **問469** 被告人及び検察官の上告が、口頭弁論を経て判決により裁判されることになった。次の場合、どうなるか。
>   a) 被告人は、弁論に出廷しなければならないか。
>   b) 被告人は、弁論能力がなければならないか。
>   c) 上告裁判所での公判は、どのように行われるか。
>   d) 上告審の中で証拠調べを行うことはできるか。
>   e) 上告裁判所での評議に当たり、どのような多数をもって裁判されるのか。

a) いいえ。被告人は、弁護人に代理させることもできる。被告人は、身体を拘束されているときは同席を求める権利も持たない。しかし、その場合、被告人には、その申立てに基づいて少なくとも公判のために弁護人が任命されなければならない（詳細は350条を見よ）。

b) これは疑わしい。なぜなら、被告人は、上告裁判所での法的協議に当たり通常は意見を述べることができないからである。連邦通常裁判所（BGHSt 41, 16. BVerfG NStZ 95, 391及びBGHSt 41, 72により確証されている）は、被告人は上訴の申立て、継続、撤回について責任ある判断ができれば足りるとしている。

c) 公判は、報告担当裁判官の陳述によって開始される（351条1項）。これには、上告提起の形式性、上告の申立て及びその理由、裁判に重要となる原審での手続事象が含まれる。それに続いて、検察官及び弁護人の弁論、必要とあれば被告人の陳述が行われる。上告人が初めに陳述する。被告人には、最終陳述の機会が与えられる（351条2項）。上告の審理は、判決宣告によって終了する（356条、268条）。

d) 法律は何も定めていない。一般的には、証拠調べは行われない。なぜなら、原審の事実認定が審査の対象となるわけではないからである。例外的に、手続的瑕疵の認定が問題となるとき証拠調べが行われる。しかし、そのような問題は自由な証明の方法で解明され得るから（問308, 317, 318参照）、裁判所は、通常の場合その調査を既に公判外で行いその結果を報告担当裁判官から報告させる。

e) 通説によると、上告裁判所は、354条1項により、事件について被

告人の不利となる方向で自判するときは263条でいう3分の2の多数をもって裁判し、それ以外では裁判所構成法196条でいう単純多数をもって裁判する。なぜなら、破棄・差戻しの場合の抽象的法律問題の評価は、具体的事例における罪責及び刑罰に関する判断を含まないからである。

> **問470** X市の参審裁判所は、2006年1月27日に、Aを盗品関与罪を理由に3月の自由刑に処した。Aは、上告により参審裁判所は罪責問題に重要なAの証拠申請を不当に却下したと主張している。
> a) その主張に理由がある場合、上告裁判所の裁判はどのように行われるか。
> b) 例えば、原判決が証拠申請の不当な却下ではなくAの責任能力が法的に誤った観点によって審判されていたとの理由で破棄されるべき場合、手続は異なるか。
> c) a及びbの事案で、新たな審判のため差戻しを受けた裁判所が、上告裁判所の法的見解とは異なり、証拠申請は正当に却下されまた刑法20条も事実審裁判所より法的に正しい基準に沿って評価されていたとの見解に至った場合、差戻し前の裁判は上告審判決に反してなお支持され得るか。

a)「2006年1月27日のX市参審裁判所の判決は、その基礎となった認定と共に破棄される。事件は、新たな審判のため差し戻される」。その際、原判決（353条1項）だけでなく、通常はその基礎となった事実認定（353条2項）も破棄される点に注意が必要である。この破棄は、確かに「それが法律違反によって対象となった」限りで必要となる。しかし、不当に却下された証拠申請が異なる事実認定をもたらす可能性があったかなどおよそ判明しないことであるから、原判決の事実認定は全て破棄されなければならない。つまり、新たな証拠調べが必要である。上告裁判所は自らそれを行うことができないから、事件を原審に差し戻さなければならない。新たな審理は、常に別の裁判体で行われなければならない（354条2項が詳細に規定する）。これによって、（新たな審理が同じ裁判体で行われていれば生じ得る）予断の外形が阻止される（管轄違いを理由とする差戻しに関して355条も参照）。

b) はい（BGHSt 14, 30）。このような場合、事実審裁判所の認定は、それが被告人の責任能力に関わる限りで破棄されなければならない。これに対し、外形的事象に関する認定は、法的瑕疵の対象ではない。それは維持

され、その効果として、新たな審理において裁判すべき裁判体はこの点について新たな調査を行うことができず、その判断に拘束される。「新たな公判における変更は排除される」(BGHSt 4, 287)。

c) いいえ。むしろ、358条1項によると、新たな公判は上告裁判所の法的評価を「その裁判の基礎としなければならない」。つまり、新たに裁判すべき裁判官は、法的に（ただし具体的事件においてのみ）破棄の基礎となった評価に拘束されることから、上告裁判所の法的見解は常に維持される。これは必要なことである。なぜなら、そうでなければ判例の統一性（その維持は上告裁判所の任務に含まれる）が確保されないからである。事例 a では手続瑕疵の理由でのみ破棄される場合であるため、新たな事実審裁判所は事実認定及び実体法の適用において完全に自由であるが、事例 b では拘束が非常に広く及ぶ。

> **問471** 上告裁判所は、以下の場合どのように裁判するのか。
> a) 地方裁判所大刑事部は、被告人Ａ医師を重傷害罪（刑223条、226条1項1号、2項、228条）により有罪とした。Ａは、複数の女性にその希望に応じて避妊手術を行ったと認定された。連邦通常裁判所は、上告裁判所として、希望に応じて行った避妊手術は法的理由から不可罰であると判断した(BGHSt20, 81)。
> b) 陪審裁判所は、謀殺被告事件で被告人Ｂの行為を幇助と評価した。検察官は、Ｂの不利となる意味で上告し実体法違反を主張している。連邦通常裁判所は、陪審裁判所より調査された事実に基づくと、Ｂの行為は正犯として評価すべきであるとの見解に至った。
> c) ａの事案で、有罪とされた医師が実体法違反だけでなく証拠申請の不当な却下も主張していた場合、どのように裁判されるか。

a) 及び b) 連邦通常裁判所〔上告裁判所〕は、二つの事件で原判決を破棄することになる。この破棄が（本事案のように）「判決の基礎となった事実認定への法適用に当たっての法律違反のみ」を理由とするときは、裁判所は、例外的に差し戻さず、「更なる事実認定を行うことなく無罪判決……又は絶対的に定められた刑を言い渡すべき限りで事件について自判しなければならない」(354条1項。上記以外にあと二つの例外がある)。避妊手術事案では事件の状況から更なる事実認定は不要であるため、連邦通常裁判

所は、自判して A 医師を無罪とすることになる。同様に、設問 b でも、「更なる事実認定を行っても認定された事実から B を正犯とする評価はもはや疑いようがないという場合」には、連邦通常裁判所は、差し戻さず終身自由刑を言い渡すことになる。この機会は、謀殺罪について（異常な事情があった事案で、BGHSt 30, 105 が超法規的減刑を認めたということは別として）法定刑が絶対的なものとして定められていることによる。有期刑の場合、差し戻されなければならない。なぜなら、量刑に関して事実審の認定なく裁判できないからである。このような場合、上告裁判所は、「検察官の申立てと一致して法定刑の下限に当たる刑を科する、又は刑を免除することが相当と判断する」場合に限り、自ら刑罰問題を裁判できる。なぜなら、これによっても被告人は不利益を受けないからである。

c) 被告人が手続法違反と実体法違反の両方を主張した場合、一般的には初めに手続法違反の主張が審査され、それが認められた場合に事件が差し戻されることになる。しかし、連邦通常裁判所は、本問事案で、その手続法違反の主張を初めに審理することはせず、被告人を実体法上の理由から無罪とした（BGHSt 17, 253）。手続法違反主張の絶対的優先（かつての通説）は、本問の場合手続の不合理な遅延をもたらすことになってしまう。

問472 A は、窃盗罪により有罪とされた。A は、上告し実体法違反を主張している。上告裁判所は、認定された事実は占有侵害が欠けるため窃盗罪ではないが、A の欺罔行為ゆえに詐欺罪と評価すべきものであると判断した。
上告裁判所は、事件を差し戻すことなく自判の上で、罪責を変更し A を詐欺罪で有罪とできるか。

原則として、できない。確かに、判例は、更なる事実認定が不要という場合には、354 条 1 項の類推適用により差戻しを省略する**罪責修正**を基本的に認めている。なぜなら、事実審裁判所の単純な当てはめのミスという場合には、差戻し（その場合、新たに裁判すべき裁判所は上告裁判所の法的見解に拘束される）は不要な時間経過をもたらすものでしかないからである。しかし、罪責修正は A が事実審裁判所より 265 条に基づいて詐欺罪による有罪の可能性について既に教示を受けており、それに対して防御を行うべきあらゆる機会が存在していたということが条件となる。また、詐欺罪に

よる有罪のために重要な補足的事実認定が完全に不要というのでなければならない。大抵の事案がそうであるように、この要件が欠けるときは差し戻されなければならない。

> **問473**
> a）Aは、その姑に対する詐欺罪を理由に、刑事裁判官より罰金刑に処された。Aは上告し、単に刑法263条における「財産的利益」の概念が正しく解釈されなかったと主張した。高等裁判所はその主張は考慮に値しないと判断したが、刑法263条4項、247条により要求される告訴がなくもはやその追完は不能と判断した。
> b）Aは、侮辱罪で自身を有罪とした区裁判所判決に対して跳躍上告を提起したが、適時に理由付けなかった。それゆえ、区裁判所は、事前に検察官に意見聴取をした上で（33条2項）、346条1項により上告を不許容として却下した。Aは、現在、346条2項により上告裁判所の裁判を求めている。Aは、その際、検察官への意見聴取の要求と棄却決定が下されるまでの間に侮辱罪の告訴が刑法77d条により撤回された、それゆえ現在では訴訟条件（刑194条）が欠けていると主張している。
>
> 以上について、どのように裁判されるべきか。

a）手続が打ち切られなければならない。もっとも、上告裁判所の審理に付されるのは、提起された上告の申立てと上告が手続的瑕疵を理由とする限りで、上告申立ての提出に際して記載された事実（すなわち主張された手続的瑕疵）だけである（352条1項）。しかし、訴訟条件（そこには告訴の存在も含まれる。問310参照）は、全ての刑事手続において職権で審査されなければならない。訴訟条件が欠ける場合、そのような主張がなされていないときでも手続が打ち切られなければならない。これは、上告裁判所が手続的瑕疵に際して差戻し（及びそのような主張）がなく自判するという非常に稀な事案である（BGHSt 15, 203）。

b）前の事案（事実審裁判官が手続的瑕疵を考慮することができていた場合）と異なり、本事案では、刑事訴追は判決宣告後に生じた事情によって初めて障害が発生したことになる。しかし、手続障害が判決宣告後に生じた場合も、事実審裁判官は手続を打ち切らなければならない。「上告裁判所は、同じ状況に置かれたとき同様に手続する」（BGHSt 22, 213）。なぜな

ら、事実審裁判官は誤って手続を打ち切らなかったのではなく、上告を不許容であるとしたからである。つまり、連邦通常裁判所の見解によると、上告裁判所はこの事案では事実審裁判官の立場に置かれる。つまり、上告の許容性を審査するのではなく、初めての裁判を行うのである。

問474

a) AとBは、参審裁判所より横領罪の共犯として有罪とされた。両名は判決に不服を申し立てたが、Aは控訴により、Bは上告によっている。この場合、手続はどうなるか。
b) Aは判決に対して上告したが、Bは裁判を受け入れて、自身に対する有罪判決を確定させた。高等裁判所は、Aの有罪判決を刑法264条の適用が誤りであるとして破棄した。この場合、Bの有罪判決はどうなるか。
c) Aは、判決に上訴し、有罪の基礎となった法規定はこの間に憲法裁判所より無効と宣言されたと主張している。Bは上訴しなかった。判決破棄の効果は、Bにも及ぼされることになるか。

a) Bの上告は、控訴として扱われる（335条3項）。つまり、Bは、自身が望んだ以上に審級の利益を受ける。これにより、1個かつ同一の事件が二つの異なる審級に同時に係属することが回避される。しかし、Bには、上告の申立て及びその理由を形式及び期限を遵守して提出しておくことが推奨される（335条3項1文）。なぜなら、そうしておくことで、Bは、控訴が棄却され又は不許容として却下された場合には上告に立ち戻ることができるからである。また、控訴判決に対して再び——Bも——上告できる。（335条の規定は、当然ながら検察官と被告人が同じ判決に対して異なる上訴を提起した場合にも適用される。）

b) Bが上訴を提起していなかったにもかかわらず、原判決は357条により破棄される。この**上告拡張**（Bに関して確定力の破綻を意味する）は、実体的正義に資するべきものである。明らかに誤った246条に基づく有罪判決は、形式的な理由のみで維持されるべきではない。しかし、357条は、基本的に実体法違反の場合に限り適用され、手続的瑕疵による破棄の場合には適用されない。なぜなら、手続法に対する違反は結論において判決の実体的正義を損なわせるものではないため、この場合にはやはり確定力が優先されることになるからである。

c）いいえ。連邦通常裁判所の判例によると、原判決が下された時点ではそこに法的誤りがなく、354a条により判決破棄がその後に生じた法律変更にのみ基づくという場合には、上告拡張は適用されない（BGHSt 20, 77; 41, 6）。それゆえ、Bには再審手続のみが残されることになる（憲裁79条1項）。

第5章　確定力、執行、再審

> **問475** 判決による重要な効果のうち幾つかは、**確定力**という概念によって表される。
> a) 確定力とは、どのようなものと理解されるべきか。
> b) 確定力は、どの時点で生じるか。
> c) 法律上、確定力が破られることを認めた規定はあるか。

a)「形式的確定力」と「実質的確定力」に区別される。形式的確定力は、判決によって終結した手続に関係する。形式的確定力は、判決はもはや上訴により不服申立てできないこと（終結力）、執行できること（執行力＝449条。部分的に実質的確定力にも含まれる）を意味する。また、形式的確定力は、刑事中央登録簿及び交通中央登録簿に登録するための要件でもある（登録4条、道交28条）。

実質的確定力は、終結した訴訟を超えて当該判決対象について他の手続でも再び審判することはできないということを意味する（遮断効）。すなわち、「何人も同一の行為について一般刑罰法規に基づき再び処罰されることはない」（基103条3項＝「一事不再理」）。ただし、基本法103条3項の文言は、実質的確定力の内容を全て含んでいるわけではない。すなわち、実質的確定力は、再度の処罰だけでなく手続障害として再度の刑事訴追及び審判をも妨げる（BVerfGE 12, 62, 66; 23, 191, 202; BGHSt 5, 323, 329; 38, 54, 57）。また、実質的確定力は、再度の処罰だけでなく無罪が確定した者に対して後にこれを覆して有罪とすることも禁止し（BGHSt 5, 323, 330）、逆に有罪が確定した者に対して同一の行為について後にこれを覆して無罪とすることも排除する。

b) 上訴により不服申立てできない判決（連邦通常裁判所の判決。高等裁判所の場合もある）の場合は、判決宣告の時点。その他の場合は、上訴期間の経過又は上訴手続の終了の時点。

c) 五つある。再審（359条以下。問493参照）、原状回復（44条以下参照）、共同被告人への上告拡大（357条。問474参照）、欧州人権条約25条以下による抗告、憲法抗告に基づく連邦憲法裁判所による判決破棄（憲裁95条2項）。

問476 Aは窃盗罪により自由刑に処されたが、実はAは無実であり、裁判所が判断を誤ったのであった。Aは、刑務所に送致されようとしたとき、自由剥奪を阻止するために抵抗し連行する警察官を殴り倒して逃走した。Aは傷害罪に問われるか。

　この問題は、今日では一般的に肯定されている。しかし、この可罰性については、確定力の本質に関する争いに応じて理由付けが異なる。今日もはや主張されなくなった「実体法的確定力説」によると、確定力は、行為者が現実には犯行を行っていなかった場合でも国家の刑罰権をもたらすことになる。しかし、この結論は、およそ納得できるものではない。「訴訟的形成力説」によると、判決は被告人を有罪判決を受けた者という法的地位に移し、そのような者として扱われることを受忍すべき義務を負わせる（*Peters*, S. 503）。これは、Aにとって正当防衛を排除することになる。これらに対して、「手続法的確定力説」によると、確定の効力は純粋に手続的性質のものであり、法的状態にいかなる影響ももたらさない（*Eb. Schmidt*, I, Nr. 275～286）。それにもかかわらず、*Eb. Schmidt* も、有罪判決を受けた者に正当防衛権を認めるわけではない。なぜなら、立法者は誤った確定判決への対処として再審手続のみを定めており、刑法32条による自力救済権は排除されるべきことを示しているからである。

　以上から、それぞれの結論は同じであるため、この理論的対立は特に実務上の意味を持たない。

問477 妊婦Sの恋人Gは、Sの堕胎を繰り返し試みたが効果がなかった。最後に堕胎を試みた次の日、Sは妊娠8か月目で健康な子供を出産したが、Gは出産後すぐにこの子供を窒息死させた。
参審裁判所は、堕胎未遂罪（刑218条1項と同4項1文との結びつき）により、Gを2か月の自由刑に処し、この判決は直ちに確定した。その後まもなく、検察官は、故殺罪（刑212条）を理由としてGを陪審裁判所（裁74条2項1文5号参照）に起訴した。Gは、刑罰権消滅を主張した。自身の行為についてはその裁判が既に確定しており、それゆえ、その再度の有罪判決は訴訟障害（基103条3項）により妨げられるというのである（BGHSt 13, 21）。
Gの主張は、どのように評価されるか。

参審裁判所判決の確定力は、後で起訴された故殺罪が基本法103条3項の意味で先に審判された堕胎未遂罪と「同一の行為」に当たるのであれば、刑法212条による有罪判決を妨げるものとなる。この「行為」概念は確定力にとって決定的なものであるが、判例及び通説によると、155条、264条の場合と同様に固有の**「訴訟上の行為概念」**として理解されている。つまり、この概念は、起訴状及び公判開始決定によって画定された判決対象と同一である（問197〜201参照）。これによると、故殺罪が堕胎罪と「同一の歴史的事象に属する」か否かが決定的な問題となる。なぜなら、これが肯定される場合、参審裁判所は155条、264条、265条により故殺罪もその法的評価含める権限があり、また義務付けられていたからである。もっとも、結論的には、そのような場合、参審裁判所はもはや自身で裁判することはできず、270条により事件を陪審裁判所に移送しなければならなかった（BGHSt 13, 22参照）。

行為の同一性を基礎付ける単一の生活事象は、審判に付された事象全体が——本問のように——実在的競合〔併合罪〕の関係にある複数の構成要件実現を含んでいる場合でも認めることができる。しかし、その場合、当該行為が「それらの分離した評価及び審判が単一の生活事象の不自然な分割と感じられる」ような関係になければならない（BGHSt 13, 26）。そのような不可分の内的関係は、連邦通常裁判所の見解によると、本問の場合には存在しない。なぜなら、堕胎失敗後の子供の出産は新たな状況を作り出しており、そこにはまた別の独立した行為経過が形成されているからである。これによると、堕胎罪と故殺罪は訴訟上二つの異なる行為であり、それゆえ、参審裁判所の確定判決は故殺罪による起訴の障害とはならない。

問478
a）Aは、X市において道路交通危殆化の罪を犯したが、その後、事故現場で警察官の到着を待たずに立ち去った。Aは、刑法315c条1項2a号（優先通行権の無視）により有罪とされ確定した。検察官は、その後、事故現場からの不法離脱罪により公訴を提起した。Aは、後の起訴は最初の確定判決により妨げられると主張している。この主張は正当か。

b) Aは、逃走して数キロメートル離れたY市に移動した時点で新たに道路交通危殆化罪を犯した。この犯罪は、X市での事故による有罪判決が既に確定した後に初めて明らかになったものであった。第2の事故を理由に新たな公訴提起をすることは可能か。
c) 設問bは、Aが事象全体を通じて飲酒による運転無能力の状態にあり、これによって刑法316条の罪も犯していた場合はどう評価されるべきか。

a) はい（BGHSt 23, 141）。確かに、道路交通危殆化罪とそれに続く事故現場からの不法離脱罪とは、実体法上は実在的競合の関係にある。なぜなら、事故現場からの離脱は、道路交通危殆化の完了後に初めて開始されたものだからである。しかし、双方の行為は、264条の意味における1個の行為である。なぜなら、連邦通常裁判所の見解によると、特に行為者が——本問のように——停止することなく走行を続けた場合、双方の行為は内的につながっているため「双方の犯罪は実体法上の独立性にもかかわらず単一の生活事象」を形成するものだからである。また、事故現場からの不法離脱罪の不法及び責任の内容は、事故に属する事情を考慮することなく評価できるものでもない（BGHSt 23, 147）。以上から、刑法142条による有罪判決はもはや不可能である。

b) はい。本問では、刑罰権消滅は生じていない。ただし、前判決の確定力に含まれる事故現場からの離脱がY市で実行された第2の道路交通危殆化罪と観念的競合の関係にあり、それによって当該事象が訴訟上1個の「行為」に統合される場合は異なる。しかし、本問はこれに当たらない。なぜなら、事故現場からの離脱はAが追跡されず数キロメートル走行した後第2の犯罪を実行する際には既に終了しており、それゆえ、第2の犯罪とは実在的競合の関係にあるからである。ただし、このことは、訴訟上は1個の行為と認めることを必然的に排除するものではない（設問a参照）。しかし、事故現場からの離脱は、第2の事故事象との間で「単一の生活事象を形成し、その分離した評価及び審判が不自然な分割と感じられるというような関係にはない。互いに独立した事故の事象は、手続法上も独立した行為である」（BGHSt 23, 148）。

c) 本問の場合、刑法142条と第2の道路交通危殆化罪とは1個かつ同一の飲酒運転罪と重なり合っている。そこで、この事情が二つの事故を訴

訟上の単一の行為としてつなぎ合わせるものであるかが問題となる。実体法上の観念的競合は、飲酒運転行為によって生じさせられるものではない。なぜなら、「複数の独立した可罰的行為は、……行為単一の関係で実行されたさほど重大ではない継続犯によって法的単一（刑52条）の関係に統合されるものではない」からである（BGHSt 23, 149）。もっとも、連邦通常裁判所は、かつて訴訟上の単一性はこのようなさほど重大でない犯罪によっても生じさせられることを認めていた。しかしその後、連邦通常裁判所（BGHSt 23, 150）は、この見解を放棄した。すなわち、「自然的考察及び正しい法解釈の原則が実体法上二つのより重大な犯罪の独立性を要求する場合、これと同じ考察から手続法上も同じ結論となる」というのである。この見解によると、本問事例においても第2の事故による公訴提起はなお可能である。

> **問479** Aは、1996年に、犯罪組織への加入罪（刑129条）及びこれと行為単一の関係にある文書偽造罪等を理由に4年6月の自由刑に処された。その際、判決では、Aは1991年からその犯罪団体に所属していたことが認定された。Aは、この自由刑に服役した後、新たな刑事手続において謀殺罪により終身自由刑に処された。この犯罪は、1992年に当該犯罪組織の目的を実現すべく実行されたものであった。Aは、基本法103条3項及び刑訴法264条違反を理由に上訴し、1996年の確定判決は謀殺罪による公訴権の消滅をもたらしたと主張している。これは正当か。

連邦通常裁判所（BGHSt 29, 288）の見解によると、正当ではない（この判決は、BVerfGE 56, 22により支持されている）。確かに、刑法129条による犯罪組織への加入と当該団体の目的追求において実行された犯罪とは、行為複数（刑53条＝併合罪）ではなく行為単一（刑52条＝観念的競合）の関係にある。しかし、実体法上の行為単一は訴訟法上の（264条の意味における）単一行為を形成するという原則は、刑法129条、129a条による継続犯の場合には適用されないとされたのである。

問480 被告人Ａは、交通事故の直後、警察官に対し自分が事故の時点で車両を運転し、許可なく事故現場から離れたと供述していた。しかし、裁判所は、公判において、事故車両を運転していたのはＡではなくその夫であったと確信した。裁判所は、Ａを処罰妨害罪により有罪とできるか。

いいえ。Ａは処罰妨害罪で起訴されていない。なぜなら、起訴された事故現場からの不法離脱罪と起訴状で言及されていない処罰妨害罪とは、264条の意味で訴訟上単一の行為ではないからである（BGHSt 32, 146, 215; BayObLG NStZ 84, 569; OLG Celle JZ 85, 147）。両罪の間には、行為の単一性に必要な場所的・時間的な密接関連性が欠けている。なぜなら、処罰妨害罪は、常に事故現場からの不法離脱罪が終わった後に初めて開始されるものだからである。行為事象が択一的関係にあるとの観点も、一時流行した見解（例えばOLG Celle NJW 79, 228; BayObLG StV 84, 14）に反して行為の同一性を肯定させるものではない。この構成は、「事象の消極的な裏返し」（事故現場からの不法離脱罪ではないならば少なくとも処罰妨害罪）が訴訟上の行為の同一性を構成すると理解するものであるが、このような理解は、時間的・場所的に遠く離れた事象にも訴訟対象を拡張するという疑わしい帰結をもたらすことになる。近時の判例は、正当にもその見解を再び否定している。これは、実務上、特に接続犯の訴訟上の独立性に関して重要である（この点について問201のａ、ｂ）。この結論は、刑法138条〔計画された犯罪の不届出罪〕とそこに列挙された犯罪との関係のように、事実の同一性が維持されている場合には異なる（問201のｃ）。

問481 Ａは「エホバの証人」を信仰する者であるが、兵役代替役務法53条１項による「役務回避」により有罪判決を受けた。Ａは、よくある兵役拒否者として自己の良心上の理由から法律上規定された兵役代替役務も拒否したということであった。Ａは、その刑に服した後、改めて兵役代替役務に就くよう召集された。しかし、Ａが再びそれを拒否したことから、改めて訴追された。Ａは、この訴追は基本法103条３項に対する不当な侵害に当たると主張した。これは正当か。

連邦憲法裁判所（BVerfGE 23, 191）によると、兵役代替役務の恒常的な

拒否は、Aが断固としてそのような役務には就かないという原理的な意思決定を行ったのであるから〔全体として〕訴訟上の意味で1個の行為とみなされなければならない。しかし、正しい見解によると、この問題の本質は、行為の同一性ではなく法治国家性の領域にある。新たな拒否行為は、訴訟上は新たな〔別の〕行為に当たるが、憲法上の過剰禁止原則〔比例原則〕からは、一度なされてなおも維持されている良心的決定との結び付きゆえに処罰は一度に限られなければならない。

問482

a) Bは、間接正犯として業務上行ったとされる多数の詐欺罪により有罪とされた。検察官は、この判決が確定した後、Bを同一の業務範囲内で行われたとされる別の詐欺行為により起訴しようとしている。この詐欺行為は、前判決の確定後に初めて判明したものであった。検察官の起訴は正当か。

b) Cは、単一の犯行計画に基づいて自身の会社で不法就労者を雇っていた。Cは、その者らに関して、所得税の源泉徴収分や社会保険料の負担分を支払っていなかった。Cに対して、先に社会保険料負担分の不払い罪により有罪とする判決が確定した後に、なおも給与所得税の脱税罪により有罪とすることは可能か。

a) 計画的な多数の犯行は、その職業性又は業務性という理由だけで実体法上も訴訟上も1個の行為であることを根拠付けることはない（BGHSt 26, 284参照）。

b) はい（BGHSt 35, 14）。連邦通常裁判所は、この場合も二つの異なる行為であると判断した。その際、計画が単一であることも、経営が単一であることも、更には時間的な関連性でさえも、複数の実在的競合関係にある犯罪を訴訟上単一の行為として形成させるものではないとされている。これに対して、武器と麻薬を同時に密輸した場合、訴訟上1個の行為を形成するとされている（BGH NStZ 89, 38. これは疑わしい判断である）。

問483

a) Aは、森の中で複数回の発砲を行ったところを目撃された。Aは、〔警察に〕出頭したときに、自分は鹿を狙ったが命中しなかったと説明していた。A

は、区裁判所より、密猟罪（刑292条）を理由に少額の罰金刑に処せられた。この判決が確定した後に半ば腐敗した遺体が発見されたが、それはＡの恋人の夫であり、実際にＡが射殺したものであった。この段階で、なおもＡを謀殺罪により有罪とすることは可能か。

b）Ｂは、無免許運転罪（道交21条１項１号）により有罪判決を受けて確定した。その後、Ｂがその運転中に共犯者と共同して177条、178条、255条による性犯罪及び強盗罪を実行していたことが判明した。これらの犯罪を理由に、更にＢを起訴できるか。Ｂが運転を中断して銀行強盗を行っていた場合はどうか。

a）この問題は争いがある。通説は、本問事案で歴史的事象——ここでは発砲行為——の単一性を理由に新たな訴追を否定しているが、有力説の論者は、様々な構成で確定力の遮断効を異なって評価すべきことを主張している。例えば *Henkel*（S. 389）は、刑罰権消滅を裁判所の具体的な認識可能性と結び付けている。すなわち、「前判決で処理されたと言えるのは、審理に付された状況に基づいて審判が可能であり、かつ裁判所の解明義務の下で審判されるべき訴訟課題のみである」というのである。*Peters*（S. 508 f.）は、行為の同一性を「行為の方向性」に基づいて決定すべきとする。その他の論者は、反価値内容や法益の一致という観点に着目している。これらの理論によると、本問では謀殺罪の嫌疑を理由とする新たな刑事訴追が可能である。それが、全く新たな手続であるか追起訴（又は「補正起訴」*Achenbach*, ZStW 87 (1975), 77による概念）に基づくものであるかは問われない。

しかし、この結論は、法律に反する。155条１項、207条２項３号、264条１項は、解釈による行為概念の限定を禁止しているだけではない。特にそのような限定が許されると、新事実又は新証拠に基づく被告人に不利な再審を排除するという刑事訴訟法の明確な決定（362条参照。373a 条により略式手続についてのみ例外がある）が不当に潜脱されることになってしまう（*Achenbach*, ZStW 87 (1975), 83参照）。

b）いいえ（BGH NStZ 84, 135）。これらの犯罪は全て道交法21条１項１号と行為単一の関係にあり、したがって訴訟上の意味でも１個の行為を形成するものであるため（問479参照）刑罰権は消滅する。連邦通常裁判所（BGH NStZ 96, 41）は、銀行強盗の事例でも行為単一であるとし、これに

よって刑罰権消滅を認めている。

> **問484** 被告人Ａは、過失致傷罪により有罪判決を受けた。
> a) この判決が確定した後、被害者は本件傷害が原因で死亡した。この時点で、更にＡを過失致死罪により起訴することは可能か。
> b) その後更に故意による謀殺罪であったことが判明した場合、この時点で初めて関与が認められたＢを謀殺教唆犯により処罰できるか。

a) 通説であり連邦憲法裁判所（BVerfGE 65, 377）も支持した見解によると、本問事例において、「追完的な起訴」という形の新たな起訴は基本法103条3項に反する（Achenbach, ZStW 87（1975）, 76）。反対説によると（Roxin, §50 Rn. 17）、本問では確定力の限定が不可避とされる。最初の判決は、その時点でまだ生じていなかった死亡結果について裁判できなかったからである。

b) はい。確定力の遮断効は、行為の同一性のみならず人物の同一性も条件とする。つまり、Ａについての訴訟障害は、Ｂにはその効果が及ばない。理論的には、Ａに対する謀殺の起訴事実について無罪判決が確定した場合でさえ、Ａへの謀殺教唆犯によりＢを処罰することが可能である。

> **問485** Ａは、自転車の窃盗罪を理由に有罪判決を受けた。Ａは、量刑に限定して控訴した。控訴審では、Ａは行為時に責任無能力であったことが判明した（BGHSt 7, 283から）。
> a) 量刑のみに限定した上訴提起は許されるか。
> b) そのような部分的上訴の効果は何か。
> c) その効果によると、本問ではどのように裁判されるべきか。

a) 部分的上訴が基本的に可能であることは、法律から読み取ることができる（316条、318条、327条、343条、344条、352条、353条参照）。しかし、個別の事案でどの範囲までそれが許されるかは非常に争いがある。判例は、原判決が不服申立てされた部分とその余の部分とで可分のものであり、これによって独立した評価及び判断をすることができるか否かという点に着目している。この点は、罪責認定と刑罰宣告との関係において、判例上一

般に認められている。刑法57a条1項2号による責任の重さに関する判断も、独立して上訴することが可能である（BGHSt 39, 208; 41, 57）。

b）部分的確定力が生じる。すなわち、Aは窃盗について有罪であることが確定力をもって認定されたとみなされる。したがって、控訴審裁判所は、法定刑の範囲内でその刑量についてのみ裁判しなければならない。

c）この問題は非常に難しく、まだ終局的に解明されていない。なぜなら、Aの責任能力は**二重に関連する**、すなわち罪責問題及び刑罰宣告の双方に等しく重要な**事実**だからである。一方では、責任がない場合には、基本的におよそ刑罰を科することができない。他方では、責任の存在は、控訴審裁判所を拘束する形で既に確定して認定されている。判例は、──必要とあれば刑法21条を援用して──罪責認定が維持された下で可能な範囲で刑を低く科することで当該事案を解決した（BGHSt 7, 287）。

しかし、この結論は納得できない。なぜなら、控訴審裁判所は、明らかに誤った判決を言い渡さなければならないことになるからである（ただし、Aは、自身が無罪であることを359条5号による再審手続において主張できる）。それにもかかわらず、判例は、量刑のみの控訴の場合、罪責の存在及びその基礎となった認定は依然として「その後の手続にとって不可侵の基礎であり、終局的な判決の本質的な部分である」ということを固持している（BGHSt 19, 17, 73; 30, 341, 342. 実質的に同旨として BayObLG NStZ 00, 257）。

問486 Aは、盗品関与罪について無罪判決を受け確定した。しばらくして、Aが後に行われたとされる別の盗品関与罪によって有罪とされるときに、裁判所は、確定無罪判決の存在にもかかわらずAは本件以前にも盗品関与罪を実行していたと認定して、Aを260条による業としての盗品関与罪により処罰した。それは許されるか。又は、裁判所は、前の確定無罪判決ゆえにAは盗品関与罪を実行していなかったことを前提にしなければならないか。

通説によると、裁判所は、前の確定判決の事実認定に拘束されない（BGHSt 43, 106, 107; *Meyer-Goßner*, Einl. Rn. 170）。法律効果の判断、つまり無罪判決のみについて確定力が生じ、判決の基礎にある事実認定及び法的見解には生じない。なぜなら、後の裁判で別の訴訟対象について判決を行う裁判官は、証拠評価において制限されず、自身の良心に反する裁判を強制

されるものではないからである。

> **問487** Aは単純窃盗罪により起訴されたが、裁判所は公訴時効を理由に手続打切り判決を下した（260条3項）。その後、裁判所が犯行日時を誤認し、その行為は実際にはまだ時効が完成していなかったことが判明した。この新たな認定に基づいて、改めてAを窃盗罪により有罪とできるか。

手続打切り判決、つまり形式裁判も実体的確定力を有するか否かは争いがある（LR/*Rieß*, Einl. J Rn. 94 ff.; *Meyer-Goßner*, Einl. Rn. 172を見よ）。この点は、本問のように終局裁判であった場合には肯定されなければならない。なぜなら、裁判所の誤認がAを新たな訴追にさらすことになるべき理由はないからである。

> **問488**
> a) Aは、イタリアでの休暇中に重傷害罪を犯したため、当地の裁判所より有罪判決を受け確定した。Aは、その後、同じ行為についてドイツでも起訴された。Aは、外国の有罪判決の遮断効を主張している。再びAを有罪とできるか。
> b) このルールは、153a条1項7文と153条1項2文との結び付きの場合のような、検察官が裁判所の同意を得ることなく賦課又は遵守事項を条件に不起訴とする手続にも適用されるか。

a) いいえ。確かに、公訴権を消滅させるのは国内裁判所の判決のみである（BVerfGE 75, 1, 18, 33 f.; BGH NStZ 1986, 557. その法的根拠は刑法51条3項、刑事訴訟法153c条2項）。ただし、シェンゲン実施協定の締結国（イギリスとアイルランドを除く欧州連合諸国）に関しては、同協定（問40のbを見よ）54条の特別規定が適用される。すなわち、「ある締結国により確定判決を受けた者は、他の締結当事国により同じ行為を理由として再度訴追されることはない。ただし、それが有罪判決の場合には、その制裁が既に執行されたこと、現在執行中であること、又は判決国の法律上もはや執行できない状況にあることが条件となる」。もっとも、シェンゲン実施協定55条は、締結国に協定批准の際に一方的な宣言によって例外を定めることを許してい

る。しかし、ドイツ連邦共和国のこれに対する表明（BGBl. 1994 II, 631）によると、イタリアで実行された傷害罪はここで除外される行為には入らない。無罪判決も、「判決された」とみなされる（BGHSt 46, 307）。また、有罪判決に付き保護観察のため執行猶予が付される場合も、「現在執行中」に当たる（BGHSt 46, 187）。

b) 欧州裁判所の見解（EuGH NJW 03, 1173: Gözütök/Brügge 事件）によると、対象者は、適用可能な国内法による手続に基づいて終局的に刑罰権が消滅した限りで確定判決を受けたとものとみなされる。刑罰権消滅をもたらす制裁（例えば153a 条１項２号による金銭賦課）は、被疑者が自身に課された賦課を履行した場合には、直ちにシェンゲン実施協定54条の意味で執行されたものとみなされるべきである（前掲 EuGH Nr. 50）。

問489 Aは傷害罪で起訴されたが、それは、Aが他の事件で刑務所に留置されているときに刑務官に傷害を負わせたというものであった。Aは、刑務所長がこの事件により既に自身に懲戒処分（４週間の自由時間中の隔離収容）を科しているため有罪判決は許されないと主張している。それは正当か。

いいえ。基本法103条３項の一事不再理原則は、１個かつ同一の事件において２個の刑罰を科することのみ禁ずるものである。これに対して、懲罰規定による制裁は、刑罰権消滅の効果をもたらさない（BVerfGE 21, 378, 391 = 軍懲戒規定上の制裁。KG StV 87, 519 = 本問事案。それぞれ参照）。もっとも、法治国家原理に基づき、自由を剥奪する懲戒処分は刑法上の自由刑に算入されなければならない。ただし、本問はこれに当たらない。

問490 Aは、裕福な実業家であるが、交通犯罪により起訴された。Aは、裁判所に出頭する気がなかったため、知人Bに報酬を出して公判に行かせた。Bは、依頼されたとおり自分をAと称した。裁判所は、それに騙されて、BをAであると信じたままBに有罪判決を言い渡した。
 a) この判決は誰に下されたのか。
 b) その判決は有効か。
 c) 本問において判決が無効であるとすると、その結果はどうなるか。

d) 真の被告人が他人の名前で公判に関与したという場合、どのように評価すべきか。

a) この問題は争いがある。ある見解（AK/*Loos*, § 264 Anh. Rn. 26）によると、判決は常に在廷している者、つまり本問では B に対して向けられているのであり、裁判所が彼の身元について誤認していた場合でも同様である。別の見解（例えば LR/*Rieß*, Einl. J Rn. 133）によると、常に真に意図された者、つまり本問では欠席している A が有罪判決を受けたことになる。

b) この問題も争いがある。支配的見解によると、判決は無効である（例えば KK/*Tolksdorf*, § 230 Rn. 7）。別の論者は（例えば LR/*Rieß*, Einl. J Rn. 133; *Meyer-Goßner*, § 230 Rn. 27）、判決を有効とする。判決が有効とされる場合、有罪判決を受けた者（前述 a に従い A 又は B）は上告、確定後は再審によって不服申立てできる。

c) 無効な判決は確定力を生じないことについては、見解の一致がある。つまり、判決の無効性を任意の方法で主張できる。しかし、若干の論者によると、有罪判決を受けた者は、法的明確性のために、判決無効にもかかわらず一般的な上訴を提起し又は458条による執行手続において判決の無効性の確認を求めることができる。

d) 本問では、人物の同一性ではなく、その者に対し偽名の下で手続が行われた人物の呼称の問題である。この状況において、一般的見解によると判決の法的有効性は否定されない（KG NStZ-RR 04, 240; *Meyer-Goßner*, § 230 Rn. 27. その他の行動の問題についても同様）。

問491 Aは、詐欺罪により自由刑及び罰金刑に処せられ確定した。
a) **刑の執行**はどこに規定されているか。
b) 誰が刑の執行を行うのか。
c) Aが刑の執行開始のための召喚に対して出頭せず又は罰金を支払わない場合、刑はどのように執行されるか。

a) 刑事訴訟法典（449条～463d 条）、刑事執行法、連邦と州の司法行政協定により連邦全体で統一的に通用する行政命令に規定されている。〔訳

注：2006年以降、行刑は基本的に州の管轄となり、州独自の行刑法を制定することが可能となっている。〕

b) 執行官庁としての検察官（451条1項）である。具体的には、「事務局記録官が執行力の証明を付して交付する判決主文の認証謄本に基づいて」行われる。

c) 自由刑の執行は、勾引状又は勾留状によって確保される（457条2項。つまり、本問では、検察官も勾留状を発することができる）。執行のための拘束は、通常は警察の職務である（刑事執行法33条5項）。罰金刑の執行は、459a条～459f条、459条により、司法徴収法の規定（Schönfelder Nr. 122）に従う。また、付加的処分の執行は459g条に従う。

問492
a) 受刑者Sは、刑務所の管理部門がラジオ放送の受信を制限していることについて苦情を訴えている。Sは、どのような方法を採ることができるか。
b) Sは、自分の計算によると既に刑期が満了しているはずであるにもかかわらず、刑務所から釈放されなかった。Sは、いかなる法的救済手続を採ることができるか。

---

a) 本問は**行刑**の措置の問題であり、これは刑の執行とは区別されなければならない。刑の執行という概念は、判決執行の開始及び一般的な監督と理解されるべきものであるのに対して、行刑は、判決の実施の詳細に関係するものである。行刑は、行刑法に規定されている。〔行刑法の管轄について問491参照〕

刑の執行と行刑の区別は、**法的救済手続**にとって重要である。行刑官庁の命令は行刑法108条以下により不服申立てが可能であるが、刑の執行の許容性に対する異議は458条以下により主張されなければならない。つまり、本問では、Sは、場合によっては事前の行政手続により刑執行部の裁判を求める請求（設問bを見よ）を提起しなければならない（行刑109、110条）。更にその裁判に対しては、高等裁判所への抗告が認められる（行刑116条、117条）。

b) 本問では、Sは、刑の執行の措置に異議を唱えている。458条により、Sには、刑の計算に関する疑義について裁判を求める可能性がある。

自由刑の執行についての裁判の管轄は、地方裁判所の刑執行部にある。これは、通常は１名の職業裁判官で、終身自由刑の仮釈放又は精神病院への収容の場合は３名の職業裁判官でそれぞれ構成される（裁78a条、78b条、462a条）。ただし、刑期の計算の事例では、刑執行部は事件を第１審裁判所に回付できる（462a条１項３文。他の裁判及び手続について458条〜462条を見よ）。

問493 刑事訴訟法第４編（359条〜373a条）に、確定判決に対する非常救済手段として**手続の再審**が設けられている。これは判決を受けた者に利益となるものだけでなく、不利益となるものもある。この点で、再審理由は重なり合うか。

いいえ。

①判決を受けた者の利益にも不利益にも再審を許す理由としては三つのみである。すなわち、書証の偽造、証人又は鑑定人の偽証、裁判官の枉法罪や処罰妨害罪等による可罰的行為によって判決に影響があったことである（詳細は359条１号〜３号、362条１号〜３号、364条を見よ）。

②他の四つの理由は、有罪判決を受けた者の利益にのみ認められる。
・処罰の根拠となった民事裁判の変更（359条４号）。
・有罪判決を受けた者に有利な事実又は証拠の新たな発見（359条５号。実務上最も重要な再審の類型）。
・欧州人権裁判所による、欧州人権条約又はその議定書の一つに対する違反と判決が当該違反に基づいていることの認定（359条６号）。
・有罪判決を支えている規定に対する連邦憲法裁判所の無効宣言（憲裁79条１項）。

③これに対し、一般的には、判決を受けた者に対する不利益となる再審を許す理由があと一つだけある。すなわち、無罪判決を言い渡された者が可罰的行為を行ったことについての信用できる自白（362条４号）である。つまり、これ以外で無罪判決を言い渡された者の罪責を明らかにし得る新たな事実や証拠は、全て再審を許すものではない。略式命令手続の場合に限り、刑法12条１項が定める意味での重罪による有罪判決の根拠となる新たな事実又は証拠がもたらされた場合にも、有罪判決を言い渡された者に不利益となるべき再審が認められる（373a条１項）。

372　第5章　確定力、執行、再審

> **問494**　Aは、陪審裁判所より故殺罪を理由に有罪とされた。連邦通常裁判所は、Aの上告を理由がないとして棄却した。その後、Aは、自己に有利となる新たな事実及び証拠が判明したとの理由で、再審を請求したいと考えている。
> a) Aの請求について、どの裁判所が裁判するのか。
> b) 再審の申立ては、それが許される限りで上訴のような移審効を有するか。
> c) 再審の申立ては、判決の執行を妨げる停止効を有するか。
> d) Aは、新たな公判の結果として、最初の確定判決より重い刑罰を受ける可能性があることも覚悟しておかなければならないか。
> e) Aは、刑務所に収容され弁護士に依頼する資力もないとき、どのようにして再審手続に必要な調査を行うべきか。
> f) 原確定判決に関与していた裁判官が、再審の管轄を有する裁判所でも活動しているときはどうなるか。

a) 裁判所構成法140a条1項1文によると、原確定判決を下した裁判所と事物管轄を同じくする、これとは別の裁判所が裁判を行う。上告審判決に対する再審申立てについては、その上告審の原判決を下した裁判所と同じ審級の、これとは別の裁判所が裁判する（裁140a条1項2文）。つまり、本問事案では他の地方裁判所の陪審裁判部が裁判をするのであり、例えば上告審での差戻しに際して354条2項により原則として同一裁判所の他の裁判体が行うのとは異なる。再審手続における裁判の土地管轄を有する裁判所の決定は高等裁判所の総務部に義務付けられており（裁140a条2項）、同部はそれを業務年度の開始毎に決定する（*Meyer-Goßner*, § 140a GVG Rn. 2）。

b) いいえ。「同一事物管轄の裁判所」が裁判する（上記a参照）。移審効がないことは、再審と上訴との本質的な違いである。

c) いいえ（360条1項）。しかし、裁判所は、「執行の延期又は中断」（360条2項）を命じることができる。370条2項により再審開始決定が下されたときに初めて、原判決の確定力とともにその執行力も失われる。その場合、せいぜい有罪判決を受けた者が新たに未決勾留に付されることがあるにとどまる。

d) いいえ。不利益変更の禁止は、再審にも妥当する（373条2項）。

e) 364b条は、有罪判決を受けた者に資力がなく相当な調査を行うに当たり事実面及び法律面に困難な情況がある場合には、既に再審準備の段階で弁護人の任命を求めることができると定めている。既に366条により再

審申立てが行われているときは、弁護人の選任は364a条に規定されている。

 f) そのような裁判官は、23条2項により除斥される。以前の関与を理由に、事実審の裁判官だけでなく上告審の裁判官も除斥されるが（BVerfGE 63, 77）、最初の手続で評決に関与していない補充裁判官や公判開始決定にのみ関与した裁判官は除斥されない（BVerfGE 30, 149; 30, 165）。

問495 次の場合、再審の申立ては許されるか。
 a) 有罪判決を受けた者が新たな事実を主張したが、そこからは、刑法243条〔特に重大な窃盗罪〕ではなく242条〔単純窃盗罪〕による処罰しかできなかったことのみが示される場合。
 b) 申立人が、事後的に自身の脳腫瘍が判明しそれが彼の犯行当時の責任能力を低下させるものであったことを主張している場合。

---

 a) 同じ刑罰規定に基づく量刑の変更のみを目的とする再審は許されない（363条1項）。本問はこれに該当する。なぜなら、通説によると、刑法243条は量刑規定にすぎないと解されているからである（OLG Düsseldorf NStZ 84, 571）。

 b) いいえ。確かに、腫瘍の判明は新しい事実である。そして、359条5号によると、「より軽い処罰」の可能性も再審理由に当たる。しかし、363条2項は、限定責任能力を理由に刑の減軽を得ることを目的とする再審は認められないと明示している。

問496
 a) Aには脳の病気があり、これによってその責任能力は完全に失われていたのであるが、この事実は原確定判決の当時は判明していなかったとする。Aはもはや自身で再審を申し立てることができない状態にある場合、その弁護人、法定代理人、検察官はAのために再審を申し立てることはできるか。
 b) Aが再審を申し立てる前に死亡してしまった場合はどうか。
 c) Aは、既に刑罰を執行された後でも再審を請求することはできるか。

---

 a) はい。なぜなら、365条によると、上訴に関する総則規定が適用さ

れるからである。つまり、296条2項、297条、298条は、再審申立てにも適用される。A自身も、訴訟能力があれば、責任無能力であることにかかわらず再審を求めることができる。

b) 本問の場合、361条1項、371条1項によると、再審申立ては、有罪判決を受けた者の無罪を求める場合に限り許される。つまり、刑の減軽を求めることはできない。それゆえ、被告人に不利益な再審は、その死亡後はおよそ不可能である。〔被告人死亡の場合の〕申立権者は、361条2項に特別に定められている。それによると、死亡した被告人の配偶者、直系親族、兄弟姉妹に申立権が与えられる。通説によると、361条2項は、特別法として297条及び298条を排除しているが、296条2項を排除するものではない。つまり、検察官は、有罪判決を受けた者が死亡した後もその者の利益に再審を申し立てることができる。

c) はい（361条1項）。死亡の場合と同様、この場合も、有罪判決を受けた者の名誉回復とその補償のために再審の利益が存在する。

問497 次の場合、359条5号による再審申立ては認められるか。
a) Aは新たな証人を発見したが、その供述は主要な不利益証人の供述と矛盾するものであり、Aの無罪を導く可能性があった。
b) Aの弁護人は新しい鑑定人を発見したが、その鑑定人は公判に召喚された鑑定人とは反対に犯行時のAの責任無能力を肯定するものであった。
c) 連邦通常裁判所は、Aの有罪判決の基礎となった判例を事後的に変更した。又は、Aの処罰の基礎となった法律が判決確定後に廃止された。

---

a) このような場合、再審は可能であり、最初の手続の証人が事前に偽証によって有罪判決を受ける必要はない。この点で、359条5号は359条2号に優先しており、このことは364条2文が示すとおりである。

b) 鑑定自体は新事実ではなく意見表明にすぎないが、鑑定人は新証拠である。この証拠は、鑑定人が刑法20条の適用を根拠付け得る新事実を発見した場合又は同じ判断基礎のままであっても優越的な専門知識に基づいたものである場合には、359条5号の意味での無罪を導くに適したものである。更に「古い」鑑定人も、新しい検査結果が得られたためその以前の鑑定を修正するときは、「新しい」証拠である。

c) 判例及び法令の変更は、359条5号に該当しない。再審は、原確定判決の事実的基礎の変更又は枉法にのみ基づくことができる（例外：憲裁79条）。

> **問498** Aは強盗致死罪（刑251条）により起訴されたが、無罪判決が確定した。その後、被害者の死体がAの居住していた住居の地下室から発見された。更に犯行時にAを目撃していたが、これまでAに対する恐怖から黙っていたと述べる証人が現れた。
> a) 検察官は、Aの不利益に再審を請求できるか。
> b) Aが30年後に自身の回顧録を出版し、そこで犯人であることを告白した場合はどうか。
> c) Aが無罪ではなく犯罪不届出罪により罰金刑に処されたが、その確定後すぐに強盗罪を告白した場合、再審は許されるか。
> d) Aが無罪を言い渡された後に被害者を殴打したことを告白したが、同時に正当防衛又は酩酊状態による責任阻却を主張していた場合、どのように評価できるか。

a) いいえ。そのように明らかな有罪証拠であっても、無罪を言い渡された者に対する再審を認めるには十分ではない。なぜなら、362条1号〜4号には該当しないからである。再審は、Aが新証拠の重圧により自白した場合にのみ認められる（362条4号）。しかし、Aは、この点を〔自白しないよう〕用心するだろう。

b) この場合、刑法78条3項1号によりこの間に公訴時効が成立し、それが再審を妨げないかという点が問題となる（この点につき KK/*Schmidt*, § 362 Rn. 7を見よ）。一部の見解は、一事不再理原則により当該行為は無罪確定後にはもはや訴追できないことから、この間は時効の進行が停止し、それゆえ再審は妨げられないと主張する。しかし、この結論には矛盾がある。なぜなら、全く訴追されないまま30年後に自分が犯人であることを〔訴追の〕虞なく吹聴できる者に比べて、本問のAが不利な立場に置かれるべき理由は全くないからである。それゆえ、やはり無罪を言い渡された者に不利益な再審の可能性は、時効が完成するまでの期間に限定することが適切である（通説）。

c) 確定力に関する通説によると、この場合も公訴権の消耗が生じていることから、再審によってのみ訴訟が可能になる（問480のb参照）。362条

4号の適用に必要な自白は存在している。しかし、立法者は4号において「無罪を言い渡された者」とのみ規定しているが、Aは比較的軽いとはいえ刑に処せられている。それゆえ、通説は、再審を認めていない。つまり、本問のような場合、362条4号の類推適用は否定される。そもそも刑事訴訟法において有罪判決を受けた者に不利となる類推が許されるものと考えたとしても、この場合は類推適用を否定すべき理由がある。なぜなら、立法者は、法的安定性を考慮して無罪を言い渡された者のみを再審の対象とする意図であったと解すべきだからである。

d）この場合、再審は可能である。なぜなら、通説によると、362条4号は構成要件に該当する行為の自白のみを条件としているからである。既に公判において構成要件該当性が認定され、Aが違法性又は責任が欠けることを理由に無罪が言い渡されていた場合は異なる。その場合、再審が認められるためには、Aが正当防衛で行為したのではないこと又はそもそも飲酒などしていなかったことを告白する必要がある。

問499 Aは、再審手続で無罪を言い渡された場合、**刑事補償**を請求できるか。

この問題は、刑事訴追補償法により定められている。その第1条によると、刑事裁判所の裁判により損害を被った者は、再審手続において無罪を言い渡された場合又はより軽い刑罰を言い渡された場合に限り国庫から補償を受けることができる。自己に重大な責任がある場合（補償5条2項、3項、6条）、補償請求は認められない。刑事訴追補償法11条によると、有罪判決を受けた者が法律上扶養義務を有していた者も、刑の執行により扶養が受けられなかった範囲において補償請求権を有する。有罪判決を受けた者の全ての財産的損害が補償されるが、精神的損害の補償は一律である（拘禁された日数につき日額11ユーロ。同法7条3項）。

国庫の補償義務については、再審裁判所がその理由に従って裁判する（補償8条）。補償請求は、その後6か月以内に、検察庁に申し立てなければならない。最終的に、補償金額は州司法局の上級官庁が決める。その裁定に対しては、更に3か月以内に地方裁判所の民事部への出訴が可能とされている（補償10条、13条）。問110のbも参照。

第6章 特別の手続形式

> **問500** これまで通常の手続形式を説明してきたが、次にドイツ刑事訴訟における一連の例外的な手続形式を見ることにする。このような特別の手続形式の概観を示しなさい。

刑事訴訟法には、以下八つの特別な手続形式が定められている。
①簡易手続（417条～420条）。
②不在者に対する手続（276条～295条）。
③私訴手続（374条～394条）。
④公訴参加手続（395条～402条）。
⑤付帯私訴手続（403条～406c条）。
⑥略式命令手続（407条～412条）。
⑦保安手続（413条～416条）。
⑧没収及び財産差押え手続（430条～443条）。

これら以外に、特別法では少年刑事手続が少年裁判所法（1974年12月11日版）に、租税刑事手続が租税法（1976年3月16日版）にそれぞれ定められている。

> **問501** Aは、窃盗の最中に逮捕され、数人の証人に目撃されていた。Aは直ちに自白している。
> a) Aは、**簡易手続**での審判を求めることができるか。
> b) 簡易手続は、通常の刑事手続とはどのように異なるか。
> c) 裁判所は、検察官による簡易手続の申立てを認めなければならないか。

a) いいえ。簡易手続を申し立てることができるのは検察官のみである。検察官は、更に「事件が簡単な事実関係又は明白な証拠状態に基づいていて即時の審理をするに適しているとき」は、書面又は口頭で簡易手続による裁判の申立てをするよう義務付けられている（417条）。もっとも、事件が刑事裁判官〔単独体〕又は参審裁判所の管轄に該当することが条件となる。また、簡易手続では、1年を超える自由刑を科することができな

い（419条1項2文）。保安処分としては、運転免許証の取消しだけが許される（419条1項3文）。

b）簡易手続は、通常手続に比べて四つの点で簡易化と短縮化が図られている。

①簡易手続では起訴状が不要である。公判において口頭で起訴し（418条3項）又は簡易化された検察官の申立てでもよい（417条を見よ）。

②中間手続が省略される、つまり公判開始決定が行われない（418条1項）。

③召喚の有効期間は24時間までである（418条2項3文）。被告人が任意に出頭する場合又は勾引される場合、召喚はそもそも省略される。

④簡易手続では、証拠調べも簡易化される（420条）。

他方で、被告人に弁護人が付いておらず、且つ6月以上の自由刑が予測される場合、簡易手続を行うには弁護人が任命されなければならない（418条4項）。

c）いいえ。裁判所は、事件が簡易手続での審理に適さない場合、判決言渡しまでは決定により申立てを却下できる（419条1項、2項）。この決定に対して不服申立てはできない。裁判所は申立てを却下し、十分な犯罪嫌疑が認められる場合には公判開始を決定する（419条3項前段）。嫌疑が認められない場合には、検察官に記録を返却する。その場合、検察官は、（418条2項により書面又は口頭で提起された）公訴を取り下げて手続を打ち切るか又は手続を続行するかのいずれかを選択する。検察官は、手続を続行する場合、既に簡易手続において書面による公訴を提起していたときは、新たに起訴状を提出する必要はない（419条3項後段参照）。

問502 Aは、ドイツ滞在中にある犯罪を犯したが、現在は手の届かない外国に居住している。
a) Aは、不在のまま有罪とされることはあるか。
b) 刑事訴追機関は、後にAを捕捉する場合に備えて準備的な処分を行うことは可能か。
c) 不在者の出頭を強制できる処分はあるか。
d) 不在者に対して、その自由意思で出頭する気にさせるために勾留免除を保

障することはできるか。

a）いいえ。確かに、Aは276条の法的定義において「不在者」であり、したがって**不在者に対する手続**に服する（276条〜295条）。これは、特別の手続形式である。この手続は、前述した被告人なく審理を行うことが可能な事例（問266以下参照）と比べて、被告人が召喚不能であるという点で異なる。しかし、この意味での「不在者」に対して公判を行うことはできない（285条1項1文）。

b）はい。不在者に対する手続は、その将来の出頭に備えて証拠を保全することを役割とする（285条1項2文）。この証拠保全手続の実施について、286条〜289条で詳細に規定されている。

c）はい。財産の差押えがある（290条〜294条）。これは裁判所の決定により行われ、連邦官報又はその他の新聞紙上で公表される。ただし、そのための要件は、公訴が提起されていること及び嫌疑の程度が勾留状の発付が可能な程度に達していることである。この差押え処分は、出頭の強制のみを目的とする。それゆえ、この処分は、不在者が自ら出頭し又は拘束された場合には取り消されなければならない。

d）295条により、（必要な場合は条件付きで）勾留免除を保障できる。もっとも、被疑者・被告人は、それにより勾留からの解放が与えられるだけである。勾留免除は、被疑者・被告人が自由刑に処された場合、逃亡を働いた場合、付された条件を履行しない場合には直ちに失効する。それゆえ、無罪とされるのが確実な者だけが、この保障に応じることであろう。また、295条は、出頭不能である被疑者・被告人が他の手続で証人として必要とされるときに援用できる。その場合、勾留免除の保障は、被告人が起訴された裁判所が発しなければならない。

問503 Aは、侮辱罪を理由に検察官に対してBを告訴した。しかし、検察官は、公訴提起を拒絶した。
 a）Aは、検察官の裁定に対して何ができるか。
 b）Aは、Bの裁判上の処罰を求める場合に何をしなければならないか。

---

a）Aは、検察官の裁定に対して不服があれば、当該検察官が所属する

官庁に不服申立てできる。しかし、出訴の方法はなく、特に起訴強制手続を行うこともできない（172条2項3文）。なぜなら、侮辱罪は374条（ここでは1項2号）により**私訴**の方法で訴追できる犯罪に該当するからである。この種の犯罪は、三つの要件の下でのみ公的手続で審判できる。

①検察官が公的利益の存在を理由に公訴を提起する場合（376条）

②検察官が私訴手続の進行中に訴追を引き受けた場合（377条）

③私訴犯罪が公的犯罪と観念的競合又は法条競合の関係にある場合。例えば侮辱罪と性犯罪、住居侵入罪と重い態様の窃盗罪などの場合である。これらの場合、私訴手続は許されない。そのような場合、常に職権で訴追されなければならない（一致した見解である）。

これら三つの場合のうち、本問では①の類型だけが問題となる。しかし、本問において検察官による公的利益の否定による公訴提起拒絶は、検察官の義務的かつ裁判上の審査を受けない裁量に委ねられる事項である。

b）侮辱罪は380条により賠償のための和解の試みが義務付けられる私訴犯罪であるから、Aは、原則としてまず管轄を有する和解官庁に和解を申し立てなければならない（この例外は380条3項、4項を見よ）。管轄権は、州法で定められている（概観は *Meyer-Goßner,* § 380 Rn. 3参照）。和解の期日に任意で行われる口頭弁論で和解調停が成立しなかった場合、Aには和解不成立証明書が交付される。Aは、この証明書を提出し、379a条による手数料を納付した後で、管轄の区裁判所（裁25条1号）に形式を満たした起訴状（捜査結果は不要）を提出するか又は事務官の調書に記載を求める方法で起訴できる（381条）。

問504 ここで、私訴手続の及ぶ範囲についてまず概観しよう。
a）どのような犯罪が私訴の方法で訴追できるか。
b）これらの犯罪全てについて、380条による和解の試みが起訴の条件となるか。
c）誰が私訴を提起できるか。

---

a）以下の犯罪又は犯罪類型である（詳細は374条1項を見よ）。住居侵入罪（刑123条）、侮辱罪（刑185条～189条）、信書秘密侵害罪（刑202条）、単純形態の傷害罪（刑223条及び229条）、脅迫罪（刑241条）、商取引上の贈収賄罪（刑299条）、器物損壊罪（刑303条）、完全酩酊罪（刑323a条。ただし、酩酊状態

での犯行が上記列挙犯罪に該当する場合に限る)、不正競争防止法、特許法、著作権商標法、実用新案保護法、意匠法に違反する所定の犯罪。

b) いいえ。賠償のための和解の試みは、前述の私訴犯罪のうち商取引上の贈収賄（刑299条）及び特別刑法違反の場合には必要ではない。また、州法規定により、その他の場合も、当事者が同じ市町村に居住していないときは原則として和解の試みを省略できる（380条4項参照）。

c) この点について、以下三つの類型に区別される。

①主たる私訴権者は、374条1項によると「被害者」である。この概念の解釈は、起訴強制手続におけるその概念と同じである（問183参照）。

②被害者と並んで又はそれに代わって告訴権を有する者も、私訴権を持つ（374条2項1文）。また、私訴権者が死亡しているがその生前に告訴していたときは、配偶者、子供、場合によってはその他の親族も私訴権を持つ（374条2項2文）。

③被害者が私法上の意味で訴訟能力を欠く場合、私訴権は、本人に代わってその法定代理人に与えられる（374条3項）。社団（特に法人）も民事法上の紛争において訴訟提起できる場合には私訴権を有することから（例えば侮辱罪、特許権侵害などの場合）、ここでも同様に、その法定代理人が私訴を提起できる。

問505 Aは、Bに対する私訴を、形式を整えて管轄の区裁判所に提起した。検察官は、公判開始の裁判の前に、377条2項により訴追の引受けを裁判所に申し出た。しかし、検察官は、その捜査が終結した時点で、嫌疑不十分であることを理由にBに対する手続を打ち切った。
a) 手続打切りは、本問のように検察官が私訴を引き受けた場合も可能か。
b) 検察官は、156条により起訴を取り下げることができるか。
c) 検察官は、その他に何ができるか。

a) 本問ではできない。なぜなら、検察官による訴追の引受けは、引受け表明された状態において公的手続に変わる効果を持つものだからである（BGHSt 11, 56）。つまり、既に提起されていた私訴は、公訴としての効力を得ている。しかし、検察官は、起訴後は、その捜査を初めて行ったという場合でさえ170条2項又は153条1項により手続を打ち切ることはできな

い（LG Göttingen NJW 56, 882. 異なる見解として LR/*Hilger*, § 377 Rn. 19）。

b）156条は一般的に公判開始までは取下げを許可しているにもかかわらず、通説（前掲 LG Göttingen; *Meyer-Goßner*, § 377 Rn. 7）によると、これもできない。これが許されるとするならば、私訴が引き受けられた事案では、許されないはずの手続打切りが結果として許されることになってしまう。その場合、私訴原告は裁判を求めるその意思が挫折させられることになるため、改めて私訴を提起しなければならない。そのような迂遠さは、私訴の取下げを禁止し、裁判所が公判開始を認めることで避けられる。

c）検察官は、単に、裁判所に対して事実的理由から公判開始を拒絶するよう申立てできるだけである。なぜなら、中間手続は、公的手続に一般的に妥当する規定に従って遂行されるべきものだからである。

問506 Aは、Bに対して住居侵入罪による私訴を提起した。刑事裁判官は十分な犯罪の嫌疑があると認めつつも、Bの責任は軽微であると考えている。
a）裁判官は、公判を開始しなければならないか。
b）裁判官が公判を開始した場合、通常手続に比べて本質的な違いはあるか。
c）違いがあるとして、その特殊性から、検察官より起訴される通常の刑事訴訟と比べて私訴手続の構造を推論できるか。

---

a）いいえ。裁判官は、383条2項により事件の軽微性を理由にして手続を打ち切ることもできる。もっとも、その条件は、審理が「判決できる状態にまで熟していること」である。そうでなければ、手続打切りと費用の賦課は、無罪推定原則に違反する（BVerfGE 74, 358）。383条2項は153条2項に類似しているが、私訴原告の同意（153条2項による検察官の同意と同様のもの）はここでは不要であるという点に違いがある。私訴原告には471条3項2号により訴訟費用及び必要な費用を負担させることができることから、手続打切り——第1審公判（383条2項2文）及び控訴審（390条5項1文）でも可能——は、私訴原告にとって相当なリスクであることを意味する。そのような手続打切りは、しばしば課される担保提供義務（379条）及び費用予納義務（379a条）と相まって、私訴の提起を控えさせる方向に働く。もっとも、手続打切りに対して、383条2項3文により即時抗告が認められている（153条2項の場合と異なる）。ただし、私訴手続が控訴審で

打ち切られたときは、これに対する抗告はできない（390条5項2文）。

b) 基本的に一般規定が適用される（384条1項）。しかし、法律は一連の例外を定めている。重要なものとして、以下五つが挙げられる。

①私訴原告は、検察官としての地位に置かれる（385条1項）。ただし、幾つかの例外があり、例えば私訴原告は記録閲覧権を弁護士を通じてのみ行使できる（385条3項）。

②在廷義務は、相当限定される。私訴原告は、被告人と同じく弁護士に代理させることができる（378条、387条1項）。しかし、裁判所は、私訴原告及び被告人自身が出廷するよう命じることができ、必要があれば被告人を勾引することもできる（387条3項）。

③裁判所の解明義務は私訴手続でも妥当するが（384条3項）、裁判所は厳格な証明規定（244条3項〜5項、245条）に拘束されず、証拠調べの範囲を自ら決定できる。

④私訴は、公訴提起の場合と異なり、手続の全ての段階で取り下げることができる（391条1項）。もっとも、事件に関する被告人の尋問後は、被告人の同意が必要である。このような遅い段階での取下げは、しばしば和解の成立に基づいてなされる。和解は、法律上は規定されていないが、「当事者」に391条1項で認められた処分権を理由として認められるべきものである（LR/*Hilger*, § 391 Rn. 14 ff.; *Meyer-Goßner*, Vor § 374 Rn. 9 ff.）。

⑤判決において、保安・改善処分を命じることはできない（384条1項2文）。

c) 私訴手続は、私訴原告は起訴法定主義に服さず中立的な地位に置かれるのではないこと、被告人の同意を条件に起訴取下げ及び和解を通じて訴訟対象について処分できることから（処分権主義）、当事者主義訴訟の特徴を示す。しかし、真正の当事者主義訴訟ではない。なぜなら、この場合も糾問主義が妥当するのであり、弁論主義によるのではないからである。

問507
a) Nは、Aにひどく殴り倒された。それゆえ、検察官は、重傷害罪により起訴した（刑224条）。Nは、手続に対する彼自身の権利に効果を発揮させることはできるか。

b) どのような人的グループが、一般に公訴参加人として考慮されるか。
c) Nは、公訴参加人として関与するために何をしなければならないか。
d) Nは、積極的に手続に参加するためにどのような可能性を持っているか、またどのような特別の権利を与えられるか。

a) はい。**公訴参加**の権限で刑事訴訟に関与できる（395条1項3号）。したがって、Nは、公訴参加人としての役割で検察官と並ぶ独立の手続関係人として参加する。犯罪被害者には、公訴参加により、処罰に向けた満足と検察官をコントロールする機会が与えられるのである。

b) 性的自己決定に対する罪及び人身の自由に対する罪のうちで一定の犯罪、侮辱罪、傷害罪の被害者、謀殺罪又は故殺罪（未遂を含む）の被害者及びその近親者（詳細は395条1項～3項の列挙を見よ）。公訴参加は、行為者が刑法323a条による完全酩酊罪のみで処罰される場合も認められる。なぜなら、395条は、そこに列挙された犯罪の違法な実現のみに着目しているからである。

c) Nは、書面による参加の意思表示を裁判所に提出しなければならない。この意思表示は、手続の全ての段階で許される。つまり、公訴提起前でもよくまた判決宣告後も上訴提起のために参加できる（395条4項、396条1項）。その場合、参加権限は、裁判所の（宣言的な＝異議申立てできない）決定により認定される（396条2項）。手続の進行は、参加によって妨げられない（398条1項）。

d) 公訴参加人が訴訟の形成に関与する重要な機会は、その独立した証拠調べ請求権である。また、公訴参加人は公判に常時在廷することができ（証人として尋問されるべき場合でも）、また弁護士を援助者又は代理人として用いることもできるほか、審理に重要な影響を与えるべき多くの権利も保障される（詳細は397条1項を見よ）。

問508 Xは、交通事故で死亡した。それゆえ、検察官は、Aに対し過失致死罪により公訴を提起した。Xの息子であるSは、公訴参加人として公判に参加している。
a) 参審裁判所は、Aを6月の自由刑に処し、保護観察のため刑の執行を猶予し

た。検察官はこの量刑に満足したが、Sはこの刑では軽過ぎると考えた。S
は、判決に対して何か措置を採ることができるか。
b) 公訴参加人は、Aに有利となる意味で上訴できるか。
c) Aは、証明不十分として参審裁判所より無罪とされた。Sは控訴したが、検察官はしなかった。この場合、検察官は、以後の上訴手続から除外されるのか。

　a）いいえ。公訴参加人は検察官から独立して上訴を申し立てることができるが（401条1項1文）、原審とは異なる法効果〔量刑〕を求めて上訴することはできない（400条1項）。

　b）いいえ（BGHSt 37, 136）。このことは、296条2項は公訴参加人の場合に準用されていないことの帰結である。

　c）いいえ。通説によると、検察官は以後も訴訟に関与しなければならない。なぜなら、この訴訟は、なおも公的手続として係属したままである、つまり私訴手続に移行するのではないからである。したがって、検察官は出廷し、必要な申立てをしなければならない。そのような申立ては、公訴参加人の主張から逸脱すること、つまり控訴棄却となり得るものであってもよい。

問509
a) Aは、Bに対する重傷害罪（刑226条）により起訴された。Bは、病院の治療代と慰謝料の請求（民253条2項）を簡単にすべく、この請求をAに対する刑事手続の中で主張できるか。
b) そのような民事上の請求権は、どのような形で主張されるべきか。
c) 財産法上の請求権について裁判する手続は、民事訴訟と刑事訴訟のいずれの原則に従うのか。
d) 裁判所は、財産法上の請求について刑事手続で裁判するよう要求がなされた場合、これに応じなければならないか。
e) 裁判所は、民事法上の請求についてどのように裁判するのか。

　a）はい。被害者又はその相続人は、**付帯私訴手続**（403条以下）において、犯罪行為から生じても、まだ他の裁判所に係属していない財産法上の権利を刑事訴訟の範囲で請求できる。区裁判所での手続においては、紛争価額の多寡にかかわらずこれを主張することができる。

b）記録官の面前で書面又は口頭により行うが、最終弁論が始まるまでは公判で行うこともできる。そのような申立ては、請求の対象と理由を明示し、また証拠を適示しなければならない。つまり、民事訴訟の提訴と同じである（404条1項、2項）。

c）刑事訴訟の規定が適用される。つまり、証拠調べには糾問主義が妥当し、弁論主義によるのではない。ただし、被害者は、民事法上の訴訟能力がなければならない（民訴52条）。また、被害者は、申立てを取り下げることもできる（404条4項）。現行405条1項は、裁判上の調書和解も認めている。

d）2004年被害者の権利改革法は、裁判所が付帯私訴の申立てに関する裁判を——自身の決定により（406条5項2文）——見合わせる機会を旧405条に比べて著しく制限した。裁判所は、申立てが不許容であるか又は理由なしと判断する限りで裁判を見合わせる（406条1項3文）。申立人が民法253条2項により慰謝料請求権を主張する限りで、裁判所はそれについて裁判するよう義務付けられる（406条1項6文）。その他、裁判所は、申立てが刑事手続における処理に適していない場合に限り、付帯私訴手続における裁判を見合わせることができる。しかし、その際、裁判所は、明示の法規定により「申立人の正当な利益」を考慮しなければならないが、そうしなければ手続の相当な遅延が生じるという場合はこれを却下理由として援用できる（406条1項4文、5文）。ただし、ハンブルク高等裁判所（OLG Hamburg wistra 06, 37）は、不適格性判断に関する従来の原則をなおも適用しようとした。

e）申立てに理由がある限りで、これを認容する裁判は、被告人を有罪とし又は改善・保安処分を命じる判決の中で併せて下される（406条1項1文、2文）。2004年以後、406条2項は認諾判決も認めている。

問510

a）Bは、付帯私訴手続でその請求が棄却された場合、なおも民事裁判所で請求できるか。
b）Aは、Bの請求が認容された場合、損害賠償を認めた有罪判決に対して上訴を申し立てることができるか。

c）Bは、付帯私訴手続で勝訴が確定した場合、その財産法上の請求権をどのようにして執行できるか。

a）被害者は、付帯私訴手続で申立てが棄却されることはない。申立てに理由がない場合、刑事裁判所は、裁判を見合わせることになる（406条1項3文）。その場合、Bは、当然ながら民事裁判所に提訴できる（406条3項3文）。それゆえ、Bは、基本的に裁判を見合わせることに対する刑事訴訟上の上訴をする必要がない（406a条1項2文参照、更に1文も見よ）。

b）はい。Aは、「判決に対し、その刑法上の部分以外についても適法な上訴により不服申立てすることが」できる（406条2項1文）。その場合、上訴について非公開法廷で決定により裁判できる（406a条2項2文。406a条3項も参照）。Aは、更に「請求に対する本質的に異なる裁判を求める」という目的でも、再審手続を求めることができる（406c条）。

c）執行は、民事訴訟法の規定に従う（406b条）。裁判所の裁判は、民事訴訟法上の判決と同等であり、仮執行が可能であると宣言することができ、また請求の一部又は理由に限定することもできる（詳細は406条3項を見よ）。

問511 前述のとおり、被害者は、起訴強制手続、私訴、公訴参加、付帯私訴など様々な形で訴訟関係人として登場する。被害者のそれ以外の権限について、これを総括する規定もあるか。

はい。刑事訴訟法は、前述までの特殊の起訴形式で規定されている以外に、**「被害者のその他の権利」**を406d条～406h条に独自の章を割いて定めている。そこでは、特に手続の結果について被害者に通知する義務（406d条）、記録閲覧権（406e条）、弁護士の援助を求める権利（406f条、406g条）が詳細に規定され、従来までの規定を超えて拡張されている。

問512 検察官は、道路交通上の酩酊罪（刑316条）により、Aに対して捜査を行った。検察官は、事実関係が明白に解明されたと判断したため、Aに対する運転免許の取消し（刑69条）を裁判官の略式命令により確定させたいと考えて

いる。
a) これは可能か。
b) 裁判官は、検察官よりその申立てがなされた場合、書面による略式命令を発しなければならないか。

a) はい。**略式命令手続**は、区裁判所の管轄に該当する単純かつ軽微又は中程度の犯罪の審判を、簡易な訴訟で行うことを認めている。その際、被告人に弁護人が付いていない場合は自由刑を科することはできず、罰金刑のみ許される（その他の許容される法効果について407条2項1文1号～3号を見よ）。運転免許は、2年までを限度に取り消すことができる。被告人に弁護人が付いている場合は自由刑を言い渡すこともできるが、その期間は1年以下に限られ、しかも保護観察のため執行が猶予されなければならない。裁判官は、被告人に弁護人が付いていないがなおも自由刑を科することを考えている場合、408b条により弁護人を任命しなければならない。

b) いいえ。裁判官は、Aには十分な犯罪容疑がないと判断する場合、408条2項1文により略式命令の発付を拒絶しなければならない。また、裁判官は、公判なしに裁判することに疑問を抱いた場合又は検察官の申立てと異なって判断しようとする場合、408条3項2文により公判期日を指定しなければならない。その場合、別途起訴状を提出する必要はない。検察官は、408条2項2文の準用する210条2項により、却下決定に対して即時抗告できる。

問513

a) 略式命令は、通常手続をどのような形で短縮させるのか。
b) 裁判官は、略式命令を出す前に、独自の調査を行い証拠を取り調べることができるか。

a) 以下五つの点が重要である。

①407条3項によると、通常手続では33条3項により要求される被告人の聴取は、略式命令請求とその発付の間に行われる必要がない。被告人の法的聴聞を求める権利は、連邦憲法裁判所の見解によると、異議申立ての許可により行われる公判によって実現される（BVerfGE 3, 248; 253. BVerfGE 25, 158, 165も参照。批判的見解として SK/*Weßlau*, Vor § 407 Rn. 18, 19）。

②起訴状が省略される（407条1項）。その代わりに、検察官より略式命令請求が行われる。これは、「特定の法効果に向けられた」ものである（407条1項3文）。

③公判開始決定はない。むしろ、裁判官は、「疑問」がない場合には略式命令を発する（408条3項1文）。

④公判は、原則として行われない（しかし408条3項2文参照）。被告人が送達された書面による略式命令に対して2週間以内に異議を申し立てない場合（410条1項1文）、略式命令は確定判決と同じ効力を生じる（410条3項）。それゆえ、略式命令は、大抵は書面による手続にとどまる。公判が開かれるのは、異議が適時に申し立てられた場合又はその他の点で不適法である場合（411条1項）である。その場合、被告人は、定められた期日に口頭審理に出頭するか又は弁護人に代理させる（412条）。この場合、略式命令手続は、通常の刑事手続に移行する。

⑤公判が開かれる場合、そこでは420条の簡易な証拠調べが適用される（411条2項2文）。

b）この問題は法律に規定がないため争いがあるが、肯定されるべきである。この点でも、開始決定が開かれないことは、中間手続で認められる補充調査（202条）が許されないということではない。それを公判（408条3項2文）に委ねることは、往々、非合目的である。

問514 Aは交通事故を起こした。これに応じて、Aに対し、特に過失致傷罪を理由に刑事裁判官による略式命令により罰金刑が科された。Aが期日及び形式を遵守して異議を申し立てたため、公判が開かれることになった（411条1項2文）。
a) Aは自ら出頭しなければならないか。
b) 裁判官は、公判で過失致傷罪を理由に自由刑を科することを考えている。裁判官は、この段階で初めてAの責任が非常に大きいことを認識したからである。それは許されるか。
c) 刑の加重は、公判において略式命令と比較して責任を加重する事情が判明しなかった場合も許されるか。
d) 公判の後で下される判決は、どのようなものとなるか。

a）いいえ。Aは、弁護人に代理させることができる（411条2項）。これ

は、230条の出廷義務の例外である。もっとも、Aが自ら出廷せず代理もさせなかった場合、その異議申立ては棄却される（412条）。

b）はい。不利益変更禁止は、異議が申し立てられた限りで適用されない（411条4項）。つまり、略式命令に異議を申し立てる場合、処罰が重くなるリスクも負うことになる。この理由から異議申立が可能であるに拘わらず多くの略式命令が確立する、その結果この手続の目的、即ち刑事司法の負担軽減は、実際には達成されている。

c）実務はこれを認めている。しかし、これは疑問である。なぜなら、不利益変更禁止の排除は、簡易化された手続の欠陥を是正するためのものだからである。このことが、理由なき異議申立てに対する制裁とされてはならない（*Ostler*, NJW 68, 468）。

d）通常の刑事判決が下される。つまり、略式命令は破棄又は変更されることはなく、また維持されることもない。略式命令は、そもそも判決主文で言及されない。

問515 問514の事例で、Aは、正当な理由から、異議を申し立てることなく略式命令を確定させて罰金刑を支払ったとする。しかし後に、略式命令で認定されたように、被害者BはAから傷害されたのみでその後第三者に殺害されたというのではなく、A自身がBを故意又は過失で死亡させたことが判明した。この時点で、Aは、故殺罪又は過失致死罪により訴追されることはあるか。

410条3項によると、略式命令は、適時に異議が申し立てられなかった場合（410条1項）、「確定判決と同一の効果が生じる」。それゆえ、その確定力において通常の刑事判決と異ならない。したがって、これを見ると、Aに対する以後の刑事訴追は許されない。しかし、通常の実体判決の場合と異なり、373a条1項が再審の特別の可能性を定めている。これによると、略式命令の確定により終結した手続は、362条の場合以外に、新たな事実又は証拠により重罪を理由とする有罪判決が基礎付けられると判断される場合も、有罪判決を受けた者の不利益に再開できる。つまり、本問において、故殺罪（刑12条1項により重罪である）を基礎付ける新たな事実が存在する場合は、手続の再審が可能となる。これに対して、証拠が過失致死罪（刑12条2項により軽罪である）を基礎付けるにとどまる場合は、再

審は認められない。

> **問516** Aは、2005年5月24日に、409条により略式命令の送達を受けた。Aは、同年6月6日の8時から10時の間に書留郵便としてオスナブリュックで投函された文書により異議を申し立てた。この手紙は、受付印によると、管轄のミュンヘン区裁判所に同年6月8日に、つまり410条1項1号に規定された2週間の期間が経過した後に届いたことになっている。これに応じて、区裁判所は、遅延を理由に異議申立てを棄却した。Aは、これに対して、形式及び期間を遵守して44条以下による原状回復を申し立てたが、その理由として予見できない郵便送達の所要時間は自身にとって避けられない出来事であると主張した。ドイツ郵便の回答によると、異議申立て書面は、通常の運送期間であれば同年6月7日には到達していなければならないはずのものであった。他方で、Aは、この書面をもっと早く発送するか又は略式命令に対する異議申立てを速達便又は電報で送ることもできたはずであった。それでもなお、原状回復が認められるべきか。

はい（連邦憲法裁判所の確立した判例。例えばBVerfGE 54, 80, 84; 62, 216, 221; 67, 208, 212 f.; BVerfG NJW 92, 1952を見よ）。確かに、異議申立書の提出に当たり、郵便の遅延が予想できなかったわけではない。しかし、Aは、自身に与えられた期間を、通常の運送時間であれば申立書がなお期限内に受取人に到達したであろう時点まで利用することは許される。本問はこのような状況であった。上訴申立人は、1日を超える運送所用時間を計算しておく必要はない（BayObLG NJW 78, 1488; BGH GA 94, 75）。

また、Aは、異議申立てを電報又は速達で行うべきことも義務付けられてもいなかった。なぜなら、409条による略式命令送達の場合、異議申立ては、被疑者・被告人にとって基本法103条1項により保障された刑事手続において法的聴聞を受けるための唯一の機会であることが考慮されなければならないからである。これらの裁判所への「最初のアクセス」の場合、連邦憲法裁判所の確立した判例（例えばBVerfGE 40, 88, 91; 41, 356; 54, 80, 84; 67, 208, 212 f. 参照）によると、44条以下及び秩序違反法52条の解釈及び適用に際して、被疑者・被告人が万一遅延に備えて採るべき予防措置又は原状回復申立ての期限遵守に関する要求は過剰なものとされてはならない。

> **問517** 精神病患者Ａは、公道上で複数の人を射殺した。公共の安全から、Ａが精神病院へ収容されることが求められる。
> a) そのような収容を命じるために、手続法上どのような可能性があるか。
> b) Ａが既に州法上の自由剥奪法令により精神病院に収容されている場合でも、なお413条以下の保安手続を実施できるか。
> c) 行為者が責任無能力であるかどうかについて疑わしい場合、保安手続を開始できるか。

a) 以下三つの可能性がある。

①検察官より開始された刑事手続で公判開始後にＡの責任無能力が判明した場合、Ａには責任無能力を理由に無罪判決が下されなければならないが、同時に、判決中で刑法63条によりＡの収容を命じることができる。

②検察官は、Ａの精神疾患を既に捜査手続の間に知ったため起訴しなかった場合、独立の**保安手続**（413条）を申し立てることができる。Ａの責任無能力を理由に公訴が取り下げられる場合又は公判開始が却下される場合も同様である。

③413条以下の保安手続に加えて、諸州の収容法上の自由剥奪手続も、Ａを精神病院に収容する機会をもたらす（BGHSt 7, 61）。これらの法律は、基本法104条の範囲内で制定されており、公共に危険を与える精神病患者が犯罪を実行する前に収容することを可能にしている。

b) はい（BGHSt 24, 98. それまで判例上長い争いがあった）。この結論は、刑事訴訟法413条以下、刑法63条、67c条、67d条の手続は病者の犯罪傾向に対する安全を州法上の収容法よりも広く保障するものであるとして理由付けられている。それゆえ、州法による収容にもかかわらず、刑法63条による処分の（実体法上の）必要性が消滅するものではない。

c) はい（BGHSt 22, 1）。なぜなら、本問の場合、刑事手続は有罪の可能性がないため続けることができないが、精神病院への収容の可能性（刑63条）は依然として残されたままだからである。

第6章　特別の手続形式　393

問518
a）責任無能力の行為者に対して、精神病院への収容以外の処分を科することはできるか。
b）行為者には当初は責任能力が認められていたが、その後に訴訟無能力の状態になった場合、どのように手続をすべきか。

　a）刑法71条、刑事訴訟法413条によると、保安手続では禁絶施設への収容、運転免許の取消し、職業禁止を言い渡すこともできる。つまり、処分言渡しは、大抵の場合、413条以下により、刑事手続を遂行する必要性の有無にかかわりない。

　b）この場合も、413条は、保安手続を認めている。その理由は、ここでも刑事手続の挫折は処分言渡しの必要性を妨げないという点にある。

問519　検察官は、Aに対して保安手続を申し立てることを考えている。
a）この手続の実施は、一般の刑事手続に適用される刑事訴訟法の規定に従うのか。
b）検察官は、Aに対する勾留命令を申し立てることができるか、また起訴状を提出しなければならないか。
c）保安手続の実施について、どの裁判所が管轄を有するか。
d）保安手続には被告人は存在するか。
e）公判手続の開始後にAには責任能力があることが判明した場合はどうなるか。
f）保安手続の公判で、Aが犯行の際に責任無能力であったかどうか、又は限定責任能力であったかどうかが解明できなかった場合はどうなるか。
g）保安手続には公訴参加も許されるか。

　a）一般的には、はい。「別段の定めがない限り、刑事手続に関する規定がその趣旨に応じて準用される」（414条1項）。

　b）いいえ。勾留状ではなく収容状がこれに代わり（126a条1項）、起訴状による公訴提起は、処分の申立てとその申立書の提出に代えられる（その内容について詳細は414条2項参照）。

　c）これは、申し立てられた処分の種類による。禁絶施設への収容、職業禁止、運転免許の取消しは、参審裁判所より言い渡すことができる。精

神病院又は保安監置への収容は、地方裁判所の大刑事部が管轄を有する（裁24条1項2号、74条1項2文）。

d）いいえ。誰も起訴されていないからである。法律は「被疑者・被告人」と表現しているが、この表現も適当ではない。より正しくは「対象者」とすべきである。

e）この場合、保安手続は一般刑事手続に移行される。（地方裁判所）刑事部は、自己に管轄がある場合は事件を通常の刑事訴訟として続行し（詳細は416条2項を見よ）、管轄がない場合は管轄刑事裁判所に移送することになる（416条1項）。

f）この場合、刑事手続への移行はできない。416条1項、2項は、責任能力があることが積極的に認定できることを条件とする。その代わりに保安手続が続行される（刑63条参照）。

g）はい（BGHSt 47, 202）。連邦通常裁判所は、前掲の基本決定において、この結論を1986年被害者保護法の基本的な考え方から導いた（前掲判例204頁以下）。395条の文言上、公訴参加は違法な行為であることのみ条件とする。この規定は行為者の処罰——これは行為者が責任無能力の場合は不可能である——に資するべきものではなく、被害者に対して、被告人による責任の押し付けを避け、その人格を保護するために包括的な関与権を与えるものである。これは保安手続でも可能である。

問520 Aに対して、413条により保安手続が開始された。刑事部は、公判の結果から、Aは追及されている故殺罪を責任無能力の状態で実行したものであるが、Aには公共に対する危険が認められないとの心証に至った。そこで、刑事部は、収容の申立てを却下した。この判決が確定した後で、実際にはAに責任能力があったことが判明した。
a）検察官は、この時点でAに対して故殺罪により起訴できるか。
b）事後に責任能力ではなくAの公共に対する危険性が存在することが判明した場合はどうか。この場合、新たな保安手続を開始できるか。

---

a）いいえ。保安手続に関して、別段の定めがない限り刑事手続に関する規定が適用されることから（414条1項）、確定力に関する一般原則が適用されなければならない。したがって、保安手続における判決が確定した

時点で刑罰請求権が消滅する（一致した見解である）。

b）この問題は争いがある。判例（BGHSt 11, 319）及び通説は、保安手続において収容申立ての却下が確定した場合、刑罰請求権だけでなく保安処分請求権も消滅すると理解している。したがって、本問事案では、もはや保安手続を申し立てることもできない。

問521 警察は、数人のところで、偽造された50ユーロ紙幣を捜索し差し押さえたが、これらの人について可罰的行為は認められなかった。刑事手続が開かれれば特に偽造された通貨の没収も認められたかもしれないが、通貨の偽造者も突き止めることができなかったため、手続を実施することができなかった。
　a）それでもなお、検察官は、偽造された通貨の終局的な没収を裁判所を通じて求めることができるか。
　b）物に関する手続は、刑事手続の一般原則からどの程度外れるか。

---

a）はい。440条1項によると、検察官（又は私訴原告）は、特定の人が——理由にかかわらず——刑事裁判上訴追され得ないという場合、そうでなければ刑事訴追の管轄を有していたはずの裁判所に対して、実体法上（ここでは刑150条）許容され又は義務付けられる没収を、独立のいわゆる**物に関する手続**において命じるよう申し立てることができる（追徴、廃棄処分、使用不能処分、違法状態除去処分も同様である。442条参照）。その申立ては、起訴に代わるものとなる。

b）以下四つの特殊性が挙げられる。

①物に関する手続に関して、通説によると起訴便宜主義が適用される（BGHSt 7, 356）。つまり、検察官は、義務的裁量により、事件の重要性から没収の申立てが必要であるかどうかを判断しなければならない。もっとも、本問事案では、この必要性は肯定されなければならない。

②公判開始決定はない。

③裁判が口頭弁論に基づいて下されるのは、検察官又は関係人（441条3項）がそれを申し立てた場合又は裁判所が命じた場合に限られる。そうでない場合、事件について検察官及び関係人の聴取を行った後、口頭弁論を開かず決定により裁判できる（441条2項。この場合、上訴として即時抗告が認められる。物に関する手続に再審はない）。

④裁判所は、没収（又は442条1項の法効果）を命じるか又は申立てを棄却する。裁判の確定力は、申立てで挙げられた没収対象物にのみに関係し、没収のみを対象とするのであって、その基礎となった犯罪行為を対象とはしない。つまり、偽造犯人が後に捕捉された場合、その者に対する刑事手続はなおも可能である。

事 項 索 引

(数字は問いの番号)

あ

IMSI 探知 ·································· 164
　(IMSI-Catcher)
網の目的追跡（ラスター式調査）········ 155
　(Rasterfahndung)
アリバイ証明 ······························ 337
　(Alibibeweis)
アルコール検査（Alkoholtest）
　➡血液採取（Blutprobe）

い

医師の診断書 ························· 401-402
　(Ärzliche Atteste)
移審効 ···························· 430, 434, 494
　(Devolutiveffekt)
一事不再理［効］············· 475-489, 515
　(ne bis in idem)
一部不服申立て、一部確定 ············· 485
　(Teilanfechtung, Teilrechtskraft)
一部黙秘 ···································· 344
　(Teilschweigen)
遺伝学上の指紋
　(genetischer Fingerabdruck)
　➡ DNA 型検査（DNA-Analyse）
引致権限 ························· 38, 43, 72, 265
　(Vorführungsrecht)
隠密捜査官 ···························· 169-170
　(Verdeckter Ermittler)

う

うそ発見器（Lügendetektor）
　➡ポリグラフ（Polygraph）
疑わしいときは被告人の利益に ···· 88, 309,
　317-318, 325, 346-348
　(in dubio pro reo)
疑わしいときはより軽い罪に ············· 347
　(in dubio mitius)
打切り判決 ························· 418, 421
　(Einstellungsurteil)
後訴による補修 ···················· 486, 487
　(Ergänzungsklage)
　➡後訴による追完
　　（Vervollständigungsklage）
　➡後訴による訂正
　　（Berichtigungsklage）
訴え提起 ···························· 186, 197
　(Klageerhebung)
運転免許［証］···················· 124-125
　(Fahrerlaubnis)
運転免許証 ································ 124
　(Führerschin)

え

遠隔地間の交信（Fernsprechverkehr）
　➡電話通信（Telekommunikation）

お

押収 ···································· 120-121, 133
　(Sicherstellung)
　（➡差押え Beschlagnahme、仮差押え
　　dinglicher Arrest）
欧州勾留状 ································ 91
　(Europäischer Haftbefehl)
欧州上の一事不再理 ···················· 488
　(Europäisches ne bis in idem)
おとり［スパイ］························· 311
　(Lockspizel)
おとり捜査（agent provocateur）
音声検査 ···································· 399

(Sprechprobe)

か

開始決定（公判の） 203-204, 210, 213
(Eröffnungsbeschluss)
回答拒絶権 356, 364
(Auskunftverweigerungsrecht)
介入権 28, 503-504
(Substitutionrecht)
回復（原状への） 267, 273, 430, 459, 516
(Wiedereinsetzung)
解明義務 .. 240, 304, 319, 323-327, 329, 333, 373, 385, 392, 426, 458
(Aufklärungspflicht)
確信（裁判官の） 335-338
(Überzeugung)
確定力［既判力］ 184, 212, 473, 475-488, 515, 520
(Rechtskraft)
（➡訴訟上の意味での行為 Tat im prozessualen Sinn）
仮定的捜査経過 145
(Hypothetische Ermittlungsverläufe)
仮差押え 133
(Arrest, dinglicher)
仮収容 43, 111
(Einstweilige Unterbringung)
仮逮捕 17, 38, 112-119, 154
(Vorläufige Festnahme)
仮剝奪 124-125
(Vorläufige Entziehung)
過料、秩序拘禁 353, 382
(Ordnungsgeld, Ordnungshaft)
簡易迅速手続 188, 213, 501
(Beschleunigtes Verfahren)
管轄 189-191, 193-197, 206, 315
(Zuständigkeit)
監視（警察による） 159
(Beobachtung)
(Observation)
鑑識事務 116, 158
(Erkennungsdienst)
鑑定証拠 333-334, 368, 385, 391, 393
(Sachverständigenbeweis)
鑑定人 383-384, 386-390, 392
(Sachverständiger)
鑑定人の宣誓 389
(Vereidigung des Sachverständigen)
関連性の欠如［(証明事実）が無意味であること］ 258, 326
(Bedeutungslosigkeit)

き

棄却（控訴、上告の） 458, 468
(Verwerfung)
期日の変更 305
(Schiebetermin)
技術的手段 166-168
(technische Mittel)
起訴［公訴］ 186-188, 197
(Anklage)
起訴義務 9
(Anklagepflicht)
起訴強制手続 179-184, 503
(Klageerzwingungsverfahren)
起訴権限独占 9
(Anklagemonopol)
起訴主義（Anklagegrundsatz）
➡弾劾主義（Akkusationsprinzip)
起訴状 187, 202
(Anklageschrift)
起訴便宜主義 9, 29, 171-174, 179, 521
(Opportunitätsprinzip)
起訴法定主義 6, 9, 27, 30, 33, 172, 180
(Legalitätsprinzip)
忌避 22, 231-239, 235-236, 388, 390
(Ablehnung)
糾問主義（Inquisitionsmaxime）
➡審問主義（Untersuchungsgrundsatz）
糾問主義訴訟 8, 71, 198, 227, 293
(Inquisitionsprozess)
行刑 492
(Strafvollzug)
行刑法 492
(Strafvollzugsgesetz)

上告裁判所 ················ 460, 468-471, 473
（Revisionsgericht）
教示 ······· 73,-78, 87, 150, 180, 358-361, 364, 421, 425, 440
（Belehrung）
供述の許可 ·············· 304, 330, 339, 355, 375
（Aussagegenehmigung）
共同被疑者［・被告人］ ··························· 350
（Mitbeschuldigter）
記録閲覧権 ····················· 53, 65-67, 185, 257
（Akteneinsichtsrecht）
記録の適示（Aktenvorhalt）
➡（記録の）適示（Vorhalt）
緊急弁護士［当番弁護士］ ·························· 46
（Notstaatsanwalt）
禁絶施設 ·································· 111
（Entziehungsanstalt）

く

区検察官 ·································· 19
（Amtsanwalt）

け

警察 ······ 11, 13-14, 33-40, 46, 116, 151-152, 158
（Polizei）
警察上の監視（polizeiliche Beobachtung）
➡監視（Observation）
警察予防上の措置 ············· 37, 151-152, 158
（Präventivpolizeiliche Maßnahmen）
形式裁判（Formalentscheidung）
➡訴訟裁判（Prozessentscheidung）
刑事訴訟上の仮差押え ···························· 133
（Dinglicher Arrest, strafprozessualer）
刑事訴訟法［刑訴法、刑事訴訟法典］
······ 制定史 1、裁判所構成法 2、構成 3
（Strafprozessordnung）
刑執行部 ·································· 492
（Strafvollstreckungskammer）
刑事手続及び過料手続に関する準則 ···· 17, 67
（Richtlinien für das Straf- und Bußgeldverfahren）

刑訴法の適用範囲 ······································ 1
（Geltungsbereich der StPO）
携帯電話 ························ 160, 162, 165
（Mobiltelefon）
刑の執行 ····························· 491-492
（Strafvollstreckung）
刑罰権消耗 ··················· 175, 184, 457-, 483
（Strafklageverbrauch）
血液採取 ··························· 36, 144-145, 147
（Blutprobe, Entnahme）
結合事実（Anknüpfungstatsachen）
➡鑑定証拠（Sachverständigenbeweis）
欠席判決 ··························· 265, 458-459
（Versäumnisurteil）
厳格な証明 ································· 308, 316
（Strengbeweis）
嫌疑の端緒 ······································ 10
（Anfangsverdacht）
検査［調査］（Untersuchung）
➡身体（内部の）検査（Körperliche Untersuchung）
原裁判所と上訴裁判所 ···················· 451, 468
（iudex a quo und ad quem）
検査拒否権 ································· 343, 391
（Untersuchungsverweigerungsrecht）
検察官 ···· 19-20, 23, 26-32, 43, 47, 260, 262, 351
（Staatsanwalt）
検察局 ·································· 18-37
（Staatsanwaltschaft）
検察の捜査員（警察官） ······················· 35-37
（Ermittlungsperson der StA）
検察の申立て ······································ 37
（Auftrag der StA）
検察の要請 ······································ 37
（Ersuchen der StA）
検証証拠 ····························· 334, 394-397
（Augenscheinsbeweis）
検証調書の朗読 ··························· 395
（Verlesen von Augenscheinsprotokollen）
検証補助者 ··························· 384-385

（Augenscheinsgehilfe）
検問 ·················· 36, 155-156
（Kontrollstelle）
権利領域説 ············ 78, 339, 364, 370
（Rechtskreistheorie）

こ

公開性 ················ 278-292, 360
（Öffentlichkeit）
公開性排除［非公開］ ············ 280-288
（Ausschluss der Öffentlichkeit）
公開追跡［公開手配］ ················ 154
（Öffentlichkeitfahndung）
拘禁（と引致） ················ 98-100
（Verhaftung）
（➡勾留命令 Haftbefehl、勾留［未決勾留］Untersuchungshaft）
抗告 ·············· 125, 180, 446-448
（Beschwerde）
交互尋問 ························ 245
（Kreuzverhör）
公正な手続 ·· 61, 65, 76, 145, 241, 257, 258, 306, 312, 332, 340, 349
（Fair trial, faires Verfahren）
控訴 ······················ 449, 450-459
（Berufung）
（➡上訴 Rechtsmittel）
高速道路の通行料、位置情報 ············ 165
（Autobahnmaut, Standortdaten）
公訴参加 ················ 507, 508, 519
（Nebenklage）
公訴事実 ························ 219
（Anklagesatz）
控訴受理 ························ 455
（Annahmeberufung）
公訴提起のための十分な根拠 ·········· 186
（genügender Anlass zur Erhebung der öff. Klage）
公知性 ·························· 319-322
（Offenkundigkeit）
公判 216-217, 219-223, 240, 214, 244, 250-251, 253, 259, 260-266, 268-269, 271-273, 275-277, 304-305

（Hauptverhandlung）
公判開始 ················ 206, 208, 210-213
（Eröffnung des Hauptverfahrens）
公判手続 ······················· 4, 210-
（Hauptverfahren）
公判の打切り ············ 218, 306-307, 313
（Einstellung des Hauptverfahrens）
公判の口頭性 ··· 262-293, 295, 297, 299, 322
（Mündlichkeit der Hauptverhandlung）
勾留［未決勾留］ ············ 91-110, 425
（Untersuchungshaft）
（➡勾留命令 Haftbefehl、拘禁 Verhaftung）
勾留抗告 ························ 104
（Haftbeschwerde）
勾留審査 ······················ 104-105
（Haftprüfung）
勾留命令 ·· 17, 91, 95-97, 105, 107-108, 118, 265, 491
（Haftbefehl）
勾留免除の保障 ···················· 502
（Sicheres Geleit）
勾留理由 ······················ 92-93
（Haftgründe）
国選弁護人 ······ 50-52, 60-61, 185, 207, 263, 449
（Pflichtverteidiger）
告訴 ·················· 10, 15-17, 33, 473
（Strafantrag）
告知義務 ························ 253-256
（Hinweispflicht）
告発 ······················ 10-16, 33
（Strafanzeige）
国家訴追主義 ···················· 6, 7, 9
（Offizialprinzip）
根拠（公訴提起するために十分な） ····· 186
（Anlass（, genügender zur Erhebung der öff. Klage））
痕跡記録 ························ 66
（Spurenakten）

さ

最高裁判例 ························ 30-31

（Höchstrichterliche Rechtsprechung)
財産刑 ……………………………………… 120
　（Vermögensstrafe）
財産の差押え ……………………………… 143, 501
　（Vermögensbeschlagnahme）
最終陳述 …………………………………… 249, 298
　（Letztes Wort）
罪証隠滅の虞 ……………………………… 92-93
　（Verdunkelungsgefahr）
再審 ………………………………… 483, 491-499, 515
　（Wiederaufnahme）
罪責の中間判断 …………………………… 223
　（Schuldinterlokut）
罪責判断の訂正 …………………………… 472
　（Schuldspruchberichtigung）
再認識検査 ………………………………… 276
　（Wiedererkennungsprobe）
裁判官 …… 194-190, 225-239, 300, 351, 367, 494
　（Richter）
裁判官除斥 ………………………………… 228-229
　（Ausschluss des Richters）
裁判所のテーマ上の拘束 ………………… 197-198
　（Thematische Bindung des Gerichts）
裁判籍［裁判管轄］（Gerichtsstand）
　➡管轄（Zuständigkeit）
裁判の取消し可能性 ……………………… 430-
　（Anfechtbarkeit von gerichtlichen Entscheidungen）
差押え …………………… 36, 121-132, 141, 163
　（Beschlagnahme）
　（➡押収 Sicherstellung）
参審員 ………………… 205, 227-228, 295, 296, 402
　（Schöffen）

し

自救権 ……………………………………… 112
　（Selbsthilferecht）
仕切り板［遮蔽板］……………………… 69
　（Trennscheibe）
時効 ………………………………… 307-309, 498
　（Verjährung）
事後宣誓 …………………………………… 376
　（Nacheid）
自己庇護特権 ……………………………… 14
　（Selbstbegünstigungsprivileg）
自殺未遂 …………………………… 430, 447, 497
　（Suizidversuch）
示唆的な質問
　（Befragung, "informatorische"）
　➡誘導尋問（Orientierungsfragen）
私訴手続 …………………………………… 503-506
　（Privatklageverfahren）
私訴犯罪 …………………………………… 7, 503-504
　（Privatklagedelikte）
実体違反の主張 …………………………… 464, 466
　（Sachrüge）
実体裁判 …………………………………… 418
　（Sachentscheidung）
質問権 ……………………………………… 250-251
　（Fragerecht）
私的生活形成の核心領域 …… 162, 166-167, 398-399, 403
　（Kernbereich privater Lebensgestaltung）
私的に聞き知ったこと …………………… 297, 326
　（Privates Wissen）
自白 …………………… 75-76, 80-81, 83, 89-90
　（Geständnis）
GPS ………………………………………… 168
　（GPS）
地引網式調査 ……………………………… 156
　（Schleppnetzfahndung）
司法修習生 ………………………………… 52, 415
　（Referendar）
指紋（Fingerabdruck）
　➡鑑識事務（Erkennungsdienst）
射殺 ………………………………………… 116
　（Todesschuss）
写真 ………………………………………… 398
　（Fotos）
遮蔽措置 …………………………………… 68
　（Kontaktsperre）
銃器の使用 ………………………………… 114, 116
　（Schusswaffengebrauch）
住居の（音声上の）監視 ………………… 166-167

（Wohnraumüberwachung, akustische）
集中審理主義 ································· 305
（Konzentrationsmaxime）
自由な証明 ············· 308, 317-318, 373, 469
（Freibeweis）
自由剥奪手続 ································· 517
（Freiheitsentziehungsverfahren）
収容法 ·· 517
（Unterbringungsgesetze）
収容命令 ······································· 111
（Unterbringungsbefehl）
授権罪 ·· 7
（Ermächtigungsdelikte）
守秘義務 ································· 361-362
（Schweigepflicht）
主文（Tenor）
➡判決主文（Urteilsformel）
召喚期間 ································· 216-217
（Ladungsfrist）
使用禁止 ····························· 339, 342, 398
（Verwendungsverbot）
（➡証拠使用禁止 Beweisverwertungsverbot）
証言の信用性審査 ··············· 146, 329, 391
（Glaubwürdigkeitsuntersuchung von Zeugen）
証言拒絶 ································· 342-343, 382
（Zeugnisverweigerung）
証言拒絶権 ····· 127-130, 146, 355, 357-358, 360-363, 366, 367-, 391
（Zeugnisverweigerungsrecht）
証拠 ··················· 341-343, 386, 397-399, 403
（Beweismittel）
上告可能性 ·· 76-77, 220-224, 249-251, 269, 275-278, 281-291, 372, 426, 429, 458, 462
（Revisibilität）
上告の拡張 ···································· 474
（Revisionserstreckung）
上告申立て ······························· 464, 466
（Revisionsanträge）
上告理由 ··· 229, 246-247, 264, 407-408, 464
（Revisionsgründe）

証跡原則 ······························· 146, 148-150
（Spurengrundsatz）
証拠使用禁止 ···· 83-85, 87, 89-90, 132, 141, 143, 146, 339
（Beweisverwertungsverbot）
証拠調べ ········ 214, 238, 319, 323, 325, 334, 385, 395
（Beweisaufnahme）
証拠調べ請求 ································· 327
（Beweisantrag）
証拠申請却下理由 ·· 319-324, 326, 328-329, 331, 332
（Beweisablehnungsgründe）
証拠調査申請 ································· 327
（Beweisermittlungsantrag）
証拠評価 · 326, 335-338, 340-341, 343, 345, 347-348, 461
（Beweiswürdigung）
証拠保全手続 ································· 502
（Beweissicherungsverfahren）
書証 ································· 275, 394, 400-403
（Urkundenbeweis）
上訴 ········ 413, 425, 430-458, 460-474, 485
（Rechtsmittel）
（➡不利益変更 reformatio in peius）
上告 ··· 407-413, 437, 449-454, 460, 464-474
（Revision）
（➡上訴 Rechtsmittel）
上告から控訴への転用 ···················· 454
（Ersatzrevision）
証人原則 ································· 147-149
（Zeugengrundsatz）
証人尋問 ············· 44, 64, 349, 369, 371-372
（Zeugenvernehmung）
証人付添人 ······························· 70, 350
（Zeugenbeistand）
証人の宣誓 ························ 42, 376-382, 409
（Vereidigung des Zeugen）
証人 ············ 42, 229, 250, 304, 349-384, 391
（Zeuge）
証人保護 ································· 215, 375
（Zeugenschutz）
証明書のチェック ···························· 290

（Ausweiskontrolle）
書記官 ·················· 260, 262
（Urkukndsbeamter）
職務移転権 ·················· 28, 30
（Devolutionsrecht）
職務監督者への不服申立て ·················· 503
（Dienstaufsichtsbeschwerde）
職務上の覚知 ·················· 10-14, 33
（Amtliche Wahrnehmung）
職務上の保管 ·················· 121
（Amtliche Inverwahrnahme）
所見事実（Befundtatsachen）
➡鑑定証拠（Sachverständigenbeweis）
職権主義［職権訴追主義］（Amtsgrundsatz）
➡国家訴追主義（Offizialprinzip）
処分権主義（Dispositionsmaxime）
➡処分権主義（Verfügungsgrundsatz）
処分権主義 ·················· 240, 500
（Verfügungsgrundsatz）
署名（加重された）·················· 438
（Signatur, qualifizierte）
素人裁判官［市民裁判官］（Laienrichter）
➡裁判官（Richter）、参審員（Schöffen）
親告罪 ·················· 7, 17
（Antragsdelikte）
真実性の推定 ·················· 332
（Wahrunterstellung）
迅速裁判の原則 ·················· 306
（Beschleunigungsgrundsatz）
身体（内部の）検査 ······ 35-36, 143, 146-150
（Körperliche Untersuchung）
尋問官［取調官］·················· 367-
（Verhörperson）
審問主義（Instruktionsmaxime）
➡審問主義（Untersuchungsgrundsatz
審問主義 ·················· 240-246, 324
（Untersuchungsgrundsatz）
（➡解明義務 Aufklärungspflicht）
尋問調書の朗読 ·················· 301-303, 372, 374
（Verlesen von Vernehmungsprotokollen）
審理の総体 ·················· 293, 298, 299

（Inbegrigg der Verhandlung）

せ

精神科病院 ·················· 111, 143, 189, 385, 517
（Psychiartisches Krankenhaus）
正当な理由なき退廷・不出頭 ·················· 271-273
（Eigenmächtiges Entfernen）
声紋比較 ·················· 86, 399
（Stimmvergleich）
前科 ·················· 268
（Vorstrafen）
先行開始の優先 ·················· 191
（Eröffnungspriotität）
先行起訴の優先 ·················· 191, 197
（Anklagepriorität）
（Prioritätsprinzip）
先例［判例］·················· -225
（Präjudizien）
宣誓義務（Eidespflicht）
➡宣誓（Vereidigung）
宣誓拒絶権 ·················· 377, 382, 388
（Eidesverweigerungsrecht）
選択的認定 ·················· 347, 348, 421
（Wahlfeststellung）
前判決への拘束 ·················· 486
（Bindung an früheres Urteil）
専門知識 ·················· 385, 386
（Sachkunde）

そ

捜査 ·················· 177, 179, 184, 185以下、187
（Ermittlungen）
捜査記録 ·················· 56, 65
（Ermittlungsakten）
捜索 ········ 32, 36, 68, 134-137, 139-142, 290
（Durchsuchung）
捜査手続（Ermittlungsverfahren）
➡起訴前手続（Vorverfahren）
捜査手続きの打切り ···· 172-179, 180-, 183, 203
（Einstellung des Ermittlungsverfahrens）
捜査の一般条項 ·················· 32, 38

(Ermittlungsgeneralklausel)
捜査判事 …………………… 42-47, 96, 230
　(Ermittlungsrichter)
捜査補助官 ……………………………… 41
　(Ermittlungshilfe)
喪失（責問権の） …………………… 248
　(Verwirkung)
訴訟係属 ……………………………… 197-198
　(Rechtshängigkeit)
訴訟行為 ………………… 437-438, 443, 453
　(Prozesshandlung)
訴訟行為の取消し可能性 ………… 441-442
　(Anfechtbarkeit von Prozesshandlungen)
訴訟裁判［形式裁判］ …………… 418
　(Prozessentscheidung)
訴訟指揮 … 244, 246-248, 250-253, 271, 287
　(Verhandlungsleitung)
訴訟障害（Prozesshindernis）
　➡ 手続障害（Verfahrenshindernis）
訴訟条件 ……… 307-310, 313, 315, 474-475
　(Prozessvoraussetzungen)
訴訟上の意味での行為 …………… 109
　(Tat im prozessualen Sinn)
訴訟上の行為概念
　(prozessualer Tatbegriff)
起訴前手続 ………………………… 5-201
　(Vorverfahren)

た

大学教員 ………………………………… 48
　(Hochschullehrer)
対質 …………………………………… 158
　(Gegenüberstellung)
大盗聴 ………………………………… 166
　(Lauschangriff)
　（➡ 住居の［音声上の］監視 Wohnraumüberwachung）
（兵役拒否者の）代役（Ersatzdienst）
　➡ 兵役に代わる社会奉仕（Zivildienst）
騙し聞き ……………………………… 86
　(Hörfalle)
弾劾主義 ……… 6, 8, 31, 181, 198, 243, 256

　(Akkusationsprinzip)

ち

遅延の危険 ……………………… 136, 142
　(Gefahr im Verzug)
中間手続 …………………………… 202-213
　(Zwischverfahren)
中断（公判の） ……………… 253, 263, 305
　(Unterbrechung)
懲戒処分 ……………………………… 256, 489
　(Disziplinarmaßnahme)
調書 …………………… 45, 395, 404-415
　(Protokoll)
調書に基づく異議 …………………… 408-409
　(Protokollrüge)
跳躍上告 …………………………… 449, 452-454
　(Sprungsrevision)
直接主義 ………… 262, 294-304, 374, 400
　(Unmittelbarkeitsgrundsatz)

つ

追起訴 ………………… 188, 213, 256, 264
　(Nachtragsanklage)
追跡 …………………………………… 154
　(Fahndung)
追跡 ……………………………………… 40
　(Nacheile)
通行料金（Maut）
　➡ 高速道路の通行料（Autobahnmaut）
通信・接続データについての回答
　………………………………… 164-165
　(Auskunft über Telekommunikations-Verbindungsdaten)

て

DNA 型検査 ……………………… 151-152, 338
　(DNA-Analyse)
停止（公判、勾留執行の） …… 217, 253, 263
　(Aussetzung)
　（➡ 保釈　Haftverschonung）
停止の効力 ………………… 430, 434, 446-447
　(Suspensiveffekt)
訂正（調書、判決の） ………… 407, 427-428

（Berichtigung）
手入れ ································ 156
（Razzia）
適示（記録の）············ 64, 301-303, 373
（Vorhalt）
適用法条 ····························· 422
（Paragraphenliste）
手続違反の主張 ······ 248, 407-409, 464, 466, 471
（Verfahrensrüge）
手続期間 ···························· 306
（Verfahrensdauer）
手続障害 ···· 91, 187, 199, 306-307, 310-313, 421, 473, 475
（Verfahrenshindernis）
手続上の陳述 ···················· 441-444
（Verfahrenserklärungen）
手続上の陳述の取消し不能性 ······· 441-444
（Unanfechtbarkeit der Verfahrenserklärungen）
手続対象 ·············· 197, 200, 230, 477-483
（Verfahrensgegenstand）
手続の併合 ··················· 50, 259, 270
（Verbindung von Verfahren）
手続の特殊な形式 ························ 515-
（Sonderformen des Verfahrens）
手続の分離 ····························· 270
（Abtrennung des Verfahrens）
（Trennung des Verfahrens）
テレビでの追跡 ··· ➡公開追跡［公開手配］
（Öffentlichkeitsfahndung）
（Fernsehfahndung）
電子メール［E-Mail］··············· 438
（E-Mail）
電話通信 ···················· 81, 160-165, 398
（Telekommunikation）
電話傍受
（Telefonüberwachung）

と

当事者主義訴訟 ····················· 243-246
（Parteiverfahren）
同席義務［在廷義務］············ 260, 262, 264-265
（Anwesenheitspflichten）
同席権 ························· 63-64, 71, 392
（Anwesenheitsrecht）
逃走の虞 ···························· 92-93
（Fluchtgefahr）
毒樹の果実論 ························· 89
（Fruit of the poisonous tree doctrine）
特別裁判所 ·························· 196
（Ausnahmegericht）
（Sondergericht）
独立性（裁判官の）·············· 224-226
（Unabhängigkeit）
特権（議員の）······················ 117
（Immunität）

な

長すぎる刑事手続 ···················· 306
（Überlanges Strafverfahren）

に

偽の被告人 ·························· 490
（Falscher Angeklagter）
日額 ········· 109, 197-201, 229, 256, 379, 380, 419-420, 477-483
（Tagessatz）
日記の記載 ························· 422
（Tagebuchaufzeichnungen）
入手不能性 ······················ 329-330, 375
（Unerreichbarkeit）
認諾判決 ··························· 509
（Anerkenntnisurteil）

ね

ネモ・テネテュール原則 ············ 85, 342
（nemo-tenetur-Grundsatz）

は

排除（被告人の公判からの）········ 274-277
（Entfernung）
賠償請求のための保全措置（被害者の）
·· 133
（Zurückgewinnungshilfe）

陪審員 ·················· 227
(Geschworene)
陪審裁判所［参審裁判所の一形態］····· 227
(Schwurgericht)
裁判所の補助者 ·················· 41
(Gerichtshilfe)
判決の無効性 ·················· 490
(Nichtigkeit des Urteils)
配慮義務 ·················· 253, 442, 445
(Fürsorgepflicht)
波及効（Fernwirkung）
➡証拠使用禁止（Beweisverwertungsverbot）
判決 ·················· 422, 424, 427, 429, 490
(Urteil)
判決合意手続 ·············· 4, 234, 241-242, 440
(Verständigung)
判決主文 ·················· 418-424
(Urteilsformel)
(Urteilstenor)
判決の宣告 ·················· 278
(Urteilsverkündung)
判決評議 ·················· 414-415, 469
(Urteilsberatung)
判決理由 ·················· 422, 424, 426
(Urteilsgründe)
行為概念（拡張された、訴訟上の）
(Tatbegriff, erweiterter; prozessualer)
➡訴訟上の意味での行為（Tat im prozessualen Sinn）
犯罪事実に関する中間判断 ············ 222
(Tatintelokut)
犯罪容疑［嫌疑］········ 10, 94, 186, 203-204
(Tatverdacht)
(➡公訴提起のための十分な根拠 genügender Anlass zur öff. Klage)
反復の危険 ·················· 92
(Wiederholungsgefahr)

ひ

被害者 ·················· 67, 183, 229, 380, 511
(Verletzter)
被疑者尋問 ·················· 63, 73-76, 79-92
(Vernehmung des Beschuldigten)
被疑者・被告人［文脈により被疑者］
·················· 71, 73-75, 77, 340, 341
(Beschuldigter)
(➡被疑者尋問 Vernehmung des Beschuldigter)
引き延ばしの意図 ·················· 329, 332
(Verschleppungsabsicht)
引渡しの強制 ·················· 121-122
(Erzwingung der Herausgabe)
非公然に調査する公務員 ·················· 170
(Beamter, nicht offen ermittelnder)
(Nicht offen ermittelnder Beamter)
被告人［起訴後、公判開始決定前］
·················· 197
(Angeschuldigter)
被告人［公判開始決定後］·········· 265-269,
271-276, 340-341
(Angeklagter)
（被告人）自身が出廷することの命令 ········
267, 268
(Anordnung des persönlichen Erscheinens)
被告人の公判不出頭 ············ 267-269, 459
(Ausbleiben des Angkl.)
被告人の死亡 ·················· 314
(Tod des Angeklagten)
ビデオ録画 ·················· 311, 359
(Video-Aufzeichnung)
秘匿 ·················· 126, 330, 375
(Sperrerklärung)
秘密連絡員 ········ 91, 162, 267, 304, 311, 330,
370, 375
(V-Person)
(Vertrauensperson)
評議 ·················· 414-416, 469
(Beratung)
評決［投票］·················· 416-417, 469
(Abstimmung)
比例性 ·············· 72, 95, 97, 102, 114-116, 140, 143
(Verhältnismäßigkeit)

ふ

不開始決定（公判の）‥‥ 197, 203, 209, 211
（Nichteröffnungsbeschluss）
付加事実（Zusatztatsachen）
➡鑑定証拠（Sachverständigenbeweis）
不在者に対する手続 ……………………… 502
（Verfahren gegen Abwesende）
付帯訴訟［付帯手続］………………… 509-510
（Adhäsionsverfahren）
不適格証拠［関連性のない証拠］326, 329
（Ungeeignete Beweismittel）
不服［不利益］………………………… 431-433
（Beschwer）
不利益変更 ……………… 435-437, 495, 514
（reformatio in peius）
不利益変更禁止
（Verschlechterungsverbot）
文書 ……………………………………… 394, 400
（Urkunden）

へ

兵役に代わる社会奉仕 …………………… 480
（Zivildienst）
変更（法的観点の）……………… 253-258, 461
（Veränderung）
弁護人‥48-66, 68-69, 73, 77, 105, 128, 163, 185, 207, 263-264, 267, 352, 449
（Verteidiger）
弁護人の接見交通権 …………………… 68-69
（Verkehrsrecht des Verteidigers）
弁護人除斥 ……………………… 58, 60, 352
（Ausschließung des Verteidigers）
弁護［防御］… 50-53, 185, 207, 263-264, 519
（Verteidigung）
弁論主義 …………………………………… 240
（Verhandlungsgrundsatz）
弁論能力 ……………… 267, 271, 313-314, 458
（Verhandlungsfähigkeit）

ほ

保安手続［保安監置手続］………… 517-520
（Sicherungsverfahren）
包囲的監視 ………………………………… 168
（Rundum-Überwachung）
傍受（通信の）………………………… 160-163
（Abhören）
法廷警察 ………………………… 271, 287-288
（Sitzungspolizei）
法廷侮辱 …………………………… 118, 447
（Ungebühr）
法的観点の変更 ………………………… 253-256
（Änderung des rechtlichen Gesichtspunktes）
法的救済手続 ……………………………… 430
（Rechtsbehelfe）
法的聴聞 ……………… 249, 253, 322, 448
（Rechtliches Gehör）
法適用の統一性 …………………………… 30
（Einheitlichkeit der Rechtsanwendung）
報道 ………………………………… 129-130
（Press）
報道表明 …………………………………… 24
（Presserklärungen）
保護観察のための執行猶予 ……………… 425
（Strafaussetzung zur Bewährung）
補佐人（Beistand）
➡証人付添人（Zeugenbeistand）
保釈 ………………………………… 101-103
（Haftverschonung）
補充裁判官 ……………………………… 261-262
（Ergänzungsrichter）
補充参審員 ………………………………… 228
（Hilfsschöffe）
補償（刑事訴追処分、無罪判決などの場合に対する）……………… 110, 349, 499
（Entschädigung）
ポリグラフ ………………………………… 79
（Polygraph）

ま

麻酔分析 …………………………………… 82
（Narkoanalyse）

み

未決勾留 ·················· 96
(Überhaft)
身元確認 ············ 116, 157-158, 399
(Identitätsfeststellung)
民衆訴追（主義） ·················· 7
(Popularklage)

む

無罪判決 ·················· 420, 424, 431
(Freispruch)

め

名誉職(無給)裁判官
(Ehrenamtliche Richter)
➡参審員(Schöffen)、裁判官(Richter)
免除（公判出廷の） ·················· 271
(Entbindung)

も

申合せ（Absprache）
➡判決合意手続（Verständigung）
黙秘 ·················· 340-341, 344, 366-367
(Schweigen)
物に関する手続 ·················· 521
(Objektives Verfahren)

ゆ

誘導尋問（"Informatorische Befragung"）
➡誘導尋問（Orientierungsfragen）
誘導尋問 ·················· 75
(Orientierungsfragen)
郵便物［信書］ ·················· 131
(Postsendungen)

よ

予断・偏見（Befangenheit）
➡忌避（Ablehnung）

り

略式命令 ·················· 483, 494, 512-515
(Strafbefehl)
利用禁止（Verwertungsverbot）
➡証拠使用禁止（Beweisverwertungsverbot）
量刑 ·················· 223, 258
(Strafzumessung)

れ

連行 ·················· 157
(Sistierung)
連邦警察局 ·················· 40, 151
(Bundeskriminalamt)
連邦検事総長 ·················· 18, 23, 25
(Generalbundesanwalt)

ろ

録音［録音テープ］ 161, 397-399, 403-404
(Tonband)

わ

和解（賠償のための） ·················· 503, 509
(Sühnevergleich)

条 文 索 引

(条文番号のあとの数字は、問の番号を示す)

I. 刑事訴訟法

§ **2:** 190, 193
§ **3:** 190, 193
§ **4:** 190
§ **6 a:** 315
§ **7:** 191–193, 195
§ **8:** 191, 193, 195, 197
§§ **9–11:** 191, 193, 195
§ **12:** 191, 197
§ **13:** 193, 195
§ **16:** 317
§ **22:** 22, 228–230, 297, 348, 390
§ **23:** 228–230, 235, 390, 503
§ **24:** 228, 231, 237, 239
§ **25:** 213, 390
§ **26:** 232, 317
§ **26 a:** 232
§ **27:** 232, 236, 239, 259
§ **28:** 232, 239
§ **29:** 237
§ **30:** 239, 390
§ **31:** 225
§ **33:** 103, 473, 512
§ **33 a:** 213
§ **34:** 247, 250, 275, 422
§ **35:** 267
§ **35 a:** 219, 425
§ **36:** 72, 98
§ **41 a:** 438
§§ **42, 43:** 217
§ **44:** 267, 430, 459, 516
§ **45:** 273, 317, 459
§§ **46, 47:** 459
§ **48:** 316, 349, 353
§§ **49, 50:** 349
§ **51:** 349, 353, 382, 389
§ **52:** 146, 150, 231, 285, 330, 343, 344, 349, 354, 355, 357, 358, 364, 367, 370, 387, 391
§ **53:** 127–130, 312, 355, 357, 361, 387
§ **53 a:** 355, 361, 387
§ **54:** 276, 304, 329, 330, 339, 355, 387
§ **55:** 72, 339, 350, 356, 361, 364, 366, 387, 400
§ **56:** 317
§ **57:** 371, 372
§ **58:** 280, 371, 372, 392
§ **58 a:** 359, 397
§ **59:** 42, 247, 349, 376, 381, 409
§ **60:** 277, 329, 350, 371, 376–80, 381, 464
§ **61:** 377
§ **62:** 42, 375
§ **65:** 377
§ **68:** 215, 371, 372, 375
§ **68 a:** 251, 349, 371, 372
§ **69:** 349, 371, 372
§ **70:** 121, 122, 382, 389
§ **71:** 349
§ **72:** 316, 389
§ **73:** 386, 388
§ **74:** 390
§ **75:** 387
§ **76:** 387, 390
§ **77:** 389
§ **78:** 392
§ **80:** 146, 392, 394
§ **80 a:** 385
§ **81:** 57, 71, 143, 316, 385, 446, 447
§ **81 a:** 35, 36, 43, 71, 143–145, 153, 338, 339, 447
§ **81 b:** 116, 158, 399
§ **81 c:** 36, 55, 144, 146–150, 153, 329, 391
§ **81 d:** 149, 385
§ **81 e:** 151, 152, 153
§ **81 f:** 151, 152
§ **81 g:** 151
§ **81 h:** 152, 153
§ **83:** 390
§ **85:** 384
§ **86:** 316, 396
§ **87:** 385, 390, 394
§ **88:** 33, 385
§§ **89–92:** 385
§ **94:** 46, 120–124, 143
§ **95:** 120–122
§ **96:** 120, 121, 126, 276, 330, 375
§ **97:** 120, 127–130, 141, 145, 163, 164, 312, 362
§ **98:** 36, 43, 120, 122, 124, 125, 131, 134, 136, 141, 156
§ **98 a:** 155
§ **98 b:** 155
§ **99:** 120, 131
§ **100:** 120, 121
§ **100 a:** 68, 160–163, 165, 399
§ **100 b:** 43, 87, 160–162, 165
§ **100 c-e:** 166
§ **100 f:** 166, 168
§ **100 g:** 164, 165
§ **100 h:** 164

§ 100 i: 164, 165
§ 101: 120, 131, 160, 170
§ 102: 116, 121, 129, 134, 135, 137, 156
§ 103: 129, 134
§ 104: 139
§ 105: 36, 134, 136, 137
§ 106: 136
§ 108: 141, 162
§§ 109, 110: 140
§§ 110 a: 169, 170
§ 110 b: 169
§ 111: 156
§ 111 a: 124, 125
§ 111 b: 120, 122, 133
§§ 111 c, d: 133, 143
§ 111 e: 36, 120, 133, 136
§ 111 k: 120
§ 111 n: 120
§ 111 o, p: 120
§ 112: 92, 93, 102, 110, 156, 265
§ 112 a: 92, 102
§ 113: 95
§ 114: 97
§ 114 a: 98
§ 114 b: 99
§ 115: 99, 100, 117
§ 115 a: 99, 100
§ 116: 95, 96, 99, 101–103
§ 117: 104, 105
§ 118: 104, 105, 453
§ 118 a: 104
§ 119: 106
§ 120: 95, 96. 99, 107, 425
§ 121: 95, 105, 108, 109
§ 122: 108
§ 122 a: 95
§ 125: 96, 97, 99, 118
§ 126: 96, 101, 104, 106
§ 126 a: 111, 519
§ 127: 17, 38, 45, 112–119, 139, 145, 156
§ 127 b: 112
§ 128: 97, 119
§ 129: 119

§ 130: 17
§ 131: 154
§§ 131 a–c: 154
§ 132: 95
§§ 133, 134: 72
§ 136: 71, 73–78, 86, 114, 253, 316, 339, 340, 342, 351, 366
§ 136 a: 71, 79–88, 89, 90, 119, 132, 145, 162, 247, 251, 311, 316, 318, 346, 349, 371, 441, 443
§ 137: 48, 49, 54, 71, 76, 77, 264
§ 138: 350
§ 138 a: 58–60, 163, 352
§ 138 b: 58–60, 352
§§ 138 c, d: 58
§ 139: 52
§ 140: 51, 53, 105, 143, 264, 440, 519
§ 141: 51, 60, 185, 207, 264, 449
§ 142: 51, 52
§ 143: 52, 60, 61
§ 145: 61, 264, 265
§ 145 a: 54
§ 146: 50
§ 147: 53, 65–67, 185, 257
§ 148: 68, 128, 163
§ 148 a: 68
§ 149: 70
§ 151: 8
§ 152: 8, 9, 24, 359
§ 153: 9, 26, 29, 171, 172, 174, 177, 203, 306, 446, 505, 506
§ 153 a: 4, 172, 174–176, 203, 488
§ 153 b: 174
§ 153 c: 172, 488
§ 154: 172, 258
§ 154 a: 172, 178, 203, 258
§ 154 b: 172, 203

§ 155: 109, 197, 199, 200, 477, 483
§ 156: 197, 505
§ 157: 197
§ 158: 179
§ 160: 11, 21, 32, 41
§ 161: 32–34, 37, 39, 98, 159
§ 161 a: 42, 353, 374, 388, 389
§ 162: 42, 56, 63, 96, 122, 143
§ 163: 9, 11, 33, 38, 39, 46, 122, 156, 159
§ 163 a: 63, 71, 72, 74, 81, 82, 119, 340, 367
§ 163 b: 156, 157, 158
§ 163 c: 112, 116, 119, 156, 157
§ 163 d: 36, 43, 156
§ 163 e: 43, 159
§ 163 f: 159
§ 164: 118, 119, 136
§ 165: 9, 11, 46, 97
§§ 166, 167: 46
§§ 168 a, b: 407
§ 168 c: 63, 64, 71, 375
§ 168 d: 64
§ 169: 44
§ 169 a: 185
§ 170: 32, 171, 179, 181, 186, 505
§ 171: 179
§ 172: 180, 182–184, 230, 359, 503
§ 173: 181
§ 174: 177, 181, 184
§ 175: 31, 181
§§ 176, 177: 181
§ 199: 189, 207
§ 200: 109, 187, 215, 310
§ 201: 51, 270
§ 202: 207, 230, 513, 528
§ 203: 5, 94, 109, 186, 203, 204
§ 204: 199, 203, 209
§ 205: 203, 313
§§ 206 a, b: 218

§ 207: 199, 204, 208, 210, 425, 483
§ 209: 195, 206, 210, 315
§ 210: 210–212, 445, 512
§ 211: 177, 212
§ 213: 214, 216
§ 214: 214, 354
§ 215: 214
§ 216: 214, 265, 267
§ 217: 213, 216, 217
§ 218: 213, 214, 217
§ 219, 220: 214
§ 221: 214, 245
§ 222: 215
§ 222 a: 214
§ 223: 214
§ 224: 214, 374
§ 225: 214, 396
§ 225 a: 214
§ 226: 260, 263, 410
§ 227: 260, 263
§ 228: 217, 247, 259, 264, 305
§ 229: 263, 271, 305
§ 230: 265, 269, 270, 294, 310, 514
§ 231: 255, 266, 268, 271–274
§ 231 a: 255, 266, 271, 272
§ 231 b: 266, 274
§ 231 c: 266
§ 232: 266, 267, 273, 458
§ 233: 266–268, 458
§ 234: 55, 267, 458
§ 234 a: 255
§ 235: 267, 273, 459
§ 236: 267, 268
§ 237: 50, 259
§ 238: 240, 247–248, 259, 271, 275, 331, 381
§ 239: 245
§ 240: 259, 277, 384
§ 241: 241, 250
§ 241 a: 250, 359
§ 242: 250, 259
§ 243: 73, 76, 187, 204, 219, 220, 222, 223, 233, 253, 264, 269, 280, 316, 371, 456
§ 244: 66, 219, 240, 253, 259, 304, 316, 319, 323, 325–334, 338, 351, 372–375, 385, 386, 397, 426, 457, 458, 506
§ 245: 328, 386, 506
§ 246: 326, 332
§ 246 a: 384, 519
§ 247: 259, 266, 275–277, 363
§ 247 a: 359
§ 249: 295, 316, 395, 404, 407
§ 250: 294, 301, 304, 395, 400–402
§ 251: 45, 259, 294, 301, 302, 331, 374, 375, 395, 397, 400
§ 252: 301, 302, 367–370, 391
§ 253: 301, 302, 373, 374, 396, 398, 400, 402
§ 254: 45, 76, 301–303, 316, 394, 397, 400, 402
§ 255 a: 359, 397
§ 256: 401, 402
§ 257: 76, 252, 277
§ 258: 54, 219, 249, 274
§ 260: 218, 219, 306, 307, 313, 314, 414, 417, 418, 421, 422, 432, 487
§ 261: 262, 270, 293–296, 298, 299, 335, 338, 341, 343, 345, 357, 382, 395, 404
§ 262: 203, 345, 448
§ 263: 416, 417, 469
§ 264: 109, 175, 178, 199, 293, 477–480, 483
§ 265: 253–256, 258, 414, 458, 472, 477
§ 266: 188, 213, 256, 259, 264
§ 267: 419, 422, 424, 426
§ 268: 219, 269, 422 469
§§ 268 a, b, c: 425
§ 269: 315
§ 270: 259, 315, 477
§ 271: 262, 396, 404, 407
§ 272: 404, 410
§ 273: 396, 404–406, 412, 413, 425, 442
§ 274: 277, 404, 408, 410–414
§ 275: 422, 428, 429
§ 276: 500, 502
§§ 285–295: 502
§ 296: 21, 439, 496, 508
§ 297: 57, 439, 496
§ 298: 439, 445, 496
§ 301: 444
§ 302: 57, 346, 439, 444, 445
§ 303: 444, 508
§ 304: 67, 104, 106, 125, 134, 430, 446
§ 305: 125, 248, 268, 446–449
§ 306: 104, 438, 439, 446
§ 307: 144, 446, 447
§ 308: 448
§ 309: 104, 213, 448, 512
§ 310: 104, 106, 447
§ 311: 143, 210, 211, 446
§ 311 a: 448
§ 312: 430
§ 313: 455
§ 314: 438, 439, 451
§ 315: 459
§ 316: 434, 485
§ 317: 452, 464
§ 318: 440, 485
§ 319: 447, 476
§§ 320, 321: 451
§ 322: 455
§ 322 a: 455
§ 323: 456, 458
§§ 324–326: 456
§ 327: 485

§ 328: 457
§ 329: 266, 458, 459
§ 330: 458
§ 331: 434–436
§ 333: 430, 450
§ 335: 452, 454, 460, 474
§ 337: 221, 222, 248,
249, 258, 269,
277, 283, 291,
295, 326, 364,
372, 426, 460,
461, 464
§ 338: 232, 248, 250,
251, 260, 263,
264, 269–277,
279, 281–284,
286, 287, 290,
291, 299, 300,
326, 351, 355,
364, 372, 410,
411, 426, 429,
442, 464
§ 339: 467
§ 341: 438, 439, 452, 451
§ 342: 459
§ 343: 434, 452, 485
§ 344: 408, 464, 466, 485
§ 345: 413, 452, 453,
464, 468
§ 346: 434, 468, 473
§ 347: 451
§ 349: 53, 468
§ 350: 54, 266, 468, 469
§ 351: 469
§ 352: 464, 473, 485
§ 353: 470, 485
§ 354: 212, 235, 469–472
§ 354 a: 474

§ 355: 470
§ 356: 469
§ 357: 474, 475
§ 358: 225, 434, 436, 470
§ 359: 430, 475, 485,
493, 495, 497
§ 360: 494
§ 361: 496
§ 362: 360, 483, 493,
498, 517
§ 363: 495
§ 364: 493, 497
§§ 364 a, b: 494
§ 365: 21, 496
§ 366: 494, 496
§ 367: 494, 497
§ 370: 494
§ 371: 496
§ 373: 494
§ 373 a: 492, 493, 498,
515
§ 374: 7, 316, 500, 503,
504
§ 375: 504
§ 376: 9, 29, 409
§ 377: 7, 9, 29, 503, 505
§§ 378, 379: 506
§ 379 a: 503, 506
§ 380: 503, 504
§ 381: 503
§§ 383, 384: 506
§ 385: 506
§ 387: 54, 266, 506
§ 390: 506
§ 391: 506
§ 395: 500, 507, 519
§§ 396–398: 507
§§ 400–402: 508

§§ 403, 404: 500, 509
§ 405: 509, 510
§§ 406: 509, 510
§ 406 a: 510
§ 406 b: 510
§§ 406 d–h: 356, 511
§ 406 e: 67, 511
§ 406 f: 349, 511
§ 407: 500, 512, 513
§ 408: 500, 512, 513
§ 408 b: 512
§ 409: 430, 516
§ 410: 512, 515, 516
§ 411: 54, 458, 513, 514
§ 412: 266, 513, 514
§ 413: 500, 507, 515,
518, 520
§ 414: 519, 520
§ 415: 385, 519
§ 416: 519
§§ 417–420: 213, 500
§ 417: 188, 213, 501
§ 418: 213, 424, 501
§ 419: 501
§ 420: 501, 513
§§ 430 ff.: 316, 500
§§ 440–442: 521
§ 449: 475, 491
§ 451: 491
§ 453: 41
§ 458: 490, 492
§§ 459–459 g: 491
§ 462 a: 492
§ 463 d: 41
§ 464: 422
§ 465: 439
§ 471: 506
§ 475: 67

Ⅱ. 裁判所構成法

§ 1: 224
§ 13: 310
§ 16: 194, 196
§§ 18–20: 310
§§ 21 e–g: 232, 351
§ 24: 189, 195, 206,
519

§ 25: 189, 195, 198, 503
§ 28: 189
§ 29: 189, 205, 227
§ 30: 205, 227
§ 49: 228
§ 70: 232, 351
§ 73: 104, 447, 448

§ 74: 189, 190, 205, 206,
211, 227, 416, 477,
519
§ 74 a: 25, 189, 218
§ 76: 189, 191, 206, 211,
227, 232, 416, 448
§ 77: 227

§§ 78 a, b: 492
§ 120: 25, 189, 447
§ 121: 196, 225, 460
§ 122: 189
§ 132: 460
§ 135: 460
§§ 136, 138: 225
§ 140 a: 495
§ 142: 18, 19
§ 142 a: 25
§ 144: 20, 26
§ 145: 19, 20, 28, 30
§ 146: 18, 20, 23
§ 147: 18
§ 150: 30, 181
§ 152: 35

§ 167: 40
§ 169: 278, 281, 283, 289, 290, 291
§§ 170, 171: 286
§ 171 a: 280, 286, 519
§ 171 b: 280, 282, 284, 286, 411
§ 172: 259, 280, 282, 283, 285, 286, 290, 411
§ 173: 282, 283, 286
§ 174: 280, 282, 284, 286, 288, 411
§ 175: 279, 286, 287, 290
§ 176: 271, 280, 286, 287, 290

§ 177: 118, 119, 259, 274, 281, 286–288, 290
§ 178: 259, 274, 280, 290, 447
§ 181: 447
§ 182: 274
§ 183: 118, 119, 280
§ 192: 219, 261, 262, 410, 414
§ 193: 261, 414, 415
§§ 194, 195: 416
§ 196: 416, 417, 469
§ 197: 416

Ⅲ. 裁判所構成法施行法

§ 23: 22, 24, 65, 68, 134, 142, 330

§§ 31–36: 68

Ⅳ. 基 本 法

Art. 1: 162, 168, 357, 358, 403
Art. 2 I: 24, 48, 51, 53, 128, 162, 166–168, 398, 399, 403
Art. 2 II: 100, 129, 272, 313
Art. 3: 24
Art. 5: 129, 130, 142, 166, 291, 363
Art. 10: 131, 162, 165, 399

Art. 13: 115, 136, 166, 281
Art. 19 IV: 24
Art. 20: 176
Art. 20 III: 48, 51, 53, 128, 129, 142, 176
Art. 34: 110
Art. 46: 117, 310
Art. 72, 74: 38
Art. 92: 176
Art. 93: 430
Art. 97: 45, 224, 226

Art. 98: 226
Art. 101: 2, 194–196, 513
Art. 103 I: 2, 176, 249, 253, 298, 322, 516
Art. 103 II: 176
Art. 103 III: 2, 475, 477, 479, 481, 484, 489
Art. 104: 2, 99, 100, 119, 517

Ⅴ. 欧州人権条約

Art. 5 III: 95, 99, 305
Art. 5 V: 110

Art. 6 I: 257, 278, 305, 306
Art. 6 II: 346

Art. 6 III: 48, 53, 128, 375
Art. 25: 430, 475

VI. 刑 法

§ 32: 114
§ 34: 399
§ 46: 223
§ 57 a/b: 423

§ 63: 517
§ 69: 124
§ 71: 518
§ 78: 498

§ 203: 54
§ 250: 156
§ 323 a: 507

VII. 行 刑 法

§ 24: 68
§ 26: 68

§§ 108 ff.: 492
§ 178: 106

VIII. シェンゲン実施協定

Art. 40, 41: 40   **Art. 54, 55:** 488

訳者一覧（50音順）

秋山 栄一（あきやま えいいち）　ノースアジア大学准教授（問120-170）
斎藤　　司（さいとう つかさ）　龍谷大学教授（問240-277、430-445）
谷脇 真渡（たにわき まさと）　桐蔭横浜大学准教授（問71-119）
田淵 浩二（たぶち こうじ）　九州大学教授（問349-382、493-499）
辻本 典央（つじもと のりお）　近畿大学教授（問404-429、460-474）
松倉 治代（まつくら はるよ）　大阪市立大学准教授（問278-306、446-459）
光藤 景皎（みつどう かげあき）　大阪市立大学名誉教授（問383-403、500-521）
山名 京子（やまな きょうこ）　関西大学教授（問307-348、475-492）
吉田 宣之（よしだ のぶゆき）　弁護士・前桐蔭横浜大学教授（問1-70）
四條 北斗（よじょう ほくと）　大阪経済大学専任講師（問171-239）

ロクシン＝アッヘンバッハ
ドイツ刑事訴訟法演習——君の知識を試そう

2017年3月20日　初版第1刷発行

原著者	クラウス・ロクシン ハンス・アッヘンバッハ
編訳者	光　藤　景　皎 吉　田　宣　之
発行者	阿　部　成　一

〒162-0041　東京都新宿区早稲田鶴巻町514番地
発行所　　株式会社　成文堂
電話 03(3203)9201　Fax 03(3203)9206
http://www.seibundoh.co.jp

製版・印刷・製本　藤原印刷　　　　　　　検印省略
©2017 K. Mitsudo N. Yoshida　Printed in Japan
☆乱丁・落丁本はおとりかえいたします☆
ISBN978-4-7923-5204-2 C3032

定価（本体5,000円＋税）